〈国語教育〉とテクスト論

鈴木泰恵／高木信／助川幸逸郎／黒木朋興［編］

ひつじ書房

はじめに

「小説の見方って、いろんな見方があるはずなのに、授業ではどうして答えをひとつにしちゃうんですか？」

「先生の解釈が間違ってるとは思わないけど、どうして私の解釈が先生と違っていたら、否定されなくちゃならないんですか？」

――誰よりも国語が好きで授業に熱心な生徒から、そう詰問される。「最良の聴衆」のシビアな問いかけに、教員である自分の方が沈黙してしまう……

中学校や高校で国語を教えていると、こういう経験をすることが少なくない。

「答えをひとつに決めないと、テストがやれないからね。」

――そんな「本音」は、さすがに生徒の前では口にしづらい。そして、同じ小説が見方によって、いろんな風に見えてくることは、教師自身、体感的にわかっている。「成績をつける」という一点のために、ひとつの解釈を生徒に押しつける「欺瞞」を、まったく自覚しない国語教師は稀だろう。

「欺瞞」を回避する道は、これまでにも提案されてきた。たとえば、言語技術的な観点に立つ授業。テクスト

の「解釈」や「鑑賞」を放棄して、

「ここの叙述は、どういう視点から語られているのか」

「この事件の伏線は、どこの部分に張られていたのか」

――そうした問いだけを追及して行く。テクスト全体の解釈にくらべれば、その種の問いは、「共有されるべき正解」に一見、たどりつきやすい。言語技術的な分析に徹すれば、文学教材をもちいた授業は、たしかに「欺瞞」から解放される。

しかし。

「語り手の視点」や「伏線の張られ方」を、ひたすら問うような授業を展開した場合、「最良の聴衆」たちはこんな風に呟くだろう。

「小説の授業は、心に響くものだと思ってたのに、今日は頭ばっかり使わされちゃった。」

「今日みたいなやり方をしてると、作品のいちばん大事な部分が抜け落ちちゃう気がする。」

国語の授業というのは、芸術的な感性を養う時間ではなく、社会生活を営むための「読み書きの力」をつけるためのものだから……そういって、「最良の聴衆」たちに反論することも一応できる。文学テクストの「感動の源泉」を取り出すために、「国語の授業」が設けられているわけでないことも事実だろう[注1]。が、文学テクストを教材に授業を行なって、文学好きの生徒に不平をいわれたら、教師としては胸が痛む。

問題は、それだけにとどまらない。およそ「技術」というものは、もちいかた次第で良い方向にも悪い方向にも作用する。科学技術が、多くの人命を救ういっぽうで、大量破壊兵器をも生み出したことは誰もが知っている。武術を学ぶことは、身体を強健にし、おのれを守ることにつながる反面、他人に危害を加えることを容易にする。

「技術」そのものを習得するだけでなく、それを適切に運用する「倫理」を学ばなければならない――科学技術や武術の場合なら、そのことを疑う者はいない。だが、事が言語技術となると、状況は違ってくる。「倫理」

が主に、言葉によって問われるものだからである。

「技術」と「倫理」が、別々の媒体に拠るならば、どちらかいっぽうのために、他のいっぽうの存在が看過されることは、考えにくい。言語技術の場合はしかし、「技術」とそれを統御する「倫理」とが、同じ「言語」を拠りどころとする。このため、言語技術が教室で扱われるとき、「倫理」の問題はしばしばなおざりにされる。

「言葉を適切に読み書きする『技術』が必要である」

という命題が、

「言葉と人間のかかわりは、『技術』の問題に尽きる」

という命題と取り違えられてしまうのだ。その結果、生徒たちは、

「与えられた条件の中で、最大限の効果を得られるように読み、書くこと」

に没頭する。そして、その「与えられた条件」を受けいれることが何を意味するかは、問われないまま放置される。

言語技術的なものだけにもとづく授業は、こうしたわけで、体制盲従型の心性を培養する危険を孕む。テクストの解釈をひとつにしぼると「欺瞞」、言語技術的なものにもたれかかるなら「危険」——現場の国語教員は、頭を抱えこむしかない。かといって、「自分の解釈」を、生徒に野放図にいわせる授業をしても、不毛であることは目に見えている。「自分の意見を声高にのべること」のみによって、生徒に自己変革が起こることはありえない。そうした営みを、教育の名で呼ぶことは不可能である。

文学教材を前にした教員は、これほどの苦難にさらされている。本書はそこに、ひとつの「対応策」を提案しようとして編まれた。

その「対応策」とは、テクスト論である。

「テクスト論というのは、読者なら何をしても許されるという、読書行為における『俺サマの論理』そのものなのではないか?」

「テクスト論にもとづいて授業をしたら、生徒に『自分の意見』を言いたい放題、言わせて終わりになるのではないか?」

——テクスト論を国語教育の現場に向けて発信する、というと、こんな疑いの声がたちまち起こるに違いない。たしかにテクスト論は、書かれたものの意味内容を、ひとつに決定できないことを標榜する。誰の同意も得られない解釈を正当化するのに、テクスト論が持ち出されることもしばしばあった。

本書の主張するテクスト論は、そのような、「たんなる言いたい放題」にアリバイを与えるものとは違う。

二十年ほど前、ある研究者が、テクスト論の名前を掲げて口頭発表に臨んだ。発表内容には説得力がなく、質疑の時間になると、異論、反論が続出した。困り果てた発表者は、

「これが私の読みなんですから、いいじゃないですか……」

と呟いて、後は沈黙してしまったという。

このときの聞き手の大半は、テクスト論の支持者であった。彼らは、「私がこのように読みました」という点以外、拠りどころを持たない説を退けたのである。この逸話は、

「あるテクストに唯一絶対の解釈を求める態度を、批判すること」

と、

「あるテクストをどのように解釈しても、無条件で受け入れること」

が、まったく別であることをしめしている。

テクストを自分の意志に従属させるのではなく、テクストに触れる体験を通じて自己を変容させる。そうした自己変革のプロセスを、他者との対話の中に投げ出すことで、さらなる自己変革を遂げていく——それが、本書の目ざすテクスト論である[注2]。

冒頭には、テクスト論に立脚した授業は可能なのかをさぐる座談会を掲げた。その中でくり返し話題となった

のは、本書の編者たちが、何ゆえテクスト論という名称に固執するか、であった。座談会にお招きした齋藤知也氏、馬場重行氏は、これまで、テクスト論を標的とする立場から論陣を張って来られた。しかし、実際に言葉を交わす中で浮かびあがったのは、齋藤氏、馬場氏と編者のあいだに、意外なほど接点が多いことだった。アンチ・テクスト論者とここまで対話が可能であるのなら、むしろテクスト論の看板を捨てるべきなのではないか——そのような思いを、編者自身が抱いたほどである。

それでもなお、本書がテクスト論を旗印とするのは、このタームが歴史の中で演じた役割による。かつて、日本文学研究において、あるテクストの解釈は、師から弟子に伝授されるものだった。あるいは、公的な機関が国家の要請に応えて産出するものだった[注3]。研究者が主体的にテクスト解釈に関与する道は、一九七〇年代から八〇年代にかけて、テクスト論によって拓かれたのである[注4]。

現在の日本には、長びく経済的停滞のため、不安、不満が蔓延している。一部の若者たちは、そうした行きづまりを一気に解消してくれる「強い権威」を求めるようになりつつある（いわゆる「ネット右翼」などが、その代表といえる）。この現状に、本書の編者は強い危惧を抱いている。テクストの解釈は、権威によって与えられるものではなく、みずからの関与によってつくり出され、編み変えられること——そのことを学ぶ体験は、ささやかであっても着実に、権威に依存する心性から生徒を遠ざけるだろう。テクスト論の名を冠した書物を、いま、国語教育の現場に送り出す背後には、そうした願いが込められている。

本書のような、奇矯ともいえる書物が世に出る機会を得たのは奇跡に近い。ひつじ書房の房主である松本功氏の、「知」と「教育」に対する情熱によって、奇跡は「現実」となった。松本氏には深い感謝とともに、その情熱に対し、心からの敬意を表したい。

本書はまた、日本文学研究者、フランス文学研究者、英米文学研究者、文壇で活躍する批評家など、多様な執筆陣を擁している。このため、編集作業は困難を極めた。担当編集者の森脇尊志氏には、編者の不手際も重なって、多大なご負担をおかけした。森脇氏には、この場を借りてお礼とお詫びを申しあげる。

なお、本書の編者である鈴木、高木、助川は日本文学研究者であり、黒木はフランス文学を研究している。四名とも、高校の教壇に立った経験はあるものの、ふだん書いているのは、専門分野の学術論文である。中学・高校で教鞭をとることに専念している方々、あるいは、国語教育や文学に興味をもっている一般読者に、どういう言葉を発すれば受けいれられるのか——編者だけでは見当がつかず、さまざまな方にアドヴァイスをお願いした。中でも、座談会の校正刷りを丹念にお読みいただいた関美樹雄氏には、特に感謝申しあげる。

この本がひとりでも多くの読者に読まれ、「権威」に依存しない、自由で主体的な言論を生みだす動きに寄与すること——そのことを祈りつつ、この「前書き」の筆を擱きたい。

二〇〇九年一〇月　　助川幸逸郎

【注1】「生きる力」の養成を前面に掲げた新学習指導要領において、国語科の学習目標が、「実生活で役立つ言語運用能力」のほうに大きくシフトしたことは、周知のとおりである

【注2】通常、テクスト論とは、ロラン・バルトが「作者の死」（原著出版は一九六八年）・『テクストの快楽』（原著出版は一九七三年）などで提唱した「〈書かれたもの〉を、作者の意図の反映としてではなく、独立した構造体として読もうとする理論」を言う。テクスト論においては、客体としての〈書かれたもの〉ではなく、論者がそれを読んだときに生じた現象が議論の対象となる。したがって、テクスト論の観点に立つならば、同じ〈書かれたもの〉を扱っても、論者が違ったり、論じる場所・時間が変ったりすれば、まったく別の議論が成立し得る。

ちなみに、「テクスト論」という名称は、日本で作成された用語である。フランスおよびアメリカでは、「バルト信者」はいるが、「テクスト論者」を標榜する者はほとんどいず、一般的には「理論派」と自称している。アメリカにおいて、テクスト論的な立場を採る人間は、主に「脱構築派」と呼ばれる。この問題に関しては、本書パートⅢ「海外でのテクスト論受容と文学教育の現在」およびパートⅤ「日本のテクスト論受容史」の各論文を参照されたい。

[注3] たとえば、近代における『源氏物語』解釈が、国家の要請とどのようにかかわってきたかについては、秋山虔『国文学全史——平安朝篇——』東洋文庫版「解説」(東洋文庫 一九七一年)、三谷邦明「明治期の源氏物語」(『国文学 解釈と鑑賞』一九八三年八月)、助川幸逸郎「光源氏」(西沢正史編『物語作中人物事典』東京堂出版)・「未だ眠れる〈聖典〉」(『国文学 解釈と鑑賞』二〇〇八年五月号)などを参照。

[注4] 「物語研究会創設の頃(三谷邦明氏インタビュー)」(『物語研究』第一号 二〇〇一年四月)における、三谷邦明の発言による。

〈国語教育〉とテクスト論　目次

PART V　日本のテクスト論受容史

PART I

座談会

〈国語教育〉とテクスト論、その未来へ向けて

高木　信（司会）
助川幸逸郎
馬場　重行
齋藤　知也
中村　良衛
鈴木　泰恵（オブザーバー）

はじめに

高木◉本日は、文学理論に精通し『源氏物語』から現代文学までを分析対象とする助川幸逸郎さん、テクスト論的な分析をされながら教育の現場に立っておられる中村良衛さんと、日本文学協会の国語教育部会で活躍されているお二人、文学テクストの分析と文学教育について発言を続けておられる馬場重行さん、現場での実践から発言しておられる齋藤知也さん、以上四人の方々と、司会として古典文学をテクスト論の立場から分析している高木信とで、「〈国語教育〉とテクスト論」をテーマに座談会をやろうと思います。また編者のお一人で、テクスト論の復権を叫びながら『狭衣物語』を中心に分析をされている鈴木泰恵さんにオブザーバーとして参加していただき、座談会の進行を第三者的に見た上で（第三者的立場なんて可能なんでしょうかね？（笑））、後半から話しに絡んでいただこうと思います。

さて、問題の中心の一つは今や死に体とも見える〈テクスト論〉です。今となっては、作品論と同じものであるかのように言われる「テクスト論」、カルチュラル・スタディーズやポスト・コロニアリズム批評の分析技術として使用されている「テクスト論」、あるいは恣意的な〈読み〉を蔓延させた凶悪犯として扱われている「テクスト論」などを、もう一度考え直し、〈テクスト論〉が根源的に持つ力を現代に復権させるべきだと考える立場があります。それに対して、「和風テクスト論」批判の立場をとる日本文学協会（日文協）の国語教育部会の立ち位置の取り方も一方にはあるわけです。

この座談会では、〈テクスト論〉の復権の可能性、教室でのテクスト分析の可能性とその限界、日文協の国語教育を領導しておられる田中実氏の理論[注1]とテクスト論との共通性および差異などについて話し合いながら、文学／分析／教育の可能性ならびに限界を見つめていきたいと思います。

田中実さんの分析概念として、①「小説＝物語＋語り手の自己表出」、②「私の中の他者と了解不能の他者」、③「自己倒壊」、④「夢の読者共同体」、⑤「日本の文化構造の底を割る」などがあります。そして「テクスト論が文学を崩壊させた」とも発言されています。このような田中さんのスタンスをどう受け止めて、違いを明確にした上で、共通性をいかに探し出せるかを、みなさんと考えていきたいと思います。まずは国語教育の馬場さんや齋藤さんのお仕事を振り返りながら、問題点が見つけられたらと思います。

馬場重行さんの「これまでの『文学教育』／これからの『文学教育』」という論文[注2]は、文学の毒のようなものを明らかにしていこうとされています。そのとき「文学」って何?と感じてしまうのですが、今の国語教育では、①「小説＝物語＋語り手の自己表出」と言われています。「文学」教育といいながら「小説」といい、定義されない「物語」と区別されることに問題が一つあるかと思います。「物語」とは、ストーリーなのか、「プロット」なのか、出来事なのか、語られた何かなのか、古典文学テクストのことを「物語」と言われているのかが、もう一つの大きな鍵となります。ただし、テクスト論は、語り論を中心として古典文学研究こそが領導してきたという意識がありますので「物語」と「語り手」が切り離されることには違和感を感じてしまいます。また③「自己倒壊」が発生するような文学の毒は学校という規律訓練の場において、どのようにして可能となるのでしょうか?

齋藤知也さんは『私の中の他者』を、教師も生徒も相対化する」と言われますが、この点でテクスト論者とそう変わらないと思います。「夢の読者共同体」や「私の中の他者と了解不能の他者」や「日本の文化構造の底を割る」は、共有できて、了解できる事柄です。そうすると、問題は、枠組みと分析のときの手続きになるのかと思います。たとえば、齋藤さんの『〈語り〉を読む』ことと、『自己を問う』こと」という論文[注3]で、芥川龍之介『蜘蛛の糸』[注4]の中で、語り手が登場人物の発話や内面にも関与して物語世界を作り上げているときに、「語り手自身も批評するような構図が物語の中に用意されている」と言われています。そのときの語り手が次ページ《図1》でいうところのどの語り手に当たるのか？　語り手Ｚが相対化する主体だとしても「すべてが語り手の自己表出になるならば」、語り手Ｚは絶対的存在としてあるのだろうか？　という疑問がわきます。

このようにお二人の議論を見ていったときに浮かび上がってくるのは、テクスト論やポストモダンとは何だったのかということです。テクスト論やポストモダンは、片や「エセ読みのアナーキー」と呼ばれ、別のところでは、「ポストモダンが保守主義の温床になっている」と言われています。そのように、全く真逆の評価をされて、悪者探しをしているポストモダン批判やテクスト論批判をしていても、二十一世紀の現在、日本文学教育を取り巻く現状の中では不毛です。そのときにいったい何ができるのかということです。

高木信

また、田中実さんは、いわゆる小説というのは「物語＋語り手の自己表出」としてあると言います。田中さんの言う

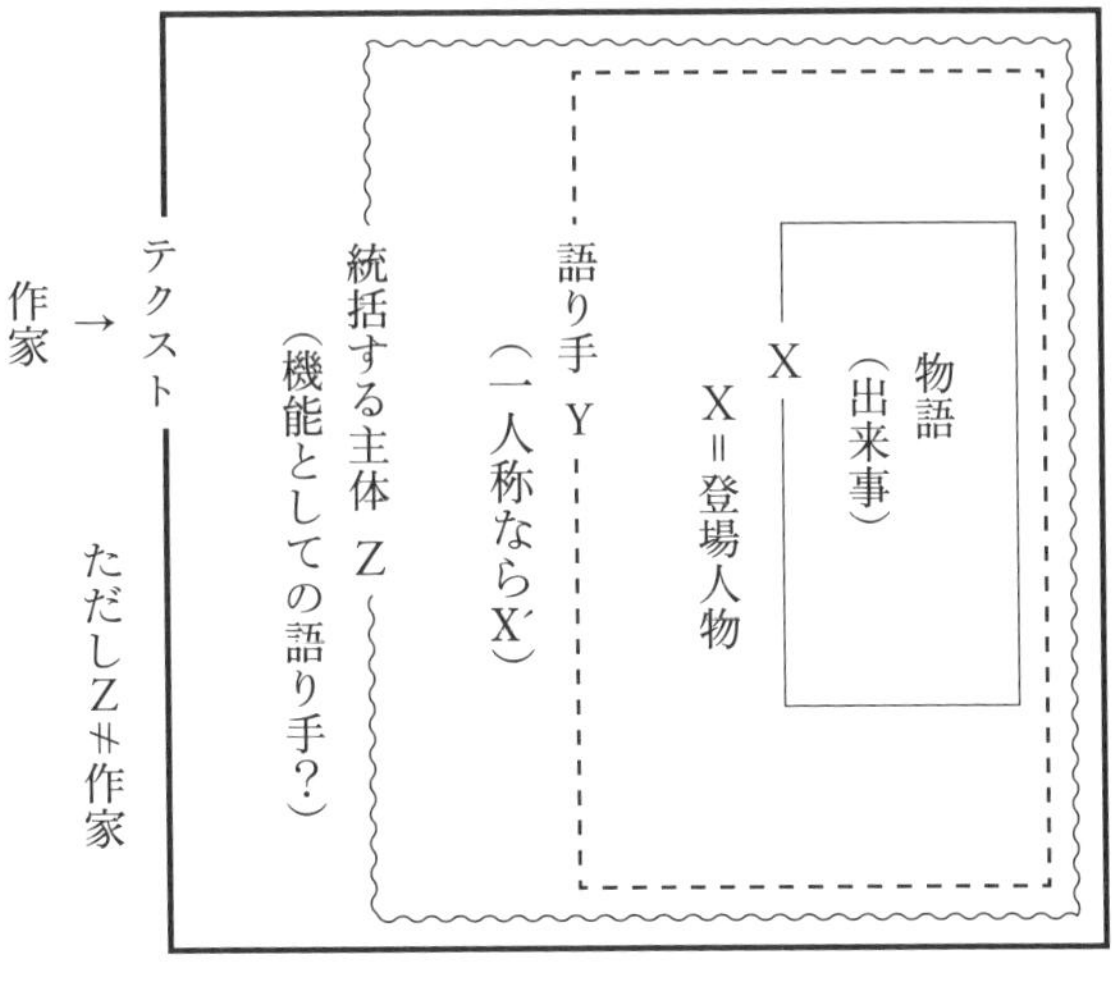

参考１＝三谷邦明なら話者か？　統括するための機能のみ存在

田中実の場合はＹ＝Ｚか？

参考２＝田中実は「小説＝物語＋語り手の自己表出」とするがここでの「物語」とは？　ストーリー？　出来事？　古典文学的テクスト？

物語文学においては語り手が重要な位置を占めている。

《図１》　語りの図式（シェーマ）

ことで難しいのは、「機能としての語り」をあるところでは読者、あるところでは語り手と言われ、あるいは「夢の読者共同体」へつなげていきます。そこの動きがわかりづらい。そこで《図1》を作成してみたわけです。波線で引いてあるところの「語り手Z」を、三谷邦明氏なら「話者」と呼び、「テクストを統括する機能としての存在」と言うのでしょうが、「語り手Z」をイデオロギーのなかにある主体として考えたときにどうなるのか、あるいは登場人物はすべて語り手YもしくはZの手中にあるのかどうかという原理論的なところも含めて話を展開したいと思います。

そのための第一歩として、まず、助川さんに、ポストモダンとネオ・リベラリズム、アナーキズムの話から始めてもらって、正解主義に話を持っていきたいと思います。

八〇年代問題

助川◉まず、日本文学研究におけるテクスト論が、運動として最初に起こったのは、物語研究会の初期（一九七〇年代）です。平安朝文学研究が中心でしたが、その影響がやがて近代文学研究に及び、テクスト論が広がっていった。物語研究会設立の動機のときに何があったのかというと、三谷邦明さんに直接インタビューしたときに、一番目の問題として「アンチ近代国文学アカデミズムがあったんだ」と言っていました。そのアンチ近代国文学アカデミズムは、二つの意味でアンチ近代でした。

第一に、近代以前の国学的な研究を復権させていくという意味です。

もう一つは、近代の国文学アカデミズムが目を向けることが少なかった、西洋の文学理論を導入することでした。これは、三谷さん自身がおっしゃっていたことですが、アカデミックな国文学の世界の「研究」というのは、有名な写本とか作者の自筆稿とかを見て研究するわけです。しかしそれだと、大学だとか研究所だとか、アカデミックな研究機関からはじかれた人間は研究ができなくなってしまう。肩書のない一個人が、特別な資料を見ることは、（少なくとも七〇年代当時には）難しかったからです。それで、三谷さんたちは、特別な資料に触れない人間にも意義ある研究ができることを示そうとして、西洋の理論をとりいれた研究をやった。

このように、七〇年代のテクスト論には、国学という、日本の伝統や土着性を重視する要素と、海外からの文学理論を導入する部分とがありました。要するに、「大和魂」と「漢意（からごころ）」の間に引き裂かれたところから、日本のテクスト論は出発していたわけです。

八〇年代に入ると、テクスト論は七〇年代とはまた別の要因の働きによって大きく勢力を伸ばしました。八〇年代前半に、ニューアカデミズムブームがおこりました。この「ニューアカ」ブームは、当時の消費社会前夜の空気と密接な関連があります。「ニューアカ」を定義するのは難しいのですが、「既存の学問の枠組を越えた、ジャンル横断的な思考・研究」と捉えるのがもっとも妥当でしょう。こうした「ニューアカ」がブームになると、「既存のディシプリンに縛られている人間よりも、むしろ門外漢の方が有益な発言ができる」という風潮が生まれるのは当然です。そしてこの風潮は、「ある製品を作ることに知識がなくても、使っている側があれこれ言ったり論じたりしていい、消費者の側が生産者よりも偉いのだ」という発想とあきらかに類似しています。

ちなみに、八〇年代に生まれた消費者を極端に重視する風潮は、現在の、モンスターペアレントやクレーマーの問題にもつながっていると私は考えます。このような、「ニューアカ」的というか消費社会的というか、受容者を極端に重視する風潮は、テクスト論的研究には追い風として働きました。「作者＝生産者」の状況と切り離して、「読者＝消費者」が自由に意見を言うことを、テクスト論は許容するわけですから。田中実さんなんかが、テクスト論者を「エセ読みのアナーキスト」と非難することにも、このように考えると一理あります。テクスト論を安易に、無責任に援用した場合、モンスターペアレントやクレーマーの「文学研究バージョン」を生み出す危険性は、たしかに否めません。

以上述べたことを整理しますと、日本のテクスト論には、七〇年代に起源を持つアンチアカデミズム的な流れと、八〇年代の消費社会に対応する流れがある（「ポスト学生運動」の時代に起きた現象として、両者を共通基盤において捉えることも可能ですが、ここでは敢えて、そこには深入りしないことにします）。この二つの流れそれぞれが、独自の意義と問題点を持っていた。そのことをおさえておくべきだと思われます。

次に問題になるのは、どうして九〇年代後半以降、急速にテクスト論が退潮していったかという点です。

この点については、まず、日本経済の停滞の影響が考えられます。学術的な領域で「シロウトが勝手に好きなことを言うこと」に対し、バブルがはじけた後からはあきらかに冷たい目がむけられるようになりました。「みんな大変なんだから、もっと実のあることを言え」というわけです。おそらくこのために、九〇年代後半から、

助川幸逸郎

「ニューアカ」的言説は完全に有効性を失いました。

また、少子化などの影響で、大学が置かれている状況が厳しいものになっていることも、テクスト論には逆風として働きました。「アンチアカデミズムなどといっていると、大学そのものが潰れてしまう」という雰囲気が、現在の大学の周辺にはたしかにただよっています。その結果として、七〇年代は批判にさらされていた「近代国文学」の方法が復活を遂げました。そのぶん、テクスト論の旗色は悪くなりました。

景気の停滞や大学の状況悪化に起因するこれらの変化は、ネオリベラリズム的な風潮が世の中に強まっていることと、おそらくつながっています。

さらに言うと、消費社会化が急速に進行した八〇年代には、あまりに「深刻でないこと」・「軽いこと」がもてはやされすぎました。このため、「昔ながらの文学好き」が八〇年代の時流に反発を感じ、当時流行していたテクスト論に背中を向けるようになりました。田中実さんや、田中さんを支持する中学や高校の先生は、このような「テクスト論嫌いの文学好き」なのではないかと私は考えています。そして、これらの人々からの攻撃によっても、目下のテクスト論は着々と追いつめてられています。

けれども、現在の情勢の中で追いつめられているのは、たんにテクスト論だけではありません。「ニューアカ」が主に依拠していた欧米の脱構築派の思想家たちは、文学テクストを読むことを極端に重視していました。文学を読むことを通じて哲学をしていたわけです。「ニューアカ」的なものやテクスト論が退潮するにつれて、文学の持っていたこうした特権的な地位までが失われていきました。最近、文学部の授業でも「映像論」とか「何とか文化論」が増えていますし、文学が専門の先生が退官すると、後任は歴史学とかメディア論の専門家だったりします。

要するに、少なくとも大学や中学高校といった教育現場の中では、文学そのものが追いつめられています。事ここに至った以上、「テクスト論者」と「テクスト論嫌いの文学好き」は、文学を擁護するという一点で共闘すべきなのではないか――そのことを呼びかけたくて、私はこの座談会に参加しました。

高木◉今の話で、ある程度理解できるのは、消費者としての「読者の自由」があまりにも野放図すぎて、文学テクスト分析が「好きに読めばいいじゃないか」というかたちで行われてしまったことへの反動です。ただし、私が考えるテクスト論は、ストーリーや登場人物と対等に存在する「語る主体」が語るプロセスで葛藤することで、田中さんたちの言葉で言えば「自己倒壊」でしょうか、私の言葉で言えば「脱構築（ディコンストラクション）」によって、テクストの中にある力――常識を覆す力――を引きずり出すものです。したがって、読者の自由を無制限に主張する立場と、私が考えているテクスト論は違います。そうすると、国語教育の皆さんの「エセ読みのアナーキー批判」の対象は、結局は私たちが言うところの「感想文に近い作品論」じゃないかと思います。今、大量に産出されているストーリー構造の後追いや人物像を読み取るような分析（とも言えないようなもの?）、もしくは権力批判を忘れたカル・スタへの批判として共闘できるのではないでしょうか。

そのときに、「読みのアナーキズム」と、「エセ読みのアナーキズム」の違いをどう見分ければいいのでしょうか。その辺、いかがでしょうか。

馬場◉私は、近代文学研究と文学教育研究との架橋を目指したいと思っていますが、そういう立場からうかがっていて助川さんのまとめは、とてもよくわかりました。「テクスト論」という言葉の流通のあり方と、内実の腑分け、多様な「テクスト論」相互の差異を、これまであまり詰めてこなかったと私も思います。

教室とテクストと

齋藤◉私は、学校教育のなかのいわゆる国語の授業において、文学教育の理論と実践はどのようにあるべきかを考えたいと思っています。今のお話をうかがっていて、中学校や高等学校の教室の現場では、いわゆる「テクスト論」がどんな磁場を形成していたのかという問題が気に掛かりました。まず、国語教育における文学の読みの授業で言えば、簡単に言うと、「正解到達主義」と「正解到達主義批判」が、教師にも児童・生徒にも、大きな問題となってきた歴史があると思います。その問題が、子どもたちや教師一人ひとりにとっても、心の奥深くで悩みの種になっていたのにもかかわらず、きちんと突き詰められずに来たのではないでしょうか。その上で、助川さんが問題にされた一九八〇年代は、多くの教室の中で、「テクスト」という言葉が、雰囲気のようなものとして流通していたのではないかと思います。つまり助川さんが言われた、「作者との切断」で読者の読みの自由を解放していいという意味で、ある種の風通しのよさを感じさせてくれる雰囲気として流通したのではないかと考えています。しかし、ここでどういうものを「テクスト論」と定義するかが問題になるでしょう。少なくとも、中学校や高等学校の中で雰囲気として流通していった「テクスト論」は、「一人ひとりの読みが違っていてそれでいい」というだけのものとして、あまり突き詰めきれずに終わっていたのではないでしょうか。ですから、九〇年代になって「関心・意欲・態度」を重視する「新しい学力観」が出てきたときに、ほとんど対抗概念にならなかった。その問題が、いまだに整理されずに残っている気がします。ここで考えなければいけないのは「作品」概念と日本の国語教育における「テクスト」概念が、「正解」という概念を温存したまま、実は連続してしまっているのではないかという問題です。「テクスト」という言葉の概念がいったいどういう領域を切り開こうとしているのかを、国語教育にかかわる人間が一度きちんと受け止めなければいけないと思っています。

中村◉八〇年代は、ちょうど私が大学院に行って研究めいたものを始めたころです。近代文学研究で言うと、歴史社会学的なアプローチや作家論がオーソドックスなものとしてありました。その中で、その当時は作品論が全盛期を迎えようとしているタイミングだったと思います。先ほど齋藤さんが、「雰囲気」と言いましたが、とても救われるというか、「そういうかたちでやっていっていいんだ」と、新たな風が吹いているという感じを持ったという記憶があります。ただ、そういうかたちで読んでいく、研究と称するものをやっていくときの支柱になるものは、実はあまりなかったので、結局、翻訳されたものを読んで、「ここでこんなことが言われているから、それを使ってみようか」など、よく言えば試行錯誤をしていたのかもしれません。

その中で、結局何のためにやっているのかは、最初のうちは、「こんなことができる」とやっていましたが、目的はいったい何なのかと。一連の流れが何を明らかにしていくのか、何のための学問なのかがはっきり見られないままでした。それは、もしかしたら、いわゆる「大きな物語」が消滅している時代の反映なのかもしれません。その中で、「こんなこともできるじゃん」というノリで広まっていったところがあると思います。ただ、研究界のそういう動きと国語教育界の動きがリンクするかたちで動いていたかというと、多分、国語教育界のほうが少し遅れているので、割と保守的なかたちで動いていたと思います。そういう動きが、何年遅れか知りませんが、国語教育のほうに多分少しずつ入ってきます。その時間のずれの中で、多分ある種のフィルターが働いているはずです。その動きを一回きちんと整理しておいたほうがいいという気持ちはあります。

高木◉今出てきた柱は三つだと思います。

一つ目は、教室の中で読み、それを学ぶこととは何で、それはどのようにして可能なのかということです。

二つ目は、「語り」や「語り手」とは何かということです。

三つ目は、分析をすることがいったい何をもたらすのかということです。

この三つの角度から話を進めていきたいと思います。

一、教室とテクストと価値をめぐって

高木◉まずは「正解とは何か」とか、「教室とは何か」というところから話をしていきたいと思います。

私は、「正解」といったときにきちんと腑分けしないといけないと思います。接続語や指示語を正確に読むレベルの正解もあるし、センター試験など入試レベルでは、文章の中での言い換え、『つまり』とかがあったら、これとこれは同じなんだ」ということで、同じ事を言っている箇所を探すという意味での正解は出ると思います。このレベルの正解主義ではない、もう一つ上のレベルでは、傍線を引いてある箇所がいったいどういう意味を持つのか、解釈が可能なのかを考えることです。いかがでしょうか。

中村◉そうですね、確かに、最初のレベルの正解を求めるのは入試レベルでやることなので、当然基本的なスキルとして身に付けさせたいものです。ただ、授業でそのトレーニングばかりやっていても、やはり楽しくない。それにジャンルの問題もあります。評論であれば、「意味するところ」をきっちりと押さえることはしやすいでしょう。一方で、テクスト論というか作品論をくぐり抜けてきた立場からすると、小説や詩を扱うたびに非常に葛藤しています。つまり、「こう読めるよね」と言うと、生徒から「こうなんじゃないですか?」と来ます。それを受け入れたい自分と、受け入れると教室という「この場」がいったいどうなってしまうんだろうと思う自分がいます。その中で、私が実際にやっているのは、「これをこういうふうに読むことはできる」と一応説明して、「でも、それは唯一絶対じゃないから、それを踏み台に

しても批判しても何でもいいから、あとは君たちで考えなさい」ということです。ただ同時に、コンテクストの中で、個々の部分をどう位置付け、意味付けていくかの積み重ねとしてテクストの解釈が成り立っていくならば、今度はそれらの部分をどう辻褄の合うように再構築していったらいいかを、生徒に考えさせるというかたちで投げ返していきます。で、最後は、いろいろ出てきてもいいというかたちでやっています。すると、試験をどうするかということが現場ではよく出てきます。それについては、「正解はないんだ。とにかく、自分で納得のいくようなかたちでその作品をとらえたら、それをまとめて書きなさい」とやるわけです。こちらはそれを読んで、「よくできたね」とか、「そうじゃないね」と評価するという扱いしかやっていません。

高木◉私も高校教師時代は、授業中に自分なりの解釈を展開したときには、「これはもうテストには出さないから。僕はこういうふうに読む」と言って、テストとは切り離します。彼らは、テストがあるから正解を求めるのであって、テストがなければ、「え、そういう読み方もできるの？　でも違うんじゃない？」と自分の解釈を述べることは可能になると思います。このようなスタンスがあるわけですが、文学教育・国語教育系の人たちは、「正解到達主義」批判だけでなく、「正解到達主義批判」批判の両方をします。その点を踏まえてコメントをお願いします。

齋藤◉中村さんと高木さんのお話を共感しながらうかがっていました。私も、かつて受験教育を中心にした学校に勤めていたことがあるのです。テストと切り離して授業を行うのは状況的に難しく、「正解到達主義」的な授業をしなければならないことに、大変苦しみました。コンテクストが問われる局面になると、真剣に考える生徒ほど「どうしてそういうふうに読まなければいけないのか」ということが大問題になるからです。ですから、私はそのころ、「正解到達主義」こそ諸悪の根源、「正解到達主義批判」を前提とした学校で授業をやればどれだけいいだろうと思っていたのです。そういう思いで、十三年前、今の職場である自由の森学園に赴任したわけです。自由の森学園は、中間・期末試験のようなテストはやりません。まとめとしては、基本的には、レポートを書かせています。「与えられた正解はない」という言葉が合言葉のように使われ、文学作品の読みの授業でも、それを標榜していました。

しかし、赴任してすぐに授業で大きな壁にぶつかりました。「与えられた正解はない」ことを前提とした授業の中で、生徒たちが根源的な疑問を出してきます。一つ目は、「正解」があるかないか以前に、「自分が選んだわけでもない小説をなぜ学校で無理に読まなければいけないか?」という疑問です。二つ目は、「(与えられた正解はないとしても)、小説の読みにそもそも正解はあるのか?」、「あるとすれば、それはいったいだれが正解と決められるのか?」という問い掛けです。三つ目に、「読みは人それぞれだとしても、ある枠があったうえでの人それぞれであって、文を正しく読み取ったうえでのことなのではないのか?」という生徒の意見が出ます。それに対して、「文を正しく読み取るっていうのは、いったいどういうことなの?」という生徒も当然出てきます。結果として、「このような考え方まで人それぞれだとしたら、何でそういうものをみんなで読まなきゃいけないの?」と、もう一回一つ目の疑問に戻るのです。こういうことが、具体的な読みの授業以前の問題として、授業の中で生徒から出されてきたのです。

当時は、自分の中に答えられる言葉がなかったというのが正直なところだったと思います。それに応答できるようになるため——高木さんが言われたことと関連させると、「正解到達主義批判」をどのようなレベルのものとしてとらえ直すかということになると思いますが——読みの原理の探究、あるいは文学教育の根拠の探究に向かっていきました。その意味で、「正解到達主義」批判と「正解到達主義批判」の批判の両方が大事なのだという議論をしていた、日本文学協会の国語教育部会[注5]に私がひきつけられていったのは必然だったという思いがあります。

「語り手」を読む

高木◉そこをもう一歩突っ込んで、例えば、先にも触れました論文「『〈語り〉を読む』こと」と、『自己を問う』こと」で、『蜘蛛の糸』というテクストの内部で、語り手が釈迦も批判し、犍陀多(かんだた)も批判し、その上「無関心な蓮」を導入したことで、語り手自身も相対化される視座がテクストに確保されていると論じられています[注6]。「語り手自身が相対化される」と論じたこと自体は、「正解」だと思っていますか。

齋藤◉はい。厳しい質問をありがとうございます。結論的に言うと、それは「正解」ではないと思っています。今の私は、そもそも「正解」という概念そのものを否定しており、読みで問えるのは「正解」ではなく「価値」の問題だと考えています。『蜘蛛の糸』で言うと、国語の教室の中では、かつては犍陀多の自己中心性批判が教室を支配していたと思います。それが「正解到達主義」と一体化したようなかたちで流通して、ある種のたちの悪い「道徳主義」と一緒になっていたと思います。ところが、一九八〇年代後半から九〇年代にかけての自由の森学園の授業を見ていると、生徒たちは「犍陀多が自己中心的だからいけない」ということのほかに、もう一つ「御釈迦様が冷たい」「糸を下ろしたのは御釈迦様なのに、傍観者的に『悲しそうなお顔』をして『ぶらぶら』歩いていくのは、自分勝手だ」という〈読み〉も出していました。これは犍陀多の自己中心性を批判することを「正解」とする「正解到達主義」を批判する文脈で生まれてきていたものだと思います。御釈迦様を批判する読みが生まれてくるということと、「テクスト論」的受容の問題は、どこかでつながっていたのではないかという気がします。しかし、「犍陀多の自己中心性」と「御釈迦様の傍観者性」のどちらが問題かということを表面的に「議論」するだけでは、読者が自らを問うことはできず、読者もまた「傍観者」になってしまうことになります。

そこで「語り」に注目したいと思いました。「語り手」がどのように両者を語っているか、という観点から読むと、確かに犍陀多の自己中心性を批評する一方で、御釈迦様の傍観者性も批評しているように見えます。例えば、「語り手」は、自らも罪人であるのに下からのぼってくる罪人に「こら、罪人ども〜下りろ」という犍陀多の姿を、「喚きました」と語っています。つまり犍陀多の「ものの見方」、「私の中の他者」の問題は批評されているのです。一方、「語り手」は、一部始終を「悲しそうに」見て、犍陀多の自己中心性に批評意識を持っている御釈迦様自身が、実は安全地帯にいるのに、そういう自分自身の姿は棚上げにしている問題、つまり御釈迦様の「ものの見方」、「私の中の他者」の問題をも批評していると私は考えるのです。つまり「語り手」は、犍陀多と御釈迦様に共通する「私の中の他者」の問題を批評していると読むことができると思っています。

しかし、そこでとどまってはなりません。犍陀多、御釈迦様双方の「私の中の他者」の問題を批評する「語り手」は、まさにその「批評するという行為」によって、犍陀多や御釈迦様を自己化し、自らの物語に回収しているわけで、その意味では批評の対象としている犍陀多や御釈迦様と共通する問題を持つようになってしまいます。しかしながら、この「語り手」が優れているのは、物語を語るなかで、「蓮池の蓮」だけは「頓着」していないことに気づくことです。「蓮池の蓮」が「頓着」していないように見えることで、自らは御釈迦様や犍陀多を語り、批評するということで「頓着」してしまっているということに気づく、つまり「語り手」の自己批評性のようなものが見えてくると読むこともできると思うのです。そのことはそれまで登場人物を批評していた読者自身の立っている位置をも問うてくると思います。

高木◉そこでの「価値」という言葉が、私たちのつまずきの石になると思いますが、今の話はとてもわかります。ただ教室でやっているとコンテクストが共有されているのかがわからなくなります。極端な例を出すと、「男にふられて少女は泣いていた」という文について、「何で泣いていたの?」と質問すると、「うれしいからじゃない?」と答えてくる場合もありえます。「それもありだよ」と言いながらも、「普通は悲しいから」が常識的反応なんだよと教えなければならないわけです。ただ、今はその「普通」がどの辺りにあるのかよく見えなくなっている。その中で、「普通はこうだ」と教えたうえで、新たなコンテクストをテクスト中に発見して、「もしかしたらうれしいかもしれない」という解釈が成立するかどうか判断しなければなりません。その意味で、「お釈迦様が冷たい」というのは、同時に新たなコンテクストを発見していくことだと思います。旧来の枠組みがあって、そこに新たなコンテクストを発見しても、そこにもまだ枠があるのでそれも崩していく。つまり枠崩しの連続だと思います。それは、私たちの言葉では、「ディコンストラクティブな働きだ」と言うところです。それをいろいろな意味をすでに含み持っている「価値」という言葉で語られると誤解が生まれやすいかと思います。

「正解到達主義批判」を批判する

馬場◉いきなり「価値」の問題にいく前に、少し後戻りします。今の話の起点は「正解」の問題だった。高木さんが言った表層的なレベルの「正解」の問題は、日文協国語教育部会の須貝千里さんの言葉を借りて言えば「日常的言語運用能力」のレベルでのことです。これはもちろん大事で、きちんと学習しなくてはだめだと思いますが、それと小説や文学作品を教材化して「正解」の問題を問われるときの「正解」は、もちろん意味が違います。おそらく、センター試験もそうだと思いますが、試験における、ある「正解」の前提には「出題者の読み」があります。まず出題者が読みを作っておいて、その枠組みの中での「正解」が作られる。私もかつて教室での授業でいつもやっていましたが、「私はこういうかたちでこの小説を読む」という、その読みの枠組みを作った中で、「だから、この傍線部分の意味は、次の五つの中の一つを正解とするんだ」ということは、実態的にあると思います。

国語教育では、八〇年代からずっと同じような問題を引きずってきたと思います。「正解探しはしないんだ」と「正解到達主義」を批判しながら、「行動にまず移せ」、「十人十色が大事だ」という話をしていました。そもそも「正解」とは何か、「正解」の枠組み作りをどうやっているのか、それはどんな立場で批判ができるかなど、問題の根のところがずっと曖昧なままであったと思います。そこを今の段階で検証したいと思います。

齋藤さんが「価値」という言葉で言おうとしているのは、なぜ小説を教室に持ち込むかにかかわってくると思います。つまり、教師がある鮮やかな読みを見せて、生徒や児童たちの目からうろこを落として、さすが先生はすごい読み方をすると。私は、テクニック的にはそういうことが必要だと思います。でもそこにとどまっているだけなら、何も「感動」は残りません。齋藤さんの実践には「価値の発見」や「価値を創出する」といった、「価値」を作り出していく読みの動的な過程があります。生徒たちといろいろ意見をやり取りしながら、読みを一緒に作り出していくことに、齋藤さんは小説を教室に持ち込む意義や必然性を見出していると思います。

高木さんがこだわっている脱構築との違いは、その意味ではあまりないように思います。恐らく、ある枠組みや既成のできあがっているものを作り替えて見せて、その結果、世界が新しく見えてくるのであれば、それを「価値」と言おうが「脱構築」と言おうが、目指しているものや手にするものはあまり変わらないような気がします。ただ、私は、「価値の発見」や「脱構築」がそう簡単にできるのかという疑問を持っています。「正解到達主義」は、答えが一つだと決めたうえで、それを生身の作家にくっつけて、「こういうことを、作者は言いたかったんだ」というものなので、批判しやすいです。でも、「正解到達主義」を批判している人たちを批判するためには、何がその批判の対象になるかを問題提起しておかないとまずいと思います。少なくとも、日文協の国語教育部会で言っている「正解到達主義批判」の批判は、対象にしている本文の実体を問題としています。つまり、正解が本当はないから「正解到達主義批判」ではなくて、「読みの対象は何なの？」「何を読んでいるから読めた、読みができたと言えるの？」と問うところにこそ、「正解到達主義批判」を批判するときの、一番の問題があると思います。

ものの見方を変える

高木◉ものの見方が変わるというのは、テクスト論の目指すところだと思います。しかし、テクスト論がなぜだめになっていったかというと、「ものの見方が変わったつもりかもしれないけど、それにいったいどういう意味や効果があるの?」と言って、その後の検証もなしに「カル・スタ」に移行してしまったからです。「結局、消費者・読者の自由が何を変えるんだ?」と言われて、テクスト論は文学研究ではだめになっていったと思います。そういう点で、中村さんや助川さんは、教室とテクスト論がもたらすものの見方の変革について、いかがでしょうか。

中村良衛

中村◉多分、これもとても大きな問題になってくると思います。その作品の普通の意味での価値で、正解は、あくまでもその作品をどう捉えるかであり、その作品そのものの価値を前提としています。一方で、教室に小説や文学作品を持ち込む一つの意義として、言ってみれば、ものの見方や世界の見え方に持っていくことは、作品を媒介に使うことです。つまり、そこでは、作品をどう読むか自体よりも、それを超えたところで生徒にどう働き掛けていくかということが重要になってきます。そうすると、教室で読むことの意義は、作品そのものの価値を前提とするのか、それを一つの媒介や手段と位置付けてやっていくのか、それは多分何のために小説を教えるのかという根源的な問題になってくると思います。その問題が、私の中ではよくわかりません。馬場さんや齋藤さんにしても、「本文」か「原文」かわかりませんが、何を読むかは作品の固有の価値が前提とされている発言だと思います。でも、一方で、そのものの見方をそういうふうに持っていきたいと。テクスト論は、多分、ある意味でテクストそのものを解体させる誘導を内在させていたので、カルチュラル・スタディーズのほうに行ってしまったという気がします。まず作品の固有の価値をしっかりと確認して、そこから一歩も出ないでやっていくのか、それとも媒介や素材の位置付けで行くのか、どちらでしょうか。

馬場◉もちろん私は作品に「価値」があると思うから、それを教室に持っていって教材化したいと思います。ただ、「価値」の発見にはそう簡単に至れないので、そこで読み方や読まれ方の問題が出てくると思います。どう読むとその「価値」が発見できるかというところで、読み方の問題が問われてきます。具体的に言うと、語りの問題が出てくる。しかし、それはある意味で、媒介や素材と全然違うのかというと、そうとも言い切れません。強い言葉だと自覚していますが、例えば、田中さんが言っている「自己倒壊」は、作品を経由してしか生まれてこない、その意味では素材だし媒介です。ただ、最初から目的的に、これはある素材にすぎないと限定付けては使っていないということだと思います。むしろ、小説の固有の「価値」がそう簡単には発見できないところ、今までの近代文学の研究が見出したと思われている「価値」をもう一回対象化することのほうが、ずっと力技だと実感しています。

高木◉教室で何かを教える、伝えたいときには、常にある水準を決めてそれにフィットする価値を持った教材を持ってくるということなのでしょうか。

馬場◉いえ、それは自明ではありません。例えば、教材にできるかできないかと迷いながら、ある小説を読みます。自分の中で教材にできると決めるのは、私の中でその教材の読みが自分勝手ながらもある程度はできている時です。そう思って、実際に教室に持っていって、講義の中で使ってみると大失敗する例は嫌というほどあります。「定番教材」と言われているものの底力は確かにあると思います。長い時間をかけても、教材からはずされないだけの「価値」の埋蔵量の多さがどこかにあると私は思っています。それを引き出せるかどうかが研究者や国語教育研究者の問題だと思いますし、まだ引き出せていないところもあると思います。一方で、全く同じまなざしで、「定番教材」を批判的にも見ることができます。「定番教材」という安心感の中で、定番化してしまっているぬくもりがあるので、それを引きはがすことは、ある意味で別の「価値」の発見です。私たちはそういうことをやれるのかどうか。「テクスト論」のアプローチのほうがずっと生産的ならば「テクスト論」を使うべきだろうし、「テクスト論」ではない何か別のアプローチがあって、そちらの生産力が高いならそれを使うべきで、「絶対にこれは使うな。あれは使え」ということはないと思います。

齋藤◉おそらくこの議論の中でもそうなのでしょうが、実践報告を発表する際に誤解されやすいのは、教師が感じた「価値」、いまの状況の中で考えさせたいことがあって、そのために教材を持ってきて、それを使って生徒に「価値」を共有させていこうという磁場が働くだけで終わっていると捉えられてしまうことです。

この問題は非常に難しく、教員の権力性をどう捉えるかに関係していると思います。まず前提として、教師はどうあがいても自分の権力性から自由になることはできないと観念しなければいけないと思います。時間割があってカリキュラムがあって、教材の選択も基本的には教師が行っているわけで、教師の価値判断を全く抜いたやり方というものはありません。しかし実際に授業に臨むときは、どういう「構え」で行くかという問題が大事です。教員側からすると、「生徒にこのことを考えさせたい」「この文章の中なら語りの問題を捉えさせたい」という思いを一方では持っているわけです。しかし、現実に生徒から出される質問や意見は、教師の想定を超えた多様なものを含み込んでいます。そのときに、それらの質問や意見を教師が自分の文脈に全部回収してしまえば、それは権力性の悪用です。教師は生徒の声や意見を、自己化して解釈してしまいがちであり、ここでも「私の中の他者」の問題が生じてきます[注7]。教師としては精一杯教材研究をし、生徒に問いたいことを持って教室には行く。けれども教師の読み方も、絶対的・固定的なものではなく、常により深い「読み」を求めていなければいけない。この双方の構えを併せ持ってこそ、生徒の声の多様性を受けとめる可能性が生まれ、権力性をかろうじて超える道筋も見えてくると思うのです。これらのことを考えると、教材研究から授業における読書行為、さらには生徒の意見をどう聴き取るかということの全てに、「私の中の他者」の問題をどのように超えていくかということが問われていると考えます。

助川◉価値の問題について一言。具体例を挙げます。私は昨年度の前期の授業で、ケータイ小説の『恋空』(美嘉　魔法のiらんど文庫)をやりました。『恋空』は、普通の意味で言うと、文章が本当に下手です。たとえば、『世界の中心で、愛をさけぶ』(片山恭一　小学館文庫)には、それなりに巧妙さを感じましたが、『恋空』には、小説の技術や文章表現の面で、買うべきところがまったく見出せません。もしこれが傑作だとしたら、私の文学観は根本から崩れ去ります。読んでいて、あまりに文章が稚拙なので吐き気がしたほどです。でも、それだけ下手なのにもかかわらず、おおいに読まれた理由を考える必要はあるだろうと、講義で取り上げました。すると、学生二人ぐらいが、「私は感動して泣いた。人が感動して泣いた作品を、『吐き気がした』とは何事だ」と抗議してきました。私は、この抗議は受けて立たなければいけないと思いました。それで、「感動して泣いた。だからすばらしい作品で、守られなければいけないという考え方自体が自明ではないよね」とその学生たちに言ったのです。そして、後期の授業は当初の予定を変更して、「日本文学における傑作と駄作」というタイトルで行いました。日本文学における傑作はどういう文脈で形成されていているのか、ある作品がどういう社会情勢の中で「傑作」として定着していったのかを話したのです。そして「自分がこれがいいとか、悪いとかって感じる感性自体が絶対的なものではないんだ」ということを示そうとしたわけです。

私は生徒に対して――今の子どもは、泣いたことに対するリアリティーをとても強固に持っていて、それを否定すると人権を否定されたように思う子が多いですが――「泣いたというリアリティーと、それが他者に共有され認められるべきであるというリアリティーは、分けて考えなければいけない」といつも言っています。「私が泣いたんだからいいじゃない」と言うと、エセ読みのアナーキー的テクスト論になってしまって、他者が一切見えなくなってしまいます。「泣いた」というリアリティーと、それが共有されるべきかどうかを分けて考えることを議論していくことが、自己倒壊や脱構築の問題と結び付いてくると思いました。

高木◉そうですね。今、「傑作」、「定番教材」、「感動」、「リアリティー」という言葉が出てきました。今の話だと、結局「感動した自分は自分だからいいじゃん」という「俺様主義」のようなものを、私たちはどのレベルで揺さぶるなり壊すなりできるかが重要な点です。「感動した」といいますが、それは物語内容レベルで感動しているわけです。今、私たちがやっている話は、正解、不正解、正解批判、価値ということも、結局は物語内容だと思います。ここから語りの問題へ移行したいと思います。

二、物語内容、語り手、テクスト

高木◉田中さんが、小説は「物語＋語り手の自己表出」であると言っています。それを考えるために《図1》（一九頁参照）を作ってみました。出来事の中の登場人物として「X」がいて、それを語っている「語り手Y」という人がいます。これが、一人称の場合は「Y＝X′（時間的変容を含めて「X」そのままではないのでダッシュを付けました）」となります。で、それによってテクストが生成されるわけですが、「機能としての語り」と言われるときに、外縁としての「テクスト」と「物語内容の世界」の間に、ちょうど皮膜のように「統括する主体Z」がありえます。三谷邦明氏は、これを「話者」と呼んでいて、「ここにはイデオロギーは何もない」と言っています[注8]。田中さんの場合は、「Y」と「Z」がイコールなのかどうかというところが難しい。このように語り手というものを「Z」もしくは、語り手の自己表出と言われるときの「語り手」が、「機能としての語り手」と言われますが、どのような力を持っているのか。

僭越ながら、私が昔やったのは、「語る主体」と「騙る主体」と「カタル主体」という、語る主体が物語内容を語っているうちに登場人物や語った言説との関係で変容せざるをえなくなり、別の意味を生成する騙る主体になってしまう。その両方を作り出すことができるのが、「カタル主体」だというように、私は語り手の変容を考えたことがあります[注9]。田中さんの「機能としての語り」はこのような問題とつながっていくのか？　テクスト論の「語り」論と田中理論の「語り手」「語り」論と、語りによって生成される意味とのつながりはどのようなものなのか？　さっきの言葉で言えば、価値とどうつながっていくのかを話題にしていきたいと思います。

馬場◉その前に、高木さんの《図1》で、「X」が登場人物で物語に登場して、そこに話ができていると。そのことを点線で囲んだ語り手が語っていると。例えば、これを具体的な作品で当てはめていくと、芥川龍之介の『羅生門』で言うと、「X」に「下人」と「老婆」があって、語り手のところに「作者」が出てくるという理解でいいですか。

高木◉ただし、それはいわゆる「作者」ではありません。語り手「Y」であって、「下人の行方はだれも知らない」と語るのは「Y」です。あるいは「作者はさっき『下人が雨やみを待っていた。』と書いた」と登場する「作者」も、一人称小説の変種として語り手「Y」でしょう。その上側に「『下人の行方はだれも知らない』『作者はさっき……と書いた』と私は語っている」という語り手Yを語っている者として語り手Zを想定してみようということです。

「機能としての語り手」をめぐって

馬場◉よくわかりました。その意味では《図1》は、田中さんが言っている語り手という問題[注10]と基本的に通底する概念を含んでいると思います。つまり、語り手を二つに分けて田中さんは考えていると思うけれど、作中

馬場重行

に登場する実体的な語り手の問題、特に一人称の場合ですが、「私」とか「余」と言って出てきます。それも語られていると捉える視座が、一番外側の「Z」の語りを設定することでしょう。「私」と称して語り手役を演じさせられているかたちで登場する語り手がいるということを、「機能としての語り手」が仕掛けています。そういう意味では、この入れ子型のようになっている図は、二次元の平面図として一応理解できるものです。

高木◉問題は、「Z」の語り手と「Y」の語り手の関係です。田中さんは、例えば「手記を書く語り手、語り手をとらえる〈機能としての語り〉」という論文で、『舞姫』[注11]を分析していて、手記の書き手「余」をさらに相対化する「余」が意識しえないところにある「機能としての語り」を読む方法を取っているはずです。そのときに、「余」を相対化する語り手「Z」が、果たして太田豊太郎という手記の語り手を相対化しえているのでしょうか？ 田中論文は、太田豊太郎が自分の弱さを認識し、最終的には相沢謙吉が憎むべき対象であったと知るという結論に行きます。それは、「相沢謙吉が悪いんだ」と「余」が語っていることと、「語り手Z」とが共犯関係にあると言っているのではないでしょうか。つまり、「相沢を憎む余なんだから、赦して！」と「語り手Z」も「語り手Y」も、登場人物としての太田豊太郎を庇って語っているということではないか。ここに「語り手Y」や登場人物を相対化する、あるいは「語り手Z」の語りを検証する機構があるんだろうかという問題です。

馬場◉『舞姫』の例で言うと、「余」という一人称の「X」が、手記の書き手＝「語り手Y」となって語ります。その語っている物語の中は、手記のかたちで語っているけれど、それは絶世の美少女に愛されてしまった男の話ですから、ヒーロー物語です。だから、「余」が語っている直接内容のところで言うと、一人称の語り手の「余」と彼が語る物語の関係で作品ができあがっていると読めると思います。しかし、田中さんが言っている語りの機能というのは、実体的に提示されるとは考えていないと思います。この場合で言うと、「余」というかたちで語り手によって語られている「余」が、自らがつづる手記の中で登場させている太田豊太郎やエリスとの関係性をどう捉えるかという問題が生じます。「余」そのものを対象化するような実体的な語り手が、一番外側の枠の「Z」というかたちで『舞姫』の場合に出ているのかどうかというのは、少し疑問です。それは、読みの行為の中で出ているでしょう。

高木◉田中さんは、そこを「機能としての語り手というのは、読者だ」と言っています。読み手の中に現象してくるものとして「Z」があると。

馬場◉読み手の中に現象してくる者として「Z」があるというと、あたかも「Z」が読みの行為とは少し別のところでイメージ的に前提化されませんか。そうじゃなくて、読んでいる読者主体のほうが「Z」の機能を働かせられるかどうかですよね。『舞姫』という小説が、そういう仕掛けや構造を持っていると、ある読み手がそれを作り出すという、それが田中さんの考えている「働き」とか「機能」を作る言葉じゃないかな。

齋藤◉私もそう思いますね。この図そのものは、非常にわかりやすくできていて納得できます。先程も発言しましたが、『蜘蛛の糸』で言うと、「語り手」が語るなかで、御釈迦様や犍陀多の中の内なる物語やものの見方みたいなものを批評していくのですが、そのままだったら批評している対象と同じ問題を、自らも抱え込んでしまうことになります。つまり、「私の中の他者」の問題に無自覚になってしまう問題を背負ってしまうことになるわけです。しかしこの「語り手」は、頓着していない蓮池の蓮に気づく。さっき高木さんが「語りの中の変容」と言われました。この「語り手」は「ぼく」とか「わたし」とかいう一人称としては登場してはいませんが、実質的には一人称と同じような働きを持っているわけで、図で言えばまずは「Y」に当たると思います。しかも、語る中で、蓮の花が頓着していないように見えることによって、自らの「頓着」について自己批評とか自己相対化を果たしていくように読み手によっては見える。そういうふうに読み手が「Z」の機能を働かせられれば、「Z」の世界も表れてくるのではないかと思います。

高木◉まさに、プロセスの中に世界が表れてくるということですね。語られている事柄を読んでいる事柄の中にだけ、出来事として発生してくる事件として、語り手の変容という「Z」の世界が表れてくるということですよね。それなら私は納得できるな。

馬場◉だから「機能としての語り」は概念ですよね。そういうことを設定して読みましょうということだから、ますよね。
逆にそれが実体みたいに考えていくと、かえって混迷し

高木◉『舞姫』でしたら、「相沢を憎む心」と書いている「余」は、エリスの言葉を書かないとか、さまざまなトリックによって出来事を書いていきます。その「余」が、さまざまなトリックを使って自分を悲劇の主人公に仕立て上げている。そこに着目すると「相沢を憎む」と言っていること自体を批評する枠組みとして、もう一つの語り手＝「余」を語る語り手というのが、自己正当化する「余」を批判できる視座として確保されているというのならわかります。だから、先ほどの話で言えば、読者が「余」を批判するための視座というものをどこで担保されるかといったら、「余」を信じ切れない、「語り手Y」を信じ切れない、そのときにはもちろん森鷗外も信じ切れない、じゃあ、どこを信じるかといったら、テクストの表皮のところにぴたっといる「語り手Z」という語り手が、何をやってしまったのかに着目するしかないと思います。相対化する場合もあれば、「語り手Y」と共犯して出来事を捏造する場合もある。それがもしかしたら「第三項としての本文」なの？　と、今、ふと思いました。それは違うのかな。

齋藤◉私もまだはっきり見えないところですけれど、「X」、「Y」、「Z」の関係性が問題です。様々な作品が出てきていますが、それらを一緒に論じてしまうと、問題点が見えにくくなる感じがします。

「語り手」を相対化する

高木◉ただ、これは一般理論ですから、どのような作品でも一応当てはめられなければいけないというのがあって、例えば『羅生門』なら、語り手は「下人の行方はだれも知らない」と言っているのに、私たち読者は、「下人はそのあとどうなったんだろう」という想像をするじゃないですか。ということは、まさに「語り手Y」のテクニックというかレトリックというか、Yの手のひらの上で私たちは「真実とは何か？」と書かれていないことを探求したくなる、「真実探しをしろ」とか、「本当の意味は何？」とか、「真実を探しに来いよ」と言っているのが「語り手Y」だと思います。だけども、「そんな真実なんかどうだっていいじゃん」と思えるのは、「語り手Z」の立場に立つことで可能になると思います。「語り手Y」がやっていることと登場人物が言っていることの齟齬とか、共通性を量ることができるのは、「Y」を信じ切るのではなくて、その両者を相対化する「語り手Z」の視座を確保するからだと思うわけです。

田中さんは「語り手の自己表出というのは、登場人物のせりふの中にまで影響を及ぼしているんだ」と言いますよね。たしかに「語り手Y」は登場人物の発話にまで侵入しているとは思います。たとえ侵入してきても、語り損ねはありますから、どうしても登場人物は「Y」に支配され切らない。このような出来事を分析できる場所はどこかというと、私は「語り手Z」のレベルだと思います。

問題の一つの肝は、この「語り手Z」と田中さんが言うような「語り手の自己表出」が、どうかかわるのかというところかな。

馬場◉登場人物の行動も言動も、全部それは語り手が語っています。田中さんはよく比喩的にいっこく堂[注12]を使うけど、「後ろ側に語り手が隠れていて、それぞれの登場人物にドラマを演じさせて、そのこと自体を語り手は意図的に仕組んでいるんだ」と比喩的に言います。ただ、いっこく堂の比喩だけでいくと、実体みたいに感じるという問題があると思うし、いっこく堂の後ろ側はどうなっているんだという問題が見えづらいとも思います。語り手とは、いっこく堂をさらに操作しているような、あるステージがあって、観客がいて、いっこく堂が観客を笑わせていること自体をプロデュースするような存在だと思うんです。それは、登場人物の中身全部に浸透していくと思います。

高木◉でも、登場人物を支配するという考え方は、とても西洋的な一神教的なものですよね。そうすると、田中さんが言っているような「日本の底を割る」みたいな「日本」批判と、まさにキリスト教的な素地から出てきている「外国の理論」ですが、そんな「外国理論なんか使わなくたっていい」ということとどうつながってくるのでしょうか。

馬場◉「外国理論を使わなくたっていい」とは言ってないです。使い勝手というか、使い方だろうと思います。田中さんは、「日本っていうのは、唯一絶対の一神教じゃない」と、日本の風土の問題を言っていますよね。「八百万の神だ」とも言っています。だから、何でも作り替える力が働いて、その意味で全部和風に変わっていく、そのこと自体を比喩的に言うから、「天皇制」という言葉でも言い換えますが、「日本の底を割る」とか「文化の底を割る」とか「天皇制の問題」という形で説明しようとしていると思います。田中さんが何で「語り」とか、「機能としての語り」とか言っているかというと、そうやって近代小説を読み替えない限りは、日本の文化と小説が断絶してしまうと考えているからだと思います。そうした近代小説の「価値」の問題を浮上させないと、近代小説がどうして誕生したか、例えば、『舞姫』が何で明治のあの時期に書かれなければいけなかったのかという問題が見えてこないと考えていると思います。そこに例えば、「テクスト論」と言われるようなアプローチで、文化とか、小説の向こう側に眠っているような問題は対象化しないでいいのか、それとも、対象化するけれども、そのことはアプローチが全然違うと考えたほうがいいのかという問題が浮上してきます。

助川◉いや、私は、それを対象化できると思っています。だから、今言ったような問題は、例えば古典で言うと、『源氏物語』にもあります。だから、『源氏物語』は巻ごとに語り手が違って、なおかつ語り手を相対化する語り手が出てきたりという問題があると、当然のことながら「語り手Z」みたいな存在を想定しない限り、『源氏物語』を通しで読むことはできません。そういう存在を想定していったときに、さきほど話に出た日本的な問題みたいなものを撃っていく視座も必然的に生じてきます。たとえば、「『源氏物語』はどういう原理にしたがって生成されているか」とか、「『源氏物語』の語りは、平安時代の貴族社会に対してどういうスタンスを取っているか」などが、問題として浮上してきます。

むしろ私は、「語り手Z」のようなものを重視していくことが、テクスト論にとってとても大切だと考えているわけです。脱構築の読み方は、テクストの中の裂け目を見つけていって、そこから何か意味を取り出してきたり、あるいは既に権威化している解釈の矛盾点を取り出してきたりというものです。そのときに、当然のことながら、裂け目を担保するためには、「Z」みたいな視点は必要になってきます。そのときに、「テクスト論はポストモダン派で、ポストモダン派は文学を読むことですごく哲学をしていた」という、冒頭にも述べた大きな問題が出て来ます。脱構築派としては、文学を読むことを通じて既存の体制を批判する一方で、既存の体制と違う思考や存在の在り方として、どういうものが考えられるのか、そのモデルを提示することをやりたかったんです。ところが、特にポール・ド・マンは、既存のものに足げりを食らわしているだけです。「この読みはだめ、あの読みもだめ」と言っているだけで、「この読みはだめだ」と言っていくだけだったら、「じゃあ、どうすりゃいいのよ」という話になります。ド・マンの弱さは、そこだったと私は思います。既存の権威を批判すると同時に、それと違った読みとしてどういうものがあるのかを見せることができていたのか。完璧に示すことは無理にしても、とりあえずの青写真とか、対案にたどりつくためのきっかけだけでも提示すべきではなかったのか。だとすれば、「たんなる破壊」ではない「ほんものの脱構築」を行う上で、「語り手Z」みたいなものを想定することは、たいへん有効だと私は考えています。

ロラン・バルトという問題圏

馬場◉「テクスト論」という言葉で、私たちはここまで話してきています。田中さんが少なくとも対象化している「テクスト論」の一番の問題は、バルトの問題です。これは、高木さんが鮮やかに「日本的な、あまりに日本的な」[注13]で解明してくれたとおり、日本の場合、「テクスト論」という言葉に一緒くたになっていろいろな問題が入り込んでいます。まず、用語の腑分けは必要だと思います。その中で、田中さんが一番対象化したのは、ロラン・バルトの「容認可能な複数性」と、「還元不可能な複数性」の問題[注14]で、そのことを大前提にしなければいけない。バルトの革新的な提起をまずいったん受け止めましょうと。特に「還元不可能な複数性」が、実体的には日本の近代文学研究には入っていなかったということは、共有できるのかどうか一度確認しておきたいと思います。田中さんは、バルト理論に内在する「還元不可能な複数性」の衝撃をいったん受け止めたうえで、ただし、バルトの構えのままでいくと、最終的には文学の「いのち」が消されてしまうから、自分はそっち側に行かないんだ、読者の「いのち」を――「いのち」という用語は、またいろいろ問題がある言葉ですが――要するに「読者主体がどういうかたちで自らの宿命の星を発見できるかが小説の読みの肝心な点だから、バルトの方向には行かない」と言って、「第三項」[注15]を出してきました。それは作品の語りの機能の取り出し方の問題だと思います。そのときに、「還元不可能な複数性」をいかに超越できるかが重要になります。田中さんは、「夢の読者共同体」[注16]と言っていて、これは私の勝手な邪推ですけれど、最終的には究極の読みを求めてい

齋藤知也

ると思います。つまり、一義を求めていますが、けれどそこには絶対にたどり着けないですよね。高木さんも「読者共同体が大事だ」と、『テクストへの性愛術』（森話社）の座談会の中で指摘していて共感しました。そのときに、読者共同体をどう立ち上げるかという問題と、しかしそれがどこまでも「夢」にしか終わらないかどうかが問われます。ここが恐らくまた話題にしてもいいことだろうと思います。

高木◉少しまとめて問題点を出してみます。田中さんの読みのレベルは、作品論とどう違うのか、あるいはテクスト論の開拓者である三谷邦明氏とどう違いどこが同じなのかということが一つ。それとバルトは「テクスト」と言っています。だけど、それを田中さんは、「文学だ」あるいは「小説だ」と限定して語っています。それがもう一つの問題だと思います。テクスト＝織物というニュアンスが、「文学」「小説」と言ったときになくなっていくんじゃないか。この二点を確認しておきたいです。

齋藤◉どの文脈で話したらよいのか難しいのですが、二つ申し上げたいことがあります。まず一つ目に、いわゆる「テクスト」概念を、バルトの「還元不可能な複数性」というところで徹底的に突き詰めるのであれば、私の理解では、これは「爆発・散布」に属するということになるので、〈文脈（コンテクスト）〉の問題が問えなくなってしまうということです。「テクスト」概念を徹底的に突き詰める立場というのは、ありうるとは思いますし、質の高いものだとも思いますが、それは〈文脈〉を問うことを断念して、断片を扱っていくということになるのではないでしょうか。それでは、国語の教室の問題にならないのではないかという疑念はあります。国語の教室で文学を生かすためには、それぞれの読者のなかに生じる〈文脈〉を大切にし、そしてそれを問い直したり、再文脈化するという動的過程が大事になると思うのです。その動的過程が授業のなかでつくられていないから、読むことの意味や学ぶことの意味が感じられないという問題が出てくるのではないでしょうか。そう考えると、〈文脈（コンテクスト）〉はどこに、どのようにして生じるのか、またどのように問い直されるのかということが非常に重要な問題となります。「還元不可能な複数性」を前提としながらも、それだけでは解決できない問題があるのではないか、〈文脈〉を問いたいというところで出てきたのが、「第三項」という概念ではないかと思います。

二つ目に、古典についてです。私の学校では、古典の授業と現代文の授業を分けないで融合的にやっています。決して、古典文学を大事にしないということではありません。例えば、『徒然草』のような随筆とか、『平家物語』や『源氏物語』等の物語文学のなかに、生徒を引きつける魅力があるということを私も授業で実感してきました。それでもなお、今、なぜ、近代小説を私たちが焦点化するかというと、さっきの「語り」の問題ともつながりますが、近代小説の中には「語り」の原理として、〈語り手〉が「A」を語ると、そのときに「B」は語れないというかたちで、つまり語ることの背理というかたちで、《他者》の問題が顕在化してくるところがあるからです。近代小説の中にいったん焦点を置いたうえで、そこからそれぞれの作品について考えてみる。すると『羅生門』とか『舞姫』のような近代小説の典型とするような作品から、むしろ近代の物語として考えた方がよいものまで、それぞれの作品の「語り」の仕組みといったものが見えてくるのではないでしょうか。教室においてどちらが優位なのかではなく、それぞれの「価値」を生かしきりたいと思います。繰り返しますが、古典にも重要な教材価値があると感じています。

「言語論的転回」のあとで

助川◉多分そこは、田中さんは自然主義に結構批判的なこととつながっていると思います。自然主義的なものは、その背後に作者の自己表出があり、ある種「叙情詩」に近い部分があります。書かれたものから語りとかを経由しないで、そのまま作者の自己表出が味わえたりするわけです。ところが日本の特殊な事情としては、近代の叙情詩には固有の形式がきっちりありません。ほかの国では、詩の形式がきっちりありますけれども、日本の詩はどこで行替えしていいかわからないという問題があります。そのときに、「私小説が叙情詩の代役をかなりやったのではないか」といろいろな人が言っています。そのような詩や私小説に対して、「日本の近代小説の小説性って何だろう?」というのが、田中さんのテーマだと思います。だから、散文の形をした詩の代わりになるようなものや散文詩みたいなものではなくて、あくまでも純粋な小説って何だろう、日本の近代における散文で書かれた小説って何だろうという問題意識がかなりあって、それを田中さんはずっと追い掛けている。田中さんが気になっているのは、テクスト一般よりも小説の問題じゃないかと私は思います。だから、「小説は…、小説は…」と言わざるをえないし、「小説の力」が重視されるのです。田中さん自身は文学一般の話みたいに語りますけれども、私は「小説」の問題を気にしているからああいう言い方になると考えています。

中村◉助川さんの言ったことに乗っかって言うと、「物語＋語り手の自己表出＝小説」と田中さんは主張している。でも、助川さんの今の言い方で、「自然主義は語り手ではなく作者の自己表出だから、それは好ましくない」というのは、一見わかりやすいようで実はわかりにくい。じゃ、そこで想定されている「作者」っていったい何だ。つまり、例えば『蒲団』でも何でもいいですけれども、そこで自己表出している存在を作者と見るか、語り手と見るか。語り手ならさっきの「語り手Z」の問題をかかわらせていくことだってできるでしょう。これは作者であり主体であり、あれは語り手であり機能であるといった線引きができてしまうとすると、それはいったいなぜなのかという素朴な疑問があります。

高木◉田中理論という固有の問題ではなく、国語教育系の人たちの語り論の問題として、馬場さんに今の話に応答してもらえますか。

馬場◉中村さんが出そうとした問題は少し大きいので、考えないといけないと今思いました。

助川さんが言ったように、田中さん自身は自然主義の作家にあまり甘くないというか、辛い評価ばかりです。「田中さんが近代小説を問題にしているからだ」というのは、まさにそのとおりです。そのときの近代小説の問題は何かというと、おそらく「近代的自我」とか「近代的な主体」とか、そしてその向こうにある「他者」の問題とか、それがどう立ち現れてくるのか、あるいは立ち現れてこられないのかというところだと思います。例えば、国語教育全般を私はよくわかりませんけれども、少なくとも文学教育に限ると、「主体」とか「自我」とか「自意識」は、わりとタームとしても使われてきている。で、「そのことを自明化しちゃだめだよ」というのが、最近の、と言うと曖昧でおかしいけれど、日文協国語教育部会がここ数年取り組んできた読み方の問題を問い直す中で、「主体」や「自我」などは必ずしも自明化できないということの意味を再確認したのだと思います。

かといって、それを全くアナーキーで、全部取っ払うことができるかというと、教室は目の前に生徒や児童がいますから、その目の前にいる子どもたちとの応対とか対話関係の中でしか授業が拓けないとすれば、どこかでそういった「主体」とか「自我」の問題は、何らかのかたちで別に担保が必要だと思います。

そこの否定もできないし、担保もしなければいけないという、その混迷みたいなものを、少なくとも日本文学協会の国語教育部会では、「読むこと」の問題の意識の中で積極的に問い直そうとしてきていると思います。ただ、それが必ずしも十分なかたちとして見せられるような成果は、残念ながらまだあまり多くないと思います。
高木◉今の話は、今回の座談会の肝かなと私は思います。すなわち、例えば「読み」でもいいですし、「自我」でもいいですが、なにか固定されているものとして扱わないという姿勢ですよね。齋藤さんかな、「近代的自我に落とすような読み方ではない読み方をする」と言っていますね。

じゃあ、どうするか。昔はなんでも「近代的自我が……」と言えばよかった。でも「用語に乗っかって甘えちゃだめだ」と「用語病」批判を馬場さんが書いています。私が高校時代に習ったとき、「近代的自我が…、近代人の苦悩が…、近代知識人の悩み…」となにかという と教師が言ってましたが、意味がわからないと思って聞いていました。現在は、そんな既存の言葉ですくい取っちゃだめだという時代ですね。だから、「テクスト」にしても「語り」にしても、再定義しなければいけない。現在は固定化された用語に安住するのを否定して、用語を再定義をして流動化させようとするけれど、でもアナーキーには行っちゃだめだ。しかし、昔には戻りたくない。この三すくみの中に日本文学教育はあるような感じがします。

「容認可能な複数性」はだめだ。だからといって、「還元不能な複数性」には行き切れない。それで、もう一つの、今までみたいな作品論は嫌だ。三すくみの中で、何か中空として残ったものを出そうとする、たとえば「原文」でしょうか、けれども、「原文」という概念がどういう力を持っていて、どのようにして可能となり、どのようなことを可能とするのかが伝わってこない、理解するのが難しい。ただテクスト論と対立する身振りになってしまう。だけど、重なり合うところもあるはずだし、そうじゃないところもあるはずだ。

テクスト論も定義不能で中空な部分はあるけれども、田中理論というか文学教育理論のほうの「用語では語りたくない」と言って、いろいろなものを拒否して、核として出してくるもの――「原文」「自己倒壊」などなど――が、やっぱり何かすっきり腑に落ちないところがあるなあという感じです。
齋藤◉「主体」とか「自我」、あるいは「自他未分」の問題は、教室においても社会においても大きなことだと思います。けれども「自他未分」を超えていくために、「主体」をア・プリオリなものと捉えたり、近代的自我が確立されていないから「自他未分」になってしまうという立場には立ちません。

高木◉やっぱり否定文ですね……。

齋藤◉ある意味では、「言語論的転回」自体が、言葉によって世界が立ち現れるということを引き受けることなのだから、「自」と「他」がぐちゃぐちゃする問題を必然的に生み出すと思うのです。「言語論的転回」をふまえれば、主体や自己がア・プリオリなものとしてあると捉えることは徹底して否定されなければなりません。しかし、一方で「自」や「主体」という概念そのものの持つ切実さは大事なものと思います。ですから、ア・プリオリなものとしてではなく、構築されるべきものとして捉えようということなのです。それはどのようにして可能なのか。近代小説の《他者》の問題と対峙し、そのことによって自らのフィルター、「私の中の他者」の問題を問い続けることが、その突破口になると考えるのです。これは机上の空論ではなく、教室の臨床的な課題だと私は考えます。

馬場◉それはすぐれて実践の問題です。例えば「主体」とか「自我」と言って自明化していたけど、それをはぎ取ってくるまでに二十年ぐらいかかったんじゃないですか。二十年と言ったら比喩的な言い方だけど、要するに、そう簡単にその概念は壊れないのです。そのなかなか壊れない強固な概念があるから、今齋藤さんが言った「自他未分」も、「自他未分」と言うことでなんとなく意味が伝わってしまうのです。でも、具体的な作品、本文と読者との関係の癒着の「自他未分」性はあるけど、それは何か別の概念装置を持ってこないと、癒着していること自体が見えません。田中さんが持ってきたのは、「他者を『私の中の他者』と『了解不能の他者』というふうに二つに分けてみないと、問題の根のところが見えてこない」ということだと思います。

あと、近代小説が出てくる一番大本のところに、『舞姫』のところで出た話題ですが、書いている自分の「自我」とか「主体」を信用し切れないとか、「余」が抱え込んでいる闇が浮上してきて、そこには「主体」とか「自我」という強固なものが、むしろ崩壊しているという問題もあります。そういうことを描き出すのが近代小説です。だから逆に言うと、ある登場人物がパターン化していって、それぞれの役割分担で善玉と悪玉に分かれて話を展開させる物語という枠組みと、そういう登場人物を使いながらそれを批評的に語ることしかできない近代小説との断絶や相違があると思います。これは、おそらく「どうして近代小説って生まれたの？」という話のところにも関連するし、現実の問題として空中戦みたいな机上の空論に見えるものが、実際の明日の教室の中の問題としてどこをどう取り込めるんだという問題意識と両方絡んでくると思います。

変容する「私」

高木◉ここで、「読む私」が果たして解体しているのかを考えてみたらどうでしょう。いちいち田中さんを挙げて恐縮ですが、さっきの読者としての「機能としての語り手」を考えたときに、そのときの読み手である「私」は変容するのかしないのか。あるいは、変容するのなら、いかにしてそれが可能なのかです。これは、授業の予習とか、教えている中で皆さんが実感する事柄だと思います。

馬場◉田中さんの場合、「自己倒壊」という強い言葉を使っているのは、「変容」程度じゃだめだと考えているからでしょう。読み手の田中実なら田中実という「主体」が、読みの行為の中で崩されていくことが一義的に毎回起こるのではなくて、その小説を読むたびに、「自己倒壊」を目指そうとする姿勢が大切になってきます。現実に「倒壊」するかどうかわかりませんけれども、それが読みだと思います。「倒壊」したと思った「主体」自体が、実は幻想みたいな「主体」で、その壊れたと思っている「主体」は結構生き延びるようなゾンビみたいなところがある。恐らく、それは簡単には壊れないと田中さんは思っていると思います。逆に言うと、「自己倒壊」はかなり強烈な、教育現場でそんな言葉を使っても、ほとんど実態的にはそんなことは起こりえないと思われるけれど、そういう強い言葉を使わない限りは、読みの問題と「主体」の問題とをつなげ、架橋できる領域がおそらく生じない。例えば、私自身が授業で、自分である小説を教材として扱うときに、自分の中で「主体」が崩れるようなことはしょっちゅうあります、そういう感覚に襲われることは。それで、きれいに崩れているのかというと、そうは問屋が卸してくれなくて、結構したたかに残っている自分があります。逆に、小説を考えて論文を書くときに、何回も繰り返し読むことによって、自分が見えていたものとか、自分がわかっていたオリジナルだと思ったものが、いかに違うかが、読書行為の過程で見えてくるのです。

高木◉一言だけ言わせてもらうと、私はそこら辺のところで田中さんとか、文学教育系の人とそんなに違うとは思いません。すなわち、プロセスとしての読みとか言いますが、「プロセ」で、「プロセス」っていうのは、フランス語では「プロセ」で、「過程」かつ「係争中」ですから、常に闘っています。闘っている「私」が、闘っている「語り手」の語りを読み込むときには、やつも変わらなきゃいけないし、こっちも変わらなきゃいけない。常に係争の中にしか「読み」は起きないし、テクストの自己倒壊でも、破砕でもいいですけれども、起きないと思います。そこで、私はあるところで決定的な違いはないと思うのに、ある種の違和感があるのはなぜなのかというところです。すみません、どうぞ話を。

中村◉イメージの持ち方なのかもしれません。自己倒壊、私は「倒壊」という言葉にすごく抵抗がありますが、一応それに倣って言うとして、まず自己が前提されています。「自己」があるから「倒壊」できるのです。でも、文学作品を読む、小説を読む場合に、特に私たちもそうだし、生徒はもっとそうだと思うけれども、多分そこで出会っているものは、自分の中にある既存の物語に回収できないような全く新しい世界です。それと出会うことによって、それを自分の中にどう取り込んでいくかで、〈私の中の他者〉ですか、それをどう作り出していくかということの運動の中に、一つ見るべきものがあると思います。だから、それはむしろ「絶えざる自己更新」と呼んだほうがいいかもしれないけれども、そういう読書行為のプロセス自体の持っている意味が、よくわからないまま、結果として「自己倒壊」という用語に回収されてしまっているような印象があります。

目的というか、目指すべきところは、多分すごく共感できますが、まさに他者としてあるテクストを、自分の中にいかに取り込んでいくかというときの運動自体をもっと考えていいのではないでしょうか。

助川◉結局、何で田中さんが「自己倒壊」という言い方をするかという問題とかかわってくると思います。今、中村さんがすごく上手にまとめましたが、田中さんに対してのイメージとして、読んで自分が倒れていく中に、すごくパセティックな受苦的なイメージがあります。受苦的な痛みの実存的な何かがにじみ出てくるところが、「自己倒壊」という言葉につながっていくと思います。おそらく文学イメージとして、あまりにもそれがパセティックで、高木さんは感覚的になじめないのではないでしょうか。要するに田中さんの見つけた文学の基本的な在り方が、結局あまりにも田中さん固有のものであり過ぎてしまって、高木さんは「理屈はいちおうわかるけど、感覚的に共有できないよ」というところなのかと思いました。

高木◉やっぱり「第三項としての原文」をなぜ必要とするのかですよね。でも、そうすると、私が、『語り手Z』をなぜ必要とするのか？」と言われるのと一緒なのかな。何か腑に落ちない、何だろうという……。

馬場◉今、助川さんがちょっと言ったところじゃない？　つまり、高木さんは、「理屈の部分では割と共有できるし、そんなに違いはないんだ」と言っています。「でも、何か腑に落ちない」と言うのだから、だとすると、理屈じゃない部分で情の部分になる感じが、私もします。

特に田中さんの場合は、用語が「自己倒壊」と意図的です。昔、最初にあの言葉を使う前は、「自己変容」とか別の言い方をしていたと思います。それが、何で「倒壊」という、非常に誤解を生みやすいキツイ言い方に変わっていったかというと、前にも述べたように、それは彼の中に、それくらいキツイ言葉を使わないと、読み手が読書行為を通じて世界を捉え直すといったことは起こりえないという強い思いがあるからです。そういう意味では、ばりばりの文学至上主義だし、「文学ってそれぐらい強い力を持っていて、自己倒壊を起こさせるぐらいのものはあるぜ」と言いたいのでしょう。

それに対して高木さんは、「文学って、そんなにまで、例えば『感動』とか言えて、自己が倒壊されるなんて、そこまでほんとに言っていいの？」という感覚的な違和感を持っているんじゃないですか。

高木◉それはありますね。

馬場◉だから、さっきの『恋空』の話じゃないけれど、文学を読んで「感動するっていうことが本当にありうるの？」という、感動の質とか中身も当然問われてきます。何を「感動」と言うのか、あるいは文学教育がやっている、教室の中での感動というのが本当にあるのか。あるとすれば、どんなかたちが望ましいのか、あるいはないほうがいいのかという話になると思います。

助川◉これはある意味ですごく教育に結び付いた問題で、確か、田中さんの論文に「腎結石の痛み」というのがありますね。田中さんにとって、文学の原体験は「痛み」です。「私」が感じる「痛み」の切実さ、リアリティーが、文学のリアリティー、文学の原イメージだと。対して高木さんには「その痛がっているおまえは、何よ」とか、「痛がっているおまえは、そんなにリアルなのかな」というのがどこかにあって、それに対して田中さんは、「痛がっている自分は認めてほしいな」というところが、根底にあると思います。

さっきの『恋空』の話で言うと、「感動して泣いちゃった」と言った学生が、そこで単に感動して泣いただけだったらいいけど、「私の彼氏、この前死んじゃったんだけど、私の彼氏と、この小説のヒロインさんの彼氏が

鈴木泰恵

かぶっちゃって仕方ありませんでした」って学生に言われたら、「あなたの彼氏に対する思いは相対化して、テクストの分析とはわけて考えなさい」なんて、教師には言えませんよね。そういう個人的な体験の問題をバッサリ切り捨てないようにはしながらも、「何とかみんなが共有できる理論を作ろう」みたいなものが、田中さんの意識にはあるような気がします。「最近彼氏に死なれてしまった生徒」みたいな存在に、現場で出会ったらどうするか？　みたいな問題にあまりにも踏み込み過ぎてしまうと、理論として一般化された、客観的な分析方法は作れません。かといって、テクストに向かう個々人が抱えた体験というのは無視できない。そこの裂け目がすごく大きい感じがします。

高木◉少しまとめて、第三部へ向かいたいと思います。分析以前の「感動」の問題があると思います。さっきの『恋空』みたいに泣いたとかですね。ところが、授業で「あんなもの結局こういう構造で、構造上話はこうなるしかないんだよ」なんて分析してみせると、「何か、あたし、損した気がする。つまんない気がしてきた」なんて学生に言われたりして……。分析してみせて、「君の感動なんて、こうやって作られているんだ」とか言われると、「何か、あたしの一生懸命さをだめにされた」みたいなことを言われてしまいます。

　そういう感動に対するものとして、私たちは「語り」の破壊力まで、あるいは「語りの破壊力」の「価値」までは、共有できたと思います。それが、じゃあ、どこにつながって行くのか。日本文学教育で、それはどこに行くのか。じゃあ、テクスト論はどこに行くのか。

　学校という規律訓練の場の中での語り論の意義とか、二十一世紀のコンサバな時代におけるテクスト論、語り論をやっていく価値を発動させることの意義とは何かみたいなことを、次に話し合いたいです。

三、教室における語り論

高木◉オブザーバーとして参加している鈴木泰恵さんから今までの話し合いを受けての感想、意見、批評などをいただいて、第三部を始めていきたいと思います。

鈴木◉ずっと、お話をうかがっている限りでは、田中さん及び……、及びというのは失礼ですが、馬場さんや齋藤さんのお話と、私たちテクスト論者との共通点はかなり多く見出されたと思います。

一つ、誤解に基づいてすごく喧伝・流布されているところによると、田中さんが、「テクスト論が文学を殺した」という「自己倒壊」に等しく激しい言葉を使っている点と、もう一つ、田中さんは論文の中で「倫理」という言葉をしばしば使用しているように見受けます。しかも、文脈としては、テクスト論者には倫理観がないかのようにうかがえます。そういう倫理を問題にする、もしくは「文学の死」云々になってくると、その一点で非常に折り合えない何か感覚的な溝、もしくは論理的な溝があるかと思います。今、お話をうかがっている限りにおいては、そこを解きほぐしていくことによって、文学教育なり国語教育なりをお互い協力し合いながら、もっと別の、一義的に読みを強いていく、あるいは定番の読みに落としていって「これでおまえら感動せよ」みたいな敵がいますよね、そういうものと共闘できるのではないでしょうか。もっと言えば、齋藤孝[注17]のような凶暴なものが親たちの中で実際受けています。わからなくてもいいから音読させて、定番の価値観を植え付けていって、倫理的な学生をつくるというようなものに対して、私たちはむしろ共闘して対抗していくべきであって、かなり似た基盤で小競り合いをしている場合ではないというのが私の大きな問題点としてあるので、少しその辺に目を向けて、座談会を進めてもらえたらありがたいと思っています。

高木◉はい。これはまさに語り論・テクスト論と教育の価値と絡んだところで話し合えることだと思います。あとは、「自己倒壊」には二つ問題点があって、まず自己が確立してあるから自己は倒壊できるということですよね。この点は、中村さんにお話ししてもらいたいと思いますが、倒壊するということと、瓦解するということと、驚いて変容するということの違いがあると思います。私たちが語り論・テクスト論をやって、散布なり脱構築（ディコンストラクション）なり新たな発見をしたあとに、いったいどういう地平が来るのか。もう一点は、「主体が倒壊する」という言葉を使っている時点をまず読む。私たちは、「読む私」というときの「私」に括弧を付けますが、この「読む『私』」ということを絡めながら、「私」とは何か、「自己」とは何か、それが「倒壊」していくとは何かということや、今、私たちがなすべきことを考えていきたいと思います。中村さん、いかがでしょうか。

崩壊した「私」のあとに

中村◉やはり用語の問題が一つあって、「倒壊」も「崩壊」も同じような意味合いで使いますから、先ほどの馬場さんの、「田中さんはあえて強い言葉を使った」というのは、納得できる部分はもちろんあります。ただ、日本文学協会で田中さんのやり方を引き受けた人たちが、割と安易なかたちで「自己倒壊」という言葉を使っていると、ある種のグロテクスさを感じてしまいます。それこそ極端な話、「自己崩壊」と置き換えたならば、要するに教室の場において生徒を壊していくというわけでしょう。これは言葉の問題ですが、さっき言ったのは、読みながら絶えず更新されていく私がいるということで、そこに一つの意義を見出してもいいと思っています。

それによって、どこに向かうかというところまで考えなくても、それは多分、文学作品と出会わなければ絶対にできない経験だったのですから、その経験を生徒一人一人がどこにつなげていくかは、生徒にゆだねてしまっていい問題であって、そこまで教師が口出しする必要はないだろう。問題はその更新していく「私」あるいは「自己」にあるので、明確な近代的・自我的な自己ではなくて、むしろ一つの価値観として捉えています。自分の中で暗黙のうちに前提とされているような価値観。それを相対化していく。

例えば脱構築（ディコンストラクション）がジェンダーの問題と絡んで出てきて、男性優位的な無意識を暴き出しました。学問の流れで言えば、それが一つの方法として定着すると今度は自動化を招き、面白くなくなってしまうかもしれないけれども、やはり教室ではそういう問題を繰り返しやっていく意義はあると思います。

つまり、生徒たちは、極めて保守的な考え、いわゆる常識・良識にとらわれている部分がすごく大きいので、そのことに自覚的になっていこう、そうしたことについて文学作品を通して考えさせていく意義は大いにある。そういう意味で自己倒壊を捉えるのであれば、私は、そこに積極的な意義を見たいと思います。でも、それよりももっと強い意味をそこに見出して、さらに文学の力を認めようとしているとすると、気持ちはわかるけど、実にロマンチックな気がします。そんなロマンチシズムを教室に持ち込んでいいのかなというのが、素朴な思いとしてあります。

馬場◉まず、今、中村さんが言った「自己倒壊を安易なかたちで流通させているのはグロテスクだ」というのは、もうそのとおりです。私もそう思うし、自戒を込めてそれは自分のことだと思います。こういう用語を安易に使うのが一番よくありません。だから、私も本当にそれをやってしまっているけど、田中さんが使っている言葉をそのままむき出しで論文の中で流通させることには、もっともっと自覚を持たなければいけないと思います。用語そのものではなくて、問われるべきは内実だと思います。おそらく「自己倒壊」という言葉で言いたいのは、読み手が自分が読んでいることは何なのかを考えさせることですから、これは国語教育部会でよく言われる言葉で、「読みを読む」というふうに言いますが、読んだと思っている対象自体を、どうやってもう一回相対化できるのかという繰り返し運動の連続の必要性です。

生徒たちが持っているある強固な、仮に自分で「自我」とか「主体」だと思っているものがあるとすれば、徹底的に崩さなければだめだし、どれだけ崩せるかが読む授業の中での勝負だと思います。むしろ、「自我」や「主体」が空洞化している現実を撃つためにこそ、「自己倒壊」が要請されるのでしょう。

それから、さっきの鈴木さんの発言にあった、「大きな敵を相手にしましょう」というのは大賛成で、まさにそれを今、みんなが危機的に感じていると思います。そこに向かっていくためには、まず田中さんは、「テクスト論」をただ全否定しているのではないことをもう一回確認しておきたいと思います。田中さんが言っているのは、「和風テクスト論」という変な言葉で言おうとした「テクスト論」をまずは批判しました。簡単に言うと、「本文を実体としたままなら作品論と変わらないじゃん。それから、『テクスト』という用語は使っているけど、分析の手法というか、目指しているもの自体はかなり旧来のものであったり、あるいはアナーキーなだけに終わってしまったりするものが多くて、そういったものが流布するのはいかん」と言っていて、むしろバルトの「還元不可能な複数性」という本当の革新的な真性のアナーキズムに真正面から向き合うことをいったん真摯に引き受けなければだめなのに、引き受け方がおかしいと言っています。高木さんが論文「日本的な、あまりに日本的な」で指摘されている「無根拠な分析の横行」批判と通底しています。田中さんが一概にただ「テクスト論」を全否定しているのではないことは、もう一回理解してもらいたいと思います。

そのうえに立って、田中さんが読み手の問題をどこに向けさせようとしているかというときに、さっき鈴木さんが言った「倫理」とか、あるいは「公共性」という言葉が出てくると思いますが、そういう問題に行くと思います。このときも、「倫理」というと、生き方の規範みたいな話になっていきますが、そうではなくて、読み手自身が自ら読んで作り出す世界に対してどう真摯に向き合うかという意味だと思います。

それは、共同体という枠組みではだめで、共同体を壊すために「公共性」という問題を出そうとしています。ここもとても用語が面倒臭くて、「共同体」と「公共性」はどう違うのかとか、「公共性」という言葉で言わないとだめなのかというのは、五、六年前ぐらいにこの言葉を使い出したときからの議論です。必ずしも言葉の意味付けをきちんと深めているとは思いませんが、目指す方向として、例えば読み手が自らの読みが生み出す世界に対して、空気や水みたいなかたちで言葉が存在すると捉えること、みんなが当然のように受容しているものをもう一回相対化して、何が本当に公共的なものなのかを考えよう、そういう地点にまなざしを向けることが文学教育の一つの方向性です。中村さんが、「ロマンチック」と言いましたが、私は全くそのとおりだと思います。これはロマン主義です。さっきから繰り返している「夢の読者共同体」というのはロマン以外の何物でもないので、徹底的なロマン主義だと思います。私はロマン主義であって、文学原理主義であって、文学至上主義であってというところを拠点にしたいと思っていますので、その不徹底の方がむしろ問題とされるべきだとさえ思っています。私は、きちんとロマン主義者になりきれていません。もっと徹底できれば、中村さんの、ロマンチックに感じるという感じ方に対してもっと違うかたちで意見を出せるはずです。だから、今うかがっていてロマン主義だというのは指摘として受けたいというか、それは大事にしたいと思いました。

読みの公共性

鈴木◉「エセ読みのアナーキストたちは、要するに和風テクスト論で、それは旧来の作品論と変わらない」と言われる向きはわかります。自分自身テクスト論世代ですので、いわゆる「エセ読みのアナーキスト」には「何言ってんだ、おまえら」みたいな感じを持ちます。「テクスト論として論じてるんだからなんでもありでしょ?」「作家の伝記を持ってきて何が悪いの?」式の、「定番の作家論みたいなものと結び付けても、テクスト論だもん」のような輩たち……。そういう風に、テクスト論の皮をかぶって新しいことを言っているつもりの人たちに関しては、私も反対です。それは、まず明らかにしておきます。それでも、最低限彼らなりの倫理観があって、作品論ではなくてテクスト論だというのは、一回作者論と離れたいという気持ちがあるんだと。でもそれがうまくいかなかったところがあるのはわかってほしいとも思います。

その共同倫理性は本当に難しいです。公共性が必要だといったときに——単純にこの言葉も非常に誤解を呼びやすいと私は思いますが——、「読みの公共性」といったときに、一義的な読みですか、しかもそれが自己を倒壊させるでも更新させるでも何でもいいですけれども、必ず自己を変容させなければいけないというのも、一義的な読みではないかと私は思っています。でも、本当は私たちだって自己変容の価値は認めていますが、何か一義に到達できないので、一義に向かうということで、そういう誤解を招いていくのは、もう少し言葉を足してもらえないかというのがあります。

次に、「第三項」の問題が非常にわからないのもあって、公共性と絶対到達できない他者といった場合、まさしく和風テクスト論に組み替えてしまうようなこの国の土壌においては、西洋では神でしょうけれども、日本では天皇みたいなところに容易に結び付けてしまう人たちもいて、お互い似たようなことを言っているのに、「そちら様は少し危険ではないですか」というのがすごくあって……。もちろん、例えば「天皇へ結びつく」方向へ向かうのとは違うんだというのは感覚的にわかりますよ。が、なぜそのようにいちいち誤解を呼ぶ言葉を使うのか、どうしてばらばらの読みではいけないのだろうという素朴な質問です。

齋藤◉そうですね。「ばらばら」の読みではいけないと単純に言っているわけではないのです。「ばらばら」であることはある意味では前提だと思うのです。ただ、その「ばらばら」という言葉も、どのような意味で使われているのかが少し気になる言葉ではありますが……。読みは一義的なものに回収されないという意味で言われるのなら、それが自然だと思っています。ただ、文学の読みの授業だけでなくすべてにわたって——今の生徒だけではなく私たち教師も同じだと思いますが——、己がその実「空っぽ」なのに、《他者》を消去したようなかたちで肥大化していくという現状があると思うのです。それが放置されてよいとは思えない。

もう一方で、逆に己を懸けてものを言わなければいけないときに言えないとか——それは子どもたちがいわゆる空気を読んでしまうことだと思いますが——、そういう問題が、子どもたちだけではなくて、私たちの中にもあると思っています。もし「自己倒壊」という言葉がどういう意味合いを持つかという意味で言えば、「空っぽな己」とか、「己を懸けてものを言えない状況」があるときに、そのような「自己」を「倒壊」して、《他者》の問題を組み込む中で「主体」を再構築し続けていくことだと理解しています。その過程は、今のお話で言うと、あらかじめ「ある」ものとしてではなくて、つくり出すものとして「公共性」を考えていくということだと思います。

鈴木◉その場合の「公共」は、どう理解したらいいでしょうか。

齋藤◉例えば、「一人ひとりの読みが違ったら、公共的ではない」とは言えないと思います。

鈴木◉うん、それはそうですよね。

齋藤◉ええ。ただ、もう一方で、一人ひとりの読みが「ばらばら」のまま全く等価なものとして放置されていて、それぞれが、「自分の読みなのだから、それでいいじゃん」と言っているだけの空間も、本当の意味で「公共的」かといったら、そうではないと思います。

高木◉私たちは公共性というと、何となく現在の保守的な論壇で使われることが多くて、みんなが一緒になって道徳を守りましょうとか、みんな一緒にあっちを向きましょうみたいなイメージだけれども、もっと日本風に言えば、昔の床屋さんとかお風呂屋さんみたいなところで、空気なんか読まずに侃々諤々（かんかんがくがく）の議論をすることができる場所を確保しようというニュアンスでとらえればいいでしょうか。

齋藤◉そこがいろいろ複雑なところかもしれません。ただ、少なくとも前提として言えるのは、「公共性」という言葉を保守的な論壇で言われている文脈の中で使っているのではない、ということです。

問題は、そのあとのところだと思います。斎藤純一[注18]さんが言っている意味での空間としての公共性というか――そういうものを考えることは重要になるとは思いますが――その際に空間を作っただけで「公共性」が担保できるのかということです。例えば、自由の森学園のようにお互いに活発に議論し合える状況、ものが言える状況を作ったら「公共性」が担保できるかというと、それだけではうまくいかないのです。読みを議論するときにも、自分はこう読んでいるということを言い募るだけでは「公共性」は立ち上がらないと思います。「自分はこう読んでいるけど、今の自分には見えていないことがあるのではないか」というある種のおそれの感覚とか、あるいは、「自分の差し出す読みもいろいろな人の読みとの中で議論を深めていくための一つの素材」

であると一人ひとりが考えられるようになってこそ、「公共性」が担保されるのではないでしょうか。非常に難しいですけれども、「公共性」を担う「主体」を再構築していく必要があると思うのです。

鈴木◉確かに、それこそ、ある時期の和風テクスト論には欠けていたことですね。立場の違いを強調して、自分の読んだことだけを言い募るだけだったのはテクスト論側の反省点としてあります。

しかし、こんにちにおける絶滅種のテクスト論者は、みんなその辺は考えていますから、まず自己の読みを持たせていって、他者の読みが出てきたときに他者の読みも容認し、互いに自他を容認したうえでその妥当性を話し合っていきましょうという約束は、多分、本質的なテクスト論者の中にはあります。

高木◉それはもちろんそうで、まさにこれは夢のテクスト論ですが、私たちが思っているテクスト論は、「いいじゃん。好きにさせてよ」ではありません。お互いの分析の技術とか審級の違いがありますから、「この審級で読んだらこうだ」ということを、論者がお互い納得したうえで対話は成立します。相手がどのレベルで問題設定しているのか。そのレベルでこのような語りなり、二項対立なりの分析をしているかを了解した上で、「この読みは成り立つかどうか」ということが初めて議論できる。しかし一昔前は「それは君の勝手な読みだ。私はこう読む。そう読んでなぜ悪い」と言って、内ゲバのような、あるいはお互い無理解のような状況の中でテクスト論は壊れていったと思います。今日一つわかったのは、「倫理」とか「公共性」という言葉は、結局は「絶対的他者」としての別の論文の書き手なり分析主体と、もう一人のこっち側の分析主体が出会って、その読みを競い合わせたり接合したりするようなことができる倫理をそれぞれ持っていなければいけないというか、絶対的他者との出会い方を持ったうえで、あるいは出会う場を確保したうえで、議論しなければ、以前のような「君は君、僕は僕」とか「君の言うことは××だよね」とかいう勝手な思いこみの読解が蔓延してしまうということでしょうか。そういう意味では、鈴木さんが問題として、「ちょっと違うんじゃないの？　何で倫理なの？　何で公共性なの？」と言われたところと、結構重なり合うかな。

鈴木◉そうですね。今の感じだと。

高木◉ただ、そのときに問題となるのは、分析のスキルと分析の到達点だと思います。こういう言い方をすると失礼ですが、あるところで用語を批判する馬場さんですけれども、多くの人は用語に逃げているような気がします。「第三項としての本文がここにあるんだ」とか「ここに自己倒壊がある」と言われると、そこで「え？　そうなの？」と思ったりします。引いちゃうというか……。すなわち、カル・スタ系の論文が国民国家を批判して、「このようにして国民国家は形成されたのである」みたいな近代文学を対象とした論文がいっぱい作られているのと同じように、「このようにして生徒は自己倒壊を果たせるのである」みたいに言われると、「それって水戸黄門の印籠じゃん」と思ってしまいます。

細部にこだわる読み

高木◉今日は、語りの審級を「Z」まで立てましたが、「Z」と「Y」の語り手が共犯している場合も、批判している場合もあると思います。今日の齋藤さんの話ですと、「蓮の花を見つけた」というあの細部の一点において、「Z」の語り手は「Y」の語り手に対して異議申し立てをする磁場を確保しているのは納得できます。しかし、例えば「僕が助川くんを怒鳴った」という小説の一節があったときに、あるところですごく恣意的に解釈して「でも、語り手は、『僕は、本当はそんなことしたくはなかった』と言いたいんじゃないの」「いや、でも、やっぱり本気で言っているんだよ」みたいにな分析、せっかく「語り手Z」まで立てて分析しようとしているのに、「語り手Z」を気楽に設定している場合が多々あるように見受けられます。つまり、細部までいかに読み込めるかという、その細部までの読み込みが、失礼ながら、おぼつかないのではないか……。

これは、私も偉そうに言えることではなくて、私にも跳ね返ってくる問題ですが、いかにして細部を大事にすることで「語り手Z」がどういう立ち位置なのか、「A」という事柄が書いてあるのに対して、「いや、Bだ」と言うための素材、細部、あるいは語り方を探さなければいけないと思います。その探求がなされているのかどうなのかなあというのがあります。

馬場◉用語に逃げてしまっているのは、ある意味そのとおりで、例えば、「私にとっての第三項はこういう概念だ」というのは、やはり個別にそれぞれ立ち上げるべきです。ただ、残念ながら、今は私も含めて日文協の国語教育部会の中ではそのレベルまで至っていないと思います。もし、用語に逃げていると取られるのであればまずいことだから、前向きに直していかなければいけないと本当に思います。

ただ、もう一つは、それぞれの書き手が用語を自分なりに定義付けて書くと、ものごとがうまくいくかというと、必ずしもそれだけではないと思います。例えば、今、高木さんが言った最後の話で、蓮の花という細部にどういうかたちで着目できるかというところは、一昔前の作品論の精読主義に行ってしまったらだめだと思うのです。一文・一句を大事にするという読み方に戻っていくこと自体は大切ですが、それが、本文を実体化させたままの「解釈」であれば、あまり意味がありません。読み手の齋藤さんが何で蓮の花に気が付くことができたかといったら、ただ精読したのではなくて、「文脈」の問題で考えたからだと思います。そこにどんな批評性が立ち現れてくるのかを考えて授業を行ったので、子どもたちとのやり取りの中で問題が見えてきたのだと思います。だから、自分が自分の読みをどういうかたちで相対化できるかがうんと大事で、その中で細部の読みの問題が出てくると思います。

さっき鈴木さんの言った、自己の読みも大事にするが、他者の読みもとりあえず大事にして、その両者によってどこにどう差異があるとか、一緒なのかを考えなければいけないというのはそのとおりですが、そのときに、「他者の読み」と言っているときの「他者」は自己が捉えた像に過ぎませんから〈私の中の他者〉と化していいます。「他者」と自己というふうに二つに分けずに、「私」と「自己が取り出した他者」というかたちで捉えるべきではないかと考えます。仮にそこを簡単に、こっちに自己があって、向こうに「他者」があってというかたちにしてしまうと見落とすことが多いから、そこをそうしないようにしようという立場です。それと全く同じことですが、自己の読みだと思っている読み自体はすぐ崩されます。今日の仮の読みにすぎないというか、常に読みの運動の中の一つだから、いつも揺れ動いてしまう自分を疑っている、自分で自分を怪しいと思い続けることを大事にしようと思っています。実践的にそうなっているかどうかは別ですが、理念としてはそういうことです。

ですから、多分この話題の最後には、これから先の文学教育の話をどうするのかということが一つあると思いますが、そういう意味ではそういったお互いの揺れとか、疑わしさとか、いかがわしさをきちんと相対化できるような理論武装なり、具体的な読みの実践なりを作れるのか、作れないのかという話が大切になってくるのだと思います。

鈴木◉そうですね。ただ、田中さんの言う「背理」ではないですけれども、やはり論じることの背理があって。絶えず動体……。主題を設定して、テクストをこういう読みでやって、結論をこう落としてということ自体が、絶えざる動体である自分を論じるときには、その動体としての自身を、一回静止画像にするという、まさに背理ですよね。そこのところで苦労しているのは、私たちだって、田中さんたちだって同じだと思うので、その背理の部分から生じてくる論理の弱点みたいな部分を、お互いに非難しあっても意味がないと私は思います。

そもそも、お互い狙っている敵は同じですよね。私たちも田中さんたちも、批判の対象にしているのは、決して一ミリたりとも自分を動かさないで、何か一つの価値をみんなに押し付けようみたいな教育だってありで、私たちはそれが現実に行われていることに関して闘うという意思は共有していますよね。

馬場◉そうです。助川さんの冒頭のレポートには全く共感します。このままいったらおそらく文学はどんどん立場をなくされていって――私は映像だってそのうちなくなると思うけど――、要するにメディアはいくらでも次から次に新しいもの、発明されたものに飛び付いていけばいいのだから、文学が映像に取って代わられ、映像もまた何かに取って代わられる……。「文学なんか時代遅れじゃん」となってしまいます。しかし、例えば百二十年も前に書かれた小説にどうしていまだにこだわることができるのかという読み方・読まれ方を問題にしていけば、文学の価値はそう簡単に何かに取って代わられることはないと思います。

中村◉まさにそのとおりだと思って聞いていました。だから、特に高校、中学もそうかもしれないですけれども、国語教育の目的は何かを明確にしないと。いろいろな考え方があって、例えば文学教育を必要としない立場の人たちもいます。基本的に、書かれた論理なり何なりを読み取れればそれでいいんだというレベルですね。文学はあまりにも曖昧すぎるから、そういうものは趣味の領域であり、教室で取り上げるべきではない、と。私は与しませんが。

解釈するというのは、スタティックなかたちで閉じざるをえません。そうしないとまとまらないから。でも、同時にそれを開く運動をどうやって起こしていくのかは、重要で多分すごく厄介な問題だろうけれども、逆に教室という場は実はそれがすごくやりやすい環境なのかもしれない。研究上でやったら喧嘩になるようなことを、意見交換というかたちでごく自然にできてしまうじゃないですか。

むしろ、その運動をもっとシンプルなかたちで考えていっていいという思いがあるのだけれど、そこで第三項だ何だといううわかりにくい用語が出てきてしまう。何でそんなわかりにくい言葉を使わなければいけないのかという思いがまだ少しあります。ただ、目指す可能性は一つ見えるという気はしてきました。

「感動」を越えて

助川◉いや。一つは、田中さんがあれだけわかりづらい言葉を使うのは、田中さんは自分の実感を誠実に一生懸命伝えているからでしょう。「痛み」にも似た、自分の文学体験のリアリティーをごまかさずに伝えることが、論の信頼性の担保になると、田中さんはお考えなのではないでしょうか？　それを私たちがプラクティカルにというか、もっと応用するときにどうするか。

個人的で曖昧な体験を、どうやって他者と共有できるものにしているか――この問いに答えることが、人文系の学問の本質的な課題の一つだと私は思います。そして、曖昧なものをどうやって他者と共有していくかを学ぶことは、いろんな意味で個々の生徒・学生にとって財産になるはずです。そう考えると、人文系の学問には社会的な意義が充分ある、実用的に役に立つといえるのではないでしょうか。

文学研究者はすぐに、「現実社会の役に立たない」とか「金にならない」と言います。そういうダンディズムでいいですけれども、むしろ「ちゃんと役に立つ」と衒わずに言わなければだめじゃないかと。もちろん、短いスパンで今日役に立つことと、もっと長いスパンで人生の中で役に立つこととあると思いますけれど。でも、「役に立つんだ」ということはもう少し言っていかなければいけないのではないか。

高木◉それは戦略的にはわかりますが、やはりその「感動」とか「役に立つ」ということ自体に含まれるイデオロギーの外にいかに出ていくかが大切だと思います。やはり「揺り動かされる私」とか「他者を揺り動かす」ということ、あるいは「自己倒壊」ということと、そのような運動を経て、さっき「自己が再編成される」という言葉があったと思いますが、自己が再構築される。その「再構築される私」が果たしてよりよいものなのか？　というのは、私はどこまでも疑り深いので文学を通してつくられた自分は常に進歩史観的に「よりよいものになっていく」というのが、本当なのかというのがあります。「自己倒壊」したり揺り動かされたものが「感動」という既成の言葉にさっと回収される恐れを持ちます。で、「そんなことはない」と気楽に言うのはすごくナイーブな発想だと思います。

これは分析の技術なんかではないですが、いかに何かに回収しようとする動きに対して、どこまでも危機感を持てるかということが、スタンスの取り方として必要ではないかと思います。感動とか自己再編成が教室で役に立つとか、社会に出て役に立つとかいった既成の価値観に回収されずに、なおかつ、どのような新しい価値を作りえるのかについて皆さんどのようにお考えなのでしょうか。

助川◉それで言うと、やはり高校の現場の限界は考えるべきだと思います。正直に言って、私は、文学で自己倒壊して発狂すべきだと思っています。私の論文を読んで気が狂う人がいてほしい。だけど、高校で毎回生徒全員の気を狂わせるのはまずいわけで、高校の現場とかで考える問題と、自分が文学に向き合うときの倫理を混同してはまずいと思います。だから、感動主義あるいは役に立つというところの限界を超えていくといっても、物語内容に即した生徒の「感動」みたいなものを、頭ごなしに否定するのは得策ではないのではないか。そういう「感動」もある程度肯定しながらも、そこからずれたものにも目をむけさせる。それまで出会ったことのないものをいきなり突きつけるのではなく、既知の体験とはちょっとだけ違うものを見せてやる——教育の現場では、そういうさじ加減をしていくしかないような気がします。

齋藤◉助川さんが言われたことはかなり大きな問題で、簡単には応答できないところがあります。まず、少し教育論的に言うと、例えば中等教育の中で「普通教育としての文学教育」が担うべき範囲というか、やるべきことはどういうことなのかという問いはあってしかるべきだと思います。今日の話で言えば、「世界の見え方」をどのように問い続けるかということ、文学を読むことで見えてくることをつかみとっていくことが、「普通教育としての文学教育」では大切なのではないでしょうか。「世界の見え方」を問う場合に、授業のなかで「語り」の問題をとりあげなければならないと考えるのは、そのためです。

それから、高木さんが言われたことも分かります。感動にひそむ罠というか、助川さんが言われた「泣いた」でしたか？　生徒たちはよく「泣ける」と言いますね、「泣ける」ものを無条件に求めてしまうという文脈があるので、それに対して分析的であるとか、批評的であるというスタンスは大事だと思います。

ただ、もう一方で、ある読みとか学びが成立するとき——そもそも「成立」という言葉が引っ掛かってしまうかもしれませんが——、授業で文学を読んで良かったと生徒が感じられるときは、意味を見出しているときだと思うのです。意味が生まれてくること自体を、高木さんが否定されているのではないと思います。その意味を〈文脈〉と言い換えても良いですが、それは大事にしたい。もちろんその生成された〈文脈〉が、「感動できていればそれでいい」ということではありません。しかし出発点として、読んでよかったとか、今までわかってこなかったものが見えてきたという実感そのものは、大事にしてもいいものだと思っています。

馬場◉だって、それがなければ読まないですよね。

中村◉一つ、その感動とか、泣けてしまうという問題をどう扱ったらいいのかは、私の中ではまだわからないですけれども、それは全く個人の感想のレベルなので、教育の問題とは違う気がします。

高木◉でも、国語教育の一つの目標は、「感動する心を育てたい」みたいなことを言ったりしますよね。

中村◉ただ、あまりそれを意識しないでやっている不勉強の私が言うのですが、さっきの発言で気になっていたのは、齋藤さんが、「空っぽの己」という言い方をしていました。多分生徒たちは、自分が空っぽなのかどうかもわからない状態です。でも、ある程度の起承転結のあるような作品を読ませれば、何らかのかたちで彼らは解釈します。ただ、それが結局、自分の中にインプットされた物語をもう一回なぞるようなかたちで、その作品でなければ得られないというか、出会えない何かにまで踏み込む発想がないまま、自分のサイズに切り取ってしまうとしたら、絶対そこで終わらせるわけにはいかない。「第三項」という原文は、「それでわかったつもりなの？」「いや、そんなことないよ」「本当にわかっているの？　どうなんだろう」というところに投げ掛けるための一つの装置というか、きっかけと理解しています。

同時に、私が感動に対して少し突き放したような言い方をしたのは、これは学年の問題があるので、中学生にそれを求めていいのかわからないし、高校一年生ぐらいで求めていいのかわからないけれども、少なくとも高三とか大学生には大丈夫だと思って言っています。

結局、読むというのはどういうことかといえば、どう読んだかであり、同時にそのようにしか読めない自分と出会うことです。だから、そのようにしか読めないのであれば、そういうかたちで自分と出会って、それをそこで閉じるのではなくて、ほかにどんな可能性があるかを考えていこうというかたちで授業をやっていきたいと思っています。生徒・学生には、「特に小説というのは、別冊解答みたいにあらかじめ解答が決まっているわけではないから、それは人生そのものである」と言っています。そういうかたちで、とかくわかったつもりで自足してしまう彼らに、働き掛けていく力が、田中さんの言う小説の力でもあるのだろうし、それは絶対に信じていきたいと思います。

「感動」と文学の〈力〉

高木◉私には、馬場さんが小説の力として「文学の毒」と言われる、この毒と倫理がもうひとつつながらないんですけれども。

馬場◉「感動」とは、粗筋レベル、物語内容レベルで起きることではありません。物語の筋を読んでわかってしまうこと、例えば恋人が死んで悲しい主人公がいて、自分が主人公に同化して読んでいるから涙が出ましたというのは普通にあることだと思います。

ここで言っている「感動」は、今述べたような「物語の感動」を中に抱え込んでいるけど、物語内容を含み込んだうえでその物語を駆使して語り手が作り出す小説として読んだときに、読み手のそれまでの既存の世界観が変わるかたちで、新しいものに出会える、そういう意味で「感動」という言葉を使いたいのです。だから、「感動」なんてそう簡単に手に入らない。でも、入らないからあきらめてしまうのではなくて、仮にそういう「感動」が手に入ると夢想しておいて、ではどう読めばよいのかという話だと思います。そのときに、近代小説は大体自殺とか殺人とか病気とか失恋といった要素を繰り込むことが多いですから、物語の中の要素として悪・毒が流れ込んでいると言ってよいと思います。まず物語としてそういう悪とか毒の問題があることを一つ押さえたいし、そのことを語り手がどう批評的に語っているかを読むことによって、悪とか毒の要素がうんと深まることがある。それが強烈になればなるほど、読み手の世界観は変わりやすいと思います。世界観はそう簡単に変わらないとは思うけど、悪や毒といった要素の引き出し方をうまくやれば、かなり小説に内在されている毒や悪の問題は見えてくると思います。川端康成とか芥川龍之介とか三島由紀夫がみんな自殺してしまうのは、抱え込んでいた毒の深さに作家自身が向き合っていってしまったからではないかという感じがします。生身の身体が自らが生み出した毒素に耐えきれなくなるところがあった。

では、そのことを実際読者にまで振り分けて自殺者を出せばいいのかという話になると思うけど、ここが読みの逆説で、その毒や悪が深くなればなるほど人は生きると思います。恐らく、毒や悪が徹底的に深められるようなかたちでしか再生できない生の課題があると思います。逆に言うと、ストーリーを読んで涙が出て「感動」してしまったという程度では、自分をつくれないし守れないし、すごく弱々しくて、何かがあったらすぐぽきっと折れてしまうのではないかと心配です。小説を教室に持ち込んでいって、うんと毒や悪の要素を学生たちと共有できるようになればなるほど、いま言った逆説は生まれるだろうと思います。

ただ、それは教室の個々の現場によって違うだろうとは思います。さっきの発達段階の問題もそうだし、例えば置かれている高校や中学が進学校で、みんながセンター試験を目指すところと、ほとんどそれは目指さない教室とでは、多分いろいろ違ってくるでしょう。

だから、助川さんが言った「役に立つ・立たない」で言うと、これも実体的にすぐ「役に立つ・立たない」ということはもちろんないので、内田樹(たつる)[注19]流に言えば、教育はいつ役に立つかわからないから教育で、文学もまさにそうだと思います。でも、私たちは文学に触れているることによる知見が自分をどこかで養っている、育てると信じているはずです。それは絶対手放すことはないと思います。

私は文学「感動」主義者だし、私が見るところ助川さんも、高木さんも非常に文学の「感動」を大事にしている人だし、ロマン主義を抱えている人だと思っています。だからこそ「感動」は、簡単に手に入らないということをいかに問題にできるかどうかが重要になる。

高木◉今のお話で言えば、さっき中村さんが「そのようにしか読めない自分に出会う」と言いましたが、まさに「読む」というのはもう一人のそんな自分に出会ってしまうことではないでしょうか。ドッペルゲンガー(自分の分身)に出会ったら死ぬんですよね。だから、文学テクストを読んで、その語りに触れるというのは、もう一人の自分に出会ってしまうことであり、それは自分の死を引き替えにする体験であるべきだ。なおかつ、その死には、日本の文芸の伝統にのっとって考えると(『小栗判官』でもいいのですが)、死と再生であって、逆説的に新たな自分へ生まれ変わる道筋があるのではないでしょうか。

分析の強度

高木◉ただ、まさにその逆説的というのが一番ネックで、「本当はそういうことを言っているんじゃないんだよ」というのは、後出しじゃんけんだったらいくらでも言えます。だから、馬場さんには、その逆説を語り論なりテクストの細部なりで理論化してもらえると、もう一つ上の次元のテクスト理論へ行けると思います。

馬場◉それは大きい宿題で、これから考えさせてもらいます。ただ、もしもそのように私と高木さんが「テクスト論」という磁場を共有できるのだとしたら、それでも「テクスト論」と高木さんが言わなければいけない必然性ってどこにあるのかが問われるように思います。逆に、何で「テクスト論」にこだわるのかがよくわからなくなってしまったんだけど。

高木◉いや、でも、私は、ずっとそれこそがテクスト論だと思ってやってきたんですよね、鈴木さん。

鈴木◉そうです。

高木◉それが私たちのテクスト論だったんです。

馬場◉そうか、そうか。そうすると、例えばバルトの「還元不可能な複数性」にこだわって、解釈をある意味で拒否して、爆発して散布してというかたちはテクストの中の一部として認めるけれども、それに乗るのではないですよね。

高木◉バルトだけに依拠しているわけではないですから、乗る場合もあるし、乗らない場合もある。

馬場◉もちろん、もちろん。

高木◉常に散布できるのではないと思います。自分の人生の中で散布はできると思いますが、解釈はさっき鈴木さんが言ったように、一回終止符を打たなければいけません。一度にぱっと展開するようなのは、バルトの『S／Z』[注20]とかの一回の芸としてはできると思いますが、常にはできません。だけど、自分がやっていることは、自分の論文人生の中で、散布を継続していることだと思っています。

論文は、どうしても基本的に一つの解釈なり一つの構造の提示をせざるをえないけど、それを限りに終わるのではない、継続性に賭けていくしかないと思います。だから、そこの賭けというか、自分の読みを担保にして、それをどれだけ続けていくかということです。どうですか、鈴木さん。

鈴木◉そうですね。田中さんは、「還元不可能な複数性というのが非常にまずい。でも、一回は引き受ける」と言っていますが、まさに還元不可能のばらばらになっている全部が他者で、どうしようもなくなっている状態をテクスト論者は引き受けています。つまり、それが他者を認める、わからないけど認めていく。キリスト教徒がイスラム教徒を殺してよくないのと同じように、どんなに違った価値観でも認めないのはよくない。しかし、確かにそれは非常にアナーキーな状況です。でも、とりあえず認めるという約束がテクスト論であって、次の段階としてどう折り合えるのか。どう他者を認め、どこまでが認められてどこまでが認められないのか。自分ももしかしたらすごく怪しい自我でしかないとか、それをお互いに確認していくレベルを、テクスト論者は次のレベルとして絶対持っています。つまり、現在生き残りのエセテクスト論者は売れないから逃げていますが、今の絶滅危惧種のテクスト論者はそういう意味では純正テクスト論者です。でも、絶対の他者をそれでも撃ち殺さないで認めていくところにテクスト論の命があるので、どんなにわけのわからない人でも、この言葉は手放せません。

はっきり言って、田中さんの第三項はわかりません。でも、田中さんの存在はちゃんと重く受け止めます。でも、わからないから話し合いましょうという座談会を設ける企画がテクスト論復権の運動です。だから、認めてということをわかって……。

馬場◉なるほど。よくわかりました。田中さんは、「新しい作品論」と言っています。田中さんが言っているのは、バルト的「テクスト論」のように映りますが、「テクスト論」のアナーキズムでは文学の「いのち」が生きない、として「新しい作品論」を提唱しています。今の話をうかがっていると、やはり目指しているのは「新しいテクスト論」だと理解しましたが、そういうことでいいですか。

高木◉今日はジャック・デリダ［注21］の話を出しませんでしたが、ここにデリダを接合しましょう。複数化といったときに、「還元不可能な複数性」という言葉よりも、「文脈を複数化せよ」というのが私たちの合言葉だと思います。ある文脈の中ではこう読めるけれども、それを全然違う文脈に置き直したら全然違う意味が発生してくる。その違う文脈をどれだけ掘り起こしていって、どれだけ違う意味を生成させられるか。まず全然違う文脈に置いたときに全然違う意味が発生するというかたちで複数性を引き受けます。だから、解釈をばんと散らばせることがすぐできない以上は、いろいろな文脈の中に散種して、複数の意味をわき立たせるのが、今のテクスト論というか、これは来たるべきテクスト論だと思っています。

馬場◉なるほどね。

鈴木◉生き残りのテクスト論。

高木◉デリダが言うには、「来たるべきものは必ず来ないからこそ来たるべきものである」のだから、来たるべきテクスト論は来た途端に終わってしまいます。だから、いつまでも運動体として続けるためには、来たるべきテクスト論として常に流動し続けるしかないと。

鈴木◉そこに至ると、了解不可能の他者の問題がどうなってくるかですね。

高木◉私たちだと、「了解不可能な他者」は「絶対的な他者」と置き換えますから、これは柄谷行人の言うコミュニケーション論[注22]と一緒で、常に絶対的な他者に向かっていかに跳躍するかが重要になります。私たちはテクストという絶対的他者に向かって跳躍し、常に失敗し続けていると思います。

鈴木◉そう。失敗のほうへ。

高木◉そう。失敗なの。これは、勝ってしまったら、作品論になってしまうと思います。だから、私たちは負けていいんです。

鈴木◉勝ったと思ってしまったことが、かつての悪しきテクスト論。

「自己」と「主体」と

齋藤◉一つ質問したいと思います。そのお話はよくわかりましたが、どんどん〈文脈〉の複数化にチャレンジしていきますよね。その複数化された〈文脈〉のなかでどのように価値判断をするのか——価値判断と言うと、ここでまた〈価値〉という言葉自体が問題になってしまうと思いますが——そういう価値判断に選択の問題が発生します。その価値判断は、例えば教室においてはいったいどういうことになるのか、研究する「主体」にとってはどういうことになるかをうかがいたいのです。

鈴木◉実際に古典をやっていると、引き歌とか引用が当たり前の技法で出てきますので、「君が好きだ」と訴えているのに、ある歌を使ってそれを訴えたときに、その歌がすごくまがまがしい歌だったとします。ただ、主人公レベルでも、何でその歌を使うのかといったときに、本人は引用を用いないコンテクストでは本当に入れ込んでいるので、好きで好きでしょうがない。でも、何度か同じようにまがまがしい歌が恋を語る言葉の中に入ってきたときに、一貫してそんなまがまがしい言葉を使っているこの主人公は、表層の「好きだ」と言っている主人公とは、また別個の主体として見えてくる部分があって、別に語られている主人公の、女の人と会っていないときの、ネガティブな生き方が見えてくると、主体がそんなに当てにならないということは、テクスト論的にやっていたときのほうがむしろ古典の場合は見えやすかったりします。表面（おもてづら）は、とりあえず与謝野晶子の現代語訳を読めば、源氏でもわかる意味があります。でも、その引用や何かに目を付けてインターテクスチュアリティーを駆使していくと、三つも四つも主体性が見えてきてしまって、それがどういう価値で秩序付けられているかというと、語り手は秩序付けていなかったりします。

そこに出会わせるというか、私は、テクスト論はまさしく己を疑うとか、さっき「空っぽ」と言いましたけれども——信じて全然疑わざる己を持っていることも含めて「空っぽ」と言ったと思いますが——古典の場合、「文脈を複数化する」のは国語教育の人が言っている「文脈」ときわめて近しいものです。ですから、国語教育は近代の人が多いので、「物語＋語り手の自己表出＝小説」とやられたときに、こちらとしてすごく傷つくのは、そのレベルなら「物語文学は小説と同じです」というのがあります。物語文学にもストーリーラインはあります。だけど、語り手もいて、しかも複数化された語り手がいて、そうやって既成のものを揺るがしていく装置は、むしろ物語ジャンルにはたくさんあります。蓮實重彦が言っている、いわゆる括弧付きの物語[注23]なのかわかりませんので、「すみません、ちょっと『物語』を定義してから言ってください」というのもあります。

馬場◉そうではなくて、近代小説の毒性を際立たせるために小説とは何かと考えて、「語り手の自己表出」という概念が出てきていますから、近代小説が一番立派で優れていて、古典文学は全部物語にすぎないからだめだとか、そんな話ではもちろん全然ありません。少なくとも田中さんが論文で使っている「物語」という用語は、もっとお話のレベル、物語内容やストーリーのことを指しています。

助川◉あと、もう一つ田中さんが言っているのは、ナラトロジーのレベルで見えてくるものは「物語」だということですね。

鈴木◉ナラトロジーを含んで物語。

助川◉ナラトロジーによって、多義性やインターテクスチュアリティーの問題も扱える、けれども、近代小説が近代小説たるゆえんはナラトロジーでは分析できない——それが田中さんの立場です。つまり、田中さんに言わせれば、多義性やインターテクスチュアリティーが、ある作品に認められたからといって、その作品は近代小説とは限らないわけです。実際、「このテクストには多義性がある」ということは、ナラトロジーを使って言えるじゃないですか？

鈴木◉言えます、言えます。

助川◉あるいは、読者・作者が意味をコントロールできないということは、ナラトロジー的な言説で言えますよね。

鈴木◉言えます、言えます。

助川◉だけど、それとまた違うものが近代小説にあると、田中さんは言っています。

高木◉多分、語り手の自己表出の「自己」がそこで重要になってきて。

助川◉うん、だれの自己だという。

高木◉私たちが思っている物語世界の語り手の自己の主体は常に複数化していますが、語り手の自己表出という近代小説概念は、もしかしたら、やはり西洋風の経路で入ってきたものだから、この自己は一瞬確固たるものとしてあるという定義なのかなと。

鈴木◉それは当然そうだと思います。そこで本質的な問題になってしまうのですが、その自己が怪しいことになって、そこを疑うのですよね。

馬場◉だから、前提化されてないと思います。「自己倒壊」の自己もそうだと思いますが、「自己倒壊」と「語り手の自己表出」というときとでは言葉の意味付けが違うのではないでしょうか。例えば、「文脈」の複数化という問題で言えば、田中さんの理論からいくと、おそらく複数化自体を別に否定しないと思います。いろいろなかたちで「文脈」を複合化して、新しいものを見せるのは一つの手法です。そのこと自体はある意味でよいと思うけど、そのときに「文脈」といって対象にしているものが本当に実体として読者に立ち現れているのか。それとも、それは読み手一人一人でばらばらに違って非実体だから、全く別物だと考えるのか。そこの対象にしている本文自体の実体とか非実体とかの問題が出てきて、そういうことと絡めたときに「文脈」の複数化というよりも、「文脈」そのものが複数化を内在させているといった問題が迫り出してくるように思います。

つまり、ジェンダー論とか別の何とか理論が提示する「文脈」ではなくて、対象にしている本文の「文脈」それ自体の中にすごい複数性があるという、そっちの話に行くと思います。

鈴木◉だったら、私はそっちに近いな。

馬場◉田中さんがというよりも、田中さんだけでなく、おそらく国語教育部会でそう考えていると思います。

鈴木◉でも、それは非常にテクスト論的な発想です。

馬場◉うん。だから、そのときにもしそれをどうしてもしてもいいと思います。「テクスト論」と言うなら、それは「テクスト論」と言って齟齬を来たさなければ、別に「テクスト論」と称することに反対しません。ただ、普通は混乱しますよね。そ「テクスト論」という用語を使うれを「テクスト論」だと言えば言うほど、「エセ読みのアナーキー」も含まれてしまう恐れがあるから。

助川◉だから、語り手の自己表出のときの自己がわからないという問題じゃないですか。近代的自我ではないです。だから、私は、それを読んだときの読みの核心に行くような、実存的核心を何とか言おうとしてそう言っていると取っています。例えば、ある文脈で私が読んでもそうしか読めなかった、その私がこうしか読めなかったということには、何かぎりぎりの実存的な核心があるはずです。田中さんは、そういうたぐいのものを「自己」と言っているような気がします。

高木◉いや、違うんじゃないかな。私は、了解不可能の他者を引き受ける、あるいは自分を相対化し得る自己がいて、それが表出していると。

鈴木◉いや、でも、田中さんの論文を拝見する限り、それは例えば作者でも作家でもちょっとわからないですけど、そのコントロールをはずれて出てくるでしょう。それって既に「自己」と言えるの？　って思いっきり問いかけたくなったりします。「機能としての語り手＝読者」という、『舞姫』論でもそうなっていくだろうと思ったりしますが、「物語＋語り手の自己表出」といった場合の自己表出は、実は読み手によって表れたり表れなかったりするものですね。

馬場◉表さなければいけないものだけど。

鈴木◉でも……。

馬場◉目指すべきものだけど、実体的に自己があって、それが表に出てくるというイメージではありません。だって、「語り手の自己表出」と言っているのだから、その語り手はさっきの「語り手Z」でしょう。「機能としての語り手」の問題で言っているのだから、まさに働きなので、それが作品の中の「語り手Y」のレベルで出るときももちろんあっていいです。それは、小説の読解の中で、実体的な語り手が何か直接表出する問題を出している場合があると思います。でも、そのことと同時に、実体的な語り手をさらにもう一回外側から囲い込むような語り手の問題を考えましょうということです。だから、私はむしろ近代的な統一された「自我」とか「主体」というイメージで捉えないほうがいいと思います。

助川◉だから、むしろテクストをなでていったときにそこから自己倒壊が起こってくる部分を、田中さんは〈語り手〉だと言っていると私は受け取っています。

高木◉一種の場所かな。

助川◉場所として。

高木◉うん。自己は、語り手という人が表出する場所だから、読者でも成り立つと。「機能としての語り手」がなぜ読者たりうるのかというと、そこの自己は単なる場所でしかないからで……

鈴木◉見出されるか見出されないかというか……。田中さんはよく見出してくれますが、見出せない読者もいっぱいいることも理解しないといけないのではないでしょうか。それを「見出すべきだ」と言ってしまうところが、多分にテクスト論者とは違ってしまう。見出せない読者も含めて容認するけれども、「こういうものを見出してみたらいかがですか」という、誠に謙虚な態度が最近のテクスト論者。

テクストの〈価値〉

助川◉でも、そこが、今、すごく重大な問題で、例えば田中さん自身は多分、「語り手の自己表出」を感じて、自分に「自己倒壊」が起こったものでしか論文を書いていないと思います。でも、現場で授業をやっていると、絶対自己倒壊も何も起こりようのないテクストを、扱わなければいけないときがありますよね。それで仕方ないから、そういうテクストを使って、なぜ自己倒壊が起こらないのか、語り手の自己表出がないのかみたいな授業をやったりするわけです。

鈴木◉いや、というか、田中さんの理論でいくと、さっき「価値」と言いましたけれども、自己表出などしようのないテクストってだれが決めるのか不明ですよね。

馬場◉それは当たり前ですよね。そうでなかったら、全部傑作になるか全部駄作になってしまうから、もちろんそんなことはありえないので、そこには読み手の価値判断が当然あります。その判断自体が怪しいです。

鈴木◉そう、そう。だから……。

馬場◉だから、「そういうのはだれがどうやって判断できるんだよ」という話になります。それで、よく「田中さんの論文というのは、ある意味では新しい権威主義だ」と言われますよね。この作品はこうとしか読めないというかたちで論文を出してきます。それが一つの権威になってしまって、「みんなそれを猿まねみたいに、同じような読み方をしているじゃないか」という批判は当然出てきます。

田中さんが本当に意図しているのは恐らくそうではなくて、自分としてはぎりぎりこの作品をここまでしか読めないということで、まだもっと読めるはずなのにという思いを持ちながら論文にしたもので、ほとんどは田中さん自身が対象とする本文に撃たれて、論文を出されているのが現実だと思います。そこが論文を書くエネルギーになっている。だけど、受け取る私たちが、一つの到達点みたいな読みにそれを見てしまうことが問題です。

助川◉でも、実際のところ、論文に書きたくないような作品で書かなければいけないときもあるし、ましてや授業だったらますます、自分が価値を見つけられない作品を避けるわけに行きませんよね。そういうときにどう「倫理的」に教えられるのかとか、どういう授業を展開すべきかという問題は残るかなと。

中村◉田中さんは完全に作品を選んでいますよね。だから、きっとそういう問題はあらかじめ回避されているんじゃ……。

助川◉うん。ちなみに私個人としては、自分が「ダメだ」と思った作品を扱う時には、なるべく作品にすり寄って無理に傑作にでっち上げるか、それも無理なときには、なぜだめかということを説明してきました。

馬場◉だから、「物語」で面白く読めるというのなら、「物語」で読めばいいですよね。

高木◉だけど、「物語」で面白く読んでしまうと、多分、「常識」とか「感動」を批判する機構がなくなるんですね。

馬場◉なくなる。もちろん、もちろん。

高木◉だから、「語り手の自己表出」は、多分古典物語文学にもあって、「語り手Z」みたいな語り手を想定することで、いかにして物語世界を相対化しうるかが肝要です。だけど、「語り手による自己表出」がストーリーに＋αをもたらすことがあるというのは、物語テクストには必ずあることだと思います。「語り手Y」の表出「Y」や「語り手Z」の表出がどう機能するか、どうぶつかり合うか、あるいは共犯するかは、テクストによって違うので、「ある」とか「ない」とかではなくて、機能の度合いの高低の差異だと思います。物語のストーリー構造なりに対して、何らかの違和感を持つような語り方をしている機能の度合いの高いテクストに、価値を見いだすという道筋はあると思います。だから、全くないとか、近代小説だけとか、古典物語文学こそが価値を持つというのではなくて、私たちは文学テクストの語りの機構をいかに細かく読み取っていくかに賭けていくしかないと思います。

齋藤◉「物語」という言葉が、いろいろな意味で使われていると思います。例えば《図1》(一九頁参照)の「X・Y・Z」の関係で言えば、「X」という物語内容を「語り手Y」が批評する位置にいて、さらにその「Y」をまた批評する「語り手Z」を読者の方が見いだせるとか、そういうかたちでの典型的な近代小説には、「近代小説としての読み方」があって、「X」だけを読んでいてはだめだと思います。だけど、「X」を相対化する「語り手Y」がないと、あるいは「Y」そのものを相対化できないと、文学としての「価値」がないということではありません。例えば「X」と「語り手Y」が非常に近接していたり、一体化している作品は、それとして「価値」がある。それぞれの作品の「価値」をどう見出していくかという意味合いだと思います。

馬場◉エンターテインメント的作品にも個別にそれとしての価値があるのだから、何でもこの図式から漏れ落ちるような、あるいは機能の度合いの低いものは無価値とか言えないという指摘ですよね。

齋藤◉はい。本格的な近代小説とは呼べないものには価値がないかというと、そうではない。その作品に合った読み方があると思っています。教員はまずその読み方を考えるべきだと思います。もう一回感動の話を持ち出すと、「感動」とか「価値判断」というときに最初から理論の枠組みを持ち出す必要はないのではないかと思います。もし、読んだときにここには何かあると感じたら、それを「感動」と言うのだったら、「感動」という言葉でいいと思います。その上で、「どうして自分が感動したのか」をまず自分の中でもう一回探っていくときにこそ、理論が必要になると思います。その両者があって初めて教室に持っていけます。

高木◉それはそう。私だって、「感動するやつは最低だ」と言っているのではありません、私だって感動するんだから。感動している自分が「それでいいの？」と思えるかどうかですよね。

鈴木◉往々にして、感動したものを分析装置に掛けてみると、「ちょっとね」だったり。

高木◉そう、そう、そう。

鈴木◉結構苦労して読んで。

高木◉そう。何で私はこんなに感動してしまったのだろうと思ったりね。

鈴木◉うん。ちょっと恥ずかしいかもみたいなことは確かにあるので、自己倒壊が起きる。

高木◉最後に一言ずついただいて終わりにします。順不同でどうぞ。

おわりに

助川◉はい。今日は本当に貴重な体験ができて、皆さんどうもありがとうございました。今日の話をずっと聞いていて思ったのは、いかに自己を絶対化しないで安易な相対主義に陥らないかが根本の問題だろうと。だから、全部相対化していって他者がいて、他者を尊重しなくてはいけなくてということになってしまうと、結局、自分は自分、他者は他者みたいな、もう関係ないという、まさに徹底的なアナーキーになってしまいますよね。だから、それぞれの文脈でここは譲れないというものを持つことと、他者に何を伝えたいかということはちゃんと持っていて、どのレベルでコミュニケーションしたいかをクリアにしていくことが、とても大事だと感じました。

齋藤◉そうですね。非常に刺激的なやりとりの中で、自分の頭の中がどんどん活性化して、いろいろなことが新たな問いとして生まれてきました。改めて、教室の可能性みたいなことを考えました。教室というと、ついつい教室の中の権力構造の問題が取り上げられがちですが、それを前提としたうえで、教室という空間の中だからこそできることがあり、その可能性は「読むこと」のなかで切り開いていくことができるのではないかということが、今日考えたことのなかで一番大きなことです。

あと、「感動」、「価値判断」、「理論」という言葉がそれぞれどういう関係にあるのかは、自分の中で一度再整理してみたいと思います。「感動」は大事に決まっていますが、「感動」という言葉の内実とか、それを支えているものはいったい何なのかとか、素朴であるようですけれども、そういうことをきちんと考えてみる価値があると思いました。どうもありがとうございました。

馬場◉私も本当にお礼を申し上げたいと思います。やはりこうやって話し合うことは大事だと思って、今日は話し合いの磁場を共有できてとてもよかったです。「感動」もそうだけど、私自身も自分の読みの原理とか理論をもう一回対象化しないとまずいということで、とても重たくて大きい課題ですけど、宿題をもらえたので、ありがたいと思っています。

それから、今日話してみてつくづく思ったのは、「田中理論」とか「テクスト論」とか、それぞれ言葉で言うと、あるかちっとした城壁みたいな感じがしてしまいますが、そういうものでもないだろうし、そこをどうお互いに流用したり、あるいは違いは違いとしてはっきりさせるかということが、自分たちの依拠している理論の限界性と可能性を拓くことだと思いました。その意味では、今日のような概説的な話もすごく大事だし、個別のある具体的な作品を巡ってお話ししてみると、もっと中身が深まる気もしました。本当にありがとうございました。

中村◉もう付け加えることは何もないかたちで、皆さん総括されているので、同じことの繰り返しになってしまいますが、多分、高校の教員という立場でこの座談会に参加することになったと思うので、やはりもう一回教室という現場で、自分がいったい何ができるのかを改めて問い掛けていくための宿題というか、課題をたくさんもらうことができたと思っています。

あと、もう一つ教室の問題として、個別性というか、一回性という問題があります。つまり、こっちは毎年同じような教材で同じような授業をやり、少しは「自己倒壊」（？）をやって変えてはいくけれども、それに対して生徒は一期一会の出会いでしょう。そういうかけがえのない出会いを提供する責任を、私たちは生徒一人ひとりに対して負っている。だとすると、一人ひとり違うであろうその出会いに、私たちがどうかかわっていけるのか。出会いの場と言うときれい事になりますが、そういう場としての教室の在り方を、もう一回考えていきたいと改めて感じました。

鈴木◉活字だけで読んでいると、やや対立すると思っていましたが、現実にお話しさせてもらうと、いっぱい共通点を持っているというか、大枠では相当仲よくできそうな感じで、それが一つすごく新しい発見でした。議論の中で言えなかったのですが、田中さんが言う自我です。日本の近代の自我というのは西洋から多く輸入されてきました。しかも、キリスト教的なものを和風化してしまった自我だと思います。それに対する田中さんの絶えざる疑いとか、それをどう相対化していくかという視点と、テクスト論を安易に受け入れてきて、和風化させてしまっているテクスト論者に対する批判は、多分、つながっていると私の中では理解できました。私は、もっと大きな敵がいると思っていますので、お互いにそこから一歩踏み出して、そちらに流れないように、今後も出版するとか、そういうかたちでなくても、お互いに意見を交わせる場ができて、もっともっと共通項やお互いの宿題をたくさん見つけていけたらと思いました。本当にいい場に参加させてもらって、ありがとうございました。

高木◉皆さん、どうもありがとうございました。私も、徹底した語り言説分析をやっていく以外に、テクスト論の未来も、教室での未来もないと思いました。このネオ・リベの時代にいかに生きていくか。それは、私たちの言説分析の強度に懸かっています。道のりは遠いですけれども、頑張っていきたいと思いを新たにしました。また文学教育とテクスト論の差異も明確になってきましたが、接点が多く見えてきてよかったです。本日は長い間どうもありがとうございました。

（了）

［注1］「田中実氏の理論」＝近代小説の既存の読みは、読みの対象となる本文の実体性を問わないままに、解釈の差異を競い合ってきた。「作品論」もいわゆる「テクスト論」も、読みの対象となる本文を実体として受け入れる姿勢では共通していたのである。そこに読みの根本的な問題への思考回路を閉ざす要因があった。この問題を文学教育研究の側から照射し、読みによって浮上する「他者」の問題を問い直すことによって読者主体を相対化し、読書行為の意味を再考しようと試みられたのが、所謂「田中理論」である。この理論は現在進行形であり、過去の言説を田中自身再検証しながら、今現在も日々更新している。

［注2］ 馬場「〈これまで〉の「文学教育」／〈これから〉の「文学教育」――文学という〈毒素〉の力」（田中実・須貝千里編『〈これからの文学教育〉のゆくえ』右文書院　二〇〇五）

［注3］ 齋藤「『〈語り〉を読む』ことと、『自己を問う』こと――芥川龍之介『蜘蛛の糸』の教材価値を再検討する」（同右）

［注4］『蜘蛛の糸』の終りの場面については、本書所収の高木信「〈語り／騙り〉としての『山月記』」の二二四頁を参照。

［注5］「日本文学協会の国語教育部会」＝日本文学協会は、敗戦を機に、それまでの教育や研究が内包していた諸問題を総括的に問い直し、アカデミズムとは一線を画したかたちで、戦後の新しい価値観を伴った研究と教育の課題を会の活動の両輪として始動した日本文学と国語教育を専門とする学術研究の運動体。国語教育部会は、両輪の一翼を担うべく国語教育の専門部会として立ち上げられ、実践と理論の融合を目指しながら活動を展開している。

［注6］ 齋藤論文についての高木なりのまとめは、［注4］論文二二五頁を参照。

［注7］「「私の中の他者」の問題」＝「私の中の他者」とは、「私」が勝手に捏造する「他者」のこと。「私」のイメージや常識によって、本来了解不能な「絶対的な他者」として対峙すべき「他者」を自分の理解可能なものへと変容させて理解するような「絶対的他者」を疎外したもの。「想像的の他者」とも。田中氏は、「他者」を、自己が捉えた「私の中」の現象と認識することで、「他者」がいかに自己の写し絵に過ぎないかを露にし、そうした観点から、近代小説の最も重要な課題である「了解不能の他者」を考察しようとする。

［注8］ 三谷邦明（一九四一～二〇〇七）横浜市立大学名誉教授。平安時代物語を中心とする日本の文学全般を、「物語学」の観点から論じた（「物語学」とは、欧米文学理論と、近代以前の日本古典文学研究の伝統を統合した、独自の研究理論のこと）。著作に、『物語文学の方法　Ⅰ・Ⅱ』（有精堂）・『入門源氏物語』（ちくま学芸文庫）・『源氏物語の方法』（翰林書房）などがある。

［注9］ 高木信「感性の〈教育〉――〈日本〉を想像する平家物語」（『平家物語・想像する語り』森話社　二〇〇一）のとくに註4を参照。

［注10］ 田中実「手記を書く語り手、語り手をとらえる〈機能としての語り〉――『舞姫』再読――」（『鷗外82号』二〇〇八）この論で田中氏が強調するのは、実体的な手記の書き手「余」を相対化する〈機能としての語り〉を読むことの重要性

である。「日記」すら書けない「余」が長い手記を書くという設定に『舞姫』のポストモダンを見出し、〈ことば〉の向こうという「極点」から折り返すことによって、書くという行為を通じて認識の闇の相克が生成されることを読み取った論。

[注11]「森鷗外『舞姫』」＝物語内容だけでは、立身出世のために、愛する女性を狂気に落としいれる卑劣な主人公太田豊太郎の悔恨の手記、ということになる。しかし、それはお話の表層にすぎず、これが近代小説として燦然と輝くのは、その「語りの構造」にある。手記をつづる「余」が、物語を統括する「機能としての語り」の領域から照射されることで、その臨界点が読者に暴かれ、「余」の意識の境界領域に「恨」と対峙する〈ことば〉の世界が表出し、西洋と日本との「近代」をめぐる葛藤の深淵を垣間見せるところに『舞姫』という近代小説の力が発揮される。

[注12]「いっこく堂」＝天才的な腹話術師。「田中理論」では、登場人物をいかに語り手が語っているかを説明するのに、この腹話術師を比喩的に用いた（『断想―読むことの倫理』『日本文学』二〇〇一・八他を参照）。そこで田中が言わんとしたのは、登場人物と語り手という二者ではなく、AとBという複数の登場人物を語り手（いっこく堂）が語るという「語りの秘密」である。ここに注目することで、Aを語るとBは語れないという、近代小説における「他者」の問題が浮上する。これを強調するためにいっこく堂という比喩が用いられた。

[注13]　高木信「日本的な、あまりに日本的な――テクスト理論の来し方・行く末」（『平家物語・想像する語り』森話社）

[注14]　ロラン・バルト「作品からテクストへ」は花輪光により一九七九・一一に邦訳された。みすず書房刊『物語の構造分析』に収められている。…バルトはこの論において、読みの対象となる本文を分析可能なものとする「容認可能な複数性」の立場に立つ「物語の構造分析」と、これとはまったく次元を異にした「還元不可能な複数性」との立場に分けて、後者こそが「テクスト分析」であるとした。「還元不可能」であるがゆえに、「テクスト分析」はどこにも帰属せず、あらゆる「解釈」の呪縛から離れて「テクスト」としての戯れを可能にするというのがバルトの提唱である。田中は、この徹底したアナーキズムこそが、文学本来の力を誘引する重要な要素であるとし、この「還元不可能な複数性」というアナーキズムを一旦は深く受け止めることの重要性を繰り返し説き、「和風てくすと論」は、ここの峻別を曖昧なままに、「ああも読める、こうも読める」と各自の「解釈」の差異を競うだけのものとして批判する。だが、田中は、バルトの革命的な提起である「還元不可能な複数性」の立場では、肝心の文学の〈いのち〉までもが否定されるとしてこれを拒否、文学に宿る「価値」を発見し、読み手が文学の奥底に潜む力に撃たれることで新たな〈いのち〉の課題に向き合うべきとして「第三項」という理論を展開した。

[注15]「第三項」＝田中実の用語。読書行為が始まると、客体の文章は読み手に捉えられる文章と対象そのものとに二分化される。読み手に捉えられた方の文章は〈私の中の他者〉であり、対象そのものは了解不能である。知覚されない対象

そのものの領域を「〈原文〉という第三項」と考える。主体と主体によって捉えた客体の二項ではなく、その外部に、「〈原文〉という第三項」を介在させ、それが影として働いてはじめて、〈本文〉＝〈わたしのなかの他者・文脈〉が現象する。またそのようにして生じた〈本文〉＝〈わたしのなかの他者・文脈〉には読み手自身のフィルターがかかっているが、それは「〈原文〉という第三項」の影との葛藤によって、絶えず問い直され続けていくものとなる。詳しくは、田中の一連の論考、例えば、「「読みの背理」を解く三つの鍵―テクスト、〈原文〉の影〈自己倒壊〉そして〈語り手の自己表出〉―」（『国文学解釈と鑑賞』至文堂二〇〇八・七）、「近代小説が、始まる――〈知覚の空白〉、〈影と形〉、〈宿命の創造〉――」（『日本文学』二〇〇九・三）等を参照されたい。

[注16]　「夢の読者共同体」＝田中実の用語。文化共同体に生きる私たち読者が、それぞれのフィルターを瓦解し、〈主体〉を構築し続けるためには、互いが闘争的に共存しつづける関係が必要となる。それを〈夢の読者共同体〉と呼ぶ。戦後民主主義が実体的自我を拠点にし、自我を抑圧する現実の社会と闘争的に関わりながら、互いの自我を尊重しようとしたイデオロギーであったのに対し、夢の読者共同体は、自我や社会をア・プリオリなものとして捉えるのではなく、虚構であることを前提にし、構築するものとして捉える。これからの民主主義の創造とつながっている。

[注17]　齋藤孝　教育学者。明治大学教授。『声に出して読みたい日本語』（草思社）などで、内容の理解・分析以上にテクストの音読が重要であると主張。

[注18]　齋藤純一（一九五八）「公共性」の条件として、「閉じた領域をつくる」「共同体」に対抗して、「共同体のように等質な価値に満たされた空間ではないこと」「何らかのアイデンティティが制覇する空間ではなく、差異を条件とする言説の空間であること」等、「価値の複数性を条件とし、共通の世界にそれぞれの仕方で関心をいだく人びとの間に生成する言説の空間」と論じている。詳細については『公共性』（岩波書店二〇〇〇・五）を参照されたい。

[注19]　内田樹　神戸女学院大学教授。専門はエマニュエル・レヴィナスを中心とするフランス現代思想研究。武道論、身体論、文学論など、さまざま分野で精力的に発言を行う。著書多数。教育問題については、『下流志向』（講談社）などで論じている。

[注20]　ロラン・バルト『S／Z』（みすず書房）のこと　バルザックの『サラジーヌ』を構造分析したもの。一つ一つのセンテンスすべてを、テクスト全体の中に位置づけていく。その分析の詳細さは驚異的。

[注21]　ジャック・デリダ（一九三〇～二〇〇四）　フランスの哲学者、批評家。立場や叙述スタイルを大きく変化させながらも、「制度的な思考」を相対化する立場を貫いた。「グラマトロジー」・「脱構築」など、多くの新概念を生み出したことでも知られる。著作に『声と現象』（ちくま学芸文庫）・『エクリチュールと差異』（法政大学出版局）・『マルクスの亡霊たち』（藤原書店）などがある。

[注22] 柄谷行人は、そのコミュニケーション論で「自分とそれほど違っているようには見えないのに、コミュニケーションのコードを共有していないので、どのようにかかわればいいのかわからない存在」を「他者」と呼んだ。そして、「他者」との関係を考察する重要性をうったえた。一方、「自分自身のありようから、類推的に理解できる存在」や「自分との共通点をまったく想定できない異者」とのかかわりから出発するコミュニケーション論を批判した。『探究I・II』（講談社学術文庫）などを参照。

[注23] 「蓮實重彦の物語批判」＝蓮實は、「ある物事が話題になったときに、口にされる言葉が決まりきっている状況」を「物語」と呼んだ。たとえば、「ヴァン＝ゴッホ」の絵を前にした時、「強烈な黄色」とか「狂気にまで至る情熱」といった台詞を、多くの人がついつい口にしてしまう。こうした状況が「物語」である。蓮實は、『物語批判序説』（中公文庫　絶版）や『凡庸な芸術家の肖像』（ちくま学芸文庫　絶版）において、この「物語」を批判的に検証した。

PART Ⅱ

国語教科書掲載作品のテクスト論的読解・授業実践報告

『枕草子』というテクストと清少納言

安藤　徹

一、テクストとしての『枕草子』

『枕草子』は、「読もうと思えばどのようにでも読める不思議な作品」[注1]、「平安時代の文学史の上でとかく継子扱いされがちな作品」[注2]、「捉えることの難しい作品」[注3]、「非常に読みにくい作品」[注4]などと繰り返し評されてきたように、なんとも居心地が悪く、扱いにくいテクストである。このテクストは、物語のように（あるいは物語として）読もうとしても、日記のように読もうとしても、歌語りのように読もうとしても、説話のように読もうとしても、記録のように読もうとしても、どうにも抵抗や違和が残り、そうした既成のジャンルに即した読み方では掬い取れない〝何か〟を感じさせる。その原因は、物語や日記などの読み方――たとえば、出来事の展開（筋）とその意味を辿るような読み方や、登場人物の心情に寄り添うような読み方、あるいは歴史的事実を参照しながら独自の作品世界を見出そうとするような読み方――に慣れた私たちが、ジャンルとは何か、〈読む〉とはどのような実践なのか、そして（『枕草子』という）テクストとは何かと、ラディカルに鋭く問いかけられているからなのではないだろうか。居心地の悪さは、よく知っていると思い込んでいたもの、馴染みだったはずのものを異化し、対象化する。

一方で、『枕草子』を日本の随筆（文学）の嚆矢に位置づけ、『方丈記』『徒然草』とともに「三大随筆」として評価するというのが、標準的な文学史的説明として強固に存在する[注5]。こうした「随筆としての『枕草子』」という配置は、このテクストをとりあえずは安心して読むための便法として有効であり、どのように読むのか、またこのテクストはいったい何なのかといった問いを一旦括弧に入れることを可能にし、そこに書かれた内容の吟味や意味づけへと私たちを向かわせてくれる。だが、「随筆」というジャンルに回収すれば『枕草子』にたしかな安定感が保証されるのかといえば、どうやらそういうことでもないらしいことは、たとえば『枕草子』の注釈作業に携わり、現在の研究を開拓し領導してきた一人である石田穣二が「随筆と言ってしまえば、簡単だが、とてもそういうことでは埒があかない」[注6]と改めて述べているとおりである。随筆であれ何であれ、『枕草子』を一般的な意味でのジャンルのひとつに収め切るのは困難だというのが、〝逸脱〟に本質的特徴を見出すことの多い『枕草子』研究の現在における共通認識と言ってよかろう[注7]。

とはいえ、『枕草子』の読みの歴史の中で構築されてきた「随筆」としての位置づけがまったく無効になっているわけではない。むしろ、これまで以上に、しかし一層隠微な形で「随筆」という枠組みに絡め取られている面もあるのではないか[注8]。ここで特に注目したいのは、『枕草子』を構成する「章段」という単位である。中学や高校の教科書に教材化されている『枕草子』を見れば明らかなように、私たちはこのテクストを章段単位で読むという慣習＝実践を自明のものとしているのだが、それは随筆として読むということと密接に関連している。菊地仁によれば、「作品内部が必ずしもはっきりとは分割されていない『枕草子』や『徒然草』は（特に前者は）、連歌師から貞門俳諧を通過することで、章段構成による集合体として近世的な再評価を受けることになり、その過程で〈随筆〉なる語が否応なく浮上」してきたのであり、「日本における〈随筆〉概念の成立」は「『枕草子』と『徒然草』とを同じ系譜に位置づける意識と表裏一体」であって、「より具体的には両書は全体として緩やかに連想による章段構成を持つとの認識」（傍点、安藤）[注9]に求められるという。つまり、テクストを章段に分けて読み解きながら、章段間の関係をゆるやかに認定することで、一見したところ「さまざまな形式による、長短とりまぜて三百ほどの文章の雑然たる集積」[注10]といった印象を与える『枕草子』を、しかし一編の「随筆」文学としてかろうじてまとめ上げ、そこに作者独特の感性なり美意識・価値観なりを発見して（良くも悪くも）評価する道が開拓されたというのだ。

同時にこれは、類纂本ではなく雑纂本『枕草子』をありうべきテクストとして位置づけようという志向でもあった。筆のおもむくままにさまざまな章段を書き継いでできあがった随筆『枕草子』は、当然、雑纂形態であるところにこそ「随筆の妙味」[注11]が見出されるはずだと期待させるからである。『枕草子』本文が類纂か雑纂かは、章段の三分類――類聚的章段、日記的章段、随想的章段――が前提となり、これらの章段が混在しているのか分類されて掲載されているかによって区別されるが、三種の章段が雑然と並んでいる雑纂本は、しかしそれぞれの章段が作者の〝連想〟というかすかな糸によって結ばれていると見ることで、まさに作者の思いのままに、そして筆のままに書かれたという意味での「随筆」を見事に体現することになる。

このように、『枕草子』を随筆として読むことと章段単位で読むこととは別物ではなく、むしろ〝連想〟[注12]というキーワードを媒介させながら緊密な関連性を保持しているのだ。しかし、章段と章段との関係、章段の配列の意味するところが〝連想〟によって説明されるというのは、いかにもあやうい。そもそも、連想の発見が「いかようにも正当化され」、したがって「恣意的」[注13]であることから免れえないたぐいのものであろう。だとすれば、見出された連想を作者の心の動きとして確定することは困難であるにもかかわらず、それを読者が創造的に発見したものではないと、どのようにすれば断言できるだろうか。また、ある特定の連想の糸によって章段群をかろうじて結びつけることができたとしても、そのかすかな糸に掛からずにこぼれ落ちてしまい、見失ってしまうものもまた多いかもしれない。雑纂形態が本来的に持っているはずのエネルギーは、むしろ連想を裏切るところにこそその特質が認められるのではなかったか。それは、章段の配列の自由な組み替えさえ許容するテクストの動態性と言い換えることができるが、連想はこの動態的なテクストを現状の配列（と本文）に固定化し、「いつしか結果論的な解釈のみを強いられてしまう今日の読み」[注14]を生み出す原因ともなっているかもしれないのだ。『枕草子』は物語のように筋に沿って読むべきテクストでもなければ、日記のように時系列にしたがって読み進めるようなテクストでないとされながら、（筋や時系列と同じというわけではないものの）連想によって一定の流れに沿った読みが促されることになる。逆に、三種の章段のうち、日記的章段は配列を無視し、いわゆる連想とは別に〝史実〟といわれるものの次元で離れた章段を結びつけて読む傾向が強いとすれば[注15]、隣接する章段どうしの連想によって『枕草子』を読み解くことの限界がそこに露呈しているとも言える。

さらに、連想によって複数の連続する章段を関連づけていくという読み方は、実はその前提となる章段という単位そのものを問い直すことにもつながる。章段が連想によって結びつくのであれば、そこで章段を区切らなくてもよいかもしれないではないか。章段内部での連想と章段間の連想がゆるやかに連続していくとき、章段の境界、区切り目はきわめて曖昧になる。注釈書によってどこからどこまでをひとつの章段として認定するかにゆれが生じる（そして、その結果として章段数が異なる）のは、章段という単位がけっして自明なものではないことを物語ろう。三種の章段の区分が厳密にできるわけではないことも繰り返し指摘されてきたが、これもまた章段という単位に基づく読みが唯一絶対のものではないことを示唆する[注16]。

にもかかわらず、いや、それゆえにと言うべきであろう、連想という発想は魅力的でもある。連想は（おそらくは連想ということを強調しようとする人々の意図を裏切って）作者を特権化しえないからであり、章段という単位をゆさぶり、読みの規範を攪乱する潜勢力を有しているからである。連想とは、何も隣り合う章段間でのみ作用するものと限定する必然性もなかろう。また、現行の章段という枠にこだわりすぎる必要もない。「この草子、目に見え、心に思ふことを、人やは見んとすると思ひて、つれづれなる里居のほどに書き集めたる」（跋文）[注17]という一節は、『枕草子』の個性が雑纂形態において顕現するという理解の正当性を保証する言説として機能するが、

『無名草子』において「紫式部が『源氏』を作り、清少納言が『枕草子』を書き集めたる」[注18]とあるように、「書き集め」（掻き集め）が一編の物語を作り上げるのとは異なる営為であることはたしかであろう。それは、このテクストが断片の集合体であり、（あらかじめ決まった絵柄があり、ピースを組み合わせてそれを復元するパズルではなく）継ぎ接ぎの結果として独自の模様が浮かび上がり、継ぎ方を変えればまたちがった模様ができあがるような〝パッチワーク〟であることを示唆する。連想とは、この継ぎ接ぎの仕方、模様の作り方のことである。

『枕草子』をテクストとして読む、あるいはテクストしての『枕草子』を読むということは、そこに一貫した何ものか――主題とか作者の個性とか歴史的背景とか――を求めるということとは必ずしも同一でない。むしろ、そうしたこととは相容れない（それらを脱臼させる）志向性を持つと言うべきかもしれない。『枕草子』の断片性をそのまま個性として受けとめることからテクストの読みははじまるのであり、テクストとしての『枕草子』を読むことの悦びは章段を自在に交渉させ、混線させ、さらにその章段の境界自体をも活性化し、みずから織り直す（組み替える）という主体的な試みのうちにあるのではないだろうか。小森潔は、中学や高校の教科書における「古典作品の集積」に「時系列の配慮のなさ」や「「歴史」への明確な意識」[注19]の欠如を見て取るが、私はそのようにして『枕草子』の一部の章段（断片）がもとの配列とは異なる形で切り取られ、しかも他の古典教材（の断片）と並列で掲載されることによって可能となるかもしれないテクストの断片どうしの共鳴作用を、『枕草子』というテクストの読み方を教唆するものとして、むしろ積極的に受けとめてみたくなる。

あらゆるテクストは、コンテクストに対して鋭敏に反応し、抜きがたい関係を構築する。この場合、テクストの意味はコンテクストによって一義的に決定されるようなものではなく、テクストとコンテクストとが相互に依存し重層的に決定する関係として把握される。一方で、コンテクストから自由である（自由になりうる）のもテクストの特性であろう。むろん、コンテクストからフリーであるとは、あらゆるコンテクストと無関係であることを意味せず、むしろテクストとはあらゆるコンテクストとの関係を構築する潜勢力を有するのだ。つまり、テクストはコンテクスト・センシティブかつフリーなのである。『枕草子』は、こうしたテクストの特性を端的に示しており、テクスト論の実践を促してやまないのではなかったか。

二、交渉する「したり顔」

それにしても、テクストとしての『枕草子』(とその読者)は、「清少納言」という亡霊に取り憑かれているのだろうか。本来は一般名詞であった「枕草子」が固有名化する(言い換えれば、『枕草子』に専有化される)プロセスにおいて、「清少納言」という名の果たした役割は大きいようだが[注20]、それは同時に(随筆と見なされてきた)このテクストが「清少納言」という名によってかろうじて凝集性を確保し、あるいはまたテクストの(個性の)〝意味〟づけは「清少納言」という名のもとで可能になる、という理解のあり方をも物語っていよう。現在私たちが読んでいる『枕草子』の一部には、後世の読者(編集者／作者)たちによる加筆・編集が想定できるかもしれず[注21]、またそのような実践へと読者を誘惑するのが『枕草子』というテクストの本質的な特徴ともされるのだが[注22]、そうだとすれば『枕草子』というテクストの境界は(章段のそれと同様に)自明なものではありえず、きわめて問題含みであるはずだ。にもかかわらず、あたかも画定的なテクストであるかのようにふるまうことができるのは、「清少納言」という名の効果によるという面が強いのではないか。テクストを取り囲み、テクストの内部と外部との境界領域、あるいは相互作用の領域としての〝パラテクスト〟[注23]＝作者名の機能が、テクスト論的文脈において問い直される必要がある[注24]。

この「清少納言」という名にかんして、そのイメージ形成に決定的に重要な影響を与えたとされるのが、『紫式部日記』の次の一節である。

清少納言こそ、したり顔にいみじうはべりける人。さばかりさかしだち、真名書きちらしてはべるほども、よく見れば、まだいとたらぬこと多かり。かく、人にことならむと思ひこのめる人は、かならず見劣りし、行末うたてのみはべれば、艶になりぬる人は、いとすごうすずろなるをりも、もののあはれにすすみ、をかしきことも見すぐさぬほどに、おのづからさるまじくあだなるさまにもなるにはべるべし。そのあだになりぬる人のはて、いかでかはよくはべらむ。[注25]

「事実としては一人の女性が言った悪口にすぎない」にもかかわらず、「同時代人の、しかもきわめて有名な作家の悪口」[注26]であることで、清少納言という名に「したり顔」というレッテルを貼りつけることがいかにも正当／正統／正答のように受容され、『枕草子』の読みをも相当に呪縛してきたのであった。しかし、うわべばかりの「したり顔」で内実を伴わない清少納言の「あだ」ぶりを痛烈に批判するこのことばは、『枕草子』を一方的に規定するのではなく、『枕草子』のことばと響き合いながら、テクストを織りなす（織り直す）糸のひとつになっているのではないだろうか。

『枕草子』に「したり顔なるもの」（第一八〇段）という章段がある。

したり顔なるもの。正月朔に、最初に鼻ひたる人。よろしき人は、さしもなし。下臈よ。きしろふたびの蔵人に、子なしたる人の気色。また、除目にその年の一の国得たる人。喜びなど言ひて、「いとかしこうなり給へり」など言ふ答に、「何かは、いと異様にほろびて侍るなれば」など言ふも、いとしたり顔なり。また、いふ人多く、いどみなる中に、えりて婿になりたるも、我はと思ひぬべし。受領したる人の、宰相になりたるこそ、もとの君達のなり上りたるよりもしたり顔に、け高う、いみじうは思ひためれ。

（第一八〇段「したり顔なるもの」）

ここで取り上げられている人々の「したり顔」ぶりは、（「したり顔」ということば自体になにがしかの批判的ニュアンスを聞き届けることができるとしても）直接的な評価が下されているわけではない。とすれば、「したり顔」であることが必ずしも否定的に扱われるわけではないという〈読み〉の余地があることになる。一方で、「すさまじきもの」（第二二段）に、「いみじうしたり顔」であった験者が物のけ調伏に失敗し、しかもあろうことか「あくびおのれよりうちして、寄り臥しぬる」さまを見せる例を挙げながら、他方で「淑景舎、東宮に参り給ふほどのことなど」（第一〇〇段）では「御簾と几帳との中にて、柱の外よりぞ見奉る」〈私〉に気づいた「殿」が「あな恥かし。かれは古き得意を、いとにくさげなる娘ども持たりともこそ見侍れ」と言う「御気色」を「いとしたり顔なり」と評しているように、『枕草子』では「したり顔」が無条件に非難すべきものとされてはいない。後者は、帝の中宮だけではなく、東宮のもとにも娘（淑景舎）が入内することになり、まさに栄華の絶頂を迎えようとしていた「殿」が「猿楽言」を言うときに、「あな恥かし」といったことばとは裏腹にいかにも得意顔であったとしても何の不思議もなく、むしろ好感をもって描かれていよう[注27]。また、「かしこきものは」（第一八二段）では、「養ひたる子」を「わが物」のようにして万事ふるまう「乳母の夫」の様子を「したり顔」と表現しており、いかにも批判的に描いているように見える。だが、「かしこきもの」という〈題〉のもとに置かれた「したり顔」は、畏怖や驚嘆の思いを抱かせるものとして位置づけられることになり、相当にアイロニカルな響きを伴いつつも、単純に否定的な評価が与えられているのではなかった。

「すさまじきもの」では、「したり顔」だった験者が実際どうであったか、どうなったかというところを描き、そこに見出される「顔」と実体（実態）との隔たりが「すさまじ」という心情を生み出す要因となっていた[注28]。また「かしこきものは」では、後半に「したり顔」にふるまう乳母の夫が、妻である乳母（や他の女）との関係において「わびしき」さまや「わづらはしき」目に遭っていることが語られることで、「したり顔」の裏面を明かしている[注29]。『紫式部日記』の清少納言評は、こうした章段に通じていると言えよう。つまり、「したり顔」

ではあるが実際は……、という形で「したり顔」の「あだ」ぶりをあぶり出し、非難しているのである。

しかし、その「したり顔」を正面から主題化する「したり顔なるもの」の章段では、「すさまじきもの」や『紫式部日記』のような実体（実態、裏面）へのまなざしを持たない。そこにあるのは、なぜ「したり顔」をするのかというコンテクストへの関心であり、「除目にその年の一の国得たる人」がそうであるように、ことばと裏腹にある感情が露骨に表れる「顔」そのものへの注視である。「淑景舎、東宮に参り給ふほどのことなど」における「殿」も同様であったが、ことば（会話）の文字どおりの意味の背後に潜む〝思い〟は「顔」にこそ端的に現象する。「したり」と思って当然のコンテクストがあり、しかしそこで発せられることばはその思いを直接語ろうとせず、むしろ逆のことを言ってしまう。このずれが、かえって思いの強さを浮かび上がらせることになるのだが、それが固着し現象する〈場〉として「顔」がある。『枕草子』は、「顔」と実体と関係（そのずれ）を視野に入れながらも、あえてコンテクストとの関係に焦点をあて、どのような状況・条件において「したり顔」となるのか、「顔」という〈場〉に何がどのように現象するのかという点をクローズアップしてみせているのだ。「顔」というテクストとコンテクストとの関係が主題化されている、と言い換えてもよい。

逆に、『紫式部日記』の清少納言評を捉え返すならば、「したり顔」の清少納言の「見劣り」する実体を一方的に指弾し、未来を予言（呪詛）するかのようなことばを発するばかりで、「したり顔」をする（それなりの）コンテクストを一切語ろうとしていないことが、改めて確認されよう。しかも、「真名書きちらしてはべるほども、よく見れば、まだいとたらぬこと多かり」というのが事実であったとしても、「したり顔」する人があえて思いとは逆の発言をするような例を考慮すれば、これをもって「したり顔」しているくせになどと非難したところで、かえって相手にさらに「したり」と思わせるだけかもしれないではないか。

『枕草子』にはもう一例、興味深い「したり顔」が登場する。それが、「うれしきもの」（第二六一段）に見える「我は、など思ひてしたり顔なる人、はかり得たる」という例である。「したり顔なる人」を「はかり得たる」ことで得られる「うれし」さとは、『紫式部日記』的視点からは「いっぱい食わせて、それほどでもない実体を暴いてやったことの快楽」とでもなろうが[注30]、「したり顔なるもの」の章段と節合させてみるならば、「なぜこんなに「したり顔」をしているのか、その理由や条件（コンテクスト）を推量し、見当をつけえたことの悦び」という読みも可能であろう。さらに、「女どちよりも、男はまさりてうれし」と続くとき、私たちは『紫式部日記』の「したり顔」評へのひとつの応答[注31]を聞き届けることができるように思われる。これまで取り上げてきた『枕草子』の「したり顔」は、「したり顔なるもの」の「正月朔に、最初に鼻ひたる人」を除けば、いずれも明らかに男たちの「顔」であったのに対して、『紫式部日記』は「女どち」（紫式部と清少納言）での「はかり」であったといえる。『枕草子』は、「女どちよりも、男はましてうれし」を実践するかのようにもっぱら男の「したり顔」を取り上げて、「清少納言こそ、したり顔にいみじうはべりける人」と述べる『紫式部日記』を直接相手にせず、「女どち」の批判としてうっちゃっているのだ。

こうして、『紫式部日記』の「したり顔」と『枕草子』に散在する「したり顔」[注32]とは、一方が他方を決定づけるのではなく、二つのテクストが（テクスト内も含めて）相互に交渉し節合しながら意味を生成し、それぞれのテクストの個性が発揮されるさまをかいま見せるのであった。そのとき、「清少納言」とは「したり顔」が交渉する〈場〉に与えられた名として機能していることになろう。実際に清少納言が「したり顔」であったかどうか、あるいは『紫式部日記』の「したり顔」と『枕草子』の「したり顔」とが因果関係などの直接的な関連性を有しているかどうかが問題なのではない。テクスト（ことば）がもともとのコンテクストとの関係を保持しながらも、「清少納言」という名＝〈場〉において自在に交渉するとき、どのような読みが開拓されるか。ここで問われているのは、たとえばそのようなことなのである。

三、「草の庵」というあだ名

「清少納言」という名は『枕草子』には登場せず、あくまでもパラテクストとしてある。一方、『紫式部日記』では『枕草子』に直接触れることなく「清少納言」の名を出している。むろん、「さばかりさかしだち、真名書きちらしてはべるほども、よく見れば、まだいとたらぬこと多かり」という発言の背景に、清少納言が書いたモノの存在が感知され、それが『枕草子』と想定する蓋然性はある。また、読みの歴史の中で、『枕草子』の(原)作者が清少納言であることが疑われたことはおそらくないだろう。それほど両者の結びつきは強く、自明のように受けとめられている。

『枕草子』では、〈私〉は「少納言」と呼ばれ[注33]、また「五月の御精進のほど」(第九五段)の中宮の和歌に「元輔が後といはるる君しもや」とあって、「君」=〈私〉が「元輔が後」であることを明かしている。この「(清原)元輔」と「少納言」とが〈私〉において合成されるとき、「清少納言」が〈私〉の名(女房名)であることをテクストも間接的に保証していることになろう。したがって、テクストから立ち上がる〈私〉が「清少納言」という名と結びついているという側面は否定することはできないし、する必要もない。ただし、そうであるからといって、この名が『枕草子』というテクストのすべてを統括し、支配下においているということにはならない。このテクストは、〈私〉の名について別のエピソードを対抗的に語りながら、「清少納言」という名との交渉と、その相対化を引き起こしているのではないか。

ここで注目するのは、「頭の中将の、すずろなる虚言を聞きて」(第七七段)の章段である。〈私〉にかんする「すずろなる虚言」を耳にした「頭の中将」が、人前で〈私〉を非難したところから話は始まる。根拠のない〈うわさ〉にうろたえることなく、そのうち思い直してくれるだろうと高を括っていた〈私〉に対し、その後も「頭の中将」の機嫌は直らなかったのだが、ある夜、その中将から「蘭省花時錦帳下」「末はいかに、末はいかに」と書かれた文が届く。この漢詩のつづきはむろん知っている〈私〉ではあるものの、いかにも「知り顔」に「たどたどしき真名」で書くのも「見苦し」と思い、「草の庵をたれか尋ねん」と書いて送り返したところ、「頭の中将」たちはその見事な切り返しに答えるすべを失ってしまう。こうして、〈私〉の「草の庵をたれか尋ねん」という返答は大変な評判をとった、というのがこの章段のあらましである。問題は、〈私〉にかんする評判がどのような形で宮廷中に知れ渡ったかである。中宮が帝のことばを〈私〉に語り伝えるところでは、「男ども皆扇に書き付けてなん持たる」とあり、「頭の中将」と〈私〉との具体的なやりとり（「蘭省花時錦帳下／草の庵をたれか尋ねん」）が人々の話題の中心であったことはたしかであるが、それをさらに凝縮して表現しているのが、この一件の翌朝に〈私〉のもとを訪れた「源中将」の「ここに草の庵やある」という呼びかけであろう。

> 皆寝て、つとめて、いととく局に下りたれば、源中将の声にて、「ここに草の庵やある」と、おどろおどろしく言へば、「あやし。などてか人げなきものはあらん、玉の台と求め給はましかばいらへてまし」と言ふ。（中略）いみじうかたはらいたきまで言ひ聞かせて、「今は、御名をば草の庵となん付けたる」とて、急ぎ立ち給ひぬれば、「いと悪き名の、末の世まであらんこそ、くち惜しかなれ」と言ふほどに、

昨夜の顚末を詳しく語り、「今は、御名をば草の庵となん付けたる」と言って立ち去る「源中将」の言動に明らかなように、「草の庵」という「名」こそがこのエピソードの核心を象徴し、〈私〉の評判を一言に集約したものとしてあるのだ。

もちろん、「草の庵」とは〈あだ名〉[注34]である。そもそも「名」という語には〝固有名〟という意味のほかに〈うわさ〉（評判）の意もあるが、両者の中間に〈あだ名〉を位置づけることができよう。この「草の庵」の例がよく示しているように、〈あだ名〉は特定の人物を指示する機能を持っており、その意味で固有名詞的であるが、

一方で世評を端的に言い表わしたものとも言えるからである。〈私〉の許可なく〈私〉を勝手に対象化し、社会へと巻き込んでいく〈あだ名〉は、〈私〉個人の意図や動機には還元できない社会的なメディアであり、〈私〉の一面（ひとつのエピソード）にすぎないものを全面化してしまいかねない威力を備えたものである。それゆえに、命名者の意図さえも超え出て、あたかも生命を持っているかのように自己増殖し、一人歩きしはじめることにもなる。このような〈あだ名〉としての「草の庵」は、あくまでも「あだ」名であって〈私〉の本当の名ではない。だからこそ、〈私〉が「玉の台」と呼んでくれるならばと戯れに答えたり、「いと悪き名の、末の世まであらんこそ、くち惜しかなれ」と言ってみせたりすることができるのだが、しかし帝や中宮まで聞き及んだであろう「草の庵」という〈あだ名〉は〈私〉の意思とは無関係に、〈私〉という人を外側から縛りつけ、規定する力を発揮する。

こうした〈あだ名〉の力を考慮に入れるならば、章段末尾近くに見える「あさましう、何のいはせけるにかとおぼえしか」という一節は〈私〉の謙辞（であり、結果的に自讃的評言）ではなく、「草の庵」がもともと自分の発した「草の庵をたれか尋ねん」ということばをきっかけとして生まれた名であったとしても、やはり自分のものではないにもかかわらず、自分の名として社会を浮遊し走り回ってしまうことへの違和感、とまどいの表明として読むことが可能であろう。たしかに、由来（コンテクスト）を知らずに「草の庵」という名だけを聞けば、どうにもみすぼらしい印象を与える。だが、それ以上に、「草の庵」であれ何であれ〈あだ名〉をつけられ、それに縛られ振り回されてしまうことに対する抵抗の痕跡を、この章段から読み取ってみたい。この章段には、「源中将」と同じように事の顛末を報告しにきた「修理亮則光」と〈私〉との間で「兄人／妹」と呼び合っていたらしいのが、いつのまにか「上まで皆しろしめし」、二人の通称になってしまっていたという、もうひとつの〈あだ名〉をめぐる挿話があったことも想起しよう。

このように「草の庵」と名づけられた〈私〉は、「職の御曹司」の庭先に現われて「夜は誰とか寝ん。常陸の介と寝ん。寝たる肌よし」と歌う「なま老いたる女法師」を「常陸の介」と名づける側に立って、楽しんでもいた（「職の御曹司におはしますころ、西の廂に」第八二段）。〈あだ名〉をつけられ〈うわさ〉に翻弄されることへの抵抗を示すことと、〈あだ名〉をつけることの快楽を味わうこととは表裏一体である。それは、〈うわさ〉する場の中心、〈うわさ〉の集積点にいてそれらを吸収し交渉させつつ、みずから〈うわさ〉したい、〈うわさ〉の伝播の主体でありたいという欲望を感知させる『枕草子』の〈私〉[注35]の表象なのである。類聚的章段のうち、特に「〜は」型章段に見られる名へのこだわりは従来から注意されているが、それもまたこうした〈私〉のありようと関連して読み解くことができるのではないか。

『枕草子』における〈あだ名〉のエピソードは、テクストを「清少納言」という名——「したり顔にいみじうはべりける人」という評価さえ貼りついた名——に回収して読もうとする試みを、あらかじめ脱臼させる。「清少納言」とは女房名であって〈うわさ〉としての〈あだ名〉とは一線を画す。にもかかわらず、本名ではない「清少納言」は、（さまざまな評判がその名に吸引されることも含めて）〈あだ名〉に隣接する名でもある。『枕草子』の〈私〉はみずから名づけようとするだろう。「清少納言」という名を引き受けながらも、それを組み替え、つけ替えようとするだろう。仮に、「鶯」の「名を付けかへ」て「虫喰ひ」と呼ぶことが「くち惜しくくすしき心地する」（「鳥は」第三八段）ように、違和感を与えるとしても、である。いや、「清少納言」という名に違和感を与えるのが『枕草子』というテクストなのだ[注36]。

四、「きたなげ」なテクスト（論）

以上、『枕草子』というテクストと「清少納言」という名をめぐって、いくつかの章段（や断片）を交渉させながら考察を加えてきた。述べえたことはあまりにもわずかだが、それでもどうやら私たちにとって『枕草子』というテクストとは、清少納言とは、そして両者の関係とは、すでに充分に分かり切ったものなどではなく、いずれも「近うて遠きもの」（第一六一段）あるいは「遠くて近きもの」（第一六二段）であるらしいことは、おおよそ示せただろうか。

改めて強調しておこう。『枕草子』というテクストはけっして孤立などしていない。どれほど位置づけにくく〝継子〟のようであったとしても、テクストとはさまざまなテクスト（コンテクスト）との相互関連性の中に配置される。とはいえ、その関連性はセンシティブかつフリーなものである点を忘れてはなるまい。たとえば、「文学テクスト上の表現は、同時代的な諸言説のもとに形成された、ある偏りを持った〈知〉を背景とする諸表象の一様態として捉えられ、その表現性を論じる際にも、同時代的な諸言説および諸表象との関連を視野に入れた考察が必要であるといえよう」[注37]といった提言それ自体が正当なものであったとしても、〝同時代〟の言説を唯一の決定的なコンテクストのように設定してしまうとすれば、「テクスト枕草子の生成という原点に回帰する方向性」[注38]を強く滲ませ、結果としてコンテクスト・フリーなテクストの特性を見失うことになる。そもそも、『枕草子』にとって〝同時代〟とはいつのことなのだろうか。清少納言は〝われらの同時代人〟だといえないのだろうか[注39]。

酒井直樹によれば、「共時性」は「共同的な行為に先立ってあるはずの共同性」であり、「同じこと均質であることによる共生に重点を置く」傾向を有するものである。それに対して「同時性」は、手紙を書く現在と読む現在が明らかにずれており、またその手紙が届くかどうか、読まれるかどうかさえ保証されていないにもかかわらず、書き、そして読むという行為の交差においてある現在を共有することによって生起するような共同性のことである。このように「均質性や共通性は前提されていない」同時性においては、〝呼びかけ〟と〝応答〟という予定調和的でない行為によって共同性が成立することになる[注40]。それにしたがえば、テクストとは同時的なもの（手紙のようなもの）であり、読むという偶然の行為において共有される現在に主体的に参加することで、意味が生成するものだと言えよう。『枕草子』もまた、そのようなテクストのひとつなのであり、『紫式部日記』の清少納言評との関係も、こうした視点から捉える必要がある。問題は影響関係や因果関係ではなく、予定調和ではない〝呼びかけ〟と〝応答〟という関係なのだ。『枕草子』はさすらうテクストである。

左中将、まだ伊勢の守と聞えし時、里におはしたりしに、端のかたなりし畳をさし出でしものは、この草子、乗りて出でにけり、まどひ取り入れしかど、やがてもておはして、いと久しくありてぞ、返りたりし。それよりありきそめたるなめり、とぞ本に。（跋文）

そして、テクストとはきたなげなものである。

物語、集など書き写すに、本に墨つねぬ。よき草子などは、いみじう心して書けど、かならずこそきたなげになるめれ。（「ありがたきもの」第七一段）

書写とは読む行為でもある。書写の際に「かならずこそきたなげ」になる書本とは、読みを重ねたテクストの比喩であり、テクストそのものの象徴である。テクストはさまざまな糸で織りなされる（織り直される）ものであり、雑然としたものであり、ときに猥雑な旅を続けながら積み重ねられるものであり、複数的なものであり、したがって本質的に「きたなげ」なものなのである。そのようなテクストの特性を見事に示す『枕草子』だからこそ、テクスト論の実践を強く促すのだ[注41]。

「すべて、ただ題からなん、文も歌もかしこき」（「雨のうちはへ降るころ」第九九段）。問われているのは、私たちがいかなる「題」を見出し、設定するかであるにちがいない。

【注1】 石田穣二「総説」（同編『鑑賞日本古典文学 第8巻 枕草子』角川書店、一九七五）

【注2】 三田村雅子「枕草子誕生――類聚の草子へ」（『枕草子表現の論理』有精堂出版、一九九五）

【注3】 永井和子「動態としての『枕草子』――本文と作者と」（『国文』一九九九・八）

【注4】 石田穣二「作品の成立」（枕草子研究会編『枕草子大事典』勉誠出版、二〇〇一）

【注5】 もうひとつ、清少納言＝『枕草子』と紫式部＝『源氏物語』との比較という評価軸もある。いずれも学校教育で使用される教科書や副教材（文学史や便覧の類）の記述に端的な例を見る。

【注6】 ［注4］石田前掲論文。石田はさらに、「すくなくとも、なんらかの記録であろうというのが、私のかろうじてつけ得た見当である。しかし、この見当が正しいものであろうという保証は何処にもない」とも述べている。石田が『枕草子』を「定子をいただく後宮の文明の記録」（石田穣二「解説」『新版 枕草子 上巻』角川文庫、一九七九）と評したことが、以後の読み方の流れのひとつを形成したといってもよいだけに、このことばは重く響く。

【注7】 藤本宗利「『枕草子』における戯画化の方法――もどかれる後朝」（『枕草子研究』風間書房、二〇〇二）は、『枕草子』を「先行する文学作品を半ばなぞりつつ、自らの異種性を極立てる。すなわち既存の文学の形式に対する「もどき」である」とする。高橋亨「〈もどき〉の文芸としての枕草子」（『源氏物語の詩学』名古屋大学出版会、二〇〇七）も参照。なお、高橋亨「王朝〈女〉文化と無名草子」（前掲書所収）は、従来のジャンルと区別して「かな書きによる批評文芸」としての「草子」を仮設し、その系譜の中に『枕草子』（や『無名草子』）を位置づけることを提案しているが、この場合の「草子」は「物語」や「日記」などと横並びになるようなジャンルのひとつではなく、それらと批評的な距離を取る〝メタ・ジャンル〟的な領域として想定されている。ちなみに、尾崎雅嘉『群書一覧』（享和二年〔一八〇二〕刊）は「随筆」（巻六）の項目とは別に、「物語」「日記」などと並べて「草子」（巻三）を立て、その中に『枕草子』や『徒然草』を配置している。

【注8】 随筆としての『枕草子』の成立過程と現代にいたる経緯については、菊地仁「随筆」（［注4］枕草子研究会編前掲書所収）、津島知明「「随筆文学」以前」、同「〝跋〟の寄り添う枕草子」（いずれも『動態としての枕草子』おうふう、二〇〇五）参照。両者とも、近代以降の『枕草子』評価の深淵を北村季吟『枕草子春曙抄』（延宝二年〔一六七四〕）あたりに探り当てている。

【注9】 ［注8］菊地前掲論文

【注10】 石田穣二「序説」（［注1］石田編前掲書所収）

[注11]　[注8]　津島「「随筆文学」以前」

[注12]　萩谷朴は、『枕草子』を「連想の文学」として徹底的に読み解く試みを実践している。新潮日本古典集成（新潮社）の注釈のほか、萩谷『枕草子解環』（全五巻、同朋舎出版、一九八一～三）も参照。なお、[注6]石田「解説」は、「現在の雑纂本の排列は、部分的に連想によるつながりを説明できても、全体的にその排列のあり方を説明することには成功していない」と述べている。

[注13]　津島知明「「連想」をめぐる問題――「なまめかしきもの」を中心に」（[注8]津島前掲書所収）。ちなみに、小森潔「「枕草子研究」論――「言説史」へ」（『国語と国文学』二〇〇五・五）は、「文学研究を活性化するためにも、「恣意的な解釈」は厳格に排除されねばならないという発想から自由になってもよいのではないか」と述べている。

[注14]　津島知明「読者としての和辻哲郎」（[注8]津島前掲書所収）

[注15]　小森潔「枕草子の祝祭的時空――「供犠」としての翁丸」（『枕草子 逸脱のまなざし』笠間書院、一九九八）参照。小森は、日記的章段の従来の読み方に疑問を投げかけている。

[注16]　章段という単位が無意味であり、『枕草子』に章段というまとまりがない、と言いたいわけではない。たとえば、類聚的章段の冒頭に提示される〈題〉は、章段としてのまとまり（章段の始まりと終わり）を強く意識させる効果を持つ。だが、連想によって前後の章段と結びつくことがあるのだとすれば、そのような区切りの拘束性は相対的なものにならざるをえない。

こうして章段の境界が曖昧で未決定なものとして捉えるならば、当然、章段という単位自体が問われることになろう。

[注17]　『枕草子』（三巻本）の本文引用および章段番号は、増田繁夫校注『枕草子』（和泉書院、一九八七年）による。

[注18]　『無名草子』の本文引用は、新編日本古典文学全集（小学館）による。

[注19]　小森潔「偽書と歴史認識――『松嶋日記』という〈その後〉の『枕草子』」（『日本文学』二〇〇二・一）

[注20]　たとえば、『八雲御抄』に「清少納言」「清少」「清少抄」「清少納言抄」「清少納言草子」「清少納言枕草子」「清少納言枕」「清少納言記」といった名称が見える。

[注21]　それは異本の生成とも関連することがらである。鈴木日出男「枕草子の言葉」（『国文学』一九九六・一）、[注3]永井前掲論文など参照。

[注22]　藤本宗利「類聚的章段の本質――「木の花は」をめぐって」（[注7]藤本前掲書所収）、津島知明「類聚形式という誘惑――「病は」章段攷」（[注8]津島前掲書所収）参照。中島和歌子「枕草子二十五年――「この草子」をどこに置くか」（『国語と国文学』二〇〇五・五）が指摘するように、「その延長線上に教室での学習後の物尽くしの創作もあるのだろう」。なお、発想を変えて、そのように『枕草子』に参加した人々をも含み込んで「清少納言」という名を用いてみることで、「作者」概念を相対化し再定義する試みがあってよいかもしれない。

[注23]　ジェラール・ジュネット『スイユ』（和泉涼一訳、水声社、二〇〇一）参照。

【注24】安藤徹「『源氏物語』のパラテクスト」（『源氏物語と物語社会』森話社、二〇〇六）参照。

【注25】『紫式部日記』の本文引用は、新編日本古典文学全集（小学館）による。

【注26】藤本宗利「『枕草子』の新しい読み――教材としての『枕草子』」（［注7］藤本前掲書所収）

【注27】『紫式部日記』の呪文にかかれば、この「殿」の「したり顔」に「見劣り」を予感し、「あだ」なる影を見透かして、（例によって）『枕草子』では直接描かれない没落の悲劇（その「あはれ」）を暗示するように読めてしまうかもしれない。

【注28】こうした落差に「すさまじ」という感情が生じるのは、「したり顔」の験者に期待するところがあったからであり、その意味でもここでは「したり顔」自体が非難されているわけではないと言える。

【注29】「かしこきものは」では、乳母の夫の二面にそれぞれ「わづらはし」という語がニュアンスを変えて使われることで、「したり顔」の夫とそうではなく「わびし」い夫という対比が一層印象深い。

【注30】『枕草子』の諸注釈もおおむねそのような解釈（「はかる」＝「謀る」）をしている。

【注31】ここでいう「応答」とは、『枕草子』のこの部分が『紫式部日記』の記述に対して直接反論・反発する形で書かれたということを意味しない。第四節参照。

【注32】『枕草子』にはもう一例、「鳥は」（第三八段）に「郭公は、なほ、さらにいふべきかたなし。いつしかしたり顔にも聞えたるに、卯の花、花橘などに宿りをして、はた隠れたるも、ねたげなる心ばへなり」という例がある。この郭公の「したり顔」は「聞え」から推定されており、表情そのものを視覚的に確認したものではない。このように、「顔」は見えていなくとも想像的に迫りくるものとしてある。郭公の「したり顔」は擬人的な表現であるが、裏返せば人の「顔」のありようを比喩的に物語るものでもあろう。つまり、他の「したり顔」（さらに広く「顔」）もまた、実際にそのような顔を見たかどうかといったレベルではなく、迫りくる（そして応答を求める）他者の存在を集約的に表象する「顔」として捉え直すことが求められる。この点については、安藤徹「『紫式部日記』の耳伝――応答する耳、呼びかける顔」（『国文学』二〇〇六・七）も参照。

【注33】「淑景舎、東宮に参り給ふほどのことなど」（第一〇〇段）で「殿」の「あれは誰そや」という質問に中宮が「少納言が、物ゆかしがりて侍るならん」と述べ、「雪のいと高う降りたるを」（第二八四段）で同じく中宮が「少納言よ」と呼びかけ、「関白殿、二月二十一日に」（第二六三段）でも中宮が「少納言は、春の風におほせける」と発話している。いずれも〈私〉を指示する。

【注34】〈あだ名〉については、安藤徹「光源氏の〈名〉」（［注24］安藤前掲書所収）、同「『紫式部日記』の社会性――よそ者としての〈紫式部〉」（秋山虔、福家俊幸編『紫式部日記の新研究』新典社、二〇〇八）参照。

【注35】安藤徹「『枕草子』の耳伝――猫の耳の中」（糸井通浩編『日本古典随筆の研究と資料』思文閣出版、二〇〇七）参照。

［注36］ なお、「草の庵」という〈あだ名〉は、『紫式部日記』における「日本紀の御局」という〈あだ名〉を想起させる。つまり、『紫式部日記』の読みとも交渉するのである。これについては、萩谷朴『枕草子解環 二』（同朋舎出版、一九八二）に直接的な影響関係を想定した説が提示されている。
［注37］ 武久康高『枕草子の言説研究』（笠間書院、二〇〇四）
［注38］ ［注13］小森前掲論文
［注39］ 安藤徹「来るべき『源氏物語』研究のテーゼ15・I――ジンメルに導かれながら」（『解釈と鑑賞』二〇〇八・五）で、「時代錯誤を方法化する」ことを提言している。
［注40］ 酒井直樹「知の植民地体制と日本的であること――理論と同時的な共同体をめぐって」（熊倉敬聡、千野香織編『女？日本？美？』慶應義塾大学出版会、一九九九）
［注41］ 『枕草子』を〈サロン〉生成の〈場〉と位置づける、東望歩「『枕草子』の言語意識――〈サロン〉とロゴス（ことば／知）」（『日本文学』二〇〇七・九）や、類聚的章段の「対話性」を指摘する、土方洋一「「草子」のなかの世界――『枕草子』の一人称」（『日記の声域』右文書院、二〇〇七）などが参考になる。

教材「春はあけぼの」とテキストの〈正しさ〉

津島知明

枕草子を中学で教えていたとき、「これって、作者の名前じゃなかったんですか」と質問した生徒がいた。教科書の目次には「坊っちゃん・夏目漱石」「故郷・魯迅」などと並んで「春はあけぼの・枕草子」とあったと記憶している。なるほど、虚心に目次を辿れば、「枕草子（くさこ？　そうこ？）」の書いた「春はあけぼの」が存在するわけだ。「作品・作者名」という通行の表示が、多くは作者不詳の古典作品には馴染まないため、こうした措置がなされたのだろうか。そもそも「枕草子」を作者名と解する〈読者〉など、初めから想定されていないのだろうか。

古典文学、しかも定番となっているような教材は、教師からすれば見慣れた光景であり、こうした表示にもことさら立ち止まる者などおるまい。特に「春はあけぼの」については、現場ではもはや「飽和している」「倦んでいるとさえ言える」という指摘もある[注1]。しかしまた一方で、定番であればこそ、句読点ひとつに質問が集中したりもする。先の質問ほどの斬新さはないが、そうした現場の声から、まずは取り上げてみたい。

一、その句読点は〈正しい〉のか

教材「春はあけぼの」の表記を、東京書籍が平成九年度から次のように改めた。その結果、句読点に関する質問が今もあるのだという（特に問題の多い「夏」までを、平成十四年版から引く。表記、改行も原本のまま）。

春は、あけぼの。
やうやう白くなりゆく山ぎは、すこし明かりて、紫だちたる雲の、細くたなびきたる。
夏は、夜。
月のころは、さらなり。
闇もなほ。蛍の多く飛びちがひたる、また、ただ一つ二つなど、ほのかにうち光りて行くも、をかし。
雨など降るも、をかし。

（東京書籍『新編 新しい国語』1）

「この句読点は正しいのか」という質問は、教科書の句読点に違和感がある、慣れ親しんだテキストと違う、等が理由となることが多い。ちなみに、同年度の主な中学教科書を見渡した結果は次のとおり。

春はあけぼの。やうやう白くなりゆく山ぎは、少し明りて、紫だちたる雲の細くたなびきたる。夏は夜。月のころはさらなり。やみもなほ、蛍の多く飛びちがひたる。また、ただ一つ二つなど、ほのかにうち光りて行くもをかし。雨など降るもをかし。

（学校図書『中学校国語』3）

春はあけぼの。やうやう白くなりゆく山ぎは、少しあかりて、紫だちたる雲の細くたなびきたる。夏は夜。月のころはさらなり、やみもなほ、蛍の多く飛びちがひたる。また、ただ一つ二つなど、ほのかにうち光りて行くもをかし。雨など降るもをかし。

（三省堂『現代の国語』2）

春はあけぼの。やうやう白くなりゆく山ぎは、すこしあかりて、紫だちたる雲のほそくたなびきたる。夏は夜。月のころはさらなり、闇もなほ、蛍の多く飛びちがひたる。また、ただ一つ二つなど、ほのかにうち光りて行くもをかし。雨など降るもをかし。（光村図書『国語』２）

春はあけぼの。やうやう白くなりゆく山ぎは、すこしあかりて、紫だちたる雲のほそくたなびきたる。夏はよる。月のころはさらなり、やみもなほ、ほたるの多く飛びちがひたる。また、ただ一つ二つなど、ほのかにうちひかりて行くもをかし。雨など降るもをかし。（教育出版『中学国語　伝え合う言葉』２）

「春はあけぼの。」「紫だちたる雲のほそくたなびきたる。」「闇もなほ、蛍の多く飛びちがひたる。」など、従来の区切りで対処されており、東京書籍のそれが少数派であることがわかる。

教科書が提供するテキストは、（それなりの権威をまとって）世に流通している活字テキストを後ろ盾にしている。つまり、その〈正しさ〉は流通テキストに委託され、写本や版本にまで遡って出自が主張されることはない。従って右の差異もさしあたり、どの活字テキストに拠ったかに掛かってくる。見れば学校図書と光村図書が岩波（旧）大系本、三省堂と教育出版が小学館新編全集本とあるのに対し、東京書籍には新潮古典集成本に拠った旨が記されている[注2]。つまり同書の突出は、注釈史における集成本の特性がそのまま反映されたものと、まずは理解されよう。

ただし、教科書上の「〇〇本によった」なる記載は、必ずしも流通本の忠実な引用を意味するわけでもないようだ。該当する三つのテキストを引いてみる。

春はあけぼの。やうやうしろくなりゆく、山ぎはすこしあかりて、むらさきだちたる雲のほそくたなびきたる。

　夏はよる。月の頃はさらなり、やみもなほ、ほたるの多く飛びちがひたる。また、ただひとつふたつなど、ほのかにうちひかりて行くもをかし。雨など降るもをかし。

（岩波『日本古典文学大系』）

春は、あけぼの。
やうやう白くなりゆく山ぎは、すこしあかりて、
　紫だちたる雲の、細くたなびきたる。
夏は、夜(よる)。
月のころは、さらなり。
闇(やみ)もなほ。
　蛍(ほたる)のおほく飛びちがひたる、
また、ただ一つ二つなど、ほのかにうち光りて行(ゆ)くも、をかし。
雨など降るも、をかし。
（『新潮日本古典集成』）

春はあけぼの。やうやうしろくなりゆく山ぎは、すこしあかりて、紫だちたる雲のほそくたなびきたる。

夏は夜(よる)。月のころはさらなり、闇(やみ)もなほ、蛍(ほたる)のおほく飛びちがひたる。また、ただ一つ二つなど、ほのかにうち光りて行くもをかし。雨など降るもをかし。

（小学館『新編日本古典文学全集』）


見れば、岩波大系本は明らかに「やうやうしろくなりゆく、」「月の頃はさらなり、」といった読点を主張するテキストであるが、教科書では改変が見られる。古典集成や新編全集はそれに比べて忠実な引用といえるが、表記

までも視野に入れれば「しろく↓白く」「あかりて↓明りて」などの加工が、やはり施されている。そしてこうした漢字表記の違いも、現場でしばしば問題になる所であった。

二、その漢字は〈正しい〉のか

「どの漢字が正しいのか」「漢字の正しい読み方は」。こうした質問もまた古典教材にはついてまわる。「春はあけぼの」に限っても、教科書が依拠する活字本自体に差があること、先に見た通りだが、参考までに他の流通テキストも加えておこう。

春はあけぼの。やうやう白くなりゆく山ぎは、少し明（あか）りて、紫だちたる雲の、細くたなびきたる。
夏は夜。月のころはさらなり。闇（やみ）もなほ、螢（ほたる）の多く飛びちがひたる。また、ただ一つ二つなど、ほのかにうち光りてゆくもをかし。雨など降るもをかし。

（『和泉古典叢書』）

春（はる）は曙（あけぼの）。やう〱しろくなり行（ゆく）、やまぎはすこしあかりて、むらさきだちたる雲（くも）のほそくたなびきたる。
夏はよる。月のころはさら也。闇もなを（ほ）、ほたるの多くとびちがひたる。又、たゞ一二（ひとつふたつ）など、ほのかにうちひかりて行（ゆく）もお（を）かし。雨などふるも、お（を）かし。

（岩波『新日本古典文学大系』）

底本はすべて同系統（三巻本二類）[注3]で表記にもほとんど差はないが、「あけぼの」「曙」、「しろく」「白く」、「あかりて」「明りて」、「紫」「むらさき」、「よる」「夜」、「ころ」「頃」等々、右五冊に限っても対応はまちまちである。

各々は校訂者の判断によっており、注釈書をさらに遡れば「しろく」には「著く」、「あかりて」には「赤りて」「上りて」等の解釈にも出会うことになる。ここまで来るとまさに「どれが正しいのか」という話にもなるが、そもそもこうした漢字表記はいかなる規準に則っているのか。大まかには、次のように整理できよう。

①底本の漢字表記を妥当と判断し、そのまま用いる場合（ここでは「春」「夏」など）
②底本は仮名表記だが、誰もが想定し得るであろう漢字をあてる場合（「紫」「夜」「闇」など）
③底本の仮名を語義的に解釈し、その結果を漢字で主張する場合（「明りて」「赤りて」「上りて」など）

補足すれば②③は実際には区別し難しこともあり、別に、通行の表記になじまない底本の漢字、読み仮名が必要と判断された漢字に仮名を付すこと（「成行（なりゆく）」「一二（ひとつふたつ）」など）、底本の漢字を宛て字と判断して仮名書きすることも行われる。

こうして提供される漢字表記だが、特に底本の漢字（①）と校訂者があてた漢字（②③）とを明確にすべく、後者には底本表記を傍らに残すという通例もある（「明（あか）りて」「夜（よる）」など）。つまり、「明（あか）りて」とあれば校訂者が「あかりて」を「明りて」と解したのだということ、「夜（よる）」とあれば底本には漢字「夜（よる／よ）」ではなく「よる」とあったことが、読者に伝わるわけである。ただそれは、形として校訂者が施した読み仮名と区別がつかないため（校訂者の対応にも差があって）誤解の元にもなってくるようだ。

現場でもよく聞くのが、例えば「脇息（けふそく）」や「消息（せうそこ）」など、なぜ教科書にはわざわざ生徒が読みにくい「振り仮名」が付けてあるのか、「きょうそく」「しょうそこ」と読ませたいのなら初めからそう振ってほしい、といった声である。それでは古語辞典が引けないから、と答えていた人がいたが、活字テキストの成り立ちからするとやはり誤解があろう。つまり、底本表記の尊重、もしくは〈読みやすさ〉への配慮（「けふそく」を「脇息（けふそく）」と表記して提供した）といった、提供者側の思惑が、必ずしも一般読者には理解されていないわけだ。その意味で古典テキストは、現代の読みの流儀に無防備に晒されている。

活字テキストはあくまでも仮の姿、解釈の結果と見るか、そのまま〈作者〉の決定稿のように読むか。いわば両極の読書行為の間で、多くの古典テキストは揺れている。不均一な読者たちによって消費され続けている。そうしたテキスト環境の中で、特に「正解／不正解」の線引きが要請されるような現場において、句読点や漢字表記をめぐる疑問質問も、繰り返し噴出してくることになる。

三、句読点の根拠とは

前掲のような通行の活字テキストは、写本の表記を改め、句読点を施し、時に校訂や改訂も加えて作られた〈解釈本文〉といえるが[注4]、こうしたテキストによる享受じたい、作品の成立からすればそう古い出来事ではない。当然のように付されている句読点も、いわば近代の作法である。公的には明治三九年、文部省の「句読法案」によって規準が定められているが、ただそこで句読点が登場したわけではない。法案じたい、国定教科書を念頭にそれまでの慣習をまとめ直したもので、遡れば近世の出版物にみられた諸符号（点例）が、既に下地としてあったことがわかる。

枕草子の場合、近世注釈書の双璧『清少納言枕双紙抄（磐斎抄）』『枕草子春曙抄』（延宝二年）という刊本において、「春はあけぼの」は次のように提供されていた[注5]。

春はあけぼの。やう〳〵しろくなりゆく山ぎは
すこしあかりて。むらさきだちたる雲の
ほそくたなびきたる。夏は夜。月の比はさら也。
やみもなを蛍とびちかひたる。雨などのふる

さへおかし。……（磐斎抄）

春はあけぼの。やう〳〵しろくなりゆく。山ぎはすこしあかりて。むらさきだちたる雲のほそくたなびきたる。夏はよる。月のころはさらなり。やみもなをほたるとびちがひたる。雨などのふるさへおかし。……（春曙抄）

どちらも、切れ目が必要と思われる箇所にすべて「。」を置く[注6]。引用部分では「しろくなりゆく」で「。」を打つか否かで見解が分かれる程度である。

　その後、春曙抄の方は流布本として読み継がれて行くが、明治に入ると表記には若干の修正が見え始める。明治二四年の『標註枕草紙読本』（佐々木弘綱）では、

春ハ曙やう〳〵白く成ゆく．山ぎはすこしあかりて．紫だちたる雲の細くたなびきたる．夏ハよる．月の比は更なり．やみもなほほたるとびちがひたる．雨などのふるさへをかし．……

と、仮名遣いを改め（「をかし」「なほ」）、漢字表記の割合が増やされている（「曙」「白く」「成ゆく」など）。ただし切れ目に関しては、符号が「．」に代わっただけで大差はない。それが明治二六年の『訂正増補枕草子春曙抄』（鈴

木弘恭）では、

春はあけぼの。やゝ〳〵白くなりゆく山ぎはすこしあかりて。むらさきだちたる雲のほそくたなびきたる。」夏はよる。月のころはさらなり。やみもなほほたるとびちがひたる。雨などのふるさへをかし。」……

のように、「。」のみだった符号に「 。」」が加わり、今日の句点読点にあたるような選別が明確になってきている。

またこれら注釈書に先立って、「。」を「、」と区別した活字テキストも、すでに流布しつつあった。

春はあけぼの、やゝ〳〵しろくなりゆく、山ぎハすこしあカりて、むらさきだちたる雲の、ほそくたなびきたる。夏はよる、月の頃ハさらなり。やミもなほ螢とびちがひたる。雨などのふるさへをかし。秋は夕ぐれ、……

（三上参次・高津鍬三郎『日本文学史』明治二三）

春は曙、やゝ〳〵しろくなりゆく、山ぎは、少しあかりて、紫立ちたる雲の細くたな引きたる。夏はよる、月の頃は更なり、やみもなほ螢飛びちがひたる、雨などのふるさへをかし。秋は夕ぐれ、……

（芳賀矢一・立花銑三郎『国文学読本』明治二三）

符号の違いこそあれ、いわゆる文末とそれ以外の切れ目を識別するという共通意識をもって、明治の「春はあけぼの」は提供され始めていたわけだ。ただこうした符号の増加は、校訂者に新たな判断を迫るものでもあった。枕草子の場合、例えば「春はあけぼの、」か「春はあけぼの。」かなどが、否応なくテキスト上の問題となってくるのである。

近代国文学の黎明期には、右のように「春はあけぼの、」が主流だったものの、転機は早くも訪れている。「春はあけぼの」に「。」を、それも「、」と区別した上での「。」を打つこと。こうした考え方は、黒川真頼の次のような説に見出すことができる。

「春はあけぼの」ハ、春は曙の景色がすぐれて面白しとなり。ここにて句を切るべし。そは、清少納言が常に用ふる省略の筆法にて、まづ春は曙の景色が最も良しと云ひ置きて、さて次に其のよきさまをことわるなり。

この解釈は、明治二八年に次のような活字テキストとともに発表されている[注7]。

春はあけぼの。やう〳〵白くなりゆく山ぎは、すこしあかりて、むらさきだちたる雲の、ほそくたなびきたる。」夏はよる。月のころはさらなり。やみもなほ、ほたるとびちがひたる。雨などのふるさへをかし。」秋は夕ぐれ。……

「春はあけぼの」の「。」は、「ここにて句を切るべし」という解釈の結果であることが、明確に示されたことになる。ただ興味深いのは、ここには「、」「。」のほかに、先の『訂正増補枕草子春曙抄』にも見えた「　」」が併用されている点だろう。よって「春はあけぼの」の「。」は、厳密には今日の句点と等価ではない。いわば句点読点の中間のような符号と解せようか。句読点が整備される以前、「春はあけぼの」にもこうした対処のあったことは記憶されるべきである[注8]。

「春はあけぼの。」という解釈は、黒川の校閲になる松平静『枕草紙詳解』（明治三二）に受け継がれ、次のようなテキストとして広まっていった。

春はあけぼの。やう〱白くなり行く山際すこしあかりて、紫だちたる雲の、細く濃くたなびきたる。夏はよる。月のころはさらなり。闇もなほ、螢とびちかひたる、雨などの降るさへをかし。秋は夕ぐれ。……
（「細く濃く」とある本文の典拠は不明）

一方、ここには「。」のような第三の符号が姿を消している。現代読者にとっては見慣れた光景が、ようやく定着をみるわけだ。その意味で今日の流通テキストは「詳解以降」に位置する。「句読法案」がまとめられる七年前のことであった。

近世の点例は近代の句読法を確かに用意していたが、ただちにそれが「、」か「。」かへと移行したわけではなかった。明治以降、様々な試行錯誤を繰り返す中で、句読法の浸透とともに二者択一の発想も定着してゆく。そして現在の我々の読書行為は、こうして定着をみたテキストとともにある。校訂者による（句点読点の）選択という問題以前に、既に句読法の呪縛があるわけだ。

四、仮名文としてのテキスト

こうした来歴を持つ活字テキストは、従って常に相対化されるべき宿命を負っている。そしてその度に持ち出されてくるのが、写本という根拠である。遡り着く写本には、それゆえ一定の価値が温存され続けることになるが、それもまたテキストのひとつにほかならない。

「春はあけぼの」の句読点や漢字表記を考えるにあたって、ここで現存する主な古写本の冒頭を、通行の用字に置き換えて引いてみたい（改行も原本のまま）。

弥富本（三巻本系統・二類）
春はあけほのやう〳〵しろく成行山きはす
こしあかりてむらさきたちたる雲のほそく
たなひきたる夏はよる月の比はさら也やみも猶
ほたるのおほく飛ちかひたる又たゝ一二なとほの
かにうちひかりて行もをかし雨なとふるもを

嘉堂文庫本（三巻本系統・抜書本）
春は明ほのやう〳〵しろくなり行山
きはすこしあかりてむらさきたち
たる雲のほそくたな引たる
夏はよる月のころはさら也やみもなを

螢のおほくとひちかひたる又たゝひと
つふたつほのかにうちひかりて行も

三条西家旧蔵本（能因本系統）
春はあけほのやう〳〵しろくなりゆく山きはすこしあか
りてむらさきたちたる雲のほそくたなひきたる夏はよる
月の比はさらなりやみも猶ほたるとひちかひたる雨なとの

朽木文庫本（堺本系統）
春はあけぼのの空いたくかすみたるにやう〳〵
しろくなりゆく山のはのすこしづつあかみて
むらさきだちたるくものほそくたなびき
たるもいとおかし
夏はよる月のころはさらなりやみもなをほたる
おほくとびちがひたる夕ただひとつふたつなど
ほのかにうちひかりてゆくもいとおかしあめの
のどやかにふりたるさへこそおかしけれ

前田家本
はるはあけほのそらはいたくかすみたるにやう〳〵

しろくなりゆくやまきはのすこしつゝあかみ
てむらさきたちたる雲のほそくたなひきたる夏
はよる月のころはさらなりやみもほたるのほそくとひ
ちかひたるまたゝひとつふたつなとほのかにうち
ひかりてゆくもおかしあめなとのふるさへをかし

さしあたり現存写本は、書写者の選んだこのような表記形態を伝えている。もちろん書写者はすべて後世の何者かであって（最古の前田家本でも鎌倉期）、伝わらない原本との距離は、写本間の対比によって測られている。ただ、右のような現存本の仮名文としてのあり方（随所に若干の漢字を配した和文）が、原本からそう遠くないとは考えてよいだろう。

仮名文としての「春はあけぼの」。ここではそこから生成される読書行為というものを、可能な限り想像してみたい。

「春は」に始まる冒頭から読み進めてゆくと、やがて読者は「夏は」なる徴表と出会う。その前の「たなびきたる」に、さしあたり大きな切れ目が認められることになる。そして（「あけぼのの空」とある堺本以外）「春はあけぼの」までが「夏はよる」と対になっていることも理解されてくる。以後「秋は」「冬は」と四季が揃ってくるので、各々の書き出し、「はるはあけぼの」（七）「なつはよる」（五）「あきはゆふぐれ」（七）「ふゆはつとめて」（七）の和歌的音律を刻む文字たちは、浮き出るように他から峻別されてくる[注9]。まずこの四箇所は「句読点などがなくても、そのあとに自然な形でポーズが置かれ」ている[注10]と見なしてよいだろう。その後、例えば「春」の内部では「すこしあかりて」「かすみたるに」といったいわゆる接続助詞が、下位の区切りの徴表となってこよう。

その呼吸をまず視覚化すると、こうなる。

春はあけほの□やうやうしろくなりゆく山きはすこしあかりて▽むらさきたちたる雲のほそくたなひきたる□夏はよる□月のころは……

ここまで切れ目が見えてきた後、「やうやうしろくなりゆく山ぎはすこしあかりて」の部分をどう読むかが、厳密には問題にできる。

五、句読点は拒めるか

この部分、今日の活字テキストにおいては、

……しろくなりゆく、山ぎはすこしあかりて〜

……しろくなりゆく山ぎは、すこしあかりて〜

と、読点の位置が分かれていた。「なりゆく」で切るか否かの選択は、そのまま次の「山ぎは」と「すこしあかりて」の関係付けとも連動している。冒頭から「やうやうしろくなりゆく」まで読み進めていった限りでは、まずここで呼吸を置きたくなる。「春はあけぼの、(その空が)しだいにしろくなってゆく。」もしくは「春はあけぼの(だ)。しだいにしろくなってゆく(その空だ)。」といった理解となる。ただすぐ後に「山ぎは」なる名詞が来るので、今度はその干渉を受けて、「しだいにしろくなってゆく山際(の空)。」とも解されてくる。いずれにせよ、以下「すこしあかりて」へと続くので、遡って最終的には(その)「山ぎは」の「すこしあかりて」ゆく春の明け

方、という景観に落ち着く。結果として「しろくなりゆく」は、前を受けながら後ろへも掛かってゆく連結節のように働いたことになる。

新大系本の校訂者でもある渡辺実は、ここに（「しろくなりゆく。山ぎは〜」も加えた）三通りの読みが可能であることを示して、「随意の句読法を拒否するだけの論理的力を内有しない」清少納言の「文章の弱点」を指摘した[注11]。日本語テキストは句読法に適ってこそ論理性が保証されるという前提、目的（到達点）にあたかも「紫式部の文章」が用意してあるような流れには違和感を覚えるが、「読者の期待にテキストが応えてくれない」という訴えとしてなら理解できる。しかしその際には当然、読者側の期待の根拠というものが、同時に検証され続けなければなるまい。例えば「春はあけぼの」に、世に言う「詩的」な、あるいは印象をただ投げ出すかのような、鮮度に懸けたテキストの生命線を認めるならば、どこまで句読点というものは押し付け得るのか、それは長所を短所に貶めることになはならないのか、という検証も必要となってくるはずだ。

渡辺論文は、同じく枕草子の「文章の弱点」として、次のような箇所もあげている（句読点の箇所を同書に従った）。

> 頭中将の、すずろなるそら言を聞きて、いみじう言ひおとし、「なにしに人と思ひほめけむ」など、殿上にていみじうなむのたまふ、と聞くにもはづかしけれど、まことならばこそあらめ、おのづから聞きなほしたまひてむと笑ひてあるに、黒戸の前などわたるにも、声などするをりは、袖をふたぎてつゆ見おこせず、いみじうにくみたまへば、ともかうも言はず、見も入れで過ぐすに、二月つごもり方、いみじう雨降りてつれづれなるに、「御物忌にこもりて、『さすがにさうざうしくこそあれ。物や言ひやらまし』となむのたまふ」と、人々語れど、「世にあらじ」などいらへてあるに、日一日下に居くらして、まゐりたれば、夜のおとどに入らせたまひにけり。

冒頭からここまで読み進めて、ようやく「。」がくる。つまり二十二もの「、」を抱えた「一文」ということになる。なるほど「切ろうと思えばいつでも切れる、すなわちそこで続けなければならぬ必然性の薄弱な続け方」と言われればそうなのだろう。また、それを実証するために引用者がことさら読点を多用しているわけでもあるまい。句読法に則って〈読みやすい〉テキストを提供すれば、おのずとこうした結果に陥るわけだ。だが見方を変えれば、ここには「。」と「、」でしか対応できない不自由さが、まさに露呈しているといえる。

右を内容から区切ってゆけば、①頭中将（斉信）が自分をけなしているという噂を受けての「はづかし」という心情（「頭中将の……と聞くにもはづかしけれど」）から始まって、②事実ではないから笑ってすませていたという対応ぶり（「まことならばこそあらめ……と笑ひてあるに」）、③顔を隠してみせる斉信には、あえて無視を決め込んだという次なる対処（「黒戸の前など……見も入れで過ぐすに」）まで、まずは斉信とのいきさつを粗描した後、④当段の舞台（二月つごもりの内裏）を明かしつつ、斉信側の軟化にも気のない態度でやり過ごす様が描かれて（「二月つごもり方……などいらへてあるに」）、⑤参上するも、中宮は寝所にお入りになった後だったという「事件当夜」の状況説明で一段落が付けられている（「日一日下に……入らせたまひにけり」）。

すべて、斉信の言動を受けた書き手の対処が区切りとなって、事件当夜まで読者を一気に導いているわけだ。ならば五つの文にでも分けてほしいというのは、読者の言い分としてあり得ようが、こうした書きぶりだからこそ伝わる勢いというものがある。ここには斉信とのいきさつが語られてはいるものの、彼がいかなる「すずろなるそら言」を耳にしていたのか、何が「なにしに人と思ひほめけむ」とまで怒らせたのか、さらに、あからさまな嫌悪まで示す斉信が、こちらの反応に気をもむ様子なのはなぜかなど、肝心の説明が抜け落ちている。その徹底ぶりが、斉信との仲たがいの詳細には触れたくない、あるいは触れるつもりはないという、強い意志を伝えてもいる。中核に「触れたくない」何かを抱えながらあるテキスト。もし五つの文に書き直したりすれば、その切迫感も霧散してしまうだろう。

従って、ここまでの区切りを「一文」とする認定じたいは首肯できる。しかしその認定が、他には「読点」しか選択の余地を残さないのだとすれば、その方が問題となってくる。〈読みやすさ〉に配慮したはずの符号が、一定以上の「長文」ではかえって読みにくさを助長してしまうということ。右の一文ならば、仮に①から⑤までの意味のまとまりを可視化すべく「、」をあてるなら、それ以外の切れ目を示す（「、」未満とでもいうべき）符号が欲しくなる。読点の過重負担を譲渡したくなる。許されないとすれば、それこそは「句読法の弱点」ではないのか。

仮名文に対して近代句読法は弱点を持つ。こうした立場から、改めて「春はあけぼの」に対峙するとどうなるか。最後に試みておきたい。

六、仮名文として読むならば

春はあけぼのやうやうしろくなりゆく山ぎは……

「あけぼの」でも「なりゆく」でも、そこに句読点を打てば、今やそれは相互排除的な選択と見なされてしまう。「なりゆく」にも終止形か連体形かという二者択一が迫られて、どちらでもあるというテキストは許されない。それゆえ、先に見たような「しろくなりゆく」がまさにこの位置にあることの妙を、「春のあけぼの」の情景を受けながら「すこしあかりて」くる「山ぎは」をも焦点化し得る、いわば前から後へ受け渡されるバトンのような働きを、再現することは困難となる。

やうやうしろくなりゆく、山ぎは、すこしあかりて、と表記してみても、「山ぎは」を挟む二つの「、」が「あかりて、」のそれと等価かと考え出すと、また別な疑問が生じてしまう。

この箇所はさらに、先に触れた漢字表記の問題をも抱えていた。前掲のように、写本ではほとんど仮名で「しろく」「あかりて」(堺本前田家本は「あかみて」)とある部分は、一般に「白く」「明(か)りて」とあてられることが多い。注釈を掘り起こせば「著く」や「赤りて」「上りて」という解もあることは先に触れた。諸説を比較すれば「白く」「明りて」という通行の表記は、一応は無難なものと認めてよいと思われる。ただ、ここで「明りて」が「上りて」との間に迫られる峻別と、「赤りて」とのそれは同じものではない。前掲小松論文[注10]も指摘する所だが、「明りて(明るくなって)」と「赤りて(赤みをおびて)」は、「白く」と「著く(はっきりと)」と同様、まったくの別語とはいえない。このように遡れば同根と認定し得るような言葉が、現存本に仮名でしか残されていないとき、漢字をあてて意味を限定することには、文脈上の必然性や底本の位相などを鑑みつつ、相応の慎重さを要しよう。

この「しろく」の場合、先に見たように「やうやうしろくなりゆく」の段階では「春の明け方の、しだいに白んでゆく空」が広々とイメージされるも、「しろくなりゆく山ぎは……」と読み返せば「しだいに(東山との境が)はっきりとなってゆく山際」が焦点化されたものと解される。「白く」は決して「著く」を排除するものではない。「あかりて」も同様、「赤みを帯びて明るくなって」と解しても、ここは不都合ではないだろう。次に来る「むらさき」が当時は赤に近かったという理由から、「あかりて」は「赤りて」ではありえないとする説もあるが、それでは「あか」「むらさき」という言語側の位相が無化されてしまう。実景に照らしたとしても、空の赤さと雲の赤さには違いがあろう。

いわばそこには、初めから句読点や漢字の宛がわれたテキストとは異なる[注12]、仮名テキストなりの〈正しさ〉がある。読み返すことで〈正しさ〉も複合的に生成され得るという側面が、特に重視されてくる。そうした特性を尊重するなら、とりあえず「しろく」「あかりて」は仮名のままの表記に落ち着く。さらに、句読点のみでは対処の難しい箇所には「読点未満」（小さなポーズ）ともいうべき符号が欲しくなる。

やうやうしろくなりゆく 山ぎは すこしあかりて、むらさきだちたる雲のほそくたなびきたる。

仮名文の個性と〈読みやすさ〉とを天秤に掛けた、右はひとつの妥協点となろうか[注13]。

同じように「夏」の部分にも触れておこう。教科書に至るまで、句読点の議論が集中するのが前半部で、冒頭に引いた諸注にも、

夏はよる。月のころはさらなり。やみもなほ。ほたるのおほく飛びちがひたる、（集成）
夏はよる。月のころはさらなり。やみもなほ、ほたるのおほく飛びちがひたる。（和泉）
夏はよる。月のころはさらなり、やみもなほ、ほたるのおほく飛びちがひたる。（新大系）
夏はよる。月のころはさらなり、やみもなほ、ほたるのおほく飛びちがひたる。（大系・新編全集）

という四通りの解釈が見られた。まさに校訂者の判断が窺えて面白い箇所なのだが、どれが〈正しい〉のかという観点からは、「春」以上に困惑も招いているようだ。

「春はあけぼの」との対比から、まず「夏はよる」でポーズが置かれるのは間違いない。次の小さな切れ目が「月のころはさらなり」に来ることも明らかだ。そこで「。」を選ぶか「、」を選ぶか、続く「やみもなほ」の理解とも連動して、見解が分かれるわけだ。ちなみに「夏はよる」の所は、「春はあけぼの」同様、諸注「。」で一致しているが、「、」で読む可能性も（句読法と仮名文との関係から）否定できないと筆者などは考えている[注14]。

ここでも句読法の縛りをいったん外してみる。「夏はよる」に最初の切れ目が確認され、それを受けて「月のころはさらなり」と続くので、夏の「夜」からその「月のころ」が特定されていると、まずは理解される。従って「さらなり」を終止形と解することに、この時点では何も問題はない。

夏は夜だ。月の頃は言うまでもない。

ただここでは次に「闇もなほ」とくる。その干渉を受けると、「さらなり」は「月夜」対「闇夜」の対比関係を築くものとして、今度は位置付けられてくる。

月夜は言うまでもなく、闇夜でもやはり（夏は夜だ）。

それはさらに「蛍の多く」へと続く。そこから読み返せば、「なほ」はまた「闇夜」に「蛍の群」を散りばめてゆく、その前触れとなるだろう。

闇夜でもやはり（月夜に劣らない）蛍の多く飛び交っている風情。

いずれにせよ夏の風情が、月夜から蛍の群へと（闇夜を仲立ちに）、後から累加されてゆく趣である。そのひとまとまりは、能因本以外「ほのかな蛍光」（ただ一つ二つなどほのかにうち光りて行く）と対比され、連鎖はまだ終らない。

とりあえずは、

夏はよる、月のころはさらなり、やみもなほ、ほたるのおほく飛びちがひたる、

という区切り方が一番近いか。しかしそうするとやはり、すべての「、」は等価なのかという、句読法との葛藤が始まる。「夏はよる」は、この文の頭であるとともに、俯瞰すれば「春はあけぼの」「秋はゆふぐれ」「冬はつ

とめて」と並ぶ大きな徴表であった。その意味では「。」で区切るという選択は理解できる（「をかし」の「省略文」だからではない）。ただし、それが唯一の〈正解〉と受け取られかねない現在のテキスト状況を鑑みるなら、あえて「、」を、ここでは推したくなる。「さらなり」は、「文」として完結するわけではないことを示す意味では、「、」が妥当だろうか。「やみもなほ」は「ほたる」以下との連繋機能を重視して読点未満に、「飛びちがひたる」は次の「また」がひと呼吸を意識させることから、やや「。」に傾く。以上、現行表記とのいまここでの妥協点は、

夏はよる、月のころはさらなり、やみもなほ　ほたるのおほく飛びちがひたる。

とでもなろうか。意図的に排した句読点との新たな再会。その眼目は常に過程の方にある。

もちろん、各々の活字テキストには各々の目論見があってよい。句読法に従わなければ、さしあたり流通テキストとしては受け入れ難く、まして教科書テキストが句読法を無視するという選択は、その成り立ちからもありえまい。また、そもそも中学（小学）教材としてなら、これまでの議論など踏み込むべき領域ではないのだろう。ただ教える側が、振りかざすテキストの〈正しさ〉の根拠を考えておくことには、また別の意義があるということだ。それは、権威化されやすい教科書テキスト、あるいは惰性に流されやすい定番教材に、本来のダイナミズム（動態）を取り戻すための一助であって、誰もが諸本の素性や系譜を理解しておくべきだという話ではない。

例えば高校教科書で改めて「春はあけぼの」を取り上げ、写本がいかなる加工を経て教科書のようなテキストへと行き着いたのか、一例として示しておくことは（実際に授業で活用されるかは別に）一つの仁義かとも思う。あるいはあえて加工以前のテキストを提供し、句読点を打つこと、漢字をあてることが、いかなる解釈と支え合っているのか、解釈をどう左右させるのか、追体験できるようなコラムでもよい。豆知識コーナーやカラー頁の充

実もよいが、古典テキストというものの根拠を一例でも示すことは、教える側にとっても有益なのではないか。テキストを提供する専門家側もまた、自分たちの常識や流儀がほとんど理解されてない現状を認知すべきである。そのとき「春はあけぼの」などは、中学から高校へ、またテキスト提供者から利用者への、格好の橋渡しとなり得よう。

【注1】 藤本宗利「『春はあけぼの』を生かすために」（『〈新しい作品論〉へ、〈新しい教材論〉へ』古典編3、右文書院、二〇〇三）。ほかに、岡田潔「古典教材としての枕草子」（『枕草子大事典』勉誠出版、二〇〇一）、原国人「枕草子と国語教育」（『枕草子講座』四、有精堂、一九七六）などが、教材枕草子への時代時代の提言となっている。

【注2】 現場からの質問に、同社はネット上でも対応している（http://www.tokyo-shoseki.co.jp）。「闇もなほ」の句点に関しては、集成の先例である佐伯梅友・石井茂『枕草子の研究』（績文堂出版、一九五九）の解説も紹介さている。なお、現在「春はあけぼの」は同社の小学教材にも見えるが（六年下）、本文は同じく集成版。

【注3】 岩波「大系」は岩瀬文庫本、「新大系」は内閣文庫本、「集成」は尊経閣文庫本、「和泉叢書」は刈谷本、「新編全集」は弥富本が底本。杉山重行『三巻本枕草子本文集成』（笠間書院、一九九九）によれば、表記が分かれるのは「おほく／多く」「とひ／飛ひ」程度。

【注4】 同じ活字本でも、翻刻を旨としたテキスト（原本の表記がわかる範囲で活字に置き換えたもの、諸注では新大系本が最もそれに近い）と比べ、積極的に加工が施されている。

【注5】 磐斎抄は『加藤磐斎古注釈集成』（新典社、一九八五）、春曙抄は『北村季吟古注釈集成』（新典社、一九七六）によった。

【注6】 春曙抄の一つ目と三つ目の「。」などはやや中央寄りで、微妙ながら符号を使い分けた先駆と解せる。また区切りとしての「。」などは、すでに古活字、整版本にも部分的に施されていた。

【注7】 『國學院雑誌』（一八九五・十一）に学生筆記として掲載。「省略の筆法」説は、前掲『訂正増補枕草子春曙抄』の注（「此所は即ちをかしといふ一句をわざと省きたる文法」）とあわせて、後世「をかし」省略説として定着を見る。「省略説」の問題点については、津島「枕草子が『始まる』」（『動態としての枕草子』おうふう、二〇〇五）参照。

【注8】 今日の句読点が定着する以前、様々な区切り符号の組み合わせが模索されていた。飛田良文「西洋語表記の日本語表記への影響」（『現代日本語講座』6、明治書院、二〇〇二）では「、」「。」「゜」などを用いた十二種類の型が調査報告されている。

【注9】その配列は、おのずと先立つ五音（「をかしきは」のような大題目）をも想定させようか。

【注10】小松英雄『仮名文の構文原理』（笠間書院、一九九七）の指摘。以下、仮名文に対する基本姿勢をはじめ、同書からは多くの示唆を受けている。

【注11】渡辺実『平安朝文章史』第八節（東京大学出版会、一九八一）。

【注12】作者によって句読点もが統括されてあるテキストとも、おのずと読者の介入の余地は異なる。

【注13】「句読法案」以前の多種多様な符号を思い起こせば、新たに区切り符号を増やすことは現実的な解決法とはいえまい。ここでは空白を現行表記との一応の妥協点と考えた。なお、枕草子全段にわたって句読点等を再検討した活字テキストを目下作成中である。（『新編　枕草子』おうふう刊行予定）

【注14】林四郎「春はあけぼの」（『国語研究論集』汲古書院、一九九八）も現行句読点に再考を迫るもの。そこでは「どうしても句読点をつけろというのであれば」とした上で、この箇所には「。」よりも「、」が選ばれている。首肯すべきと解した。

女を語ること・桐壺巻の「恋」と紫のゆかりの方法

斉藤昭子

一、恋の物語としての源氏物語と紫のゆかり

源氏物語は恋の物語である。光源氏はさまざまな恋愛をし、源氏物語にはさまざまな恋愛の諸相が語られている――物語の書かれた当初、紫式部日記にも言われ[注1]、今でも繰り返し再生産されている言い方でもあろう。光源氏が持つ関係はさまざまであったが、その根底には、いつも「紫のゆかり」が横たわっていた。紫のゆかりとは、「桐壺更衣―藤壺―紫の上」という「紫色」の植物の換喩的イメージでまとめられた人物のラインをさす。桐壺更衣とは光源氏の母である。更衣を喪った帝は更衣に酷似するという女性を入内させる。源氏は幼い頃に亡くなった母に酷似すると言うことから、その女性、藤壺を思慕するようになり、そこからやがて密通事件に発展し後の冷泉帝が誕生する。また藤壺との禁忌の関係の代わりに、藤壺に似た少女、後の紫の上を引き取り生涯を共にする。老境に入らんとする頃、やはり藤壺の姪である女三宮を正妻とするが、女三宮に柏木と密通され、薫が誕生することになる。そして薫の世代がまた源氏物語第三部を紡ぐ――このように「桐壺更衣―藤壺―紫の上」（それに広義には「女三宮」を加える）ライン、「紫のゆかり」は源氏物語の展開を牽引する大きな役割を果たしている。

容貌の類似によって人物をつないでいく方法は、それまでの物語にも、史実にも見いだせない源氏物語独自のものである。竹取物語にはかぐや姫、うつほ物語にあて宮、落窪物語には落窪姫君といったような、それまでの物語のように中心的な女主人公を据えるのとは全く別の論理で物語は紡がれていく。もっとも、源氏物語は長編である。紫のゆかりはその契機として必要とされ導入されたのだ、という理解もされよう。またこうしたゆかり・形代の論理は、しばしば古代的な霊肉未分離の発想、すなわち似ていることには個体を超えた霊魂の共有があるとする古代に特有の観念によって説明されてきた。本稿では、この紫のゆかりを、源氏物語が「(恋愛)関係を語る上で用いた方法」として新たな位置づけを試みる。はじめに源氏物語の冒頭、桐壺巻を取り上げ、紫のゆかりの始発となる桐壺更衣を取り上げる。そのとき物語が、「何を(＝どういう内容を)語っているのか」ではなく、「どのように語っているのか」に止目することで、「恋の物語」源氏物語が、どのようにその関係性を語るのかを明らかにしたい。

二、桐壺巻の分析――始発の恋愛場の空白

いづれの御時にか、女御更衣あまたさぶらひたまひける中に、いとやむごとなき際にはあらぬが、すぐれて時めきたまふありけり。はじめより〈我は〉と思ひあがりたまへる御方々、めざましきものにおとしめそねみたまふ。同じほど、それより下臈の更衣たちは、ましてやすからず。朝夕の宮仕につけても、人の心をのみ動かし、恨みを負ふつもりにやありけん、いとあつしくなりゆき、もの心細げに里がちなるを、いよいよあかずあはれなるものに思ほして、人のそしりをもえ憚らせたまはず、世の例にもなりぬべき御もてなしなり。上達部上人なども、あいなく目を側めつつ、いとまばゆき人の御おぼえなり。〈唐土にも、かかる事の起りにこそ、世も乱れあしかりけれ〉と、やうやう、天の下にも、あぢきなう人のもてなやみぐさになりて、楊貴妃の例も引き出でつべくなりゆくに、いとはしたなきこと多かれど、かたじけなき御心ばへのたぐひ

なきを頼みにてまじらひたまふ。

　父の大納言は亡くなりて、母北の方なむ、いにしへの人のよしあるにて、親うち具し、さしあたりて世のおぼえはなやかなる御方々にもいたう劣らず、何ごとの儀式をももてなしたまひけれど、取りたてて、はかばかしき後見しなければ、事ある時は、なほ拠りどころなく心細げなり。（桐壺①一七頁）

源氏物語の冒頭文である。心内語を表す〈　〉など記号などを付している。この場面にはこれまでにも多くの、詳細な分析が積み重ねられており[注2]、そのすべてをここで網羅的にまとめることは出来ないが、まずこの論を進めるにあたって、以下のことを確認しておきたい。すなわち、源氏物語には「登場人物の近くにいて、その言動を見聞した人物の語り」が第一次の語り手によるものとして設定されているということ（＊図を参照。この図は土方洋一のものを参考にした）。

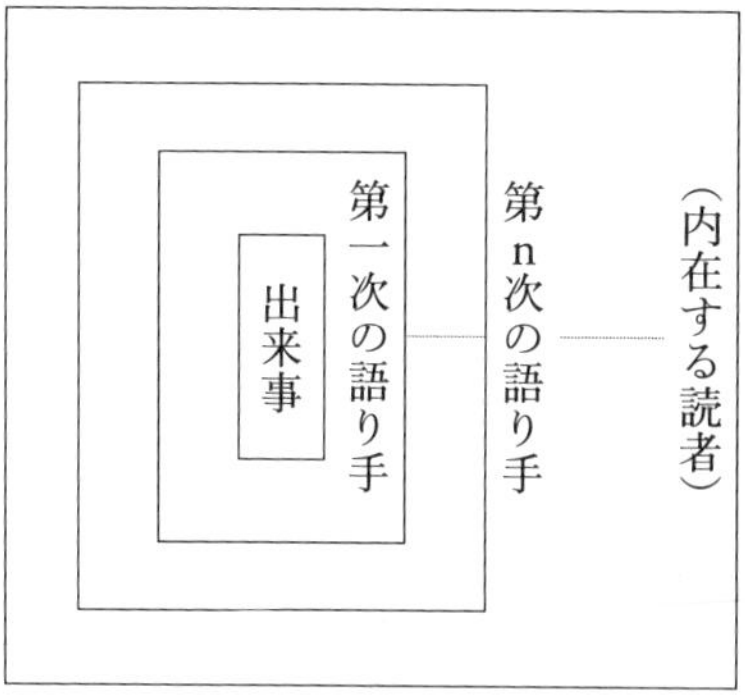

図　テクスト

　この場面を語っている語り手として、「女御には敬語を用いるが、更衣クラスのキサキには原則として敬語を用いない」ということから、これは紫式部の身分ではなく、四位以上の位階を持つ女房＝典侍が析出されているということ。また、源氏物語の語り手は物語に書き込まれている傾向があり、時として登場人物として活躍する場合があるが、この桐壺巻には語り手の典侍の登場を見ることが出来ること[注3]。

　上にさぶらふ典侍は、先帝の御時の人にて、かの宮にも親しう参り馴れたりければ、いはけなくおはしましし時より見たてまつり…（同四一頁）

とあるのがそれで、「三代の宮仕に伝はりぬるに」とも発話していることから、先々代から宮仕えをしている人物である。この典侍が桐壺巻の第一次の語り手として設定されていることを確認しておく。

こうした実体的な語り手（それらは巻や場合によっては場面ごとに複数存在する）の語りを内包する源氏物語のテクストは、さまざまな視点や立場を重層的に孕み持つこととなる。比較対象の例として竹取物語をあげると、語り手は基本的に三人称の全知的視点で語り、物語世界に対して外側に存在し、物語世界には関与しない。それに対し、源氏物語の語り手にはそれぞれの立場（もしくは思惑）があり、物語世界の内側にいて（源氏物語は三人称全知の語りだと言われることもあるが）必ずしも全知ではない（ただし、語り手と登場人物との関係は、状況に応じて変化する）。

前置きが長くなったが、以上のようなことを踏まえ、桐壺巻の語り手である典侍がどのような語りを展開したのかを考えてみる。ここでは語り手が誰に焦点化して語り進めるか[注4]、また「語りの深度」（行動や会話などの外的なもの（浅い）か、思考や感情など内的なもの（深い）か）の見方を導入してみたい。これも、物語が「どのように」語るかという問題の一側面を明らかにするはずである。

先に挙げた冒頭の段落では、桐壺更衣に焦点化される（＝桐壺更衣の視点から語られる）箇所はない。網掛けの一箇所「かたじけなき御心ばへのたぐひなきを頼みにて」の部分のみが更衣の心中をうかがい知ることが出来る語りの深度となっている。あとの部分は帝の更衣への待遇、それに纏わる周囲の反応、思惑、或いは更衣の両親のこと、実家から受けている後見の様子、といった内容で、それらによってこの段落は構成されている。最初の傍線を付した部分には、「けん（けむ）」という助動詞が付されている（このような語り手の一人称的な判断・疑問を特に感じさせる言説を草子地としている）。これによって語り手の更衣からの大きな距離が測定される。続く傍線部も「もの心細げ」「心細げ」とあり、「〜げ」という、「〜のように見える」という意味の、対象を外部から捉える主観が刻まれる方法が用いられている。つまり「更衣は頼るあてがなくて心細かった」とするのではなく、「更衣は頼るあてがなくて心細そうに見えた」ということさら深度の浅い語り方を採っているのである。

この段落の後、続きをまとめてみると、［更衣に美しい皇子が生まれたこと］［先に生まれている一の皇子（＝後の朱雀帝）との比較］［帝の激しい寵愛故の周囲の蔑視］［一の皇子の母君（＝弘徽殿女御）の疑念］などが語られる。次に更衣自身について語られるのは次の部分である。

かしこき御蔭をば頼みきこえながら、おとしめ、疵を求めたまふ人は多く、わが身はか弱く、ものはかなきありさまにて、なかなかなるもの思ひをぞしたまふ。（同二〇頁）

その中でも、「ありさま」という、外側からの視点で更衣が捉えられていることに注意したい。この後、［宮中での諸方からの酷いいやがらせ］が語られ、

事にふれて、数知らず苦しきことのみまされば、いといたう思ひわびたるを、〈いとどあはれ〉と御覧じて、（…後略）（同）

［帝は更衣に上局を与えた］と続く。

確認すると、ここまでで用いている新全集本でちょうど四頁（五七行）、語り手典侍が更衣を語るのは今挙げた部分のみである。そして語りの深度の深いものとして「なかなかなるもの思ひ」「思ひわぶ」が挙げられるものの、彼女の「思い」の内実については内話文でも地の文としてでも表出されることがない。

右のように一通り、冒頭部分の焦点や語りの深度についてたどってきた。桐壺更衣に対して語りの深度が非常に浅く、焦点化もなされていないことが確認されたことと思う。これらは、源氏物語第一部は主人公を中心的に把持しているので、光源氏（ここでは桐壺帝）に焦点化された言説が多く、女君たちは少ないという特徴の一つに

入れるべきことにも見える（桐壺更衣ほど顕著ではないにもせよ）。ただ桐壺更衣のこうした語られ方の特質のもっとも顕著なのは宮中より退出する場面である。この場面は更衣の生前最後の場面であると同時に、源氏物語において最初の男女が相対する場面＝恋愛場である。恋愛場とは筆者の設定した術語で、それまで「御息所」「姫君」「君」、「大将」など官職で呼ばれていた人物が「女」「男」と指示される、これまで「恋の場面」「クライマックス」[注5]、「純粋な男女関係の内在的世界の表徴」[注6]などと言われてきた場面である。こうした場は勅撰集・私家集に掲載されている屏風絵の詞書きや、伊勢物語などの歌物語に由来を持つ。歌として結実する思いに向けて、社会的な位階であるとか家庭であるとか、通常の呼び名が振り捨てられ「男」あるいは「女」と指示されること。それらは享受者に同化の記号としてはたらき[注7]、読者に自らを投入するように誘う強度の高い場面である。であるからこそ、むき出しとなって強く働く、関係の力学に止目すべき場となる。ともに、多くの場合、主人公に焦点化されることの多い源氏物語第一部においても、相手となる人物が場面に大きく呼び込まれる契機となる。女君たちも恋愛場では焦点化されることが多い。桐壺巻の帝と更衣のこの場面は更衣が「女」と指示され、源氏物語の最初の恋愛場となるが、この場面には、他の恋愛場と比較して非常に特徴的で、重要なしかけが存在している。

限りあれば、さのみもえ止めさせたまはず、御覧じだに送らぬおぼつかなさを、言ふ方なく思ほさる。いとにほひやかに、うつくしげなる人の、いたう面痩せて、〈いとあはれ〉とものを思ひしみながら、言に出でても聞こえやらず、あるかなきかに消え入りつつ、ものしたまふを、御覧ずるに、来し方行く末思しめされず、よろづのことを、泣く泣く契りのたまはすれど、御答へもえ聞こえたまはず。まみなどもいとたゆげにて、いとどなよなよと、われかの気色にて臥したれば、〈いかさまに〉と思しめしまどはる。輦車の宣旨などのたまはせても、また入らせたまひて、さらにえゆるさせたまはず。「限りあらむ道にも、後れ先立

たじと、契らせたまひけるを。さりともうち棄てては、え行きやらじ」とのたまはするを、女も〈いといみじ〉と見たてまつりて、

「かぎりとて別るる道の悲しきにいかまほしきは命なりけり

いとかく思ひたまへましかば」と息も絶えつつ、聞こえまほしげなることはありげなれど、いと苦しげにたゆげなれば、〈かくながら、ともかくもならむを御覧じはてむ〉と思しめすに、「今日はじむべき祈祷ども、さるべき人々うけたまはれる、今宵より」と、聞こえ急がせば、わりなく思ほしながら、まかでさせたまふ。（同二二頁）

網掛け部分が更衣に焦点化した部分であるが、やはり少ない。それに対して囲み部分で示した帝の側は、会話・行動の他、思いに関しても「思ほす」「思しめす」と繰り返され、緊迫した場面の中で、刻々変化する内心が深度も深く細やかに語り取られている。先にも言及した傍線部「〜げ」という接尾語が、しばしば言われてきたようにここでは頻出しており、帝のまなざしに沿って、「われかの気色」である更衣の外側をなぞった視線の軌跡のように並べられている。このことが特徴的に示すように、この場面はほとんど帝に焦点化し、更衣への語りの深度を徹底して下げ、外側をなぞる語りとなっている。

例えばこの次の恋愛場としては帚木巻の「源氏―空蟬」の組み合わせがある。桐壺巻のものと比較してみたい。

「いかでか聞こゆべき。世に知らぬ御心のつらさもあはれも、浅からぬ世の思ひ出は、さまざまめづらかなるべき例かな」とて、うち泣きたまふ気色、いとなまめきたり。鳥もしばしば鳴くに、心あわたたしくて、

つれなきを恨みもはてぬしののめにとりあへぬまでおどろかすらむ

女、身のありさまを思ふに、いとつきなくまばゆき心地して、めでたき御もてなしも何ともおぼえず、常は

〈いとすくすくしく心づきなし〉と思ひあなづる伊予の方のみ思ひやられて、〈夢にや見ゆらむ〉とそら恐ろしくつつまし。

　身のうさを嘆くにあかで明くる夜はとりかさねてぞねもなかれける

ことと明くなれば、障子口まで送りたまふ。内も外も人騒がしければ、引き立てて別れたまふほど、心細く、〈隔つる関〉と見えたり。（帚木①一〇三頁）

　このように、「身分違いの男に押し入られた人妻」の困惑・羞恥・夫に知られるのではという恐怖などの思いが、心内語や二重傍線部の自由間接言説[注8]に細やかにかたどられている。源氏と空蝉の関わりは、この歌の贈答場面より以前から、（第一部においては特筆すべき詳しさで）事細かに語られており、源氏の発話や心中だけでなく、空蝉の会話や千々乱れる胸の内など、語りの深度も深く差し向けられている。ともあれ一般に恋愛場は、それまで主人公に焦点化されていた視点を女君の方にも振り向けさせる傾向を持つものと言える。

　桐壺巻に戻って、この最初の恋愛場について言えば、更衣側の語りがあまりにも少ないと言わねばならない。最初の網掛け部分では〈いとあはれ〉という最初の更衣の心内語が語られる。そして次の網掛け部分で〈いといみじ〉。この二つ限りが、源氏物語に刻印されている更衣の心内語である。そして更衣の発話は一箇所、詠歌はこの一首で、しかもそれは「贈答」ともならぬ一首であった。この歌は、「本当に、こんな風に思いますと存じていたら…」と言葉が途切れている。この反実仮想の言いさしの後に、諸注は「なまじ帝のご寵愛をいただかなければよかったのに」などと補っており、通常の文脈からすればそのような受けとなるだろうが、語られていない以上、無論決定は出来ない。と言うより、決定できないような、空白が生じるような語りを採用していると言うことである。ここで恋愛場の常套として「女」と呼ばれ、場面に呼び込まれるはずの更衣は初めて言葉を発し生への執着を詠ったが、その歌はありうべき唱和として結実することがなく、言葉は言いさされている。次節では、更衣のきわだった空白の意味について明確化したい。

三、「女＝女そのもの＝紫のゆかり」の創出

この後物語では、宮中からの退出してまもなく、更衣が亡くなる。そして長恨歌を下敷きとして、帝の深い悲嘆と惑乱が語られていく。政務も滞りがちな帝を力づけようと、先帝の四の宮、藤壺が導き入れられることとなる。

年月にそへて、御息所の御ことを思し忘るるをりなし。〈慰むや〉と、さるべき人々参らせたまへど、〈なずらひに思さるるだにいとかたき世かな〉と、うとましうのみよろづに思しなりぬるに、先帝の四の宮の、御容貌すぐれたまへる聞こえ高くおはします、母后世になくかしづききこえたまふを、上にさぶらふ典侍は、先帝の御時の人にて、かの宮にも親しう参り馴れたりければ、いはけなくおはしましし時より見たてまつり、今もほの見たてまつりて、「亡せたまひにし御息所の御容貌に似たまへる人を、三代の宮仕に伝はりぬるに、え見たてまつりつけぬを、后の宮の姫宮こそ、いとようおぼえて生ひ出でさせたまへりけれ。ありがたき御容貌人になん」と奏しけるに、〈まことにや〉と御心とまりて、ねむごろに聞こえさせたまひけり。（桐壺①四一頁）

典侍は先帝にも仕え、藤壺が幼かった頃からよく見てきており、容貌が桐壺更衣に似ていると奏上する。ここでは、「容貌の類似」が藤壺入内の契機となっている。「藤壺と聞こゆ。げに御容貌ありさま、あやしきまでぞおぼえたまへる」（同四二頁）。それを受けて桐壺帝は「おのづから御心うつろひ」、藤壺に心を移す。そして桐壺巻で藤壺の言動が具体的に語られることはない。ただ似ている、と語られているのである[注9]。なおかつ典侍は内

裏住みしている幼い光源氏に、藤壺が母桐壺更衣に「いとよう似たまへり」と教える。影さえ覚えていないという「母」を慕う源氏の藤壺思慕はこうして生成されてくる——。このことが「一部ノ大事」、源氏と藤壺の密通を惹起する契機となり、また源氏物語の根幹をなす「紫のゆかり」の始発であることを思うとき、典侍の働きの大きさを看過することはできない。つまり、三代の帝に仕える女官である典侍は、多くの人物を見てきた経験を根拠に藤壺と桐壺更衣、二人の容貌の類似を言い藤壺を宮中に導き入れた[注10]。語り手としての典侍は桐壺帝と更衣の恋愛場においても、ひたすら桐壺帝にのみ焦点化し、帝の更衣の像の捉え損ねをもそのままにして空白化した。藤壺の像も具体的には語らなかった。こうすることで両者の間の差異を不可視化し、物語において同一性を保持し、物語を紡ぐゆかり・形代の糸を紡出したのである。神尾暢子によると、桐壺更衣の形容は、具体的な表現が回避され、抽象的であるという。これは「更衣を、一個の理想像として形象した証左」としている。また、主観的婉曲的でもあるとし、これは客観的な描写を避けることで、絶対的存在となっていると指摘している[注11]。こうした形容の精査からも明らかにされるように、語り手は、非常に巧妙なしかたで更衣の姿を語り取り、ゆかり・形代の糸を紡ぎ出していると言える。

ラカンの有名なテーゼに、「女は存在しない」（正確には：女なるものは存在しない。Il n'y a pas *La* femme. 英訳を試みると：The woman does not exist.）がある[注12]。女には本質というものが欠けており（この明察によって、私たちは本質主義のディレンマに陥ることから免れることが出来る）、男あるいは「男たち」と言うのと同じ仕方でそれを言うことが出来ない。この「本質を欠いた「存在」へと欲望を差し向けるためには、想像的な作用によって、女性を実体化するしかない。したがって想像的に見いだされた女性こそが女性そのもの」[注13]（傍点は斉藤）である、ということだ。このことを源氏物語の語りの方法に接続すると、以下のように言える。

桐壺巻の語りは、「女そのもの」を語る方法を創出したものである。

この「女＝女そのもの＝紫のゆかり」が、光源氏のいわゆる「宿命の女」のラインをなし、源氏物語の根幹を形成し、物語を導いているのである。ということは、紫のゆかりは女の不在そのものでありながらそれを補い、物語を展開させる源氏物語の方法であると位置づけ直されるだろう。

本質のない「女そのもの」は、いつも表層的にしか見い出しえず、表層は深層から独立した一貫性を持つ[注14]。桐壺巻で結ばれた紫のゆかりの糸は、若紫巻で少女若紫を捉える。この視点から若紫巻の語りを改めて見直してみたい。

四、紫のゆかりの糸――藤壺から紫の上へ

「人なくて、つれづれなれば、夕暮のいたう霞みたるにまぎれて、かの小柴垣のほどに立ち出でたまふ」（①若紫二七九頁）。幼い日の紫の上を見いだす、有名な若紫の場面である。「人々は帰したまひて、惟光朝臣とのぞきたまへば、…」の後からは、「垣間見」となり、いわゆる「垣間見の言説」の典型を見いだすことが出来る。すなわち、

ただこの西面にしも、持仏すゑたてまつりて行ふ、尼なりけり。簾すこし上げて、花奉るめり。中の柱に寄りゐて、脇息の上に経を置きて、いとなやましげに読みゐたる尼君、ただ人と見えず。四十余ばかりにて、いと白うあてに、痩せたれど、頬つきふくらかに、まみのほど、髪のうつくしげにそがれたる末も、なかなか長きよりもこよなう今めかしきものかな、とあはれに見たまふ。（若紫①二〇五頁）

二重傍線部の自由間接言説と、太線の傍線部の自由直接言説が示すように、ここでは完全に光源氏に焦点化され、語り手と光源氏のまなざしが同化、一体化している（垣間見は続いているが長いので省略している）。引用箇所の

最後で「〜とあはれに見たまふ。」と敬語が復活して地の文に戻るが、この後の「きよげなる大人二人ばかり〜」からもこうした同化の言説が連なり、ひたすら光源氏の主観的なまなざしにそって、語りが進められていく。非常に印象的な「走り来たる女子」＝紫の上の登場を、この光源氏に焦点化した言説で語っていき、

頬つきいとらうたげにて、眉のわたりうちけぶり、いはけなくかいやりたる額つき、髪ざし、いみじううつくし。〈ねびゆかむさまゆかしき人かな〉と目とまりたまふ。さるは、〈限りなう心を尽くしきこゆる人に、いとよう似たてまつれるが、まもらるるなりけり〉と思ふにも涙ぞ落つる。（二〇七頁）

光源氏は気づく。この美少女に目を奪われるのは、藤壺に似ているからだ、と。このとき生じた少女への恋着は、「〈さても、いとうつくしかりつる児かな、何人ならむ、かの人の御かはりに、明け暮れの慰めにも見ばや〉」（二八三頁）と意識されるようになる。既に周知のことであり、源氏物語理解においては当然のことでもあるが、ここでまず光源氏を動かしているのが「類似」の論理であることを確認しておきたい。母桐壺更衣が亡くなり、容貌の類似したもの（＝形代）として藤壺が導き入れられたように、「〈かの人（＝藤壺）の御かはりに〉」、紫の上を。紫の上が実は、藤壺の血縁（＝ゆかり）でもあったことが分かるのはもう少し先である。そして、ここが肝要なのだが、先の引用文の最後は太い傍線を付した自由直接言説である。藤壺と紫の上の類似性の発見は、地の文ではなく光源氏に焦点化し、光源氏の主観と一体化した言説で語られていたと言うことだ。

最初にも述べたように、表層の類似で女をつなげていくのは、史実にも、それ以前の物語にも見いだせない、源氏物語独自の方法である（「血縁」によって女が呼び込まれることはしばしばある）。源氏物語の根幹をなす女主人公は「紫のゆかり」として複数化されているが、その女君たちは、表層の類似によって、物語に呼び込まれてくる。こうした方法が可能となっているのは、それぞれの差異の不可視化によってである。類似しているとされたもの

のそれぞれの同一性を保持している根拠は、考えてみれば一人の女官の証言や、地の文ではなく人物の主観にそった言説によるなど、これらがいかに無根拠なつながりであるかを言説構造が証し立てている。「秋の夕は、まして、心のいとまなく思し乱るる人の御あたりに心をかけて、あながちなる、ゆかりもたづねまほしき心もまさりたまふなるべし。（三一三頁）」。語り手は草子地（=語り手の感想などがそのままあらわれる文）の水準では、光源氏の「ゆかり」を求めたい思いを「あながち」=無体だとしていた。物語を読み進めると、藤壺の容姿について細かく描写される箇所が賢木巻に見いだされるが、そこもやはり光源氏視点の言説が採られている。

君は、塗籠の戸の細目に開きたるを、やをら押し開けて、御屛風のはさまに伝ひ入りたまひぬ。めづらしくうれしきにも、涙落ちて見たてまつりたまふ。…外の方を見出だしたまへるかたはら目、言ひ知らずなまめかしう見ゆ。…世の中をいたう思しなやめる気色にて、のどかにながめ入りたまへる、いみじうらうたげなり。髪ざし、頭つき、御髪のかかりたるさま、限りなきにほはしさなど、ただかの対の姫君に違ふところなし。〈年ごろすこし思ひ忘れたまへりつるを、あさましきまでおぼえたまへるかな〉、と見たまふままに、すこしもの思ひのはるけどころある心地したまふ。（賢木②一〇九頁）

光源氏は、十数年ぶりに、藤壺の姿をしかも至近距離で見る希有な機会を得た。そのまなざしは、しかし、藤壺の固有性をたどることはなく、ただ紫の上との類似性にのみ向けられている。差異にはまったく想到しない。引き続き〈けだかう恥づかしげなるさまなども、さらにこと人とも思ひ分きがたきを、なほ、限りなく昔より思ひしめきこえてし心の思ひなしにや、さまことにいみじうねびまさりたまひにけるかな〉との心内語では「別人と思えない」としてから紫の上との比較にも至るが、それは「ねびまさり」という年齢による差異のみであって、本質的なものではない（紫の上が藤壺の年齢になったら同様になる可能性を全く排除しない点で）。物語の進み行きとしては、このあと藤壺は出家し、俗世を捨てる＝「女」でなくなる。ここで紫の上との類似を異様なまでに（この異様さを捉えてかつて清水好子は、「ここでの作者の筆は本当に拙い」と表現した［注15］）強調しているのは、藤壺から紫の上へ、光源氏にとっての「宿命の女」を明確にコピーし、ずらしておかねばならなかったからだ。そして、女を表層の類似によってずらしていくこのゆかり・形代の論理は、やはり光源氏の主観に寄り添う言説（自由間接言説や自由直接言説など）の言説構造により成立している。

こうしていかに女が表層的に見いだされるものであり、想像的に見いだされるものであるかを、源氏物語の言説構造は明らかにしていく。と同時に、紫のゆかりの女君たちは、こうした空白とともにあるからこそ源氏物語の中枢を担う至高の存在となりえているとも言える。

五、夢の藤壺――出会い損なわれたものの再来として

このようにして考えてくると、藤壺が亡くなった後、朝顔巻で彼女が亡霊となって光源氏の夢枕に立つことの意味も再考を促されるだろう。

月いよいよ澄みて、静かにおもしろし。女君、
こほりとぢ石間の水はゆきなやみそらすむ月のかげぞながるる
外を見出だして、すこしかたぶきたまへるほど、似るものなくうつくしげなり。髪ざし、面様の、恋ひきこゆる人の面影にふとおぼえて、めでたければ、いささか分くる御心もとりかさねつべし。鴛鴦のうち鳴きたるに、
かきつめてむかし恋しき雪もよにあはれを添ふる鴛鴦のうきねか
入りたまひても、宮の御ことを思ひつつ大殿籠れるに、夢ともなくほのかに見たてまつるを、いみじく恨み

たまへる御気色にて、「「漏らさじ」とのたまひしかど、うき名の隠れなかりければ、恥づかしう。苦しき目を見るにつけても、つらくなむ」とのたまふ。〈御答へ聞こゆ〉と思すに、おそはるる心地して、女君の「こは。などかくは」とのたまふに、おどろきて、いみじく口惜しく、胸のおきどころなく騒げば、おさへて、涙も流れ出でにけり。今もいみじく濡らし添へたまふ。女君、〈いかなる事にか〉と思すに、うちもみじろかで臥したまへり。（朝顔②四九四頁）

光源氏の「宿命の女」として捉えられてきた藤壺が、亡くなった後夢枕に立つ。この場面は、事実に相違した主観的な歪曲がある（源氏は藤壺とのことを漏らしてはいないのにそれを恨んでいるという）とし[注16]、「理想の人藤壺」の最後の瑕疵のように言われることも多かったが、そうではなくて「理想の人」であったからこそ、出会われなかった彼女の他性の痕跡が立ち返ってきているのである。夢枕に立ち、光源氏を「おそはるる心地」、戦慄せしめたことこそ藤壺が「理想の人」「宿命の女」であった証左である。「出会い損なわれた現実、いつになっても決して到達されることのない目覚めの中で果てしなく繰り返されるほかない現実へと捧げられたオマージュ」[注17]。夢の藤壺は、そのように捉えられるだろう。

藤壺が夢枕に立つ直前、光源氏はまた、紫の上と藤壺の表層の類似を確認していた。「髪ざし、面様の、恋ひきこゆる人の面影にふとおぼえて」。光源氏の理想を投影する鏡としてしかなかった藤壺の、決して出会われなかった他性が、はじめて紫のゆかりの根源へと光源氏を差し向かわせる。

光源氏の歌にある「鴛鴦のうきね」について、鈴木裕子の詳細な分析がある[注18]。『花鳥余情』以来の古注釈と、『新日本古典文学体系』『新潮日本古典文学集成』などが「鴛鴦の契」に源氏と紫の上の睦まじさを見るのに対し、『新編日本古典文学全集』では「藤壺の宮への思慕」を見ている。「鴛鴦」という「匹偶相思の鳥」＝「（理想的な）対関係」のメタファーが、「源氏―紫の上」を指すのか「（孤鴛鴦としての）源氏―藤壺」を指すのかが解釈の大きな分かれ目となっているのである。鈴木は鴛鴦の歌の系譜の洗い出しから、歌語としての「鴛鴦」は、鴛鴦と我が身を対照したり、孤鴛鴦への感情移入により、「表現主体の満たされぬ慕情」を述べる機能があることを指摘している。このことから、朝顔巻の源氏の「鴛鴦のうきね」の歌は、藤壺への慕情のありようを象徴するものと結論づけている。しかしここでは、「鴛鴦」のメタファーが、「源氏―紫の上」と「源氏―藤壺」の関わりを二重に表しており、意味が重層化していることこそが重要なのである。ただしこのことは、贈答の返歌をせんとする光源氏自身には明確には意識されていなかった。紫の上に対しても、「鴛鴦」は光源氏と紫の上を象徴するものとして解釈するよう返されたものであったろう。

「「漏らさじ」とのたまひしかど、うき名の隠れなかりければ、恥ずかしう」。

光源氏に訴える夢の藤壺は、「鴛鴦」が詠みこまれた歌の意味の二重性によって、光源氏が自分と紫の上を(想像上の「女」として)重ねていること、ひいては自分との関係が暴露されていることを抗議している。光源氏は、「現実」の中では、「紫のゆかり」という幻想を通してしか藤壺と出会ってこなかった。ここで夢の藤壺と遭遇することによって光源氏は初めて、「みずからを紫のゆかりの女君たちとの恋へとうながす、根源的なもの(＝出会い損なわれた現実)」と向きあっている。ただしそれは「夢の中」でだけ――目覚めた光源氏が返答をしようとしても、言葉を発することが出来ないのはその故である。

六、桐壺更衣という女のゆかりたち

この後ゆかりの物語は、第二部の女三宮へと展開する。第二部に入ると、主人公に焦点化しながら展開する方法への相対化は顕著になり、徐々に光源氏という中心が解体されていく。物語内容においても、ゆかりの人女三宮への失望、またこのことから招じ入れられる六条院世界の崩壊と、ゆかりの物語は内破の様相を露わにしていく。

「年ごろは世にやあらむとも知らざりつる人の、この夏ごろ、遠き所よりものして尋ね出でたりしを、…先つころ来たりしこそ、あやしきまで昔人の御けはひに通ひたりしかば、あはれにおぼえなりにしか。「形見」など、かう思しのたまふめるは、「なかなか何ごともあさましくもて離れたり」となん、見る人々も言ひはべりしを、いとさしもあるまじき人のいかでかはさはありけん」とのたまふを、〈夢語か〉とまで聞く。（中略）「似たり」とのたまふゆかりに耳とまりて、…（宿木⑤四四九頁）

第三部にいたり、宇治大君・中の君の異母妹浮舟は「あやしきまで」大君に似ているとの理由で、物語に呼び込まれる。物語は浮舟を通して、蜻蛉巻の彼女の亡骸なき「葬送」にいたるまで薫や匂宮の欲望を映し合う、まさに形代の極北とも言うべき物語を紡ぎ出していくこととなる。たとえ類似が血に支えられても、女の位置が空白であり続けるさまを、物語は徹底して語り出し、浮舟の「葬送」を描く蜻蛉巻、またその先へと展開される。

このように源氏物語桐壺巻において創出され、物語全体を貫くゆかり・形代の方法は、女の不在を補い、物語を展開させる源氏物語の方法となっている。ただし、それは差異を不可視化することによってなりたつ、非常に主観的なものであることを、語りの仕組みによって証し立てるものでもあった。これまで、形代・ゆかりは、古代的な幻想とともに説明されることが多かったが、源氏物語においては、「何を語るか」でなく「どのように語るか」への注視——敬語のありようや、言説分類などの試み——によって、そうした幻想を相対化する仕組みが働いているとも言える。

源氏物語には、「時間の循環」という方法がある[注19]。源氏物語には年立（物語の進み行きを物語内時間軸に沿って配置したもの）の時間とは別に、叙述の時間が独立してあることから、巻をたどる読みの進み行きからすると、逆行して物語内容を組み立て直さなければならないような方法が内在されているということである。例えば桐壺巻から帚木巻の間には四年の空白が置かれているが、この間にすでに藤壺との最初の密通があったことを、読者は若紫巻まで読み進んで知らされることになっている。このことから、これまでも論じられてきているように帚木巻の空蝉とのやりとりの場面には、藤壺との最初の密事とが重ねられ、空蝉との恋愛場は藤壺とのそれとして暗示されるようになっている。確かに次のようには言えるだろう。空蝉巻で女の抜け殻＝空蝉の薄衣と寝る源氏は、蜻蛉巻で薫が、形代浮舟の遺骸のない法要を営む場面の先取りであり、源氏物語は最初から最後まで、存在しない女、女のことを語っているのだと。ただしどれほど他の場面から重層的に場面を補填されても、桐壺更衣から始まる源氏の女の物語＝「紫のゆかり」に、差異＝空白は残り続ける。そしてこの反復により補填されてもなお残り続ける空白によって「紫のゆかり」は崇高化し、読者を惹きつけ、物語を牽引する力となる。源氏物語は、物語内容によってもゆかりを脱幻想化していくが、言説構造によってもゆかりの無根拠性を露呈させていた。桐壺巻の桐壺更衣の空白とその語りとられ方は、何よりもそれを徴候的に示すものであった。

　源氏物語は、恋の物語である。ただしそれはその不可能性の物語としてある[注20]。恋の物語が脱幻想化された後について、このテクストは私たちに問いかけている。

［注1］『紫式部日記』に、道長に「源氏の物語」であれほど、男女のやりとり、恋愛のさまざまについてのことを書いたのだから、あなたはその道に精通しているのだろうというような歌を詠みかけられる場面がある。

［注2］詳細にわたり分析されており、かつ専門外の読み手にも読みやすいものとして三谷邦明『入門源氏物語』（ちくま学芸文庫、一九九七年二月）をあげておきたい。三谷の言説分析（言説分類）の詳細な方法は、この書物の文庫版あとがきに「言説分析の可能性」として述べられている。

［注3］この典侍は、年齢や定員から推して、紅葉賀巻に登場する老女房源典侍と考えられる。三谷邦明「源氏物語と二声性」（『源氏物語の方法―〈もののまぎれ〉の極北―』、翰林書房、二〇〇七年四月）

［注4］「焦点化」についてはジェラール・ジュネット『物語のディスクール』（水声社、一九八五年九月）がある。源氏物語をジュネットらの物語論の方法を採用し分析したものに、福田孝『源氏物語のディスクール』（書肆風の薔薇、一九九〇年八月）がある。ただし、ジュネットの方法も福田の源氏物語を題材とした分析によって塗り替えを求められているし、福田の方法も今日の源氏物語の言説分析の手法によって議論・更新されるべきで

あろう。なお「焦点化」は「視点」の問題であり、誰が語っているかという「語り」の問題とは別の位相にある。

[注5] 清水好子『源氏の女君』（塙新書、一九六七年六月）

[注6] 森一郎「源氏物語の人物造型と人物呼称の連関」（『源氏物語の主題と表現世界　人物造型と表現方法』、勉誠社、一九九四年七月）

[注7] 三谷邦明「伊勢物語の方法――歌物語の方法あるいは〈情念〉と〈所有〉――」「伊勢物語の表現構造同化の文学あるいは事実と虚構の出会い――」（『物語文学の方法Ⅰ』有精堂、一九八九年三月）

[注8] 自由間接言説とは、語り手（三人称過去）と登場人物（一人称現在）との二声が重ねられている言説。付加節（と人物によって敬語）を付すと内話文となる（ここでは「〈そら恐ろしくつつまし〉と思ふ」）。また後出の自由直接言説とは、語り手が登場人物に感覚的に一体化して産出される言説。一人称で語られ、やはり敬語が脱落する。詳しくは［注2］のあとがきなどを参照。

[注9] 土方洋一は、この件に関して「よく似ているという典侍のことばに心を動かされることになる」、とし、「二人の容貌の類似を客観的に保証している条はない、というのが筆者の判断である」としている。（「源氏物語・反転するテクスト――桐壺巻からの眺望――」（『源氏物語のテクスト生成論』、笠間書院、二〇〇〇年六月））

[注10] 助川幸逸郎はこのことに典侍の政治的な意図を読み取り、「皇族の一員として、皇族全体の安定のために、一院・桐壺帝系と先帝系の調停に動いた」としている。（「源氏物語の「呪われた部分」――先帝王家と明石・桐壺一族をめぐって――」（三田村雅子編『源氏物語のことばと身体』（青簡舎、近刊））

[注11] 神尾暢子「桐壺更衣の美的創造――桐壺更衣の美的規定――」（室伏信助監修・上原作和編『人物で読む源氏物語桐壺帝・桐壺更衣』、二〇〇五年一一月）

[注12] Jacques Lacan "Dieu et la jouissance de La femme", Encore : Le séminaire, livre XX, Seuil, 1999.

[注13] 斎藤環『文脈病――ラカン・ベイトソン・マトゥラーナ』（青土社、二〇〇一年三月）

[注14] スラヴォイ・ジジェク『快楽の転移』（青土社、一九九六年一月）

[注15] 「紫の上」（『源氏物語必携Ⅱ』学燈社、一九八五年五月）

[注16] 斎藤暁子「源氏物語の死霊」（『源氏物語の仏教と人間』、桜楓社、一九八九年六月）、日本古典文学全集②四八五頁頭注など。

[注17] ジャック・ラカン『精神分析の四基本概念』（岩波書店、二〇〇〇年一二月）ラカンは、一九六四年に行われたこのセミネールにおいて、フロイトの『夢判断』に登場する有名な事例（息子を亡くした父親が仮眠中に見た夢に息子が現われ彼の手を掴み、非難するような調子で呟く。「ねえ、お父さん、解らないの？　僕が燃えているのが？」。そのとき息子の死体は倒れた燭台によってまさに燃えようとしているところであった、という夢）に言及している。この夢の分析によってラカンは、「人間が決定的な『出来事』（＝出会い損なわれた現実）と出会うのは、夢の中だけであること」というテーゼを導き出している。ここでラカンの言う現実は、「現実界」「想像界」「象徴界」とともに三界を構成する一つのこと。

【注18】　鈴木裕子「源氏物語の歌ことば――朝顔巻の光源氏と紫の上――」（『想像する平安文学4交渉する言葉』、勉誠出版、一九九九年五月）

【注19】　三谷邦明「帚木三帖の方法――〈時間の循環〉あるいは帚木三帖と藤壺事件――」（『物語文学の方法II』、有精堂、一九八九年六月）

【注20】　ただし、源氏物語がすべての関係性を不可能とし関係の成立を書いていないわけではない。斉藤「宇治の姉妹の「母なるもの」とメランコリー――中の君物語の「ふり」・再説――」（室伏信助監修・上原作和編『人物で読む源氏物語　大君・中の君』勉誠出版、二〇〇六年一一月）など。

＊本文の引用は小学館新日本古典文学全集による。

開かれた『更級日記』へ——テクスト論による試み

鈴木泰恵

一、古典教育とテクスト論

しばしば国語教材に採用される『更級日記』を例に、古典が古典文法習得の教材にとどまるのではなく、また一義的な解釈＝正解に収束するのではなく、多様な解読の可能性に満ちて、文学として輝いている様相をとらえていく。たしかに、基本的な文法も語義も無視して、勝手放題に読む暴挙は許されない。かといって、文法を習得し、文法に即した訳を施して、それで終わりなら、古典など何のおもしろみもない代物だ。話はその先にあるのだが、こんどは〈作者〉の唯一の意図やら心情やらの解釈＝正解が求められたのでは、文学の醍醐味などないに等しい。人間について考える人文科学の一角を担う文学を教材にして、書く側・読む側双方の人間的多様性を勘定に入れないとなれば、国語教材としての古典は、いや国語教材として提供される文学全般が、文学教育とはかけ離れたものとなる。

詳細は「文献ガイド」に譲るが、そもそも一神教国ならぬこの国で、テクスト論が一世を風靡したのには、粗々以下のような経緯があるからだろう。

近代になりキリスト教が流入すると、新時代の文学の担い手たちは自身の「内面」を絶対化し[注1]、いわば

〈作者〉の「内面」を〈神〉の位置に据えて、それを文学に結晶させていった。すると、文学を読む行為は、〈作者〉の「内面」＝「意図」を、すなわち〈神〉のなんたるかを読むように方向づけられざるをえなかった。こうして、〈読者〉は〈神の子〉となり、〈作者〉の「内面」＝「意図」を読むべく義務づけられたわけである。

ところが、テクスト論は、〈神の子〉たる〈読者〉が〈神〉をあやめ、〈読者〉の主体的な〈読み〉を確立するのに資し、自由にして真新しい理論を提供したのであった。テクスト論自体が、むしろアジアの混沌に目を向けた、西欧のオリエンタリズムのなせるわざであったにせよ、またかからこそ受け入れやすかったにせよ、久しく忘れていた〈読み〉の自由をもたらしたのである。久しく忘れていたというのは、中世の『伊勢物語』注釈等の、アナーキーなほどの多様な解釈のありようを念頭に置いている。アナーキーといえば、テクスト論における〈読み〉のアナーキズムが問題視されているようだ。古典文学などを読んでいると、文学とアナーキズムとの親和性を唱えたいところだが、まずは〈読者〉一人ひとりが〈神〉になってしまうような、収拾のつかない状況をもたらしもした点については、反省を込め、後で触れる。ともあれ、かくしてテクスト論は一世を風靡したのである。

さて、〈作者〉という〈神〉の名すらわからぬか、あるいはその来歴（伝記）が判然としない平安期の物語ジャンルにおいて、まずテクスト論は受容され、徐々に他時代・他ジャンルへと広がっていった。ただ、日記文学ジャンルでは事情が異なる。日記文学には〈作者〉がべったりと貼りついている。さすがに今時は、書かれた〈作者〉と、書く〈作者〉を分ける方向で、考えられ論じられてはいるが、暗黙のうちに〈作者〉を抹消したところで日記文学を読むのは至難のわざだと言っていい。ともすると日記文学は、〈作者〉という〈神〉のなんたるかを探るべく、〈読者〉を〈神の子〉に送り返しかねない要素を常に抱えているのである。

とはいえ、日記文学テクストに書かれた〈作者〉像と、歴史的実在としての〈作者〉とはけっして一致しえない。まず、覚えている範囲でも、さまざまな体験のすべてを、隈なく書き尽くせようはずもない。また、なによりも初めから読まれるものとして書かれている以上、おのずと体験のなかから取捨選択がなされ、ときには潤色も施され、ことによると虚構さえ介在して、再構成された人生の物語なのであって、歴史的実在としての〈作者〉には、ついに到達できないテクスト。それが日記文学テクストなのである。

> わたしの生涯は伝説、すなわち、読みうるもの、であらねばならぬ、そしてそれが読まれるとき、わたしが詩（ポエジー）とよぶある新しい感動を生じせしめなければならぬ。わたしは、媒介具（プレテクスト）である以外、もはや何ものでもないのだ。
>
> （ジャン・ジュネ『泥棒日記』改版新潮文庫一七五）

日記文学テクストとて、読者に開かれた文学テクストであることに変わりはない。先行する文学テクスト、後続するそれ、歴史・伝記といったテクスト、その他もろもろのテクストと交響させながら、自由で豊かな〈読み〉を切り拓く権利は、なお読者の側にある。いかようにも読む自由のないところに、「表現の自由」はあるだろうか。〈読む〉ことと、〈書く〉こと・〈語る〉こととは、踵を接した行為であるはずだ。とりわけ国語教育においてはそうなのであり、かつそうあるべきなのである。「表現の自由」と踵を接する〈読み〉の自由を裏打ちするテクスト論の擁護。それが本稿の基本的立場だ。先にも触れたが、だからといって〈読者〉一人ひとりが〈神〉の位置を占めるという収拾不能の事態は厳に慎まねばならない。ついては、〈読者〉の相対性を確認・確立しておく必要がある。互いに他者の〈読み〉を許容しつつ、自他の〈読み〉の妥当性に対して、常に自覚的である態度は不可欠であり、そうした態度を養う教育こそ、国語教育のなかでなされるべきである。この視点をひとつ確保しておく。

以下、『更級日記』を例に、国語教材としての古典文学テクストが、いかに多様な〈読み〉の可能性に開かれて、魅力的に輝いているのかを、できるだけ大胆にとらえていきたいと思う。

二、いきなりのインター・テクスチュアリティ

『更級日記』から国語教材としてとりあげられる部分は、多く、冒頭場面と、いわゆる『源氏物語』耽読場面である。ここでは後者の『源氏物語』耽読場面と言われる部分「かくのみ思ひくんじたるを、心もなぐさめむと心苦しがりて～まづいとはかなくあさまし[注2]」（三四～三六）を対象化する。

はしるはしる、わづかに見つつ心も得ず心もとなく思ふ源氏を、一の巻よりして、人もまじらず几帳の内にうち臥して、引き出でつつ見るここち、后の位も何にかはせむ。昼は日ぐらし、夜は目の覚めたるかぎり、灯を近くともして、これを見るよりほかのことなければ、おのづからなどは、そらにおぼえ浮かぶを、いみじきことに思ふに、夢に、いと清げなる僧の黄なる地の袈裟着たるが来て、「法華経五の巻をとく習へ」と言ふと見れど、人にも語らず、習はむとも思ひかけず、物語のことをのみ心にしめて、われはこのごろわろきぞかし、さかりにならば、かたちもかぎりなくよく、髪もいみじく長くなりなむ、光の源氏の夕顔、宇治の大将の浮舟の女君のやうにこそあらめと思ひける心、まづいとはかなくあさまし。（三五～三六）

ようやく手に入れた『源氏物語』全巻を、まさに耽読している様子を活写しながら、「まづはいとはかなくあさまし」と述懐してみせるわけだが、『源氏物語』にとり憑かれたかの、少女時代の自画像を、かくも鮮烈に書かずにはいられない心性に思いを致すとき、この述懐は額面どおりに受けとれるのかどうか。老残孤独の境涯に至る人生の物語を書いている時点での真率な思いであるととらえるか、物語への耽溺が人生の躓きの石であったと跡づける構成に基づいた述懐に過ぎず、『源氏物語』を得て読み耽っていた自画像を書くこと自体に、なお物語に無関心ではいられない心性を読みとるかは、見解の分かれているところであるし、どちらも完全には否定で

きない。〈読者〉一人ひとりの評価があってしかるべきなのであり、一義的な解釈には帰趨しえないだろう。国語教材として抜粋された『更級日記』の右の部分は、すでに一義的な解釈を拒んでいるのであった。

さらに注目されるのは、「光の源氏の夕顔、宇治の大将の浮舟の女君」が『源氏物語』の登場人物名の引用である点だ。『源氏物語』耽読時代の回想なのだから、登場人物名が出てくるのはあたりまえだ、と言って済ませるわけにはいかない。すでに多く指摘されているように、よりによって〈光源氏・夕顔〉〈薫・浮舟〉という不吉な組み合わせなのである。厳密に言えば、落命する夕顔と入水に失敗し出家する浮舟の人生とを、自身の人生の物語に接触させる、選択的な引用なのであり、まさにいきなりのインター・テクスチュアリティに直面させられる部分なのだと言っていい。なかなか気の利いた教材だ。しかし、なぜ夕顔・浮舟なのかが問われるのではあるが、それについては後に触れる。

ところで、抜粋して掲載される国語教材を扱う場合、元のテクストの全容を理解しうる、必要最低限の補足説明や、掲載部分に深く関連しつつ切り落とされた部分への、これまた必要最低限の目配りがなされなければならないだろう。そうでなければ、元のテクストへの理解も、掲載部分のきちんとした〈読み〉もおぼつかなくなり、国語教育はきわめていびつなものになってしまう[注3]。

『更級日記』では掲載箇所以外のところにも『源氏物語』の登場人物名が引用されている。少なくとも以下の部分は、『更級日記』の全体像の理解、および掲載箇所の〈読み〉に深く関わる。年次は不明だが、二十代前半くらいの頃に、夢想していた内容のなかに見えるものだ。

いみじくやむごとなく、かたち有様、物語にある光源氏などのやうにおはせむ人を、年に一たびにても通はしたてまつりて、浮舟の女君のやうに山里に隠し据ゑられて、花紅葉月雪をながめて、いと心ぼそげにて、めでたからむ御文などを時々待ち見などこそせめ。（五六）

光源氏のような人物を、年に一度でも通わせて、浮舟のように山里に隠し据えられ、時々の手紙などを待ち遠しく見たいといった内容ではあるが、端的に言えば〈光源氏・浮舟〉という途方もない組み合わせにねじれて、薫と夕顔が欠落しているのであった。なぜ光源氏なのかは、またしても後に回すとして、ここでは浮舟に特化して、自身の将来像を夢想する様子が語られている点に、特に注目したい。薫への言及は、光源氏とともに、もう一度見られるが（七五）、夕顔の名はもう二度と出てこないのである。おのが人生の物語である『更級日記』に、『源氏物語』の浮舟が突出して引用されているのは、つきつめれば浮舟あるいは浮舟物語との対照において、自身の人生の物語が読まれるべく、指示しているのだと言えよう。

さて、『更級日記』が自身の人生と浮舟のそれとを対応させながら語っている点については、すでに指摘がある[注4]。加えて、『更級日記』と浮舟物語に関する研究史も蓄積されている。が、国語教材として抜粋され、本稿で引用した部分について、国語教育とテクスト論を論じる立場から、一点だけ指摘しておきたいと思う。「黄なる地の袈裟」を着た僧が「法華経五の巻をとく習へ」と言った夢の話が、『源氏物語』耽読場面に介在している点である[注5]。

浮舟という人物は、恋の物語を生き、恋の物語から抜け出して、出家している。物語から離脱して宗教（出家）に向かう構図は、出家こそしていないが、『更級日記』が描いてみせたおのが人生の構図そのものであった。『更級日記』は物語耽溺への悔恨を基調に、終末部で年次を入れ替え、〈夫の死→物語耽溺への悔恨→阿弥陀仏来迎の夢と後世への期待→老残孤独の日々〉を語って閉じられている。阿弥陀仏来迎の夢の場面は、珍しく「天喜三年十月十三日」と明確な日付があり、「この夢ばかりぞ後の頼みとしける」と語り収められているのである。

少し迂回するが、今、『更級日記』は物語耽溺への悔恨を基調に、と述べた点に一言を付しておく。いわゆる「上洛の記」は、こうした基調とは無縁に見える。しかし、かえって物語と密接に関わる部分ではないか。一例を挙げるなら、「遊女（あそび）三人」と出会う闇夜の足柄山の風景（二二～二三）は、「月」の「足柄」といった和歌的概念から切りとられた風景などではとうていない[注6]。それは、むしろ近代における「風景の発見[注7]」に当たるだろう。物語といえば男女の物語と言っても過言ではない物語ジャンルへの批評が、しかも近代小説的な「個」の視点による物語批評が、こうした風景を『更級日記』に納めさせたのだと見ておく。

話を戻す。落命する夕顔と入水に失敗し出家する浮舟の人生とを、自身の人生の物語に接触させる選択的な引用のなかに、女人往生を説く「法華経五の巻」なることばが滑り込むとき、女人往生を主題化しない夕顔ではなく、出家して宗教に身を託さんとした浮舟こそが、『更級日記』の語る自身の人生に、深くかかわるものとして浮かび上がってくるはずだ。「浮舟」と「法華経五の巻」の併存は、『更級日記』が自身の人生の軌跡を、いかに描こうとしたかを読みとらせるべき指示記号なのだと読めてくるのであった。

となると、国語教材になっている『源氏物語』耽読場面の、先に引用した部分から、『更級日記』全体を理解するうえで、次のような問いが投げかけられてくる。すなわち、阿弥陀仏来迎の夢を見たものの、即時の迎えではなく、次回を約されたと語り、さらに老残孤独の日々を語る『更級日記』は、〈物語→宗教〉＝〈救済〉の構図を描いたのかどうか。それは、『更級日記』が自身の人生の軌跡を、浮舟の物語と対照させるべく語っている以上、浮舟が「阿弥陀仏（ほとけ）に思ひ紛らはして[注8]」（夢浮橋　三九九）、迷妄の現世を突き放せるのかどうかの〈読み〉と連動する。『源氏物語』第三部後半を、授業内でフォローできるかどうかは別として、教える側は多少意識的であるべきだろう。

とはいえ、浮舟が救済されたか否かについては、かなり解釈に幅がある。どちらかと言えば、救済からはほど遠いと見るのが現況かと思う。『更級日記』論もほぼ同様の状況を呈しているように見える。ちなみに論者自身、非在郷（ユートピー）を眺め見るばかりで、現世からも救済からも遠い浮舟を読んでいる[注9]のだが、救済のとらえ方次第では当然〈読み〉が変わってくる。『更級日記』が描いた自画像にしろ、浮舟にしろ、いかに迷妄の現世に囚われていようとも、阿弥陀仏の来迎を期待するなら、あるいは非在郷（ユートピー）を眺め見るなら、救済されたと読んでもいいのだろう。現世をまったき灰燼に帰す仏教原理主義的な悟りによる救済など、いくばくの人間に可能なのか、という問いとともに見据えられてくる、ひとつの〈読み〉ではあるはずだ。

国語教材になっている部分の〈読み〉も、そこから敷衍した『更級日記』全体に関わる〈読み〉も、上述のごとく多様であり、また多様であってしかるべきなのだから、とうてい一義的な解釈を押しつけることなどできないのである。むしろ、一人ひとりが考え、評価していく姿勢を養うほうがはるかに重要なのではないか。

とり残しの問題のひとつ。『更級日記』はなぜ夕顔・浮舟を選択的に引用し、自身の将来像を思い描いたのか。浮舟が重要な存在であるのは上述のとおりであるが、このふたりの選択には、別の角度からの考察も可能だ。やはり平安後期の文学テクストに、『狭衣物語』がある。なかでも、夕顔と浮舟の影響が色濃い人物として有名なのが飛鳥井女君(あすかいのおんなぎみ)であった。つとに三谷榮一が検証し論じている[注10]ように、飛鳥井女君型の人物は『無名草子』以前の、『更級日記』や『狭衣物語』と同時代か少し後の時代の散佚物語に形跡を残し、さらに鎌倉・室町の物語にも脈々と受け継がれていったのであり、夕顔・浮舟の選択は『更級日記』作者の個性にのみ帰しえない側面がある。つまり、平安後期・末期の共時的な人気に裏打ちされた引用である可能性と、それがまた通時的に享受されていったという、文学史的パースペクティブにおいて、とらえ直されてくるのであった。

翻って、悲劇の女君に惹きつけられる心性とは何か。今日この頃、泣けるい小説や映画が人気を集め、ブログの日記でそれらを論じたりしている学生たちも多い。平安後期と現代との、時代的文脈のインター・テクスチュアリティに乗り出してみるのも、学生たちを古典文学に呼び戻す一手ではなかろうか。

三、近代小説とのインター・テクスチュアリティ

最近の学生たちを見ていると、ごく自然にインター・テクスチュアリティを行っているようだ。「『風の谷のナ

ウシカ[注11]』って、『虫めづる姫君』のオマージュだったんですね！」といった感想を、しばしば耳にする。なにかといえば「オマージュ」「リスペクト」であるが、どうやら学生たちなりのインター・テクスチュアリティであると理解した。しかも、『虫めづる』には「萌え」が入ると言う。なぜなら、教科書に載っていない、すなわちマイナーなテクストだからであり、学生たちのオタク魂を揺さぶるらしいのだ。その際、注釈書があれば、古語の難しさも苦にならないようなのである。学生たちを文学にひき寄せるチャンスではなかろうか。『更級日記』を、オタク魂を揺さぶる文学に開いていく試みに手を染めてみたいと思う。

では、『更級日記』というテクストを、近代小説などに開いていくとして、どのような試みが可能であろうか。「わたくし」の人生の物語を語る日記文学であってみれば、近代「私小説」と番えるのが順当かもしれない[注12]。しかし、このテクストの場合、もう少し広い領野に開かれているように思う。突飛なようだが、『源氏物語』を生涯に三回も訳し、やはり『源氏』との深い関係の窺える谷崎潤一郎『盲目物語』には、『更級日記』との、思いのほかに強い紐帯が認められる。

『盲目物語』は「わたくし生国は近江のくに長浜在でござりまして[注13]」（七）と語り出され、年老いた座頭の「わたくし」が、通称・弥市の名で、戦国武将の織田信長の妹・お市に仕え、戦国の世に翻弄されるお市に、限りない憧憬を抱いて過ごした半生を、揉み療治を受ける「旦那さま」に語る物語である。なお、弥市はお市から与えられた名だと語られている。仮構されたものではあるが、『盲目物語』は「わたくし」の物語である点で、自身の人生の物語を語る日記文学と接触するばかりか、『更級日記』とは、「わたくし」の物語および「わたくし」の物語をめぐる思考が相似形をなしている点においても、対照させてしかるべき小説であるかと思う。

弥市は常にお市の傍らにあり、物語の登場人物であるにもかかわらず、戦国武将の思惑が渦巻き、それに振り回される戦国武家の人々の物語からは、ほとんど切り離されている。唯一、物語に参画するのは、お市が再嫁した柴田勝家の居城・北の庄落城の折、秀吉側内通者と手を組んで、城に火をつけ、お市とお茶々以下三人の娘を助け出そうとして失敗し、弥市がお茶々を負ぶって秀吉の許に届けたところくらいだ。それにしても、お市を助けて、歴史の物語を変えてしまうほどの役割は担えなかった。お茶々を助けたといっても、お市を助けられないと知り、「おなじ死ぬならおくがたと一つほのおに焼かれたい」（一五一）と願っていたさなか、誰からともなく「弥市、このお方を下へおつれ申せ」（一五一〜一五二）と言われ、「上臈さま」（一五二）を肩の上にのせられて、とっさにお茶々だとわかり、秀吉の許に送り届けたまで、である。『更級日記』で言えば、資通との淡い交わりに似て、一炊の夢のような物語への参画であった。しかし、やはり全体としては、戦国の物語から、とりわけ憧れて止まないお市の物語からは疎外されていたと言える。結局、弥市は視覚以外のすべての身体感覚を駆使して、お市の物語を必死に読み続けたに過ぎず、かつそれを自身の半生の物語とないまぜにして語るのであった。

一方、『更級日記』が語った自身の物語も、すでに見たごとく、「はしるはしる」『源氏物語』を読み、耽溺し、夕顔や浮舟のようになりたいと思い、いつしか浮舟に自身を重ね合わせて、光源氏とのひっそりとした恋を夢想するまでに至り、薫への、なにより光源氏への、限りない憧憬を抱いていた様子を語っていたのである。けれども、『源氏物語』は結局、読む物語でしかなく、『源氏物語』から徹底的に疎外されている自身をも語っている。

光源氏ばかりの人はこの世におはしけりやは、薫大将の宇治に隠し据ゑたまふべきもなき世なり、（七五）

光源氏も浮舟もあったものではない。物語は物語でしかなく、読む以外、自身の参画する余地などないとの、苦い認識を掬いとりうる部分だ。そして、『更級日記』は次第に物語から乖離した人生を語っていく。しかしまた、『源氏物語』を必死に読み続けた姿を語ることが、自身の人生を語るうえで、不可欠なのでもあった。『更級日記』における『源氏物語』は、『盲目物語』におけるお市の物語さながらである。

物語から疎外されつつ物語を必死に読んだ「わたくし」の半生の物語を語っている点で、『更級日記』と『盲目物語』は相似形をなしているのであった。

またたとえば、『更級日記』には、夫と子供を得て、物語とは別個の現実的な人生を歩んでいた様子も語られている。『盲目物語』だと、最後になって、「家には女房もおりますけれども、おんな子供にもこうまでくわしくはなしたことはござりませぬ」（一七〇）と、それなりに現実的な人生を歩んでいた次第が、さりげなく語られるのである。双方のテクストに語られた「わたくし」たちの生きざまは、かなり似通っているのではないか。

さらに、対比的に、『更級日記』は乳母、姉、大納言の姫君、そして夫と、多くの身近な人々の死を、哀切に語るわけだが、対比的に、生き長らえ老残の日々を送る自身をも語っている。『盲目物語』も同様に、お市の死はもとより、戦国の世に生きた多くの人々の死を、めりはりの利いた語り口で語っているのだけれども、それを語る「わたくし」も、死んで物語になった多くの人々を見送り、生き長らえ、すでに老残の身であった。

三十余年のうつりかわりをよそにながめてくらしながら、いんがなことにはまだ死にきれずにおりますようなわけでござります。（一六〇～一六二）

北の庄落城から三十余年、よそながら戦国の物語が終焉するのを眺めていたと、「わたくし」は「旦那さま」に語っている。物語に憧れ、必死に読み、かつ疎外されながらも、現実をひき受け生き長らえている「わたくし」の生涯の物語を語っているという点でも、『更級日記』と『盲目物語』との紐帯は窺われるのである。

最も注目したいのは、「わたくし」の物語をめぐる思考の相似であり、そこにおける紐帯の強さである。『更級日記』が、『源氏物語』を耽読していた自身を、老残孤独の日々のなかで、「まづいとはかなくあさまし」と述懐してみせたのは、前節で見たとおりだ。耽読する自身への批判は、耽読される『源氏物語』への批判でもあるだろう。一方、『盲目物語』では終末部、老残の弥市こと「わたくし」が「えいゆうごうけつのこゝろのうちもけっきょくは凡夫とちがわぬものなのでございましょう」（一六三）と語ってみせるのであった。弥市は北の庄落城の折、お茶々を負ぶうと、お市の感触を思い出し、重ね合わせ、お茶々に仕えたいと願う。お茶々に嫌われ、かなわなかったものの、弥市はたしかにお市の代わりにお茶々をと望み、秀吉の心も同じだと語っているのである。戦国の物語に登場する人物を、分けても戦国武将たちを、しばしば意地悪に語りとる弥市こと「わたくし」ではあったけれども、物語の登場人物に、自身・弥市とたがわぬ凡夫をとらえたとき、弥市こと「わたくし」にとって、めくるめく戦国の物語は破裂したのだと言えよう。

『更級日記』は『源氏物語』を、『盲目物語』はお市をも含む戦国の物語を、「わたくし」の人生の物語を語る老残の視点から、相対化している様子が見とられる。自身の半生を左右した他者の物語を相対化したところから始まる「わたくし」の物語。『更級日記』と『盲目物語』とは、「わたくし」の物語をめぐる思考において、より強い紐帯を見せているのである。

なお、『盲目物語』がお市から与えられた「弥市」なる名を用いつつ、「わたくし」の物語として語られ、『更級日記』が「わたくし」の物語でありながら、「あづま路の道の果てよりも、なほ奥つ方に生ひ出でたる人」の物語であるかのごとくに語られるのは、偶然ではなかろう。『盲目物語』は、お市の物語に限りない憧憬を抱き、かつ疎外されていた「弥市」の物語を語り、とうとう「わたくしの一生はもう此のとき、天しょうじゅういちねん卯月二十四日と申すおくがたの御さいごの日におわってしまったのでございまして」（一六〇〜一六一）と語っている。名づけ親のお市の物語が終わり、つまりは「弥市」の物語が終わってしまったところから始まるのが「わたくし」の物語『盲目物語』だ。そして『更級日記』は、「あづま路の道の果てよりも、なほ奥つ方に生ひ出で」て、『源氏物語』に憧れ耽読し、しかし『源氏物語』はもとより、『源氏物語』に象徴される一切の物語——男女の物語・宮仕えの物語・幸せな家族の物語・ことによると救済の物語——から疎外された「人」の物語を語り、「光源氏ばかりの人はこの世におはしけりやは、薫大将の宇治に隠し据ゑたまふべきもなき世なり」（七五）

との認識を開示し、ついには「からのみ心に物の叶ふ方ならてやみぬる人なれば」（一〇八）と語っている。「わたくしの」の物語『更級日記』もまた、「人」の物語が終わったところから始まるのであった。ともに、他者の物語に半生を支配され、「わたくし」を三人称化した物語が終わってしまったところからしか始まりえない、「わたくし」というものの物語のありようを示している。

『盲目物語』は、とりたてて一人称「わたくし」を使わずとも語りえたはずだ。『更級日記』は、多く日記文学が三人称を用いているにしても、三人称「人」と言いなさなくとも語りえたであろう。けれども、『盲目物語』の「弥市」と「わたくし」、『更級日記』の「人」と「わたくし」、それらは、他者の物語を読む者と、「わたくし」の物語を語る者との、位相差の指標であった。他者の物語に耽溺しつつ疎外されている「わたくし」が、ついには他者の物語を突き放して、「わたくし」の物語を生成する次第を語っている点で、『更級日記』と『盲目物語』とは架橋されてしかるべきではあるまいか。

しかしながら、忘れてはならない。半生を他者の物語とないまぜにしてきた「わたくし」の物語とは何か。無垢の「わたくし」など、どこにもいない。「わたくし」こそがインター・テクスチュアリティの産物なのだと、『更級日記』『盲目物語』双方の「わたくし」の物語は告げ知らせている。『更級日記』と『盲目物語』との最も強い紐帯は、無垢な「わたくし」の物語への幻想をこそ打ち砕き、テクスト論的な文脈でしか、書くことも読むこともできないという原理に、それはまた言語と言語を用いざるをえない人間の宿命でもあるのだが、そこに自己言及したテクストである点に求められるべきなのであった。

繰り返すが、ブログで日記を書き、読まれるために「わたくし」の物語を公開している学生は少なくない。そんな学生たちに、『更級日記』から、たとえば『盲目物語』を経由して、「わたくし」や「わたくし」の物語について考える機会を提供し、文学への興味を抱かせる契機にする国語教育はできないだろうか。しかも、谷崎潤一郎は名が知れているわりに、その小説は学生たちにあまり読まれていないようだ。しかし、ならば学生たちのオタク魂に火をつけるのに、もってこいの作家だと言える。『盲目物語』のお市や浅井長政などは、いわゆるキャラも立っている。インター・テクスチュアリティを駆使して、平ったく言えば「邪推する権利[注14]」を行使して、国語教材を、より広い文学に開いていく必要があるのではないか。

四、「わたくし」のインター・テクスチュアリティ

『更級日記』の「わたくし」は、読みようによっては、きわめて現代的だ。ここでは、『更級日記』の「わたくし」と、現代の「わたくし」たちとを架橋するインター・テクスチュアリティを試みたいと思う。

まずは、物語愛好家・蒐集家としての姿である。国語教材にとりあげられている『源氏物語』耽読場面にも、多くの物語が名を連ねている。

> 源氏の五十余巻、櫃に入りながら、在中将、とほぎみ、しらら、あさうづなどいふ物語ども、一ふくろとり入れて、得て帰るここちのうれしさぞいみじきや。（三五）

おそらくは全巻揃いの『源氏物語』と『伊勢物語』、現在は散佚して残っていない『とほぎみ』『しらら』『あさうづ』といった物語の名が見える。「などいふ物語ども」というのは、あるいはもっと多くの物語が同じ袋に入っていた可能性を推測させもする。が、ともあれ長編の『源氏物語』を覚えてしまうほど読み込んでいるうえに、少なくとも、さらに四つの物語を読んでいるのである。耽読場面を見るに、それも、ほとんど一気に読んだとおぼしい。

これらだけではない。実態は不明だが、白詩「長恨歌」を物語にしたもの（四〇）や、やはり散佚物語の「か

ばねたづぬる宮」（四五）の名もある。物語を愛好し、あれこれの物語を何とかして手に入れて、『源氏物語』のように気に入った物語はくりかえし耽読する。こんな姿は、ライトノベルや漫画・アニメにゲームなど、多様なメディアから得られる、〈物語〉というものを愛好し蒐集する現代オタク女子の姿とも通い合う。

さらに注目すべきは、物語愛好家ネットワークとも言える繋がりを、ゆるやかながら形成しているふしがある点だ。

世の中に、長恨歌といふふみを物語に書きてあるところあんなりと聞くに、いみじうゆかしけれど、え言ひよらぬに、さるべきたよりを尋ねて、七月七日言ひやる。（四〇〜四一）

『更級日記』の語る「わたくし」は、「長恨歌」の物語を所有している人がいるのを、誰かから聞き、つてを頼って所有者に借覧を申し入れ、上首尾の返事を得ている。さまざまな人脈を通じて、どこにどんな物語があるかを把握するとともに、借覧にこぎつけているのであった。また、『源氏物語』への導き手のひとりだったおばあって（もうひとりは継母）、姉も物語愛好家であったらしく、「かばねたづぬる宮」を入手できるよう、親族に依頼していたのだが、あいにく姉の死後に、その親族から届けられたという（四四）。けっして物語に不案内ではなかろう親族に依頼し、依頼された親族は親族なりの人脈で、「かばねたづぬる宮」を入手した様子が窺われる。

後宮や斎院あるいは内親王家に形成された、いわゆるサロンとは趣を異にして、「家の女」が、親族・知人の人脈を頼りに、物語愛好家間で物語情報および読みたい物語自体をやりとりすべく、ゆるやかなネットワークを形成しているようだ。そしてそれは、現代の〈物語〉愛好家のネットワークと似ている。現代では、ライトノベルや漫画・アニメ等で、好みの共通する者同士が、たとえ直接の面識はなくとも、ブログなどを通してコミュニケーションをとり、活発な情報交換を行っている[注15]。組織に依存せず、同好の者同士がインターネットを利用して、顔も知らない相手と、個人的に、ゆるやかにネットワークを形成している状況は、『更級日記』における物語の蒐集・借覧のありようから見える、ゆるやかなネットワークと共通するところがあるのではないか。

　物語を愛好する『更級日記』の「わたくし」と、さまざまなメディアから得られる〈物語〉を愛好する現代の「わたくし」たちとは、享受・蒐集・ネットワークなどの点から、重なり合う部分が多い。

　これまでずっと置き去りにしてきた、もうひとつの問題。『更級日記』では〈光源氏・夕顔〉〈薫・浮舟〉の二組の組み合わせがねじれて、〈光源氏・浮舟〉の組み合わせになってしまうのは、どう考えればいいのか。正編の光源氏と続編の浮舟を番えるのは、いかにも荒唐無稽に思われるが、現代では、そう奇妙な発想ではないようだ。たとえばライトノベルでは、人気のキャラであれば、どんな物語にでも参入可能で、学園ものに登場しようが、ミステリーやスペースファンタジーに登場しようが、かまわないのだという[注16]。また、少女漫画愛好家の女子が、漫画の主人公に自己を投影するというのは、よく指摘される話である。『更級日記』の「わたくし」は、自身を浮舟に重ね合わせ、お気に入りのキャラ・光源氏を浮舟物語に参入させてみる。そんな遊び心のあった、一時期の「わたくし」の物語を語っているのだと見れば、それは不思議にも多様な〈物語〉を愛好する、現代の「わたくし」たちとも通じてくる。

　なお、〈光源氏・浮舟〉の組み合わせは、キャラのコラボだとも言えよう。すると、『ドラゴンボール』が主人公の悟空を、『Ｄｒ・スランプ』で有名なペンギン村に導き、アラレちゃんに遭遇させたりする[注17]発想とも繋がる。

　『更級日記』の「わたくし」は、現代の「わたくし」たちにひきつけて考えてみることも可能なはずだ。そして、古典文学を少しでも身近なものとして提示していく努力が、今、要請されているのだと思う。

　先般『日本文学』誌上で、深沢徹が、劇場版『攻殻機動隊（ゴースト・イン・ザ・シェル）』（士郎正宗原作）を女神アマテラスの「岩戸隠れ」に繋ぎ、「まなざし」の問題を経由して、『紫式部日記』『源氏物語』へと展開していったばかりか、「互いに互いをまなざす女性同盟（シスターフッド）の可能性」までつかみ出し、『櫻の園』（中原俊監督）へ、そして『源氏物語』の構造と浮舟の「手習い」にたどり着いて、「識字（リテラシー）」をテーマにした講義をやりおおせた模様を報告していた[注18]。なんて素敵なインター・テクスチュアリティ。趣味と実益を兼ねたのかと思えば、「古典の『孤塁（ポスト）』を死守するためには、それなりの工夫が要る」と結ばれたのを読むに及んで、開けたくはなかろう趣味のひきだしから大切なコレクションをとり出し授業に供する、涙ぐましい努力を垣間見た気がした。今、国語教育のなかでなされる古典文学教育に求められているのは、現代の多様な〈物語〉と古典文学との大掛かりなインター・テクスチュアリティにより、学生たちを古典文学に繋いでいく工夫と努力なのではなかろうか。

五、テクスト論を終わらせない国語教育へ

以上、『更級日記』から国語教材として抜粋された『源氏物語』耽読場面は、それ自体がインター・テクスチュアリティを要請するものであったし、なればこそ、一義的な解釈を拒み、むしろテクスト論的な〈読み〉を要請するものであった。〈読者〉一人ひとりの相対性を確認し、互いに自他の〈読み〉の妥当性に自覚的であるべく導きつつ、〈読者〉たる学生たちが、一人ひとり、自身で考え読む力をつけていけるようにするのが、国語教育であるはずだ。国語教育はやすやすとテクスト論を手放せないのである。

そのうえで、さらにテクスト論を駆使して、国語教材をより広い領野に開き、たとえば教科書には載っていない古典文学・近代文学に架橋して、学生たちの文学への興味を掻き立てるとともに、文学から身近な問題を考えられるようにしていくのが、国語教育における文学教育の使命なのではあるまいか。文学は人間を考える学であるはずだ。

とはいえ、学生たちにとって、文学が人間を、ひいては自身を考える学であるというのは、そう自明のことではなくなってきている。ライトノベル、漫画・アニメ、ゲーム等、学生たちにとって身近な〈物語〉を、国語教

材として提供された文学テクストに繋ぐ必要がある。その際、学生たちがあたりまえに行使している「邪推する権利」を、換言すれば広義のテクスト論を利用しない手はないだろう。利用してこそ、〈読者〉一人ひとりが〈神〉になるような、僭越な振舞に及ばないよう導きうるはずだ。規制ではなくリテラシーが必要なのである。でなければ、学生たちが真に文学に遭遇する機会を、奪ってしまう結果になりかねない。自身について、他者について、人間について、出来合ではなく、一人ひとりが考える機会を奪ってしまう結果になりかねないのである。

「表現の自由」などと言うのはアナクロニズムなのだろうか。ポスト・モダンの潮流に葬り去られた「大きな物語」のひとつに過ぎないのだろうか。たとえそうだとしても、わたくしは、否、けっして葬ってはならない、守られるべき「大きな物語」だ、と叫ぶ。だから、「表現の自由」ときびすを接する〈読み〉の自由を裏打ちするテクスト論を擁護し、文学を教材にする国語教育は、テクスト論を終わらせてはならない、と主張する。

【注1】 柄谷行人「告白という制度」（『定本 柄谷行人集1　近代文学の起源』二〇〇四年　岩波書店刊）は、キリスト教の流入により、主に旧藩士であった新文学の担い手たちが、きわめて顚倒した形で、自己の「内面」を絶対化していった様子、およびそれが近代国家の形成と補完関係にあった事情を論じている。

【注2】 引用本文は新潮日本古典集成『更級日記』（秋山虔校注　一九八〇年　新潮社刊）に拠り、丸括弧内に頁数を示した。

【注3】 伊藤守幸「物語を求める心の軌跡　『更級日記』の構造が示すもの」（『〈新しい作品論〉へ、〈新しい教材論〉へ　[古典編] 2』二〇〇三年　右文書院刊）にも指摘がある。

【注4】 犬飼廉「更級日記の形成」（『中央大学文学部紀要』一九六九年三月、なお趣旨は変わらず見やすいのは、別冊國文學『王朝女流日記必携』「更級日記　主題の形成」一九八六年　學燈社刊）は、孝標女と浮舟の境遇の類似と差異から、浮舟をたぐり寄せた必然を論じている。志津田兼三「更級日記考――なぜに夕顔・浮舟か、そのよしなき物語・歌のことを中心に――」は死・往生・転生のイメージから夕顔・浮舟が登場する理由を探るとともに、『更級日記』が浮舟物語のことばを受肉化したともいえる、ことばの対応について、最も早く指摘した論考かと思われる。が、結論部における『源氏』手習巻の横川僧都のことばと、孝標女の執筆動機の結び合わせは、いささか腑に落ちない。

【注5】 ［注3］伊藤守幸論文は、この夢を『源氏物語』に触発されたものであるととらえ、十四歳の孝標女が『源氏物語』の宗教的側面に鋭敏に反応していたと論ずる。「十四歳の孝標

女」がそうであったかどうかはわからないが、本稿も『更級日記』が浮舟と宗教の問題を視野に入れている様子をうかがわせるものだとは考えている。

[注6]「遠江」に至る場面の［注2］の頭注で秋山虔も「(歌枕への関心から)突き抜けて随所で独自の斬新な風景を発見している」と記している。

[注7] 柄谷行人「風景の発見」(［注1］前掲書)。なお、柄谷『近代文学の起源』は平安・鎌倉期の日記文学・物語文学を考えるうえでも参考になる。「内面の発見」では〈漢文の抑圧→表音主義としての言文一致→内的な音声としての内面、風景の発見〉という図式を描き、近代文学を特別視するのだが、それは平安初期の平仮名(表音主義)の成立で、すでに起こっていたことではなかろうか。ちなみに、「告白という制度」では、「キリスト教」による抑圧と「告白という制度」により、自身の「肉欲」と「内面」を発見していくキリスト教的顛倒を論じているが、それは「仏教」による抑圧に置き換えられ、平安・鎌倉期の「告白という制度」としての日記文学にも読みとられる。顕著なのは『とはずがたり』で、仏教的顛倒と権力との補完関係さえ読みとられる。

[注8] 本文は新日本古典文学大系『源氏物語 五』(一九九七年 岩波書店刊)に拠り、丸括弧内に頁数を示した。なお、大倉比呂志「『源氏』享受のありよう――〈浮舟〉志向の原形質――」(『平安時代日記文学の特質と表現』二〇〇三年 新典社刊)は「阿弥陀仏」(『源氏』では経文かと言われ、『更級』では阿弥陀の姿であるが)の共通項から、「強靭な意志力を持つ」浮舟(の救済?)に憧れる「ただよふ」孝標女の姿をまずは見とり、それを「戯画化」ととらえて、そこに日記文学を「書く営為」の本質を掬いとっている。

[注9] 鈴木泰恵「浮舟から狭衣へ」(『狭衣物語／批評』二〇〇七年 翰林書房刊)。

[注10]「模倣の歴史」(『物語文学史論』一九六五年 有精堂刊)。

[注11] 宮崎駿原作の漫画であるが、映画やゲームにもなり、人気が高い。

[注12] 福家俊幸「『紫式部日記』の史的位置」(『紫式部日記の表現世界と方法』二〇〇六年 武蔵野書院刊)。幻想であっても、事実であることを前提とする日記文学と近代「私小説」との接近について、示唆的に論及している。

[注13] 本文は中公文庫に拠り、丸括弧内に頁数を示したが、新潮文庫には詳細な注が付いているので、学生にはそちらを紹介している。

[注14] 新城カズマ『ライトノベル「超」入門』(二〇〇六年 ソフトバンククリエイティブ刊)の「邪推する権利」とは「対象に依存しない、視線のほうが主役である、そんな状態。もしくはそんな状態を維持させる視線」だと言っている。

[注15] 杉浦由美子『腐女子化する世界 東池袋のオタク女子たち』(中公新書ラクレ 二〇〇六年 中央公論社刊)。

[注16] ［注14］新城カズマ前掲書。

[注17] 双方とも鳥山明原作の漫画で、テレビアニメ、劇場版アニメ、ゲームにもなっている。悟空とアラレちゃんが遭遇するのは、原作第七巻・其の八十一「追ってペンギン村！」。

［注18］「〇八年度春学期「文学」、講義シラバス」（『日本文学』二〇〇八年十月）。なお助川幸逸郎「見出された『少女』という時『更級日記』と平安後期物語における〈思春期性〉をめぐって」（『〈新しい作品論〉へ、〈新しい教材論〉へ［古典編］2』二〇〇三年　右文書院刊）も、現代の「少女」と『更級日記』との「共感のための糸口」をどこに求めるかが、「これからの我々のつとめだ」と提言している。

テクスト研究の諸方法による芥川龍之介「羅生門」の解釈と鑑賞

中川千春

一、はじめに

平成二十一年現在、高等学校への進学率が九十五パーセントを超すこの国において「圧倒的多数の十代が、否応なく読むことになる小説」を一篇挙げるとするならば、それは他でもない、「国語総合」の教科書にあまねく掲載されている、芥川龍之介の「羅生門」ということになる。

昨年私は気になって調べてみて、教科書出版社がまさに例外なく横並びで「羅生門」を採用している状態を知った。文部科学省が「高等学校学習指導要領」で位置づけている、高等学校国語科の必修科目には、「国語総合」と「国語表現」の二科目があるが、公立私立を問わず、「国語総合」の方を必修として生徒に課している学校が多い（なお、改訂案によれば、平成二十五年度からは「国語総合」だけが必修科目となる予定）。その「国語総合」で用いられる検定済み教科書二十三種（平成二十一年現在）のすべてに「羅生門」は採用されている。ここまで採用率の高い近代の作品は、小説、評論、随筆、詩歌などすべてのジャンルを眺め渡しても他に例が無く、これは旧指導要領が設置していた「現代国語」や「国語I」の時よりもさらに際だった状態である。若い世代にいよいよ咀嚼が難しくなったという理由で、数年前より鷗外や漱石は教科書から姿を消し始めた。せめて「羅生門」くらいは残そう、という強い思いが、国語教育関係者たちの間にはあるに違いない。

したがって、高等学校の国語の授業においては、この作品を扱わないことの方が寧ろ希有と言ってよく、いきおい日本人の大多数は「羅生門」の読書体験を持つに至る。このことは、この短編がまさに再読三読の鑑賞に堪える名作であって、学習教材として打って付けであることを雄弁に物語るが、そこで、もしそうであるならばなおさらのこと、群を抜くその高い評価について様々な検証が加えられてよいし、授業で「羅生門」を扱う方法についても多様な試みがなされてしかるべきだろう。

二、授業展開の一案

テクスト研究について、その諸方法をガイドすることなしに、教師が卒然と主導的に作品を講説する、というのが、日本の高等学校における国語の授業の一般的な在り様ではないだろうか。

しかるに語弊を懼(おそ)れずに言うと、個々の教師がその嗜好に即して、作品について恣意的に語り進めてしまう陥穽もそこには備わっている。授業を受ける側からしてみれば、文学作品を扱う国語という科目は、学習の目的や方法がよくわからぬままに、極めて非体系的に即興的に、読解と鑑賞を強制される科目であり、何をどのように自主的に学ぶことができるのだろうか、そんな漠然とした疑問を抱きたくなる科目でもある。

ここでは、「羅生門」を用いて、教師と生徒とが読解以前の段階から学習方法を共有する案を示そうと思う。テクスト研究の技法、解釈や鑑賞の視点を、出来る限り多く学習者に提示し、それらを実地に運用させ、その研究の成果をも、さらに考察の対象にしようというものである。

授業の展開例を粗述する。

（1）まずは通読させて、作品に対する感想や意見を率直に書かせる。
（2）教師の側から、テクスト研究の多様な切り口（後掲の1〜20＝例）を示し、それらの目的について簡単に説明を加える。最も関心のある項目を一つ選択させて、一定の期間を与え、レジュメや資料を作成させる。参考文献やアドバイスを求める者がいれば適宜指示する。
（3）教師は、分担した生徒に1から順に発表させて、必要があれば修正を加えたり、コメントを述べ、その個々に関連する先行研究や文学理論などを紹介する。
（4）かたわら、聴講者全員に「羅生門」に関する設問集を配布し、各発表を聴いて回答させてゆくという作業を与える。設問集には、本文についての問いや、文学史的事項の問いなど、この作品と作家に関する、ありとあらゆる問いを網羅し、発表が終わったのちにも復習に使えるものをあらかじめ作成しておく。
（5）発表内容に対して、聴講者側から質問や意見が出るように教師は司会を行い、項目によってはディベートやパネル・ディスカッションをも取り入れる。日本史など他教科の担当者を教室に招き入れ、専門的な話を補足してもらう。
（6）修辞や文体を考察する項目については、それらを用いて短文を創作させ、模倣させ、「羅生門」の文体が持つ独特のリズムや論理性、詩的効果などを体感させる。
（7）すべての発表が終わり、作品を多角的に眺める作業がひととおり終わったと思われるところで、作品に対する感想文を再度書かせる。と同時に、文学研究の方法として何が必要不可欠であるか、意見や感想を問う。
（8）「羅生門」以外の文学作品を、この授業で用いたような方法で読解し、鑑賞させる。

（1）は作品への、言わば「印象批評」を生徒個々に求める段階。そして次に掲げる項目が、（2）で生徒に分担させる「テクスト研究の多様な切り口」の二十例である。

1　本文に登場する語句、とりわけ耳慣れない名辞や言い回しについての意味調べ。
2　時代と舞台。羅城門や朱雀大路など、作品に描かれている史的名辞・事項の考証。
3　登場人物である「下人」と「老婆」像についての考察。
4　「蟋蟀（きりぎりす）」「にきび」など、作品に登場する、注目すべき小道具の考察。
5　文体の特徴。
6　用いられている比喩の考察。直喩、隠喩、活喩、提喩、換喩、諷喩、など。
7　比喩以外の修辞の考察。暗示、誇張、倒置、省略、伏線などについての考察。
8　その他特徴ある表現についての考察。記号、改行、文法的破調などの傾向。
9　芥川の他のエクリチュールとの比較。他の日本語作家の文体との比較。
10　「下人」の言説とその行動の論理性についての考察。
11　「下人」の心理とその情動の変化についての考察。
12　10と11との連動、あるいはせめぎ合い、についての考察。
13　「今昔物語」所収の説話との比較。
14　「羅生門」における本文変遷の研究。三度改稿されていることとの考察。
15　「羅生門」への芥川自身の言及。「羅生門」発表時の反響。同時代批評。
16　「羅生門」執筆に至る動機の研究その1。作家側の動機と個人的環境。芥川龍之介の生い立ち、青年時代の作者、夏目漱石との関係、友人知己との関係、芥川の作家としての野心。
17　「羅生門」執筆に至る動機の研究その2。当時の読者側の受容状態。同時代の文学者の諸流派、時代思潮。

18 その後の作風の変遷。谷崎潤一郎との論争、志賀直哉への接近、プロレタリア文学に抱いていた脅威、など。

19 自殺に至る経緯と考察。芥川死後の文学諸流派。「芥川賞」創設の経緯。

20 「国語」の授業で「羅生門」を扱う理由についての考察。教科書における芥川作品の採択率の変遷。「羅生門」批評史。

聴講する側の向学心の強弱によって、どこまで学習の範囲を広げられるか、どこまで専門的な話を進めることができるか、そのあたりの条件は様々であろうから、項目を増やしたり減らしたり、或いは副教材や参考文献を懇切丁寧に教示することも必要となろう。

繰り返しになるが、大事な点は、「羅生門」という小説を読むに当たって、どのような視点と技法で読んでいくかが教師側から生徒側に提示されて、双方が、授業の骨子、学習の体系を事前に共有することにある。

三、「テクスト研究の諸方法」の展開

掲げた20項目の個々がねらいとしているところを補足し、また、各項目が、どのようなテクスト研究の方法を前提としたものであるかを、若干説明する。

1から4までは、言わばテクストの表層的研究である。1は、物語を構成している諸要素、と言ってもまだここでは単語レベルでの基礎学習である。漢語やフランス語までが総動員されている「羅生門」には、芥川の衒学趣味が顕著であるから、叙述されている見馴れない語句の辞書的な意味を、まずは調べ挙げる必要があろう。

最近は教科書に過保護なまでの脚注が施されている。しかしそれだけでは満足できないものを全文から抜き出させ、難語句の詳細な注解を作らせる。基礎学習とはいえ、最も大事な学習であることが最終的には認識されよう。「申の刻下がり」からは干支による時刻や方角の表し方、「sentimentalisme」からはフランス語の綴り方（なぜ英語ではないのか）、「頭身の毛も太る」や「黒洞々」といった句からは、漢語表現に他にどのようなものがあるか、というように問題意識を広げていけば、際限のない学習となる。さらにテクストには「蟋蟀（きりぎりす）」など、時代に即してその意味（シニフィエ）が変化した記号（シニフィアン）がある。そこからソシュール言語学の基礎などを紹介することもできよう。

2は1とはやや趣を異にする項目である。日本史の学習とクロスオーバーさせることで物語の鑑賞に深みを与える、言わば歴史小説として味読するための基礎的な作業である。羅城門、朱雀大路、平安京、そのほか、検非違使、太刀帯、築土など、作品に登場する歴史的名辞や、引用されている「旧記」すなわち「方丈記」「今昔物語」などに触れ、平安時代の社会状況や、歴史上の逸話、中古・中世文学史にも話を進めれば、この項目もきりのない学習になる。当時の仏教の影響力を考察してもよいし、現代日本のそれと比較考察させてもよいだろう。

しかし、史的名称である羅城門を芥川はなぜ「羅生門」と改めたか。この一点を考察させることによって、即座に歴史から文学へとトピックは転換可能だ。歴史と文学とはどこが異なるのかという問題に立ち入ってもよいだろう。

3は、2の延長線上で、読者には自然に興味が沸く事柄であろう。彼らの服装、所持品、言葉遣い、それら風俗研究から二人の生活、二人の年齢や性格の違い、果ては思想信条までを考察できるならば深みが増す。山吹の上に紺を着た「下人」と、檜皮色の「老婆」の色彩的対比は容易だが、しかし登場人物の内面にまで到達できる材料は作中に決して多くはない。これは13の項目で再考させる。

4のような、まさに記号の解釈については、色々ユニークな意見が出るところであり、これに触れずに授業をする教師は少なかろうと思う。「にきび」は作中四回、作者によってかなり作為的に持ち込まれており、ⅰ主人公の年齢、ⅱ心身の健康状態、ⅲのみならず内面の葛藤劇を示す小道具、また、それらとはまったく違う用途、すなわち、ⅳ場面転換直後に用いられ、正体不明の「一人の男」が先述の「下人」と同一人物であることを証拠立てる、一種のトリック・ツールとしての機能、も与えられている記号である。近代的な語と思われる「にきび」に関しては、「羅生門」発表直後から、読者による疑義が作者に寄せられたと見えて、歴史小説への「にきび」の挿入について芥川自身が随想を残しているので、その種の周辺資料を紹介しても興味を惹くかも知れない。二回登場する単語「蟋蟀(きりぎりす)」も、やはり芥川の作為を濃厚に感じさせる小道具である。これらは記号解釈の練習には格好の素材であろう。

やや趣を異にはするが、羅城門が洛中と洛外とを隔てていた、いわば臨界上の建造物であったことなどを記号論的に解釈することもできる。森鷗外の「舞姫」や横光利一の「上海」の作品舞台をそうした視点から捉えなおした前田愛などによる、都市の「中心」と「周縁」についての視点などを紹介してもよいだろう。

フランスの碩学ビュフォンの古諺にあやかれば「文は人なり」である。文体論にこそ作品論の使命はある、とするならば、文体は時間をかけて分析させたいところだ。

5から9の項目は、文体についての一種の「ロシア・フォルマリスム」的な考察である。センテンスの長短、句読点の使用量、改行の頻度、使用頻度の高い品詞と低い品詞、文末表現、話法、主語の省略度、修飾語の配分、文章と文章とがどのくらい論理的に、あるいはどのくらい非論理的に接続したり飛躍したりしているかの観察、台詞の分量、語彙の傾向、文法的破調の頻度、そうした様々な視点から、芥川の文体の特徴を相対化させる。

品詞の使用頻度をみることは、その基礎的な検証の一つである。形容詞の極めて少ない、名詞と動詞ばかりで簡素に叙述される、例えばアーネスト・ヘミングウェイのハード・ボイルドの文体などを例に掲げてもよい。高校生であれば、英語の原文でもそれは教材となるであろう。ジェイムス・ジョイスに「ユリシーズ」、レーモン・クノーに「文体練習」などという傑作があるが、文体研究についてのガイドは、特徴ある文体を持つ作品を古今東西から選び、その原文を提示することで、具体的即物的に行う方が楽しい。

話法という言葉がそれに当たるかどうか分からないが、「羅生門」は終始一貫、三人称で書かれたエクリチュールである。これが一人称の告白体であったならば物語のスタイルはどう変わるか。一人称記述と三人称記述との違いについても考えさせたい。

「羅生門」には破格の話法も存在する。すなわち、「「作者はさっき、「下人が雨やみを待っていた。」と書いた。」というような、「作者」そのものを三人称扱いで登場させる技法。さらにまた、「しかしこの「すれば」は、いつまでたっても、結局「すれば」であった。」のように、「すれば」という無生物の単語にさえ主格の座を与えるような趣向。話法だけとっても、一筋縄ではいかない。

ちなみに「羅生門」においては、「である」という文末表現は三十三回もある。「である」以外の口語における文末表現、「だ」調、「です」「ます」調など、言文一致体の登場についての文学史的な説明を加えてもよいだろう。

そして、いわゆる「異化」効果をもたらす詩的表現が、作品中にどのくらい存在しているか。それを検証する具体例として、6の項目には力点を置き、比喩というものについてぜひ再考させたい。

比喩の定義と分類、これは修辞学でもなかなか難しい項目である。しかし、直喩と隠喩の違い、直喩の多い文章と隠喩の多い文章との差異、などを認識させたい。

この小説において殊に顕著な傾向は、直喩の多用、しかも一読瞭然、気味の悪い動物名を用いた直喩の多用である。一方それに相反して、隠喩らしき修辞が殆ど見られないことが指摘できる。これは芥川の初期作品に見られる作者の嗜好でもある。

少し次元の高い比喩としては、「雨やみをする市女笠や揉み烏帽子」といった提喩（「鼻」などにも散見しうる）、太刀を「白い鋼の色」とするような換喩、情景描写の文章にのみ集中的に現れる活喩（擬人法）、また、声喩（オノマトペや擬態語）、諺や慣用句を用いる諷喩（「頭身の毛も太る」ように感じた」）も指摘できる。

これら様々な比喩を用いて、ぜひ単文も作らせたい。

7と8は指摘することが難しい項目かも知れない。「羅生門」には文章の倒置や、主語の省略などはあまり見られない。しかし、冒頭より漸次繰り出される不気味な叙景描写、寂寥感、それらを説明補足しようとする意匠上の特徴など、テクスト本文を段落及び文章単位でとらえなおす作業は、この作品の構成上の個性を確認するには有効な手段である。記号の指摘については、ダッシュ（――）の使用が四回見られ、各々の箇所で効果的に用いられていることは容易に説明できよう。

9を加えることで、「羅生門」の文体の特徴はさらに相対的に見えてくるだろうし、以上5から9の分析を踏まえて、芥川の文体を模倣したパロディも創作させてみたい。古典の勉強も兼ね、「今昔物語」「古今著聞集」「宇治拾遺物語」「打聞集」などの説話集から短い話を選び出し、芥川の真似をして、登場人物に心理的葛藤を与え、物語の展開や文体も「羅生門」調に改め、近代的な自我を扱う小説を創作させる。そんな遊びをしてもおもしろいだろう。18とも関連してくる項目である。

10から12は物語論的研究、すなわち「羅生門」という作品が、いかなる点において劇的たり得ているか、物語としての「羅生門」は、問題提起から終局への流れにおいてどのように構築されているか、という物語の構造についての考察に入ることになる。「新批評（ニュー・クリティシズム）」的アプローチで作品を解析し、様々な構造主義的解釈を援用するとさらに興味深いと思われる。

下人と老婆の宿命的な遭遇、ドラマを構成している対立項は言わばその中心軸である。しかしそれは本当に対立項であるのかどうか。飢えた下人と老婆。当初盗人になることに逡巡していた下人は、老婆の話を聞いた結果、当の彼女から着物を引剥ぎするという批評的行動を選ぶ。屍体から髪を抜き、かつ自らの非道を正当化し、自己弁護しようとする老婆の行動原理に対する、どのような評価と超克が、下人の蛮行には含まれているのか。老婆や下人の、生きるための果敢な行動には、論理的明晰さ、逆説的正義、といったものはともに認めうるのか否か。老婆の行動原理と下人の行動原理、さらには老婆によって語られる、蛇を売っていた女の生前の行動原理、これら三者の入れ子構造。下人の論理と老婆のそれとの微妙な差異。こうしたドラマの構成について考察を進めるのが、項目10の主眼である。

次に11では、冒頭から結末までの時間軸上に、下人の心理変化を追う。「にきび」がここで再度その意味を問うて凄味を帯びてくる。最終場面において「勇気」という語で表現されるに至る、下人の内心の昂揚は、どのような起伏を経た「sentimentalisme」であるのか。

10と11は表裏一体であって、そして12は一般的に、「羅生門」の主題として注目される項目である。下人の行動原理は、彼の論理的思考に存在するのか、それとも彼の情緒的好悪に拠っているのか、と二元論を立ててもよいだろうし、老婆によって成長していく下人、とビルドゥングス・ロマン流に読む方法もあるかも知れない。二律背反型命題を抱える人間が描かれた、同類の文学作品との比較もしたい。下人の心理の起伏に関しては、「鼻」の主人公である禅智内供や、「芋粥」の主人公である五位、その他の初期作品群における、芥川の人間の描き方と並べてみるのもよいだろう。

13は典型的なテクスト比較である。典拠である「今昔物語」所収の説話（巻第二十九第十八話「羅城門の上層に登りて死人を見し盗人の話」）と「羅生門」とを具体的に対照させることで、芥川の創作意図はここにおいて表面的にはいよいよ明らかになる。この対照研究くらい、教材として「羅生門」を用いることの特長はないだろう。小説に盛り込まれた近代的主題は一体どこにあるのか。それは先述の10と11、および12において検証された事柄に相違無いのだが、つまるところ、作者はどのような物語要素を創作過程に持ち込んだか。13はそれが瞭然となる項目である。盛り込まれた物語要素がどのように機能しているか、構造主義的な理論を作品分析に演繹させるには格好の項目かも知れない。

ついでながら、芥川が「今昔」の説話になぜ惹かれていたのかも説明しておく方がよいだろう。「今昔」の説話を、彼同様に愛した近代作家に誰がいたかをついでに紹介してもよい。

この作品のケース以外の、比較文学の様々な実例を紹介するのもよいだろう。

14の本文変遷の項目では、結末に三度推敲の痕があることを調べさせたい。

「下人は、既に、雨を冐して、京都の町へ強盗を働きに急ぎつつあつた。」（大正四年十一月「帝國文学」初出）、「下人は、既に、雨を冒して、京都の町へ強盗を働きに急いでゐた。」（大正六年五月「第一創作集」）、「下人の行方は、誰も知らない。」（大正七年七月「新興文藝叢書」）。複数のテクストが存在するという事実の指摘は、作者の創作意識を追究していくのに有効である。ふつうここまでは高校生の意識にはのぼらないものだが、書誌学という分野があることも紹介してよいだろう。

次は、いかなる状況や要請によって「羅生門」が書かれたのか、作品の周縁の研究である。スクールティニー派らの、いわゆる「新批評」的立場の批評家からすれば、もはや作品の研究とは異質な、何か別の事柄の研究ということになるが、作家の評伝的研究こそが肝要だとする主張もある。いずれかに偏重せず、双方の批評原理を踏まえておきたい。

15から19において、その評伝的アプローチは、彼の生い立ちや交友、漱石らとの師弟関係、そして、弱冠二十三歳の帝大生であった芥川龍之介が、大正二年に雑誌「帝國文学」に発表するに至る経緯（「帝國文学」への発表に彼は不本意だった）、さらには、執筆直前に芥川が味わったと言われる失恋事件など、具体的な逸話の発掘に及ぶであろう。

当時は、漱石による「こころ」の新聞連載が終わった直後であり、陰鬱な話ではなく爽快なものを発表したい、と芥川が周囲に洩らしていたという証言もある。書簡や随筆など、芥川全集に関係資料を渉猟させたい。

作家の野心を考えるうえで、同時代の読者層の考察、メディアの研究、いわゆる受容理論に言及してもよいだろう。

18の項目で、芥川と谷崎潤一郎との晩年の論争についてまで言及させるのは、芥川の心境の変化、作風の変貌を、同時代作家との相克において検証したいからだが、少し補足しておく。

周知のように、昭和二年二月「新潮」の座談会で、芥川は谷崎の作品を批評、「小説の筋の芸術性」を巡って、「話の筋といふものが芸術的なものかどうか、非常に疑問だ」、「筋の面白さが作品そのものの芸術的価値を強めるということはない」などの発言をした。それに対して谷崎が、「筋の面白さを除外するのは、小説といふ形式がもつ特権を捨ててしまふことである」と反論、芥川は「文芸的な、余りに文芸的な」でそれに応酬、さらにまた谷崎が反論、という風に二者が論戦を交わすかたちとなったが、結局は芥川の自殺によって終局してしまった一件がある。

これを取り上げるのは、デビュー以来「筋の面白さが作品そのもの」であったような芥川が、晩年いわゆる心境小説へ傾倒して志賀直哉へ接近、「蜃気楼」「歯車」など作風を転じたことに目を向けさせたいからだが、と同時に、論争のテーマである「小説の面白さ」とは一体何か、「筋の面白さ」を巡る二者の意見をどう思うか、そんな小説論に及べば意義深いからだ。筋らしい筋の無い小説、サロートやロブ＝グリエなどが創作した、戦後フランスのヌーボー・ロマンの紹介まで行ってもよいのではないか。

19は文学に興味を持たない高校生でもかなり興味を抱く項目である。パトグラフィー（病跡学）という分野もあるらしいが、自殺に至る経緯を辿り、「或る阿呆の一生」や「或る旧友へ送る手記」を読んでもよいだろう。有島武郎、太宰治、川端康成、三島由紀夫、などの自責と対照させるのも一興ではあろう。

そして死の直後、誰がどのような批評を芥川に下したか。また、彼の死後、文壇と文学諸流派はどのような展開をしていったか。昭和戦前期の、新感覚派、新興芸術派、プロレタリア文学と転向文学、伊藤整などの新心理主義、などの勃興について触れることができよう。

20のような話題は等閑視されがちである。教科書こそは作品普及の巨大なメディアであり、書誌学の対象にもなる。これにも少し補足しておく。

芥川の小説は、昭和の戦前戦中期においては、概して教科書には採用されなかった。世情も手伝って、脆弱退廃的な作家であるという印象も強かったのではないか。戦後も食糧難の時期には、「羅生門」中に描かれた、詐欺や強盗などアモラルな題材は、あまりにリアルであったから、教材としては不向きという刻印を押されていたようだ。しかし昭和三十年代以降、芥川研究の流行と相俟って、「トロッコ」「蜘蛛の糸」「杜子春」「戯作三昧」「枯野抄」「蜜柑」など、枚挙に暇が無いくらいに芥川の作品は採用されるようになる。とりわけ「羅生門」「鼻」は多くの教科書が採用する定番教材となった。

しかし「鼻」は、身体的な差別を助長しかねないという判断からか、ここ数年教科書から姿を消しているようである。「羅生門」にも「おし」という単語が出て来るが、近年では、「「おし」は身体的な差別意識を含むことばであり、「おしのように執拗く黙っている」というたとえは、侮蔑的な表現として現在では使われなくなっている。」（筑摩書房『精選　国語総合』二〇〇八年改訂版）のような注釈が施されるまでになった。

こうした一連の現象を、「羅生門」への一種の外在批評として紹介しておくのも、このさい学習者には刺激的かと思う。

以上、粗述したこの授業プランは、筆者によってすでに十回近く実践されて来たものであり、そこで実際に行ってみての感想と私見を付しておく。

まず何よりも、「羅生門」ばかりに授業数を費やすことは、他の教材や単元へ割くべき時間を必要以上に削る、一種の暴挙ではないか、という懸念がある。しかし、一篇くらいは精読し、研究対象として徹底的に扱うテクストがある方がよい、というのが私の意見だ。ちなみに私は総計二十時間から二十四時間くらいを「羅生門」に当てている。生徒の反応によっては二十五時間を超すこともある。その間、他の小説や作品に全く手を付けないかというと、そうではなく、関連する作品を寧ろ多読させている。「鼻」「芋粥」「地獄変」「龍」「杜子春」「六の宮の姫君」「河童」などの芥川の代表作から数篇、同時代の作家たち、志賀直哉、谷崎潤一郎、佐藤春夫、久米正雄、菊池寛などの諸作、或いは「今昔物語」「方丈記」などの古典、さらには、様々な文体を味わうために、日本語以外の言語で書かれた作品を紹介することも、先に述べたとおりである。また、資料として、芥川全集から、書簡、日記、随筆などを抜き出して読ませるほか、芥川文学に対する批評文や、研究論文なども必要に応じて配布している。「羅生門」本篇から逸(そ)れている時間も相当長いのであり、またそれが必要になる。

二十の項目のうちには、取り組みやすいものと、なかなか厄介なものとがある。教室にいる学習者の人数によって項目数を増減しているが、おおむね作業量が公平になるように、その難易度を慮って項目を立てるようにしている。それでも、文献が見つけにくかったり、非常に手間暇のかかる課題もある。高校生にとって資料集めはその意味でいささか労を要するであろう。14の追究などは、参考文献さえ見つけることができればそれで終わってしまうも同然の項目であるが、しかし文献を探すという作業を体験させるだけでも、充分に意味はあるものと私は思っている。

若い世代が、書物や図書館から遠ざかり、電子辞書の使用や、パソコンでのインターネット検索を、ごく普通にするようになって以来、「羅生門」に関する資料収集の方法や、発表用に作られる原稿は明らかに変化してきた。時流というものを感じざるを得ない。

簡単に言えば、検索して入手したものに、たいして批評も加えず、それを安直に引用する学生が非常に多くなった。かつては手書きで発表用の原稿を作成し、提出して来るのが普通であったが、ワープロ・ソフトの普及により、手書き原稿が減ってきた。図表や写真をきれいに取り込んだり、装飾体のフォントを用いるなどの技術はあるものの、引用した字を読めなかったり、タイピングした文字の変換ミスに気がつかないなど、リテラシーの貧しさが文明の利器によって助長されている現実にわれわれは直面している。

図書館に通わせ、これぞという文献を探り当てる作業を通じて、余分な読書をおおいに励行し、発表用の原稿はなるべく手書きで作らせる。情報機器の利用に通じている世代にとっては、これらはアナクロニズムかも知れないが、案外このあたりの問題にどう対応するかが、今や国語科の教師にとっては大きな課題になっているように思う。

四、おわりに

ここに紙数を費やして列挙した個々の観点には、特に目新しいものが多くあるわけでもない。敢えて言いたいことは、くどいようだが、こういうことである。

一篇の小説であっても、そこからありとあらゆる事柄をわれわれは学び得るものだ。授業時間数を大幅にそれに当て、テクスト研究の典型的な対象として徹底的に利用してはどうか。しかし、そのためにはやはり一種の技術と、その技術が本当に必要であり、妥当なものであるか否かを鑑定する哲学が要る。文学を研究するということに、趣味や道楽以上の積極的意味があるとするならば、おそらく問題はそこに尽きるだろう。

まずは、作品読解と鑑賞のうえで有効かと思われる、ありとあらゆる方法を総動員し、小説を豊かに味わうためには、かくも多くの観点があるということを紹介してはどうか。そうすることにより、文学研究の方法には、金科玉条というものが無い反面、いずれかひとつの方法だけに依拠しても、その豊富性には推参できない、そういうことを高校一年生の時期に、具体的に認識させてはどうか。やりかたいかんによっては、大学の文学部のレベルで接する、様々な文学理論を「羅生門」一篇において学ぶことができる。他の文学作品に向き合う際にも、こうして得た多様な読解方法を応用させることが可能ではないか。

以上が私のささやかな提案であり、目論見であるが、いかがなものか。

総じて、一篇の小説に長い時間数をかけることを、はじめ生徒たちは倦厭するが、生徒同士の発表が進むにつれて、作品の表層に現れているものの背景を探り、資料を探し、深く鑑賞することに面白みを感じていくようである。

単元が終了したあとに、「羅生門」および授業についての感想を必ず生徒に聞くようにしているが、二十時間以上もの授業時間を一篇の小説に費やすことの当否に関しては、「長すぎる」とする反応も勿論無くは無いが、「徹底的にやって面白かった」という感想が圧倒的に多いのである。この授業での試みは無駄にならないだろうと私は信じている。

教材としてこうして様々に活用できる小説作品は、確かにそうあるものではなく、「羅生門」を出版社が横並びで採用していることには、一つの見識があると私は思う。その一点を考えただけでも、採用率が高いのは、教材としての利用価値に相当なものがあるからだ、ということになる。じっさい、授業方法には尽きぬものがあるだろう。

最後に21番目の項目として、「作品「羅生門」における構成上の破綻、論理展開上の矛盾、描写における疑問、或いは作者芥川へ是非問い糺したいこと」という「読者側からの反論」の項目を設けても面白いかも知れない。珠玉をより完璧なものとするための、言わば建設的な作品の粗探しである。

最終的に望まれるのは、文学作品への豊かで強い批評力ではないか。読者がそこまで成熟し、テクストへの評価を自らで下すようになるならば、もはや文字通り、文学を味わうに教師などは要らない、ということになろう。

森鷗外「ぢいさんばあさん」論
――語りなおされた「舞姫」

山口　徹

はじめに

教科書から「鷗外・漱石が消える」ということが新聞雑誌を賑わしたのは、二〇〇三年度から実施の学習指導要領改訂に際してのことだった。いわゆるゆとり教育の、授業時間の削減に対応した「やわらか教科書」からは、「舞姫」や「こころ」といった定番教材までもが消えてしまうのではないかという危機感が社会に大きな波紋を投げかけたのである[注1]。ところが、実際に目立った変化があったのは中学以下の教科書と高校一年向けの教科書であり、高校の二年次以降を対象とした「舞姫」や「こころ」などにはほとんど影響はなかったとされている。高校国語の定番教材「羅生門」「こころ」「舞姫」の三作品がはじめて採録されたのはいずれも、連合国軍の占領下から解放された後の一九五六年のことだが、これに「山月記」を加えた四つの教材が突出した採録数を占めるようになったのは、七〇年代中盤からのことである[注2]。登場してから半世紀あまり、定番化してからも四半世紀を過ぎたことになる。

本論が対象とするのは、その一つ「舞姫」であるが、難解な歴史的文体によって書かれたこの作品は、教師からは扱いづらい、生徒からは読みづらいうえに主人公の言動に共感しにくいと言われ、定番であるにも関わらず敬遠されて久しい。国家、家、個人のあり方、あるいは出世と恋愛の比重といったものが、立憲的諸制度が整備される最中にあった明治二〇年代と今日とではあまりに懸け離れているため、教材としてはめずらしく青年期の恋愛を扱いながら[注3]、共感よりは反感、嫌悪感すら招いているように見受けられる。鷗外・漱石と並び称されたのは昔日のごとく、鷗外嫌いの漱石贔屓をたゆまず輩出する不幸の源となってしまっているようである。もちろんこうした趨勢には、この教材が長期にわたり定番化してきたことで、読解のあり方、アプローチの仕方がすっかり膠着化していることも関わっているだろう。

竹盛天雄は「「舞姫」のむつかしさは、作品を完全に自律的な世界として読みとおすことのむつかしさにある」[注4]と述べているが、これは発表当時にあって、この作品がきわめて限定された読者を対象として書かれたものであることとも関わる。たとえば山崎一穎は、「鷗外が『舞姫』を発表した時、不特定多数の読者を対象にしてはいない。豊太郎の文脈に添えば、手記の読者として想定可能なものは、「心ある人」であり、豊太郎とエリスとの行実を「あやしみ、又た誹る人」であろう。これを鷗外の文脈で語るならば、エリス（エリーゼ）に代表される西欧の自由と美に象徴される市民精神を自らの手で扼殺した己れの生のあり様を「心ある人」に告白することであり、「この行ありしをあやしみ、又た誹る人」として陸軍軍医部の上官、特に石黒忠悳へ向けられた痛烈な刃であった。おそらく『舞姫』発表は対自家用（鷗外の母や妻登志子）を超えた標的に向けて放たれた小説であり、鷗外としても自己の進退を賭けた表現であった」と述べている[注5]。つまり「舞姫」は、当時、森林太郎の実人生に具体的な影響を与えることができたごく少数の人々にむけて発せられたという性質を備えており、そうした人々にはどこまでが実際でどこまでがフィクションであるか、ある程度わかるような文脈と情報が共有されていたと考えられる。現実とは異なる出来事をフィクションとして組み込むことで、心に潜める真意を作者が訴えようとした性質を備えていたため、今日の不特定多数の読者がこの小説を、生半可なかたちで作家の実人生と結び付けようとしたり、自律したテキストとして読もうとするとき、複雑で不自然なねじれが生じてしまうのである。

狂気に囚われたエリスを残し、出世のために帰国する豊太郎の苦悩は、特定の読者に向けて異議を申し立てるための過剰な脚色がなされたものであるわけだが、教科書に採録された作品を自律したテキストとして読もうとする今日の読者にとっては、豊太郎という作中人物の言動は、理解しえぬ、同情の余地のないものとして現れざるをえない。そのため、豊太郎の吐露する深い悔悟と恨み、友への憎しみは、自業自得の筋違いなものとして空々しく響いてしまう。結果として生徒がこの教材にあいまいに折り合いをつけて学んでしまうのは、明治の日本においては、国家、家、個人、恋愛などのあり方が今日からは理解不能なほど異質で、容認しがたいものであったのかもしれないということである。

本論は、教室で「舞姫」を自律したテキストとして読みとおすことのむずかしさを確認することからはじめたが、今日、この著名な教材作品に求められているのは、別の角度から見直すような視点を創出することであったり、よりアプローチしやすいルートを開拓することだと思われるのである。そこで以下では、平易な文体により親しみやすい内容が書かれた別の鷗外作品との間テクスト論的アプローチを試みる。そのテキストは、「舞姫」(一八九〇)の二十五年後に書かれた歴史小説「ぢいさんばあさん」(一九一五)である[注6]。これまでの鷗外研究においても、「舞姫」を含むドイツ三部作が書かれた明治二〇年代(一八九〇年前後)の仕事と、鷗外がふたたび旺盛な執筆をはじめた明治四〇年代以降(一九〇九年頃から後)の仕事とを結びつける視点は少なかったと言えるが、ここでは一人称回想の語りによって執筆当時の現代を描いた「舞姫」に対し、三人称の客観的な語りによって江戸時代の出来事を描いた歴史小説「ぢいさんばあさん」との比較考察を行い、新機軸を示してみたい。のちに確認していくように、二つのテキストにはある興味深いモチーフが共有されていることが判明するはずである。

また、「舞姫」の後味の悪さ、わかりづらさは、特殊な立場におかれた一人称の語り手と書き手（主人公太田豊太郎と作者鷗外）が、限定された読者に向けて発話したことにあるのだとすると、三人称の客観的な語りによって多様な読者に開かれた物語と比較することは、相互のテキストの読解になにがしかの手がかりをもたらすことになるだろう。

一、「ぢいさんばあさん」の検討　『一話一言』「ぢいさんばあさん」「舞姫」

「ぢいさんばあさん」は、「新小説」（一九一五・九）に発表、その後『高瀬舟』（一九一八・二）に収録された。小さな作品であるが、枯淡な筆で理想的な老夫婦の姿を描いた佳篇とされてきた。この作に「最も多くの懐かし味を寄せてゐる」と、いち早く好意的な評価をした正宗白鳥は、「青年や中年の恋を描いたものは鼻につくほどあるが、老人を材料としたものは今の文壇には珍らしい」[注7]と述べている。典拠としているのは、大田南畝『一話一言』巻三四所収「黒田家奥女中書翰写」「美濃部伊織伝并留武始末書付」である。『一話一言』は、大田蜀山人が多種多様の話題を書きとめたゴシップ集のようなもので、四八巻までの千五百話に補遺百四十五話を加えた計千六百四十五話を収録する大著である。だが、鷗外がこれを基として創作した歴史小説は、「ぢいさんばあさん」の翌月に発表された「最後の一句」（「中央公論」一九一五・一〇）と、あわせてわずか二篇にすぎない。

「ぢいさんばあさん」のあらすじは、以下のようなものである。

文化六年の晩春、三河国奥殿の領主松平乗羨（のりのぶ）の邸内の空家に、見知らぬ爺さんと、その数日後に爺さんに負けぬくらい品格のいい婆さんが移って来て同居した。仲のいいことは無類であるが、どのような関係かは知れず、近所のうわさになっている。近所のものたちの目と耳を借りながら語られる二人の生活は、礼節を保ちながらも楽しそうである。年末になって婆さんが邸の主人に呼び出され、将軍から「永年遠国に罷在候夫の為、貞節を尽候趣聞召され、厚き思召を以て褒美として銀十枚下し置かる」という異例の表彰を受けたことで、隠居所の二人は江戸に名高くなる。爺さんは美濃部伊織、時に七十二歳。婆さんはその妻るん、七十一歳であった。語りは二人の来歴をたんたんと語っていく。文武に優れた武士伊織には肝癪持ちの病だけがあったが、るんと結婚後はぴたりと収まった。明和八年、ちょうど臨月のるんを江戸に残し、伊織は病臥していた弟に代わって主君に従い、京都に立った。ところがある日、相番の武士から恥辱を受けて刃傷沙汰を起こし、越前に流罪となってしまう。その後、るんは夫の祖母や早世した息子の最後を見届けてから、筑前の領主黒田家の奥女中として奉公し、美濃部家の墓に香華を絶やさなかった。三十七年後に、許されて江戸にもどった伊織と再会したのである。

「ぢいさんばあさん」についてこれまで論じられてきたことをまとめてみると、典拠となった大田南畝『一話一言』との比較検証および「歴史其儘」でないことに対する批判、現在~過去~現在となっている回想形式の語りの構造と性質の整理、「歴史離れ」作品における「鷗外好みの女性像」についての指摘である。これ以外では、「興津彌五右衛門の遺書」「最後の一句」「家常茶飯」「現代思想」「冬の王」などを参照することで、同時期の鷗外作品との関連性が指摘されてきている[注8]。

このうち、研究史のメルクマールとしてその後の研究の枠組みとなってきたのは、稲垣達郎の論である[注9]。稲垣はこの作品を「鷗外の歴史小説中でも、屈指の名作」と評価しながらも、るんが黒田家へ奉公するにいたったいきさつに着目し、以下のように問題化した。『一話一言』では経済事情が記述されているが、鷗外はるんを『安井夫人』のお佐代さんその他にえがかれた、鷗外好みの聡明な女性の、やはり一典型として創造」し、作品に「献身の精神と知足のよろこびを形象化する」ため、再奉公の理由を「経済事情というような物質的根拠」ではなく「ひたすら崇高な精神にねざすものとして処理」した。鷗外は「文献に存在する事実を無視しながら、それ以上に、おのれの好むイメージの方へ、むしろ強引に転化した」のであり、「次第に困窮衣服等売しろなし」といった「生活苦のかげ」をぬぐい去ったことは、「人間追求上の、ひとつの回避ないし怠惰であるといえるのではないか」と、この作品における「歴史離れ」の仕方を難じた。以降、『一話一言』との比較検討は精緻に行なわれ、原典との異同が明らかにされてきたのである[注10]。しかしながら鷗外が自由に「歴史離れ」を行なったところは、はたしてほんとうに「人間追求上の、ひとつの回避ないし怠惰」であったのか、これまで看過されてきた重要なポイントを確認することからはじめてみたい。

美濃部伊織妻儀は私実叔母に御座候。伊織方え縁組仕候訳は、叔母儀幼年より尾州御守殿に相勤罷在候。然ル処伊織叔母聟大御番相勤候山中藤右衛門殿、私共内縁有之養女に仕嫁候。明和八卯年四月嫡男平内出生仕候。同月伊織儀二条為在番罷登候。

『一話一言』巻三四所収「美濃部伊織伝并留武始末書付」

伊織が妻を娶つてから四年立つて、明和八年に松平石見守が二条在番の事になつた。そこで宮重七五郎が上京しなくてはならぬのに病気であつた。当時は代人差立と云ふことが出来たので、伊織が七五郎の代人として石見守に附いて上京することになつた。伊織は、丁度妊娠して臨月になつてゐるるんを江戸に残して、明和八年四月に京都へ立つた。

「ぢいさんばあさん」第二段

二つの文章を比較すると、ある違和感が生じる。『一話一言』の文の並びでは、明和八年四月に嫡男の平内が生まれ、伊織はその後、二条城のある京へと向かったように読める。ところが「ぢいさんばあさん」では、鷗外は典拠資料にはない「妊娠」「臨月」の語を補い、子供が生まれる前、妊娠中のるんを残して伊織を旅立たせている。これはきわめて重要な書き換えと言えるだろう。なぜなら、この出来事の順序の入れ替えにより、人々が置かれる状況、関係性、心理などすべてが変化してしまっているからである。そしてなにより問題とすべきは、この改変により「ぢいさんばあさん」が、同じ作家によって二十五年前に書かれた「舞姫」を強く想起させるテキストに変容していることだ。典拠資料との比較から、「人間追求上の、ひとつの回避ないし怠惰」と断じられることもあった鷗外の「歴史離れ」であるが、あらたに「舞姫」を加えた三者間の関係性から捉えなおすと、これまで見づらかった作家の創作意図、テキストの構図が見えてくるはずである。

二、「舞姫」との設定上の類似点と相違点

妊娠中のるんを残して京都へと旅立つ伊織の姿は、妊娠中のエリスを残してロシアへと向かう豊太郎の姿とよく重なる。男性主人公二人はよく似た状況に置かれ、物語（事件）は展開している。たとえば、二人はパートナーの妊娠がわかってからそれぞれ高位の人物に付き随って単身、任地へと赴くのであり、しかも行き先で、その後、パートナーと遠く離れなくてはならなくなるような決定的な出来事に立ち会っているのである。

豊太郎の場合、それはペテルブルクの宮廷における外交上の活躍であり、その様子は「わが舌人たる任務は忽地(たちまち)に余を拉し去りて、青雲の上に堕したり」と表現された。しかし、「嗚呼、独逸に来し初に、自ら我本領を悟りきと思ひて、また器械的人物とはならじと誓ひしが、こは足を縛して放たれし鳥の暫し羽を動かして自由を得たりと誇りしにはあらずや。足の糸は解くに由(よし)なし。曩(さき)にこれを繰つりしは、我某省の官長にて、今はこの糸、あなあはれ、天方伯の手中に在り」と叙述されているように、この成功のために豊太郎は、ドイツに来て目覚めさせ、エリスとの交情の内に育んできた「まことの我」の自由を、生来しみついていた「たゞ所動的、器械的」な自己の性質によって奪い去られることになる。テキストの序盤から中盤にかけての、「奥深く潜みたりしまこ

との我は、やうやう表にあらはれて、きのふまでの我ならぬ我を攻むるに似たり」という叙述において豊太郎は、「まことの我」なるものが本来備わっていたかのように語っていたが、それは新たに得たものであり、むしろ、豊太郎本来の自己とは幼少より身にしみついた「所動的、器械的」な自己のほうであろう。その自己の本質は新たに芽生えた自己の意識からすれば、嫌悪しても逃れられぬ病のようなものと意識されたかもしれない。

伊織の場合、京でたまたま目にした良い刀を入手するために借財した相手から、その場の誰もが不快に思ったと語られる恥辱を受け、刃傷沙汰に及んでしまう。この場合でもやはり、伊織がるんと一緒になってから「全く跡を斂めて」いたはずの「肝癪持と云ふ病」を再発させ、事件が引き起こされている。どちらの場合にも、一度は克服していたはずの宿病のような自己の本質が、妊娠中のパートナーと離れた赴任先で首をもたげ、その後の離別の原因となる出来事を遂行してしまうという共通の状況と展開とを認めることができるのである。

二つの作品における人物配置の相同性に関してもうひとつ確認しておきたいことは、生まれてくる子供の描かれ方である。複数の証言が並べられている「美濃部伊織伝并留武始末書付」では、刃傷沙汰の後に美濃部家が転々と離散していく様子が語られるなか、安永四年、疱瘡のために嫡男平内が五歳にして病死したことが伝えられている。これを鷗外は次のように語りなおした。

> 跡に残つた美濃部家の家族は、それぐ\親類が引き取つた。伊織の祖母貞松院は宮重七五郎方に往き、父の顔を見ることの出来なかつた嫡子平内と、妻るんとは有竹の分家になつてゐる笠原新八郎方に往つた。
>
> 二年程立つて、貞松院が寂しがつてよめの所へ一しよになつたが、間もなく八十三歳で、病気と云ふ程の容体もなく死んだ。安永三年八月二十九日の事である。
>
> 翌年又五歳になる平内が流行の疱瘡で死んだ。これは安永四年三月二十八日の事である。
>
> 「ぢいさんばあさん」第三段

ここでは、「父の顔を見ることの出来なかつた」という表現が付け加えられ、嫡子平内が父と対面することなく死んでしまったことが強調されているわけだが、「舞姫」の結末、狂気に陥ったエリスの胎内にいる子供と豊太郎とがついに顔を合わせることなく別れたこと（「大臣に随ひて帰東の途に上ぼりしときは、相沢と議りてエリスが母に微なる生計を営むに足るほどの資本を与へ、あはれなる狂女の胎内に遺しゝ子の生れむをりの事をも頼みおきぬ」）とよく対応する書き方がなされている。

以上のように、二人の女性主人公の妊娠を蝶番として、男性主人公の置かれた状況や行動、周囲の人物に対する関係性など、物語の重要な枠組みが「舞姫」を想起させる形で「ぢいさんばあさん」に組み込まれていることを確認できる。しかし、作品全体としては、若い男女の行き止まりの悲劇で閉じられた「舞姫」とはまったく異なる終わり、艱難を乗り越えた老後の男女のおだやかなあり方へと到達している。途中までこれほど類似した状況にありながら、二つの物語が異なる展開をしたのには、女性主人公の対照的な造形と関わるところが大きいように思われる。

たとえば、エリスは「彼は優れて美なり。乳の如き色の顔は燈火に映じて微紅を潮したり。手足の繊く裊なるは、貧家の女に似ず」とされ、「余に詩人の筆なければこれを写すべくもあらず」という美貌の持ち主として造形されている。これに対し、「ぢいさんばあさん」の女主人公は「るんは美人と云ふ性の女ではない。若し床の間の置物のやうな物を美人としたら、るんは調法に出来た器具のやうな物であらう。体格が好く、押出しが立派で、それで目から鼻へ抜けるやうに賢く、いつでもぼんやりして手を明けて居ると云ふことがない。顔も顴骨が稍出張つてゐるのが疵であるが、眉や目の間に才気が溢れて見える」と描かれている。「若し床の間の置物のやうな物を美人としたら」という一節を含むこの叙述には、かつて「終日兀坐する我読書の窻下に、一輪の名花を咲かせてけり」と描写されたエリスの特色と対比した人物造形が意識的になされていることを窺うことができる。このほかにも、かたや父の葬儀の費用に事欠き、母から街頭に立つことを迫られるという窮地に陥っていたエリスに対し、るんが夫の家族と幸せな関係を築き、伊織流罪後の苦境にあっては、みずから再奉公して菩提寺に香華が絶えないようにしたという挿話などに二人の対照性を数えていくことができるが、最大の違いは、エリスが豊太郎との別れに際し、「精神の作用」を廃した「生ける屍」として未来を奪われた状態であったのに対して、るんの場合は、伊織と別れてからのその後が描かれたということにあるだろう。つまり、狂気の内に置き去りにされ、その後を語ることも語られることも許されなかったエリスに対し、るんの物語はその後から始められているのである。

三、「舞姫」の可能的未来　哀悼と救済の再話

「ぢいさんばあさん」の前半には、「近所のもの」の関心を呼んでやまない、理想的な老後の二人の姿が描かれている。これは「舞姫」の二人には開かれなかった未来である。

　二人の生活はいかにも隠居らしい気楽な生活である。爺いさんは眼鏡を掛けて本を読む。細字で日記を附ける。毎日同じ時刻に刀剣に打粉を打つて拭く。体を極めて木刀を揮る。婆あさんは例のまま事の真似をして、其隙には爺いさんの傍に来て団扇であふぐ。もう時候がそろ〳〵暑くなる頃だからである。婆あさんが暫くあふぐうちに、爺いさんは読みさした本を置いて話をし出す。二人はさも楽しさうに話すのである。
　どうかすると二人で朝早くから出掛けることがある。最初に出て行つた跡で、久右衛門の女房が近所のものに話したと云ふ詞が偶然伝へられた。「あれは菩提所の松泉寺へ往きなすつたのでございます。息子さんが生きてゐなさると、今年三十九になりなさるのだから、立派な男盛と云ふものでございますのに」と云つたと云ふのである。松泉寺と云ふのは、今の青山御所の向裏に当る、赤坂黒鍬谷の寺である。これを聞いて近所のものは、二人が出歩くのは、最初の其日に限らず、過ぎ去つた昔の夢の迹を辿るのであらうと察した。

「ぢいさんばあさん」第一段

前章までに指摘・確認してきたように、語りの形式と性質、物語の時代設定、女性主人公の造形などに違いが見られたものの、「ぢいさんばあさん」では「舞姫」を特徴付ける重要なモチーフが踏襲・反復されていた。具体的には、女性主人公の妊娠、妊娠発覚後・出産前に男性主人公が単身で遠方に赴任すること、男性主人公が克服していたはずの本質を赴任先であらわしたために二人が別れる決定的な状況を生じさせてしまうこと、父親は子供と顔を合わせることなく離ればなれになることなどである。また、こうしたモチーフを成立させる登場人物配置と関係性の相同性も認められた。

さて以上のような確認により、「人間追求上の、ひとつの回避ないしは怠惰」、「歴史の創造のための歴史離れとは反対に、歴史をことさらに抹削することにおいて歴史離れをおこなっている」との批判を見直す視点が得られることになった。つまり、なにゆえに鷗外は厖大な数の『一話一言』（全千六百四十五話）の中からこの話題に着目し、「過ぎ去つた昔の夢の迹を辿る」老後の二人を描く歴史小説としてリメイクしたのか、あるいはなぜ伊織は息子の生まれた後でなく生まれる前に旅立たなくてはならなくなったのか（より本質的にはなぜ妊娠中の女性が置き去りにされる展開にしたのか）といったことを「舞姫」との関係から問い直し、説明することが可能となったのである。

森鷗外という作家のはじまりとしての記念碑的作品「舞姫」（それは日本近代文学のはじまりの一つでもある）とじつによく似た要素を内包していた美濃部伊織とるんの話を、二十五年という歳月を経て語りなおした鷗外が、のちに「人間追求上の、ひとつの回避ないしは怠惰」と糾弾されるような点に意識的でなかったはずもない。三人称の自在な語りによる歴史小説「ぢいさんばあさん」という作品は、かつて「舞姫」という作品における一人称回想の語りによって過剰なまでに深刻化し、その後も癒しがたいもの（「いかにしてか此恨を銷(せう)せむ」）として登場人物・作者自身・読者までも苦しめてきた精神的傷跡に向き合った作家によって見なおされ語りなおされた夢でなかったか。この夢見の行為の内には、かつて悲劇的な結末を高度に結晶化するために、「精神的に殺し」、「生ける屍」として作品の結末に置き去りにしたエリス、その「あはれなる狂女の胎内」に置き去りにした子供、消すことのできぬ悔恨に苦しみ続ける豊太郎、そして「舞姫」という作品そのものを救おうとした作家の持続的な精神を認めるべきだろう。表面には「いかにも隠居らしい気楽な生活」と映る「ぢいさんばあさん」であるが、その根底にはかつて死なせてしまった存在への弔いが忍ばされているのであり、伊織とるんの「過ぎ去つた昔の夢の迹」を辿る行為を通じて表わされているのである。

「ぢいさんばあさん」と「舞姫」との比較は、これまでいわゆる「鷗外好みの聡明な女性」として研究史に流通してきた概念についても再考の余地を与える[注11]。これまでるんは、「安井夫人」（一九一四）の佐代、「渋江抽斎」（一九一六）の五百とともに、いわゆる「鷗外好みの聡明な女性」の典型として分類されてきた。しかしながら、この佐代や五百の夫がいずれも医官（「医者」であり「官吏」である）であり、それぞれその道から大きく外れることのなかった人物（「渋江抽斎」の言を借りれば「其迹が頗るわたくしとあひ似てゐる」）であるのに対し、るんの夫は「医官」ではなく、「知行召放され」流罪とされる存在である。それは、官長により「我官を免じ、我職を解」かれ、故郷から遠く離れた「広漠たる欧洲大都の人の海に葬られん」とされた太田豊太郎の姿にこそ重ねられる存在であろう。

それぞれの作品において抽斎や息軒より存在感を与えられた感のある五百や佐代はともにみずから夫を選んだ鷗外版の「新しい女」として描かれていた。るんもまた自立した女性として描かれたが、タイトルに顕著なように「ぢいさんばあさん」では固有名を離れて老後共にある二人の姿、関係そのものに比重が置かれた[注12]。ここで描かれた二人は、職を解かれてから愛を育んでいく太田豊太郎とエリスとの関係を想起させる共通点を示している。それは故郷と栄達への道に繋がるポジションへ復帰するためエリスを捨て去ったときに破滅した愛の、選択されなかった可能性の継続としてあるのである。

［附記］「舞姫」の引用は『新日本古典文学大系　明治編25　森鷗外集』（岩波書店、二〇〇四）、「ぢいさんばあさん」の引用は『鷗外歴史文学集』第三巻（岩波書店、一九九九）、大田南畝『一話一言』の引用は『大田南畝全集』第一三巻（岩波書店、一九八七）よりそれぞれおこない、ルビなどは適宜改めた。

本稿は、財団法人ユニベール財団平成二〇年度研究助成（研究課題：森鷗外小説作品に書かれた「老い」の分析と現代社会における教育的活用の研究　助成番号08–03–096）に基づく研究成果の一部である。

［注1］　このうち「文学界」（二〇〇二・五）は「漱石・鷗外の消えた「国語」教科書」という充実した特集を組んだ。その後の推移については、「月刊国語教育」（二〇〇六・六）の特集「蘇った鷗外・漱石―近代小説教材の再評価」を参照。栗坪良樹による総論「漱石・鷗外の受難と復活」がある。

［注2］　戦後の教科書教材の採択と推移については阿武泉「高等学校国語科教科書における文学教材の傾向」（国文学　解釈と教材の研究」二〇〇八・九）、詳細なデータについては阿武泉監修『教科書掲載作品13000』（日外アソシエーツ、二〇〇八・四）が参考になる。

［注3］　たとえば小谷野敦「恋愛と論理なき国語教育」（前掲「文学界」）は、「高校の教科書から「恋愛小説」の類、ないしは少しでもエロティックな香りのする作品は極力排除されている」にもかかわらず、妊娠まで描いている鷗外の「舞姫」が採録されていることの不思議さを指摘している。

［注4］　竹盛天雄「森鷗外「舞姫」――モチーフと形象――」（『高等学校国語科教育研究講座』第三巻、有精堂、一九七五・三）

［注5］　山崎一穎『森鷗外　明治人の生き方』（筑摩新書、二〇〇〇・三）

［注6］　管見のところ、「ぢいさんばあさん」は「じいさんばあさん」としてこれまで計三回、高校国語の教材として採録されている。最初は中央図書「高等学校国語総合3」（使用は一九六〇～一九六五、三年次向け）、つぎに桐原書店「探求国語Ⅱ（現代文・表現編）」（一九九九～二〇〇五、二年次以降向け）、最後に桐原書店「展開現代文」（二〇〇四～二〇〇七、二年次以降向け）である。

［注7］　「文芸時評・九月の小説など」（中央公論」一九一五・一

〇）

【注8】　このうち比較参照をおこなったものには、たとえば以下のようなものがある。山崎一穎「ぢいさんばあさん・森鷗外」（『国文学解釈と教材の研究』一九六九・六）…「興津彌五右衛門の遺書」、清田文武「森鷗外『ぢいさんばあさん』の世界」（『北住敏夫教授退官記念日本文芸論叢』一九七六・一二）…「家常茶飯」「現代思想」「白衣の夫人」「冬の王」、林正子「森鷗外「ぢいさんばあさん」──伊織の立場とるんの立場」（『岡大国文論稿』一九七九・三）…「家常茶飯」「現代思想」「青年」、日塔美代子「再会の物語とモチーフ──『最後の一句』を中心に」（『阪神近代文学研究』二〇〇五・三）…「最後の一句」「山椒大夫」など。また、小泉浩一郎「「ぢいさんばあさん」論──〈エロス〉という契機をめぐって」（『フェリス女学院大学国文学論叢』一九九五・六）は研究史における主題把握の用語が作品の実質以上に固いことを指摘し、「横溢するエロティックなムードの瑞々しさ」に着目した。

【注9】　稲垣達郎「『ぢいさんばあさん』──その「歴史離れ」について──」（『日本文学』一九六〇・八）

【注10】　松浦武「森鷗外の歴史小説における美意識──『ぢいさんばあさん』の場合」（『表現学論叢』一九八〇・七）、浦部重雄「『ぢいさんばあさん』の歴史離れ（一）（二）」（『解釈』一九八〇・一〇、一一）がとくに詳しい。

【注11】　「歴史離れ」作品における「鷗外好みの女性」を指摘したのは斎藤茂吉（『鷗外の歴史小説』など）であり、稲垣達郎（前掲）を経由し、金子幸代「母性原理を越えて──鷗外の歴史小説・史伝の中の女性像──」（『鷗外』一九九二・一）まで踏襲されてきている。

【注12】　大石直記「不可知なる自己──〈鷗外〉的問題構制の始発点へ向けて」（『鷗外』二〇〇七・一）は、「舞姫」の一人称回想形式の語りにおいては「〈異者〉とも称すべき」自己の本性への意識ばかりが肥大化し、「エリスという最近接の他者は、言わば、不在化する」ことを指摘している。肥大化する自意識によって過剰に深刻化してゆく「舞姫」の語りに対し、「ぢいさんばあさん」の局外の三人称による自在な語りは、自己意識の肥大化による深刻化や極端な美化による他者の不在化といった現象を生じさせず、二人の姿をそれぞれ対等に描くことを可能としている。

「メロス・ゲート」を追え！
――国語教科書の（レ）トリックス

前田　塁

一、セリヌンティウスの憂鬱

世に「メロス・ゲート」なるものがある。いや、「ある」というのは真っ赤な嘘、たったいま捏造した名前にすぎぬ。だがおそらく、いまこの文章を読んでいる方の多くも、「あれか」とピンときていらっしゃることだろう。

そう、主な中学国語教科書における太宰治「走れメロス」の登場率の、特異な高さのことだ。

「思春期のこどもたちに、正義と友情を教えるのに好適だからだ」と、即答される方もあるやもしれぬ。実際、暴虐の限りを尽くす王に憤って王城に乗り込むメロスの姿や、身代わりとして囚われるセリヌンティウスと、約束を守り友を救うため自身の命を賭して夕陽めざして走る主人公――といった、いかにも人口に膾炙するトピックだけを粗雑に想起するならば、その文脈も肯うことはできるだろう。

だが、たとえば以下の一節を読むだけで、そもそもの出発点に疑問が生じはしまいか。

「そんなに私を信じられないならば、よろしい、この市にセリヌンティウスという石工がいます。私の無二の友人だ。あれを、人質としてここに置いて行こう。私が逃げてしまって、三日目の日暮まで、ここに帰って来なかったら、あの友人を絞め殺して下さい。たのむ、そうして下さい。」（太宰治「走れメロス」）

「無二の友人」を一瞬の躊躇もなく「あれ」呼ばわりした挙句、当の本人には一片の承諾も得ぬまま人質として差し出し、戻らないことをみずから想定したうえ処刑の仕方まで指定する。セリフ末尾の一文に至っては、王に「自分を信じてほしい」と懇願するのか、マフィアか敏腕スナイパーにでも友人の暗殺を依頼しているのだか、すっかりわからぬ口調になっている。

そんな遣り取りのはて、二年来会ってもいないメロスからの深夜の呼び出しに応えて王城まで足を運び、無茶な願いも無言で受けいれるセリヌンティウスに気弱とも友情ともつかぬ善良さを見いだすことはできるだろう。けれども、ほとんど友を売ったに等しい主人公が、この先いかなる苦労を経て約束の刻限までに帰着しようとも、それはせいぜい、最低限の約束を守ったに過ぎぬ。そもそも片道たかだか十里、現代のすぐれた男子マラソン走者なら二時間そこそこで走破可能な距離なのだから、猶予を懇願する理由であった妹の結婚式を計算に入れても、往復三日もかかるほうがどうかしているというものだ。そこに友情と努力を見いだそうとするよりは、同じく友情・努力に勝利を加えてスローガンに掲げた「週刊少年ジャンプ」から、『ONE PIECE』でも読ませたほうがずっといい。

「マンガみたいに単純なストーリーでなく、「もう走るのをやめようか」と迷う人間の弱さを克明に記した「メロス」こそ、人格形成期の教育には最適なのだ」という類の答えもあるだろう。たしかに道中幾度となく迷いを抱え、それでもふたたびみたびと走ることを決意するメロスの姿は、ある種のステレオタイプな「弱さ」とその克服を体現しているかに見える。太宰自身が「走れメロス」末尾に記した同作の出典「古伝説と、シルレルの詩」、つまり十八世紀ドイツの詩人ヨハン・クリストフ・フリードリヒ・フォン・シラーによる「Die Bürgschaft〔人質（ダーモンとピンチアース）〕」、さらにはその原典と言われるガイウス・ユーリウス・ヒューギヌス編の『物語集』に収められた友情の神話と、「走れメロス」を読み比べたとき、あきらかに創作・追加されたのがメロスの懊悩であることからも、その点に太宰の意図を読み取ろうとすることは間違いではない。

だが、仮にそれが弱さを克服する物語であっても、克服の帰結点は残念ながら、「友情」ではない。その証左にメロスは、シラクスの市の塔楼が見えるあたりで、彼に並走する、セリヌンティウスの弟子フィロストラトスに向け、こんなふうに言い放つ。

「間に合う、間に合わぬは問題ではないのだ。人の命も問題でないのだ。私は、なんだか、もっと恐ろしく大きいものの為に走っているのだ。ついて来い！　フィロストラトス」（同）

この直前、友は刑場にあってなおあなたを信じて待っていた、と並走する若者に嘆かれ、「それだから、走るのだ。信じられているから走るのだ」と応答しているにもかかわらず、その舌の根も乾かぬうちに、間に合うことも友人の命も問題でないと断ずるならば、いったい男はなんのために走っているのだろう。メロスの示す「友情」とは、彼を信じた純朴な友を「裏切られた」という絶望とともに縊死させた後、なおも自分は走り続けることなのか。彼がなにより目的とする「もっと恐ろしく大きいもの」とは、はたして、ほんとうに信頼や友情なのか。

拙著『小説の設計図』（青土社）序章でも提起したままに放置した、右の問題の解決は、本稿の後の節にまわそう。いまここで第一に問題なのは、そのように疑わしいテキストが、なぜこれほどに堂々と多くの教科書に採用され続けているか、その一点である。

筆者の教えるいくつかの大学で、とりわけいまだ文学に不案内な一、二年生、あるいは文学とは縁遠い理工学部生などを対象にアンケートを試みると、これまでいちばん感動した小説、あるいは青春文学としてもっとも多く名前が挙がるのは、くだんの「走れメロス」である。

とりわけ日常で小説を読む習慣の少ない、あるいは読んだとしても『涼宮ハルヒの憂鬱』をはじめとするライトノベルや『ひぐらしのなく頃に』などのノベル・ゲーム、もしくは森博嗣や西尾維新といったいまだ「文学」と認定されずにいる書き手たちの作品が主である理工学部生たちなどが、ある種の社会性のあらわれとして、自分たちが素で「感動」した作品ではなく、教室で回答するにふさわしいと彼らが想定する「純文学」の「名作」から回答している可能性は、もちろん高い。

しかし、だからといって、義務教育過程および高等学校で教科書作品や読書感想文の課題作が無数に与えられてきただろうなかでなお、あるいは当の「文学における青春像」なる学部講義で夏目漱石や森鷗外から中野重治、三島由紀夫、大江健三郎、村上龍、さらには綿矢りさや金原ひとみまでを読ませたあとでなお、三割前後の学生が「メロス」の名前を挙げるのは、いったいいかなるわけなのか。

その理由を、「メロス」に内在する作品性なり太宰の作家性に見いだすことは、むろんいくらでもできるだろう。しかしそれだけで片づけるには、冒頭記した「メロス・ゲート」の状況は、なんとも看過しがたい。話が、本書のタイトルである「〈国語教育〉とテクスト論」に結論づけられるにはまだしばらくの紙幅が必要だが、とりあえずはその状況が発生した理由について、みてゆくことにしよう。

二、「メロス」と国語教科書

本稿で「メロス・ゲート」と呼ぶ状況は、目新しいものなどではまったくない。教科書をめぐる議論になんの知識のない筆者が即座に思い浮かべる範囲でも、たとえば雑誌『文學界』の二〇〇二年五月号の特集「漱石・鷗外の消えた「国語」教科書」内のアンケートでは川村湊、清水良典、出久根達郎、田口ランディといったひとたちが「メロス」の問題について挙げているし、小谷野敦も高校教科書をめぐるエッセイでわざわざ中学教科書のそれに触れ、『走れメロス』のような不自然で嫌らしいものはもうやめてほしい」と一刀両断、同特集を引くかたちで筑摩書房のサイト「ちくまの教科書」内の野中潤による連載「定番教材の誕生」でも言及されている。

前者のアンケートは、同誌編集部がリスト化した二〇〇二年四月採用の国語教科書掲載作品一覧を見て回答するもので、それゆえ全教科書に存在するなど目立つ作品が言及されやすい素地はあるし、後者は「メロス」ではなく夏目漱石「こころ」を主たるサンプルとして採用の経緯や状況を論じたものではある。けれども動かしがたいのは、太宰「メロス」が二〇〇二年からの学習指導要領改定時点の、国立国会図書館に収められた五つの国語教科書（学校図書、教育出版、三省堂、東京書籍、光村図書出版）全てに掲載されていることであり、その状況はそれ以前も今日もさして変わらない。

右の東京書籍が運営する教科書図書館「東書文庫」のデータベースによれば、一九九三年の中学二年向け検定教科書では、上記五社のうち光村図書出版だけが「メロス」を収録してしない。同じく九〇年、八七年、八四年の三冊では三省堂のみが収録作品から外しており（けれど光村版には収録されている）、遡ること八一年に至って、ようやく光村、三省堂がの二社同時に「メロス」を無視しているのが見つかる程度だ。

とはいえここでもなお「メロス」党は過半数を占めていて、経過をたどれば右二社以外の教科書編纂委員が、よほど怠惰か「メロス」を好きか、そのどちらかでないかという気もしてくる。

が、上記五社に日本書籍が加わっていた七五年以前も、六社中つねに四社は「メロス」を載せているのだから、状況は、それ以前もさして変わらない。教科書の版元が林立していた六〇年代まで遡って六二年の全十二種のうち「メロス」を採用するものが五種と（ただし当時は、中学二年の教科書に載っている場合と三年のそれに載っている場合がある）、教科書の総種類数に対する収録数の割合が、ようやく五割を切るのだが、それにしたって多いのだ。そしていま、五冊中五冊が「メロス」の軍門に下っているわけで、これはいったいどうしたことか。

そもそも「メロス」の国語教科書への掲載は、上記データベースにある範囲では一九五六年、言語学者・時枝誠記の監修した中教出版版「国語 総合編　中学校2年 上」が最初とおぼしい。人間失格・太宰治のスキャンダラスな死からほぼ八年。さすがにそれ以前は採用しづらかったのだろう、「メロス」に限らずどの作品も教科書に収められぬなか、「「山椒大夫」と「走れメロス」について」なる解説とともに、森鷗外「山椒大夫」と並べて収められたわれらが「メロス」は、以降五七年に大修館書店、五九年に日本書院、六一年に開隆堂出版と光村図書出版というふうに、その版図を広げてゆくのだった。

だが、それにしてもなぜ「メロス」だけがそのように歓迎されたのか。初出とおぼしき中教出版前掲書の「「山椒大夫」と「走れメロス」について」は、鷗外と太宰の方法に「歴史離れ」という共通性と作者の自由な想像力を見いだし、「この小説の主題は（……）友情や信義を命より大切に思っているけだかい人間がいるのだということを示して、そしてメロスの行為がどんなにりっぱなものか、美しいものかを鷗外がアンジュに対してしたように、理想化し、賛美するところにある」と書いている。つまりここにはふたつの要素――一方では、歴史＝記述はあくまでひとつの表層に過ぎずいくらでも書き換え可能なのだという、戦前への反省とも戦後民主主義への反動ともとれる「自由な想像力」への信奉があり、他方に「そうした自由が目指すべきところ」としての人間の理想像がある――が含まれていて、言語過程説の提唱者でありつつ第二次世界大戦中に植民地制度下の朝鮮半島の日本語化政策にかかわった編者・時枝の経歴をふりかえればそこに一定の物語を投影することも容易だろう。

が、いま着目すべきはそこでなく、鷗外と太宰という二人の作者の「自由な想像力」への着眼を一方の柱として採用されたはずの「メロス」が、それを排してもう一方の「友情や信義」、あるいは時枝版で「王様の言葉に、現代人の姿をみた」と、「けだかい」メロスと対置されることになる、ひとびとの迷いや弱さを軸に語られてゆく様子である。

とはいえ教科書研究の学術論文でない本稿では、詳細にその変化を追うことはしない。今日に至って「メロス」党であり続ける光村図書の最初の教科書（『中等新国語 3』石森延男編）およびその教師用指導書が、「メロス」を「人間関係を支えるものが「信実」でなければならぬという作者の考え方を、正義一途なメロスとその親友セリヌンチウス（原文ママ）との友情を通して、強く訴えた作品である」と捉え、「人物の行動や心理の移りかわりを批判的に読ませ、微妙な心理描写や人間関係などについても関心を持たせたい」とした一九六一年からほぼ半世紀、東京書籍の二〇〇二年版『新しい国語 2』の教師用指導書および評価ガイドラインもまた、「正義や勇気、友情、愛などがテーマとして語られることも多いが、それだけでは皮相的な読みにとどまっているように思われる」のだとテーマ主義を批判しながらも、「人間としての弱さと悩みをかかえた人物としてメロスや王を読み取り、それに対する自分の感想をしっかりと述べている」かどうかを評価の基準に据えるのだから、誰もがメロスの姿に「参照されるべき「人間として」の価値」を見いだそうとする観点から離れられぬことを確認すれば十分だ。

ようは、彼らにとっての「メロス」は一貫してヒューマン・ドラマであって、人間の美しさなり弱さなり、ともかくも「人間像」を教えるのに好適な素材らしいのである。

だが、そもそも日本の近代文学が「私小説」というかたちで主体の内面描写を旨としてきた以上、人間像を教えることに好適な素材は、なにもその一作品ばかりであるはずはない。人間像を教える手段にみなが「メロス」を使ったら、この国はメロスのような大人ばかりになってしまう――そんな滑稽な状況は、想像するだに馬鹿らしい。そんな国は、「メロス」結末の少女でなくとも、赤マントでも新聞紙でも差し出して、とっとと、ひと目につかぬようにしなくてはなるまい（ちなみに当初の光村版では、メロスの裸体をめぐる結末の数行だけが見事に削除され、

「王様万歳」で終わっていて、著作権もなにもあったものではない)。

にもかかわらず「メロス」が今日なお主要五社すべての教科書に採用されているならば、そこにはなにか、別の理由があるはずだ。いったいそれはなんなのか。

三、「夕陽」の効能

たとえば一九九三年、おおすみ正秋の監督で製作・公開された「文部省選定　超大作劇場アニメーション」『走れメロス』のポスターほかのイメージ・カットがそうであったように、あるいは講談社・青い鳥文庫をはじめとするかなりの数の単行本や文庫がそうであるように、「メロス」を象徴するイメージとして多く用いられるのが、本稿「一」でも引用したフイロストラトスの並走前後の、メロスが夕陽に向かって走るシーンであることは、さしたる異論もなく受けいれられることだろう。

教育現場で「メロス」をめぐって印象深かったヴィジュアルを聞けば、多数の学生がこの場面を挙げもするのだし、さきの項で引用したセリフがそうであったように、メロスの「正義と友情」をもっともよく体現しているのがくだんのシーンであると思われていることも、動かしがたい事実ではある(たとえば、光村版の指導書でも、「作品全体のやま場――後半の走り続けるメロスに目を向けると(生徒の感動するところもここであろう)、中でも、とくにP81の「まにあう、まにあわぬは問題ではないのだ」とよび(原文ママ)ながら、最後の死力を尽くして走り続け、友の両足にかじりつくくだりが、とくに力強く書かれている」とある)。

いまはもう、全裸に近く足裏からは血を流し、ほとんど絶望的な日没に向かって(それも多くの挿絵では、上記アニメのポスターがそうであるように逆光または横なめ前に陽があって――つまりはメロスの目指す方向と輝かしい夕陽とが、同じフレームに収まるように描かれて)、走るメロス。たしかに、それはきわめて印象深い場面ではある。

だが、あらためて指摘するまでもないことだけれども、そのように、印象づけたい場面に夕陽の情景を設定したり、登場人物のある種感傷的な心象をあらわすのに夕暮れを用いたりすることは、なにも「メロス」に独特のものではない。

同様の効果は、「メロス」に感動する今日の学生たちが並行して消費するアニメーション作品のなかにも、しばしば見られる。たとえば、九〇年代を画して今日あらたにリメイクすらなされるアニメーション『新世紀エヴァンゲリオン』にも、夕暮れの場面は繰り返し登場する。たとえば主人公・碇シンジが山腹を走る列車にひとり寂しく乗る場面、あるいは幼い頃に亡くなった（ことになっている）母の墓を参る場面……。

母親との別離および父親の不在（と父親への承認欲求）を主人公造形の軸のひとつとする同作品においては、主人公の孤独がしばしば夕陽の情景に投影されるのだが、最初の劇場版『THE END OF EVANGELION Air／まごころを、君に』では、クライマックスとでも呼ぶべき場面の主人公の心内描写として、幼少期の主人公が少女たちから取り残されてひとり夕暮時の砂場で砂の城を作り続ける、記憶とも捏造ともつかない情景が描かれている。

もう少し「文学」寄りの例を挙げれば、その序章で「〈夕暮れ〉に人々は、ある種の感情、情趣を覚えていた」と書く『〈夕暮れ〉の文学史』の著者・平岡敏夫は、「〈昼〉と〈夜〉といった二元論的思考ではなく、そのはざまとしての〈夕暮れ〉に視点を置こうと」したのだと言う（「夕暮れの文学」より）。だが、ここで興味深いのは、そのように夕暮れを特権化する平岡氏の手つきそのものと、同書を刊行した後あちこちの市民講座や講義で〈夕暮れ〉の文学について語る機会が多くなりかつそれらが「おどろくべきこと」に「盛況」、「聴く人も話す私も〈夕暮れ〉に飽きることがなかった」のだという受容のされかたの、それこそ驚くほどに似通っていることで、なぜだか知らねどひとびとは、とかく夕暮れや夕陽が好きなのだ。

二〇〇五年に公開されて二百万人の動員を記録、のちに失笑とともに辞任することになる時の総理大臣までが

（そういえば、『ゆうひが丘の総理大臣』という人気マンガもかつてあった）『美しい国』なる自著でその名をひいた、映画『ALWAYS　三丁目の夕陽』の歓迎されぶりを見ても、そのことはとうにあきらかなのだし、本稿をいまお読みの方々の少なくない人数が、これまでの人生のどこかで沈む夕陽に図らずも感傷的になった記憶があるに違いない（そのように書く筆者にも、むろんある）。

こうした情緒の理由についてさきの平岡敏夫は、柳田國男の「一種の伝統的不安」なる表現を引いて語っていて、柳田も記したとおり、昼の明るさから夜の暗さへと移行する「たそかれ＝誰そ彼」どきの一日二四時間における物理的条件、あるいは昼＝労働時間と夜＝休息時間といった文化的分割の移行時間帯としての夕暮れの特殊性は、たしかにあるに違いない。

だが、ならばたとえば『ALWAYS　三丁目の夕陽』が、全体としては昭和三十年代的なものへのノスタルジーを描いているにもかかわらず、そのタイトルに「夕陽」という特定の対象を設定し、そのことにひとびとが違和感を抱かずにいるのはなぜなのか。昭和の懐かしさはなにも夕暮れにのみあるわけでなく、朝の牛乳配達にも午前のラジオ番組にも、午下がりの移動図書館にも夜の白黒テレビ番組にもあっただろうに（そして実際に右映画や、原作である西岸良平「夕焼けの詩」は、夕方以外の時間帯も描いている）、ノスタルジーが「夕陽」と重ね合わせられてしまうのはなぜなのか。

夕暮れが情緒一般の投入されがちなタイミングであることと、そこに投入される情緒が均質化することは、本質的には別の問題である。そうして「メロス・ゲート」の問題は、その発端における「メロスの行為がどんなにりっぱなものか、美しいものか」というヒューマン・ドラマ的設定のされかたに始まって、主たる着目点が「立派さ」ではなく「弱さ」だとこんにち書き換えられてなお、人間性の発露として均質に教科書化される点において、さらに、受容する側の不自然なまでの疑わなさにおいては、おそらく後者とともにある。

四、「義務」教育という〝制度〟

前項末の問題を考えるため、もういちど、夕陽の情景を強く持つ「メロス」以外の作品にとりあえず戻ろう。『新世紀エヴァンゲリオン』の夕陽が主人公・碇シンジの孤独を強調し描く場面に多く用いられ、なおかつそれが父母との関係性に起因して描かれていることは前述のとおりだが、映画『ALWAYS 三丁目の夕陽』およびその続編『ALWAYS 続・三丁目の夕陽』においてもまた、主な要素として出てくるのは親子関係である。

前者は、自動車工場に住み込みで働くことになった娘「六子」と工場主一家の、そしてまた工場の向かいに住む独身の小説家と彼がたまたま預かることになった少年「淳之介」の、それぞれ疑似家族的な結びつきの物語であり、後者はその一年後、小説家と少年の結びつきを、少年の実の父親が切り離しに来る物語だ。ようは、それらの夕陽の情景はどれも、親子関係の揺らぎとともに描かれているわけで、そのことは「エヴァンゲリオン」の前述の場面にきわめて象徴的に現れている。それは以下のようなものである。

二人の少女が砂場で遊んでいる（が、その二人は人形だ）。一緒にお城をつくろう、そう誘われて少年は、彼女たちとともに砂の城をつくりはじめる。ところが夕刻、彼女たちは、それぞれ母親が迎えにきて去って行き、少年はひとり砂の城をつくり続ける……。

ここに描かれる少女たちが、映画本編で主要な位置を占める、少年と同い年の二人の娘たちであるとか、そのうちひとりは彼の母親の似姿で、もうひとりは自分の母親を自殺で失っている——といった細部はここでは措こう。いま着目するべきは、彼に孤独を（それも両親との関係に起因するそれを）再確認させる「少女たちとの別離」が、彼女たちの「母親が迎えに来る」ことによって生じている点だ。

「鍵っ子」が社会的に問題視されるようになった核家族化以降、あるいは高度成長期以降と言ってもよいのだが、彼らの「孤独」はしばしば、「迎えに来る親（主に母親）の有無」によって描かれるようになった。上記ふたつ（ないしみっつ）の物語に限らず、一九七六年に第一巻が刊行されて以降二〇冊を数える手島悠介『ふしぎなかぎばあさん』シリーズの、子供たちへの浸透ぶりにもよくあらわれているように、「子供（たち）の孤独」は、無数の物語において、同様の切り口で描かれている。ほとんど紋切型といっていいほどに。

だがそれは、描く側の怠慢や稚拙によってそうであるわけではない。現実に夕方、それも主には「「家族」でとることがスタンダードであるとされる「夕食」」の時刻を切断線として、そこには「迎えに来てもらえる子供」と「そうでない子供」、「親と一緒に食事ができる子供」と「できない子供」が発生する。描く彼らは、ある意味忠実に（ときとして誇張して）それを切り取っているにすぎない。

では、そうした状況を発生させた最大の原因とはなにか？　簡単だ。「夕方を前にして、親子が別々にいる」ことである。

今日の私たちの常識からすれば、右の回答はほとんど頓智のようにしか見えまいが、むろんそれは冗談などではない。迎えに来てもらえる子供とそうでない子供が生じるのは、そもそも子供と大人のコミュニティが切断されているからであり、子供と親とが終日いっしょにいるような社会では切断そのものがありえない以上、そのような差別化もまた生じない。

前述の平岡敏夫が参照したのと同じ柳田國男をめぐって、柄谷行人は、『日本近代文学の起源』のなかで以下のように言っている。「子供としての子供はある時期まで存在しなかったし、子供のためにとくにつくられた遊びも文学もありはしなかった。そのことをはやくから洞察していたのは、柳田國男である」。「近代日本の教育にかんして、その内容がいかに問題にされても、すこしも疑われていないのは、義務教育制度そのものである。何がどこでどのように教えられるかではなく、この学制それ自体が問題なのだが、教育論はすべてこのことの自明性の上に立っている。（……）このような教育概念の自明性を疑ったのは、やはり柳田國男だった」。

同書の議論は、ルソーやフロイトあるいはフーコーを参照しつつそもそも「児童」や「成熟」といった概念がいかに歴史的かつ制度的なものであるかを証だてているのだが、それらについてここで参照することはしない。「メロス」をめぐる本稿の議論において重要なのは、夕陽や夕暮れに今日しばしばわたしたちが投影する「子供たちの「寂しさ」」が「大人と子供」という分割を必須の条件とするとき、そもそもその分割自体が歴史的かつ制度的なものであることだ。

なぜならば、それこそが「メロス・ゲート」の根本原因だからである。

夕陽ないしは夕暮れがひとびとに生ぜしめる情緒が、平岡敏夫が引く箇所の柳田國男のように、たんに「一種の伝統的不安」ゆえであるならば、それは必ずしも広範囲に一般化するとは限らない。そもそもそれが「伝統」である以上、時代とともに濃くなりもすれば薄くなりもするだろう。「伝統」は通時的な属性であって、それ単独では共時性について働きかける要因を持ちえないからだ。

だが、「メロス」をめぐるここまでの思考において本稿が問題としてきたのは、通時性とともにその共時性、つまり、ある時期以降その作品だけが、偏って広範囲の教科書＝中学校教育に重用され、〇八年現在、主として採用されている五つの中学二年の国語教科書すべてに掲載されていることであり、そこで夕陽によって喚起されてしまう情緒を、学生（生徒）たちも教員たちも、それを疑わずに見えることであったはずだ。

言い換えればそれは、なぜひとびとは夕陽ないしは夕暮れを、特定の（つまり、夕食どきに親に迎えに来てもらえない子供の）情緒として、ひとしく受けいれてしまうのか、という問題でもあるわけだが、そのように置き換えれば答えはこれまた簡単である。それは、今日この国で育った者の誰もが、「迎えに来てもらえる子供」と「そうでない子供」を発生させるに十分な、大人と子供のコミュニティの分割、つまり「制度としての学校教育」を経験／通過してきているからだ。それが「義務」教育である以上は。

五、メロスはなぜ夕暮れを目指すか

明治のある時点以降のこの国において、そこに属する者は、誰もが「義務」として一定期間の学校教育を受けてきた。昼間は子供だけのコミュニティに赴き、夜には家族のコミュニティに帰る――そのようなコミュニティ間の「移動」を、誰もが当然のように課され経験してきたのである。

とすればその過程で、ほとんどの「子供」が、親に迎えに来てもらえたりもらえなかったり、またそこで生じる「寂しさ」を（ときに、自分がその寂しさを感じずに済んだことへの安堵とともに）、自分のことであれ同級生のことであれ、経験してきているに違いない。

そこから除外されるのは、そもそも「迎えに来る親を持たない（持てない）子供」や「預けられた子供」であって、『ALWAYS　三丁目の夕陽』や「続」のような物語は、原作者や製作者の意図するとしないとにかかわらず、そうした環境にいる者たちへの、そうでない者たちによる、ほとんど「優越感」や「差別意識」と呼んでよいものによって下支えされている。「六子」や「淳之介」あるいは「碇シンジ」に向けられた観客たちの情緒が、そうした優越感や差別意識とはまるで無縁の徹底した「善意」や「同情」によっていたとしても、彼らの寂しさが「夕陽」を背景に描かれるかぎり、それらは「迎えに来る親のいる（いた）子供としての「私」」を標準として設定し消費されずにはいない。

そしてその意識は、繰り返すが、「大人と子供の分割」を、欠くことのできない前提として成立している。逆の言い方をすれば、そのような前提が共有されているからこそ、『新世紀エヴァンゲリオン』の夕陽の場面や『ALWAYS　三丁目の夕陽』の物語に、そして「走れメロス」のあの夕陽の情景に、多くの読み手や観客たちが無防備に感情移入してしまう状況が作り出されてしまうのだ。

誰もが「わかる」と思い、誰もが「感動」してしまう（というのはいささか誇張だけれど、少なくともその情景を荒唐無稽には感じない）、その根底には、「誰もが」経験させられている「義務」＝制度があるのである。

ここまでくれば、「メロス・ゲート」の生じた理由は、もはや明らかと言っていい。それがたとえば、『ALWAYS 三丁目の夕陽』のような、ある種あざといまでに消費社会的なコンテンツ（実際それは、テレビのキー局、全国紙新聞社、大手出版社といった、きわめてマスなメディアを広告代理店が組織した「製作委員会」によってつくられている）以上に、広範囲かつ長期間に渡って用いられ、実際に効果を上げているのは、それがこの国の（に限らないが）「義務」教育制度と、きわめて密接な共犯関係にあるからである。

そこで謳われた「正義と友情」あるいは「人間の弱さ」なるコンテンツの内容以上に、「夕陽」をバックにそれらのイメージの投影される構造こそは、義務教育下にある中学生と、義務教育を職務としている教員たちに（それ以上に、教科書をつくる者たちに）対して、彼らの自覚的な意図とは無関係に、彼らの存在様態を肯定してみせているのだ。

メロスの約束する帰着時刻は、本来ならば、必ずしも夕方でなければならない理由はない。ましてやメロスに懇願された側である王が、虜囚ごときの指定する時刻を、親切に鵜呑みにしてやる理由もない。王は、自分が昼寝に入る前の午後三時にそれを変更させてもよかったし、「シンデレラ」をはじめとする昔話のように、キリよく深夜十二時にそれを設定させてもよかっただろう（なにしろオリンピックの開会式までが、主たる消費国であるアメリカやヨーロッパの生活時間にあわせて設定されるのだから）。少なくとも、太宰治はそのように書くことはできたはずだ。

けれども、そうでなかったからこそ、「走れメロス」は今日、義務教育の中学二年国語をほぼ全制覇するように、主要五社の教科書すべてに載っている。メロスの目指して走る時刻が午後三時や深夜十二時だったなら、ましてや生徒たちも教員も眠い目をこする午前七時などであれば、彼らの共感も、さほどに得られなかったに違いない。

だがそれは日没時刻、義務教育を経験した（している）誰もがふたつのコミュニティ間の移動を象徴的に投影する時間帯に設定されていて、そこに感情の針が振れることには、なんの論理的説明もいらないのだ。「夕陽」に向かって走るメロスの姿は、夕陽に無防備な子供たち（あるいはそれを教える大人たち）に、きわめてスムーズに受けいれられてゆくことだろう。「迎えに来てもらえる子供」と「そうでない子供」のどちらに自分が（あるいは自分の友人が）含まれるかの必死と緊迫を無意識のうちにも経験した子供たちは、日没に間に合うかどうかのメロスの必死と緊迫を、容易に共有する（共有したかに思う）だろう。

誰にとっても物語のキー・ポイントがこれほど明確で、そこにこれほど強い説得力を持つ情景設定が、ほかに存在するだろうか。そのうえさらに、夕陽への思い入れを再強化する「メロス」の物語は、夕暮れどきに切断線を持つ近代の義務教育制度とその下での「子供と大人」「学校コミュニティと家族コミュニティ」の分割をも、無言のうちにくっきり重ね塗ることになるだろう。

「走れメロス」の物語は、だから、義務教育下の国語科目に、きわめて適していたのである。

六、〝抵抗〟としての「テクスト」もしくは「テクスト論」

「メロス・ゲート」の真犯人と呼ぶべき構造は、すでに明らかになった。ではそこに、いかに「テクスト論」が介入しうるのか。

その目的が、近代義務教育制度が無言に強いるものやそれに無自覚に依存することと、それを読む者たちとの切断にあることは言うまでもない。とはいえ、「教育論はすべてこのことの自明性の上に立っている」とまで言われ、「すこしも疑われていない」とされる義務教育の制度内で、あるいはすでにその制度を自明のものとして経験してきてしまった／しつつある私たちに、いかにしてその無言と無自覚とをすり抜けることができるのか——いちばんたちの悪い制度は、その中にいることによってその制度自体の存在すら忘れてしまう、そのような制度ではなかったか。それこそが、「制度」と呼ばれるものの特質であり強みでありはしなかったか。

むろんそれはその通りである。だが、内部からそれに気づくことが困難でも、外部から入るひび割れはある瞬間、完全犯罪や洗脳の場となるはずの密室に、私たちと制度との関係に、つまりは「この私」そのものに、かすかな亀裂を生ぜしめる。

いや、より具体的に言うならば、「走れメロス」そのものには、すでにそうした亀裂の可能性が書き込まれているのだ。それが、冒頭で引用したあの奇妙な数行およびそれにつづく一節である。

「間に合う、間に合わぬは問題ではないのだ。人の命も問題でないのだ。私は、なんだか、もっと恐ろしく大きいものの為に走っているのだ。ついて来い！　フイロストラトス」

「ああ、あなたは気が狂ったか。それでは、うんと走るがいい。ひょっとしたら、間に合わぬものでもない。走るがいい。」

言うにや及ぶ。まだ陽は沈まぬ。最後の死力を尽して、メロスは走った。メロスの頭は、からっぽだ。何一つ考えていない。ただ、わけのわからぬ大きな力にひきずられて走った。陽は、ゆらゆら地平線に没し、まさに最後の一片の残光も、消えようとした時、メロスは疾風の如く刑場に突入した。間に合った。（同）

「間に合う、間に合わぬ」や「人の命」といった出来事（要素）は、徹底して「メロス」の物語内の要素である。

そうして物語の内にあるかぎり、「ちょうど今、あの方が死刑になるところです。ああ、あなたは遅かった。おうらみ申します。ほんの少し、もうちょっとでも、早かったなら！」や「やめて下さい。走るのは、やめて下さい。いまはご自分のお命が大事です」と並走するフィロストラトスが嘆ずるとおり、問題なのは日没であり、セリヌンティウスの命であるはずだ。

だからこそ、物語に忠実なフィロストラトスは、「もっと恐ろしく大きいものの為に走っているのだ。ついて来い！　フイロストラトス」と昂ぶる主人公に対し、「ああ、あなたは気が狂ったか」と指摘せずにはいられない。

しかし一歩引いて見るならば、メロスの執着する「もっと恐ろしく大きいもの」あるいは彼が引きずられているという「わけのわからぬ大きな力」こそ、読まれる者としての彼（メロス）が、そして私たちが直面している「制度」そのものである。あまりに当たり前のことだけれども、「制度」はそれが私たちの思考にア・プリオリに組み込まれているがゆえに、ただ思考することでは見えづらい。

ならば心頭滅却、頭を空にして……とはさすがに牽強付会だが（とはいえ、「メロスの頭は、からっぽだ」という一文は、それ自体七五調の「制度」を皮肉ってはいまいか）、すくなくとも右の二箇所の無視しようがない違和感にちゃんと気づいて「それってなんだよ」とか「ワケわかんねえよ」とツッこむことができたなら、私たち読み手は、メロスにではなくフイロストラトスに、少なくともより多く感情移入することができるはずだ。

そうしてひとたび正気に返った私（たち）は、作品冒頭で怯える老人に告白を強いるメロスの独善や（見知らぬその青年が、密告を奨励する王のスパイでないと誰に言えるだろう。いや、そう考えるほうがよほど自然というものだ）、買い物籠に短剣ひとつで王城に突入してゆく彼のキッチュな「ヒーロー」ぶりをはじめとして、三流テロリストなみに無計画なナルシシスムとヒロイズムに、そのくせひとたび王が睨めば情けなく丁寧語になるヘタレ感に、さらには妹とその夫に対する滑稽なほどの「アニキ」ぶりに……と、いくらでもツッコみを入れることができる。また他方、深夜にひとを呼び出し無理難題を押しつける「ドラえもん」のジャイアンさながらのメロスの横暴に、おそらくはこれまでの人生も、そしてまた人生最後になるかもしれないこのいまも耐えて生きるセリヌンティウスの姿にこそ、真の「友情と正義」を見いだすこともできるだろう。彼のことを思えば少なくとも、メロスの「激走」に感動したり、彼の振る舞いにやすやすと、「正義」と「友情」の麗しき呼び名を与えることなど、よほど「頭がからっぽ」でなければできはしまいから。

そのような亀裂が、太宰の「走れメロス」には、あらかじめ書き込まれている。「不自然さをみないこと」が不自然であるほどに、それは全編を通じて繰り返し、くっきりと書き込まれている。にもかかわらず私（たち）がそれを発見しがたいのは、「物語の表層」に囚われているからだ。

物語はつねに自動化し習慣化し、私（たち）を押し流してゆく。それに抗うには、蓮實重彥流にいえば「あらゆる記号の意味を目覚めさせる」べく個々の細部＝真の表層にほとんど荒唐無稽なまでの新たな意味を付与することであり、新城カズマ流にいえばテキストに対して「邪推する権利」を行使することであって、つまりは誤読の自由を（しかし同時にその無力を）宣言するしかない。

「物語の表層」は、小説そのものの内に（限らず、あらゆる場所に）動かしがたく存在する。しかしそればかりでは足りないと感じるとき――つまりは、眼前の世界がつねになんらかの表層とともにそこにあり、しかしその表層は決して、出来事そのものを表象してなどいないと私（たち）が日常のなかで実感するとき――、「ほんとうは」とか「内心では」といった、表層とは別の階層が導入される。

その意味で、すべての「行間」は読まれるべきだが、そのすべては、優先順位はあるとしてもどれも等価に誤読であって、そこから折り返すようにして、出来事が私（たち）に見せる表層つまりは私（たち）が「出来事」と捉えていることもまた、「事実」などありはしないというただひとつの「事実」が浮かんでくる。テクスト論が（テマティックが、と言ってもいいが）機能するのは、そのような認識の生ずる場においてである。

じつはそのような「読者」の姿も、「メロス」にはすでに書き込まれている。さきほどから私（たち）の前で懸命にメロスに伴走している、哀れなセリヌンティウスの忠実な弟子、フィロストラトスがそのひとだ。

彼はメロスの姿を追って走る。私（たち）が作中のメロスの姿をずっと追ってきたように。彼は誠実なセリヌンティウスの不遇を訴える。私（たち）が作品を読みながらメロスに対して言いたかったように。彼は物語の時間進行を知り、メロスは間に合うはずがないと思う。私（たち）もまたそう感じるように。彼はメロスの言葉の狂気に気づく、私（たち）が読んで驚くように……そうして彼は、メロスが走るのを止める術がないことを諦める、「ひょっとしたら、間に合わぬものでもない」と自分に言い聞かせながら。私（たち）にも、言うまでもなく、メロスを止める術などありはしない。

私（たち）にできるのは、走るメロスを、そしてメロスを描いた物語が進んでゆくことを、ただ眺め、追い、しかしそこに自身の「認識」を投入し書き換え自分自身をも更新してゆく――そうした意味でフィロストラトスとは私（たち）のことであり、ならば太宰の描くメロスの姿とは、「走れメロス」の物語それ自体の写し絵でもあるに違いない。

補

ここまでで、「走れメロス」をめぐる話は、ほぼ終わりである。補足として、細部への注視を知ったあとの学生に、「メロス」の世界がどのように映ったか、或る学生のレポートの一部を引用して終わろう。まったく情緒的でなどなく「国語」教育からも乖離しているが、そこにはたしかに彼女の「発見」がある。

むろん彼女は自身の発見したことを、百パーセント信じてなどいまい。しかし同時にもはや彼女は、メロスの物語もそこで教えられた事柄も、信じきってなどいないだろう。たしかなのはただ、彼女がそのようにして、「メロス」に関して誰からも聞いていなかっただろうことを（しかしそれは「メロス」に書かれていた事柄から、誰もが導き出せるはずのことでもある）、彼女自身の手によって、「発見」したのだというアクションの事実であり感触の記憶である。それこそが「読んだ」ことなのだという一点について、もはや議論の必要はあるまい。


（……）王の「3日目の日没までに帰ってこい。」というセリフから、3日目にメロスが家からシラクスの処刑場まで実際に走ることのできる時間、日の出から日の入の間、すなわち日照時間はどれくらいであったかを計算してみた。シラクスことシラクーザは北緯37度5分、東経15度17分に位置しており、海抜17メートルとなっている。また作中の季節は初夏ということなので月間平均気温23度の5月頃と仮定した。以上の条件の計算から、5月の平均的な日の出時間は約4時53分頃、日の入は約19時03分頃、日照時間は約14時間20分であることがわかった。これがメロスに許された走行時間である。

以上をふまえて時間軸にそってメロスの動きを追ってみる。（……）村に到着したのはあくる日、王に許された3日間のうちの1日目のほぼ真昼（12時頃）である。家に着き結婚式の準備を調えると深い眠りにつき、眼が覚めたのはすでに夜（19時03分以降）になっている。起きてすぐ花婿の家を訪れて結婚式を明日にしてほしいと頼みに行くが「明日」という発言からまだ2日目になっていない、つまりメロスは19時から24時までの5時間のどこかで目を覚ましていることがわかる。そこから頑強な花婿を説き伏せるために夜明け（4時53分頃）まで、最短5時間、最長10時間の議論大会を繰り広げる。結局2日目の真昼に結婚式が行われることになったが、花婿もメロスも寝不足である。

2日目の真昼、新郎新婦の神々への宣誓が済んだころから空模様が怪しくなり始め、「車軸を流すような大雨」が降り始める。この大雨がのちにメロスの行く手を阻む川の氾濫につながるわけであるが、前述したようにこれはシチリア島での話である。シチリアは地中海性気候であるため、夏は乾燥し、冬に偏西風の影響を受けて一定量の雨が降る地域である。5月の平均月間降水量は10ミリ、最も気温が高くなり降水量が1年を通して最も少ない7月は1・2ミリ、最も降水量が多くなる12月で79・8ミリである。日本には記録的豪雨で1時間に100ミリ近く降ったことが過去に何度もあるが、この地域で夏に大雨になることは異常なことなのである。異常気象、記録的大豪雨である。結婚式どころではない。村人たちは祝宴に列席しているどころではない。「人々は、外の豪雨を全く気にしなくなった」とあるが、これはちょっと無理がある。実際のところは内心ヒヤヒヤもののはずだ。自分の家や家畜が心配で途中退室した者がいてもおかしくない。また、こんな豪雨であったことを忘れてのんびりと準備し、出発した3日目のメロスの行動にどうしても疑問を抱いてしまう。

このような疑問を持ちつつも話を追ってみる。メロスは新郎新婦にお祝いを言い、羊小屋にもぐり込んであくる日（3日目）の薄明の頃（夜明け前、4時53分前であたりがうっすらと明るくなるころ）跳ね起きる。時間がたっぷりあるからと余裕顔で悠々と身支度をし、「ぶるんと両腕を大きく振って、雨中、矢の如く走りでた。」とある。仮に1時間かけて身支度したとして6時に家を出たとすると日の入の約19時03分頃まであと13時間ほどある。飛び出た故郷への未練から立ち止まりそうになりながらも走り続け、隣村についたころにはほぼ真昼になっている。ここまで来ればもう大丈夫とのんきになり「ぶらぶらと歩いて2里行き3里行き、そろそろ全里程の半ば（5里つまり約20キロ）に到着した頃」川が氾濫しているのを見て愕然とする。メロスは川までの道のり約20キロを約6時間かかっているのでここまでの速度は約20キロ÷約6時間（道のり÷時間）から時速約3・33キロ、毎分に直すと55・55メートルしか進んでいないことになる。前日の花婿との議論が響いているのか、遅い印象を受ける。

濁流を目の前にメロスは泳ぎ切るより他にないと息巻いて川に入る。「きのうの豪雨で山の水源地は氾濫し、濁流滔々と下流に集り、猛勢一挙に橋を破壊し、どうどうと響きをあげる激流が、木端微塵に橋桁を跳ね飛ばして」いる川に飛び込んで流されずに生きていることが不思議でならない。水泳のオリンピック選手でも間違いなく流されてしまうだろう。これが物語である以上主人公が流されて死んでしまっては元も子もないのだが、かなり無理がある設定である。しかし、見事に自然の脅威をも克服したメロスは一気に峠を上りきりほっとするが、今度は山賊が出てくる。笛を吹き、羊と遊んで暮らしてきた牧人とは思えない機敏さであっという間に殴り倒し、また一気に峠を駆け下りるが、ついに立ち上がれなくなってしまう。そこから延々とメロスの不貞腐れたモノローグが続く。水を一口飲んでもう一度走る気になるが、気付けばほとんど日は傾いている。一体何時間不貞腐れていたのだろうか。川を目の前に呆然としたのが真昼、渡りきった頃には日は西に傾きかけ、もう一度走る気になった頃には斜陽の赤い光が樹々を照らしている。この時点でだいたい17時くらいだろうか。もしかしたら2、3時間は横になっていたかもしれない。ゆっくりしすぎである。セリヌンティウスがメロスを疑っても仕方のないことだ。

今までウダウダしていたのが嘘のように再び走り出す。シチリア島の地図を見る限り野と山を越えてしまえばあとは平地なのできっと今までよりも走りやすくなるだろう。しかし「少しずつ沈んでゆく太陽の、10倍も早く走った。」とあるが、誇張しすぎである。シラクス地点での自転速度は、北緯37・1度（37度5分）線÷地球の自転周期（23・9545時間）からもとめられ、時速約1330キロだとわかる。

その10倍早く走ったとすると、時速1万3300キロということになる。迫り来る約束の時間や速く走っていることを表現したかったのだろうが、「10倍」という具体的な数字をだしたことは失敗だったのではないだろうか。冷静に考えてまずありえない。時速1万3300キロくらいで走っているつもりのメロスにセリヌンティウスの弟子・フィロストラトスは並走し、もうやめろと言うが、「私は、なんだか、もっと恐ろしくて大きいものの為に走っているのだ。」と振り切り、まさに日の光が消えようとした瞬間、処刑場にたどり着く。太宰オリジナルの殴りあうシーンがあり、セリヌンティウスは助かり、王は改心し、メロスは許されてハッピーエンドで物語が終わる。

メロスは約40キロの道のりを日の入までの時間いっぱいを使って処刑場にたどり着く。約40キロ÷約13時間から、平均時速約3・07キロ、分速に直すと約51・2メートルである。現代と違って道が舗装されていないため悪路であった可能性は高いが、やはり遅い。本当は歩いていたのではないだろうか。太宰の流れるような文体に見事に騙されていた。

そして「私は、なんだか、もっと恐ろしくて大きいものの為に走っているのだ。」と言い放ったメロス。もっと早く処刑場に行こうと思えば行けたはずであった。それを時間いっぱい、ぎりぎりになって滑り込む姿はエンターテイナーを彷彿とさせる。人間不信の王を、処刑場の観客を、親友の到着を待っているセリヌンティウスを、そしてメロスからは決して見えないはずの読者の「期待」を背負ってメロスは走ったのだ。疲労困憊でぎりぎりになって到着した方が確実に見ている者たちは感動する。自分の命を賭けて人々を感動させたメロスはエンターテイナーとしては最高である。しかし、人としてそれはどうなのだと思うところが多々あり、そこは共感しづらい。

今一度違った視点で読み直すとこの短編の中に無理やり詰め込んでいることがわかる。やっとのどの奥に刺さったままの小骨がとれた。

（郷　妙江〔ごう・たえ〕一九八七年生／早稲田大学第二文学部）

〈語り／騙り〉としての『山月記』

――「欠ける所」と漢詩への欲望、あるいは李徴は「変化(へんか／へんげ)」したか？

高木　信

一、語り手と語り手を批評する語りと――《「語り／騙り」＝カタリ》――

現在、教科書に収録されることの多いテクストについて何か語ろうとするとき、つねに参照される研究者がいる。〈田中実〉である[注1]。〈田中実〉は、何でもありの〈読み〉を「えせ読みのアナーキー」「和風テクスト論」と批判した。そのことは、高木［2001］と共有できる側面も多い。しかし、〈田中実〉理論を神聖視し、「テクスト論」と呼ばれるもの、自称するものは、それだけで「許すべからざる悪」（『羅生門』（五八頁））であるかのような論調がある[注2]。〈田中〉理論とテクスト論が「意外に近い地点になっていることになるはず」（p.68）とした篠崎［2008］の指摘を受け止めつつ、〈田中〉理論に依って立つ国語（文学）教育と、本稿が捉えるテクスト論との類似性および差異性とを考えながら、中島敦『山月記』（一九四二年）を読んでいきたい。

まず、直接には『山月記』論とは関係ないものの、芥川龍之介『蜘蛛の糸』（一九一八年）を対象とした齋藤［2005］の非常に重要かつアクロバティックな分析を参照しよう。テクスト論的な読みと〈田中〉理論による文学教育的読みとの共生可能性が見えてくると思うからである。

御釈迦様は極楽の蓮池のふちに立って、この一部始終をじっと見ていらっしゃいましたが、やがて犍陀多が血の池の底へ石のように沈んでしまいますと、悲しそうな御顔をなさりながら、またぶらぶら御歩きになり始めました。自分ばかり地獄からぬけ出そうとする、犍陀多の無慈悲な心が、そうしてその心相当な罰をうけて、元の地獄へ落ちてしまったのが、御釈迦様の御目から見ると、浅間しく思召されたのでございましょう。／しかし極楽の蓮池の蓮は、少しもそんな事には頓着致しません。その玉のような白い花は、御釈迦様の御足のまわりに、ゆらゆら蕚を動かして、そのまん中にある金色の蕊からは、何とも云えない好い匂が、絶間なくあたりへ溢れて居ります。極楽ももう午に近くなったのでございましょう。（二四六頁）

有名な『蜘蛛の糸』の最後の場面である。生前の悪行ゆえに地獄に堕ちた犍陀多は、御釈迦様に生前の「蜘蛛を助けた」行いを認められ、極楽へ昇る蜘蛛の糸を一本垂らしてもらえる。しかし地獄の亡者たちも蜘蛛の糸を伝って極楽へ行こうとしたため、糸が切れそうになる。犍陀多が「「こら罪人ども。この蜘蛛の糸は己のものだぞ〔中略〕下りろ。下りろ」と喚」（二四五頁）いた途端、糸が切れてしまい、地獄の底へ落ちていった。

齋藤論文は、《犍陀多は自己中心的に自分だけが助かろうとしたから蜘蛛の糸が切れたのだから、自己中心はいけない》というのは「道徳主義的な読み方」（p.184）だと言う。また、そのような読み方を脱構築する読み方が、《誰でも犍陀多の立場になったら同じことをするだろうに、それをじっと見ているだけで、そのあと「浅間しく」思って「ぶらぶら」歩いていく御釈迦様が冷たい》というものだとする。齋藤論文はこの二つの読み方をともに傍観者的なものとして退けて、「罪人ども」と罵る犍陀多も、犍陀多を極楽から見下ろしている御釈迦様も、ともに自己のあり方を問い返すことのない存在であり、語り手がそれを批評的に――御釈迦様に敬語を使用することで示される心的距離感や、「ぶらぶら」という語によって御釈迦様の気まぐれを表出している点など——捉えているとする。

ではこのテクストの語り手はどのような位置にいるのか。齋藤論文は波線部に着目する。「しかし極楽の蓮池の蓮は」「頓着」しない。一方で犍陀多や御釈迦様は「頓着」している、ことが、逆説的に露呈される。同時に、〈「頓着」している／していない〉ことに「頓着」しているのは語り手も同様であることが浮上する。

これを図式で表すとつぎのようになるだろう。

読みによって更新されたテクスト

テクスト

犍陀多＝自己のあり方を問わず地獄からの脱出に「頓着」し、他の罪人を見下す
御釈迦様＝自己のあり方を問わず、犍陀多を「浅間しい」と思うことに頓着する
↔
蓮の花＝「頓着」しない

語り手＝犍陀多と御釈迦様を批評することで「頓着」している
⇐変容
〈語り手〉＝「頓着」しない者の存在を感知することで、自己の
あり方を問わざるをえなくなる

犍陀多や御釈迦様に無自覚のうちに「頓着」していた語り手は、「頓着」しない蓮の花に気づくことで、自分も「頓着」していたことを認識し、自己批評可能な〈語り手〉へと昇華される。

齋藤論文は、テクストの語り手を固定化・絶対化しない、信じ込まないことによって、ダイナミックな語りの構造、語りの倫理を読み取っている。田中［2008］が目指すような「語り手の自己表出」を分析したものであり、かつ語り手が絶対的存在でないこと、語り手が変質する存在であることを示した好論である。脱構築的批評とかテクスト論的読みとか言っている分析の多くは、物語内容――〈田中〉理論のいう「物語」は物語内容を指していると思う――の分析に終始していた感があるのだが、語り手の語り方・立ち位置をも含めて分析していこうとしている齋藤論文は、まさに本書の求める〈テクスト論〉的分析と言えるだろう。

高木［1993］において、イデオロギーにのっとって一義的な意味を産出しようとする〈語る主体〉に対し、語られていること自体（あるときには語らないこと自体）によって〈語られていること〉を相対化する〈騙り〉がテクストに内在していることを示し（騙る主体の生成）、〈語り／騙り〉を可能とするのが、これらを包括的にカタル存在、つまり〈カタル主体〉であるとした。齋藤論文がテクストの線状性のなかで語り手の相対化を示す傾向にあるのに対して、高木論文はテクストの多声法的語りに重心を置いたという違いが認められるかもしれないが、「語り」の一義性を別の「騙り」から相対化しようとする点には、共通項がある。

そのような意味で、〈田中〉理論と本稿の目指すテクスト論は意外と近いところにある。違いは、意味を生み出す場所についての見解であろう。時代、地域、階層によって〈読み方〉が違う以上、〈読み方〉はどこまでも享受者をとりまくイデオロギー、解釈共同体との関係で捉えるべきである。〈田中実〉は最初から意味を生み出す場所として「第三項としての本文」を担保している点が、大きく違う。これは「解釈学」的問題として別に論じるべきであろう。

本稿では「語り手」「語り方」の分析に重心を置く。問題点が多岐にわたる『山月記』であるので、ここでは李徴の漢詩について、そして「欠ける所」について考察する。そして、虎に〈変身＝変化〉したあとの李徴は人間性を持ちえたのだとする国語教科書的な〈成長＝変化〉譚的な読みの妥当性を考えてみたい。それは同時に、なぜ「〈成長＝変化〉したのか？」という問いを立ててしまうのかを考察することにもなるだろう。

二、李徴と語り手（甲）と〈語る主体〉と——語りの枠組み——

まずは語りの枠組みをみていきたい。田中［1994a］が正しく指摘しているように、『山月記』は地の文の語りと李徴の語りが連続的に存在しているので、その語りのあり方の分析抜きでは、物語内容の分析は可能であっても、『山月記』というテクストの分析にはならない。

物語内容にしたがって『山月記』を二十二の断片（セグメント）に分け、地の文の語り手（田中［1994a］にならい語り手（甲）とする）と、李徴が語り手である場合を、語り手・李徴として以下に示していく。

①語り手（甲）＝「〔李徴は〕性、狷介（けんかい）、自ら恃（たの）む所頗（すこぶ）る厚く、賤吏（せんり）に甘んずるを潔しとしなかった」（二七頁）→李徴についての説明。以下、李徴の内面を語りながら、李徴が虎へと変身するまでを描写。

②語り手（甲）＝翌年、虎となったと語る李徴と袁傪の邂逅。「「あぶない所だった」」（二八頁）と語る李徴（発話括弧（「」）あり）。「袁傪は聞き憶えがあった」「恐怖を忘れ」「懐かしげに久闊（きゅうかつ）を叙（じょ）した」（二八〜九頁）と袁傪の内面を語る。「李徴の声が答えて言う」（二九頁）

③語り手・李徴＝虎となったことを語る。地の文と同じく発話括弧なし。

④語り手（甲）＝「後で考えれば不思議だったが、其の時、袁傪は、この超自然の怪異を、実に素直に受容れて、少しも怪しもうとしなかった」（二九〜三〇頁）→語り手（甲）と袁傪の内面表出の融合。「草中の声は次のように語った」（三〇頁）

⑤語り手・李徴＝一年前に虎に変身したことや理由もわからずに押しつけられたものを受け取って生きていくのが生き物の定めだと語る→虎になった理由（α）（＝分からない理由）。発話括弧なし。

⑥語り手（甲）＝a「袁傪はじめ一行は、息をのんで、叢中の声の語る不思議に聞入っていた。声は続けて言う」（三二頁）
⑦語り手・李徴＝漢詩への思いの吐露
⑧語り手（甲）＝b「袁傪は部下に命じ、筆を執って〔中略〕書きとらせた〔中略〕しかし、この儘では、第一流の作品となるのには、何処か（非常に微妙な点に於て）欠ける所があるのではないか、と。／旧詩を吐き終った李徴の声は、突然調子を変え、自らを嘲るが如くに言った」（三二頁）
⑨語り手・李徴＝「詩人に成りそこなって虎になった哀れな男を」「嗤って呉れ」（三三頁）と言う。発話括弧なし。
⑩語り手（甲）＝c「(袁傪は昔の青年李徴の自嘲癖を思出しながら、哀しく聞いていた)」（三三頁）←袁傪の内面は（　）で示される。語り手・李徴⑨・⑪に介入するかのように記される。
⑪語り手・李徴＝即興の漢詩を述べよう。「曾ての李徴が生きていたしるしに」（三三頁）。発話括弧なし。
⑫語り手（甲）＝「袁傪は又下吏に命じて之を書きとらせた。その詩に言う」（三三頁）
⑬語り手・李徴＝即興の漢詩の提示。
⑭語り手（甲）＝時の移り変わり。「時に、残月、光冷やかに」「李徴の声は再び続ける」（三四頁）
⑮語り手・李徴＝「何故こんな運命になったか判らぬと、先刻は言ったが、しかし、考えように依れば、思い当たることが全然ないでもない」（三四頁）→虎になった理由（β）（＝己の内心に相応しい外形＝獣へ変身した）。発話括弧なし
⑯語り手（甲）＝時の移り変わり。「漸く四辺の暗さが薄らいで来た」（三五頁）
⑰語り手・李徴＝「別れを告げねばならぬ。酔わねばならぬ時が、（虎に還らねばならぬ時が）近づいたから」
⑱語り手（甲）＝「と、李徴の声が言った」（三六頁）。語り手・李徴⑰・⑲に介入。

⑲語り手・李徴＝「妻子のこと」を頼む（彼らにこの事実を言わず、生活を支えてほしいと要請）。発話括弧なし。
⑳語り手（甲）＝「言終わって、叢中から慟哭の声が聞えた〔中略〕先刻の自嘲的な調子に戻って、言った」（三六頁）
㉑語り手・李徴＝「本当は、先ず、此の事の方を先にお願いすべきだったのだ、己が人間だったなら」（三六頁）。虎になった理由（γ）（＝妻子のことよりも自身の漢詩を重視するような男だから）。発話括弧なし。
㉒語り手（甲）＝虎の描写。しかし「そうして、附加えて言うことに〔中略〕自分に会おうとの気持ちを君に起こさせない為であると」という発話括弧なしではあるが、李徴の発話を語り手（甲）が語り直す箇所がある。

発話を示すカギ括弧（「　」）の有無によって、語り手（甲）と語り手・李徴を分けてみたが、純然たる語り手が二人いると明確には言えなさそうだ。というのは、語り手・李徴の発話③・⑤・⑦・⑨・⑬・⑮・㉑の直前、あるいは⑰と⑲の場合はその間には、李徴の発話への移行を示す、「声は続けて言う」などの表現があるためである。発話括弧が付されていないものの、「李徴は……と言った」式の直接話法的表出と言えよう。それは断片②の「人間の声で〔中略〕呟くのが聞こえた」（二八頁）と相同の語り方であろう。つまり、語り手・李徴と語り手（甲）の発話はともに発話括弧なく示され、テクストの表面上では読者に対して対等な語りであるかのように見えるが、テクスト中に対等な存在としてあるとは言い切れないのである。語り手・李徴の一人称小説のような語りを部分的に展開しながら、その李徴の語りは、語り手（甲）のように読者に向けて語られるのではなく、まずは登場人物である聞き手・袁傪にむけて語られるものなのである。

『山月記』は、語り手（甲）が読者に向けて語るのであるが、その語られる話題は、語り手（甲）が語る部分と、語り手・李徴が語る部分から成り立っている。

『山月記』＝〈語り手（甲）―話題―聞き手（＝読者）〉

＝

語り手（甲）による語り部分（たとえば断片①や②のような）

＋

李徴の語り＝〈語り手・李徴―話題―袁傪〉（李徴による語り部分）

『山月記』は、〈話者―話題―聞き手〉というコミュニケーション図式を重層的に内在化したテクストとして構造化されている。そして三谷［1996］が指摘するように、語り手（甲）＝袁傪が、李徴の語りを聞くのであり、袁傪が焦点人物として設定されることで、読者は袁傪を窓口としてテクストの世界に参入する（断片②を参照）［注3］。

『山月記』は、語り手（甲）と袁傪はともに李徴の語りを聞き、共犯的に解釈をし、読者は袁傪と同じ位置から李徴の語りを聞くという構造を持つものとして、語り手（甲）が表象＝代行（リプレゼンテーション）したテクストなのである。ただし、表象＝代行されたテクストを媒介し、間接的に李徴の語りを聞くという構造の中で、読者の情報量は常に、語り手（甲）や袁傪よりも少なく、不均衡がある。

ところで、語り手・李徴は、語り手（甲）の語りの内側にありながらも、一人称語りの位相を付与されることで、語り手（甲）から自律的であるかのように見える。さらに李徴の内面（発話）は、直接話法的に提示され、（ ）で表出される袁傪の内面とも区別されることで、語り手（甲）や袁傪の解釈を経由したものではなく、語る本人・李徴のみが表象できる（李徴にしか表象できない）ものと思えるようになってしまう。だが実際読者は、李徴の告白を、語り手（甲）や袁傪の解説を含む表象＝代行を通じてしか、受容できない。その意味で、読者は語り手（甲）や袁傪の視座からしか李徴を見ることはできないはずである。にもかかわらず、李徴の一人称的語りがあり、しかもそれが自律的に存在しているかのようにテクストに配置されているため、李徴の告白を表象＝代行する語り手（甲）の語りのあり方は深く吟味されることがない。ここには、語り手・李徴の言う「己」についての話題がすべて〈真実〉であるかのように感じさせるシステムが発動しているのである。そして読者は、李徴自身が「己」の〈真実〉を語ったものとして錯覚しながら、李徴の〈悲劇〉を構築しようとしている語り手（甲）と袁傪の共犯的詐術に巻き込まれざるをえなくなる。

このような〈真実の語り〉システムを構造化し発動するのは、語り手（甲）の発話と、語り手（甲）の内側にある登場人物としての語り手・李徴の発話を包括的に把握し、〈話者—話題—聞き手〉の図式を重層して「語る」存在、すなわち〈語る主体〉なのである。齋藤論文で言えば、図の波線部に位置する〈語り手〉と同じ位相のものであろう。では、『山月記』の〈語る主体〉に〈カタル主体〉への変容の機会、つまり齋藤論文の〈語り手〉のような自己批評の可能性を持つ機会はあるのだろうか。

三、月と情と——矛盾する二人の語り手の言説の並存——

語り手（甲）による登場人物・李徴の説明と、語り手・李徴による自己語りは、登場人物・李徴について近似の情報を提示しながらも、ときに相反する。その例を以下列挙してみよう。丸数字は前節の断片を示す。

A李徴の性格

語り手（甲）＝①「性、狷介、自ら恃む所頗る厚く〔中略〕〔鈍物とみなしていた連中の下命を拝さねばならなかったことが〕李徴の自尊心を如何ばかり傷つけたかは、想像に難くない〔中略〕狂悖の性は愈々抑え難くなった」（二七～八頁）

語り手・李徴＝⑮「人々は己を倨傲（きょうごう）だ、尊大だといった。実は、それが殆ど羞恥心に近いものであることを、人々は知らなかった〔中略〕自尊心が無かったとは云わない。しかし、それは臆病な自尊心とでもいうべきものであった〔中略〕我が臆病な自尊心と、尊大な羞恥心の所為である〔中略〕誰一人己の気持を分って呉れる者はない。丁度、人間だった頃、己の傷つき易い内面を誰も理解して呉れなかったように」（三四〜五頁）

B詩作をめぐる評価

語り手（甲）＝①「人と交を絶って、ひたすら詩作に耽った〔中略〕詩家としての名を死後百年に遺そうとしたのである〔中略〕数年の後〔中略〕再び東へ赴き、一地方官吏の職を奉ずることになった。一方、之は、己の詩業に半ば絶望したためでもある」（二七〜八頁）

語り手・李徴李徴＝⑦「自分は元来詩人として名を成す積りでいた。しかも、業未だ成らざるに、この運命に立至った〔中略〕生涯それに執着した所のものを、一部なりとも後代に伝えないでは、死んでも死に切れない〔中略〕こんなあさましい身と成り果てた今でも、己は、己の詩集が長安風流人士の机の上に置かれている様を、夢に見ることがあるのだ」（三二頁）

⑮「己は詩によって名を成そうと思いながら〔中略〕己の珠に非ざることを惧れるが故に〔中略〕己の珠なるべきを半ば信ずるが故に〔中略〕次第に世と離れ、人と遠ざかり〔中略〕事実は、才能の不足を暴露するかも知れないとの卑怯な危惧と、刻苦を厭う怠惰が己の凡てだったのだ」（三四〜五頁）

C妻子をめぐって

語り手（甲）＝①「数年の後、貧窮に堪えず、妻子の衣食のために遂に節を屈して、再び東へ赴き、一地方官吏の職を奉ずることになった」（二八頁）

語り手・李徴＝⑮「己の場合、この尊大な羞恥心が猛獣だった。虎だったのだ。之が己を損い、妻子を苦しめ、友人を傷つけ、果ては、己の外形を斯くの如く、内心にふさわしいものに変えて了ったのだ」（三四頁）

㉑「本当は、先ず、此の事の方を先にお願いすべきだったのだ、己が人間だったなら。飢え凍えようとする妻子のことよりも、己の乏しい詩業の方を気にかけている様な男だから、こんな獣に身を堕すのだ」（三六頁）

Aにおいて、語り手・李徴は「人々は己を倨傲だ、尊大だといった」「自尊心が無かったとは云わない」とし、語り手（甲）の「狷介、自ら恃む所頗る厚く」「李徴の自尊心」を受ける形である。しかし、語り手・李徴は、自己の態度について「実は」羞恥心によるものと告白し、誰も自己の内心を理解してくれないと訴える。この本人以外には内面は分らないとする李徴の発言により、語り手（甲）もまた、「人々」と同じだということになる。そして、語り手（甲）により語られた失踪の原因――もともと李徴に備わる「狂悖の性」が、自尊心を傷つけられたために一層抑え難いものとなり遂に発狂したとする理解――は忘却される。またBでは、語り手（甲）により、李徴は人との交わりを絶ち、詩家として名を遺そうという意志のもとひたすら詩作に耽ったとされる。再び職についたのも、詩業への絶望があったとされる。だが、語り手・李徴の言う「事実」では、非才の露呈を惧れたことと怠惰により、世俗を離れたとする。さらにまた、「才能の不足」に自覚的であるように語るものの、詩業に「絶望」していたというような内面表出はない。むしろ「業未だ成らざるに、この運命に立至った」という発言とともに、詩業や詩人として名を成すことに対する消えることのない執着が表されていく。Cもまた、語り手（甲）の評価では、妻子の衣食のために李徴が信念を折ったとするが、語り手・李徴は「妻子を苦しめ」「妻子のことよりも、己〔中略〕の方を気にかけている」とする。しかも「…べきだったのだ、己が人間だったなら」と語りながら、人間であったら妻子を優先したのか、人間であっても妻子を優先できなかったのか、曖昧な自己を表出する。このように、A・B・Cそれぞれで、語り手（甲）が冒頭に示した〈李徴〉の評価は、語り手・李徴による内面の告白により外面的なものとして相対化され、反転・否定されるものとなっている。

しかし、語り手（甲）と語り手・李徴のどちらが〈真実〉を語っているのかは、実はわからない。語り手（甲）と語り手・李徴の語りの内容には差異があり、その真偽を決定する審級はテクストには設定されていない。それでも読者は、語り手・李徴の語りを聞く袁惨に同化するテクストの仕組みに巻き込まれ、「実は」「事実は」と真実を知るもの・李徴の語りこそが〈真実の語り〉であると認めてしまうシェーマが形成されるのである。

もちろん「信じられない語り手」がテクストの語り手である場合もある。しかし、人から変身した虎が人間に自らの過去を語るという超自然的な設定にもかかわらず、語り手・李徴が、聞き手を納得させる〈真実の語り〉をなしていると思わせるシステムがテクスト中には存在する。それは袁惨の内面と「月」をシンクロして表出することである。

李徴は語る。延々と、虎になった理由を、誰にもわかってもらえなかった自己の内面を……。その言説が信じるにたるとする根拠はテクストの内部にも外部にも、ない。だが、後半に行けば行くほど語り手・李徴の言葉が進化＝深化し、〈真実〉に近づいていると思えてしまうのは、袁惨の身振りが語り手（甲）によって記されるからだ。

断片②「驚懼の中にも、彼は咄嗟に思いあたって、叫んだ〔中略〕最も親しい友であった〔中略〕恐怖を忘れ〔中略〕久闊を叙した」（二八～九頁）→断片④「この超自然の怪異を〔中略〕怪もうとしなかった〔中略〕隔てのない語調で」（二九～三〇頁）→断片⑥「息をのんで〔中略〕聞入っていた」→断片⑧李徴の詩に対する「欠ける所」の認識→断片⑭「最早、事の奇異を忘れ、粛然として、この詩人の薄倖を嘆じた」（三四頁）→断片⑳「袁も亦涙を泛べ」（三六頁）→断片㉒「懇ろに別れの言葉を述べ〔中略〕叢を振返りながら、涙の中に出発した」（三六頁）

袁傪の反応が徐々に過剰になっていく。とくに李徴が人間だったときの漢詩と、虎になり即興の漢詩を吟ずるあたりから、李徴への同情の念らしきものが強調される。この袁傪の身振りに同化して読む読者は、袁傪＝語り手（甲）とともに、李徴の語りに情緒的反応を示さざるをえなくなる。

そこへ平行して、時の移り変わりを示す「月」が象徴的機能を果たす。

断片②「〔袁傪は人食い虎が出るからという忠告を振り切って〕残月の光をたよりに林中の草地を通って行った」（二八頁）→断片⑬李徴が即興の漢詩を吟ずる。「此ノ夕ベ渓山対二シテ明月ニ一」（三三頁）→断片⑭「時に、残月、光冷やかに、白露は地に滋く、樹間を渡る冷風は既に暁の近きを告げていた。人々は最早、事の奇異を忘れ、粛然として、この詩人の薄倖を嘆じた」（三四頁）→断片⑮「己は昨夕も、彼処で月に向って咆えた。誰かに此の苦しみが分って貰えないかと。しかし、獣どもは己の声を聞いて、唯、懼れ、ひれ伏すばかり。山も樹も月も露も、一匹の虎が怒り狂って、哮っているとしか考えない」（三五頁・わかってもらえない悲しみを抱え月に向かって吠える）→断片⑯「漸く四辺の暗さが薄らいで来た」（三五頁）→断片⑰「最早、別れを告げねばならぬ。酔わねばならぬ時が、（虎に還らねばならぬ時が）近づいたから」（三六頁）→断片㉒「忽ち、一匹の虎が草の茂みから道の上に躍り出たのを彼等は見た。虎は、既に白く光を失った月を仰いで、二声三声咆哮したかと思うと、又、元の叢に躍り入って、再び其の姿を見なかった」（三七頁）

月は、「月に吠える」ことで虎・李徴の悲しみを伝える対象であると同時に、時間が経過したこと、朝が近づき「酔わねばならぬ」＝「虎に還らねばならぬ」ときがきたことを示す。それはまた同時に「人間の心の喪失」＝「月が失われていくこと」（「月」に向かって悲しみの咆吼をなす虎・李徴である）を象徴している[注4]。

語り手・李徴は、虎となったことで「人間の心」を失っていく悲しみを語る。そして語り手・李徴の言説の進展にしたがって、袁傪の共感は強まる。語り手（甲）＝袁傪は、語り手・李徴の言説を補完するかのような反応を示すことで、虎・李徴は共感すべき対象として、袁傪に寄り添う読者にも受け入れられるのである。

そのことが語り手・李徴の〈真実の語り〉を受け入れざるをえないシェーマを作り上げるのに一役も二役もかっている。共犯的に存在する語り手（甲）＝袁傪をテクストに配し、語り手・李徴の言説を補完することで、その言説は信じるべきものであり、虎・李徴は共感すべき対象であると示していくのは、『山月記』の〈語る主体〉なのだ。

四、「人間」と「虎」と――語り手・李徴が語る変身の理由――

語り手・李徴は、虎になった理由を断片⑤の理由αでは「分らぬ」とする。過去形によって表出される回想の語りの中にあって、変身の理由については現在形をとり、「理由も分らずに押付けられたものを大人しく受取って、理由も分らずに生きて行くのが、我々生きもののさだめだ」と今現在も「分らぬ」状態であると示される。しかし断片⑥〜⑭を経ると、断片⑮では語り手・李徴は別の理由（理由β）を出してくる。「考えように依れば、思い当ることが全然ないでもない」（三四頁）と、「思い当ること」があると言うのだ。その間におこった出来事は、李徴の漢詩への思いの表出と、人間・李徴が作成した漢詩に対する袁傪の評価（第一流の作品となるには欠ける所がある）の提示と、そして即興の漢詩作成である。

言うまでもないが、袁傪が宿を出たのが早朝まだ暗いときで、彼らの邂逅はそれから夜明けでの短い時間でしかない。「考えように依れば」というが、長い時間をかけて内省し熟考した結果たどりついた「理由」であるとは明確に示されていない。断片⑤から続く漢詩の話題に導かれるように（あるいは袁傪の感想を補完するように）、ふいに「先刻」の言を翻し「思い当ること」として理由βを提示しはじめるのである。

しかし、既に断片⑤で、虎・李徴が「己の運命をふりかえる時」を過ごしていると聞かされ、また理由βを提出する断片⑮の同じ語りの中で、詩才を空費した過去に悔を感じ、悲しみを抱き、「そういう時は〔中略〕吼える」というように繰り返される思考のあることが語られ、袁傪によって断片⑧で「一流」の詩にはならないとされたことを知る読者は、本来唐突な理由βを〃自然〃な李徴の進化＝深化と捉えざるをえないのである。その上、李徴の語り口によって、理由βも幾度となない内省により「考えついたもの」と刷り込まれてしまうのである。さらには、読者はこのとき、テクスト内に流れている短い時間の間に起こった出来事（断片⑥～⑭）を四頁（全体は約十頁）にわたって読んでいる。読書体験としては『山月記』を読む時間の四〇％がすでに費やされている。量的に肥大した読書の時間と、わずかな時間しか経っていない物語内時間に、ズレが発生するわけだ。以上のような連辞のはてに、即興の漢詩を読んだ李徴がその体験を通して変化し、自己の内面を掘り下げて見直したと思わせる仕組みが発生する。だからこそ、李徴の虎への変身の理由は、李徴の詩業・詩才への執着と人間性との関わりにあるという論理に重点が置かれることになる。だが実際は、その場で共有されている話題にそって、語り手・李徴の「思い当る」変身の理由もα〈生き物の定め〉↓β〈尊大な自尊心〉↓γ〈妻子を思わぬ心〉と変わっていくだけなのだが。のちに考察する即興の漢詩の機能が問題となる所以でもある。

『山月記』の典拠とされる「人虎伝」では、虎へ変身した理由はころころと変わらない。変身の理由は《妻や子や友人のことを思わぬではないが、行いが神意に背いたせいで獣となってしまった》だとする。行いが神意に背いたというのは、のちに李徴が述べる、未亡人との密会とその露見、放火による一家の殺害のことであろう。しかし『山月記』の語り手・李徴は、理由α↓β↓γと、変身の理由をその場その場の話題に合わせて次々と変化させ、定まったものを示さない。

「虎への変身」をめぐる研究史を簡単に振り返ってみよう。佐々木［1965］は、「己れの詩業」を妻子よりも貴しとする「非人間性」の持ち主であるがゆえであるとし、これは「臆病な自尊心と尊大な羞恥心」とは異質なものであるとする。「自我」を中心とする読解への懐疑に立っての立論である。それへの批判として鷲［1970］

は、「変身のロジック」は「李徴が虎となったのはおのれの性情＝詩才にたいする尊大な羞恥心を極度に飼いふとらせたからであり、その結果当然のことながら世間も、友人も、妻子さえもすてることになったのであって、佐々木氏のいうように「妻子を捨てたという非人間性」によって虎となったのではない」（p.278）とする。そして、「作者年来にわたる内奥の自我をテーマとしたすぐれて近代的な小説なのだ」（p.282）と結論づける。「人間性」など教科書の指導書においても、「詩業」への思いによって虎となったと李徴のことを解説している。なるほど考えるテクストとして『山月記』の価値を述べるものもある。

しかし、なぜ「虎に変身しなければならなかったのはなぜか？」という問いを立て、答えを出さねばならないのだろうか。それは李徴の語りのなかに〈真実〉があるという前提があるからではなかろうか。

袁傪は断片④で「どうして今の身となるに至ったかを訊ねた」（三〇頁）が、その発話は変身の理由を李徴が知っていることを示してしまう。対する李徴は、断片⑤で「何故こんな事になったのだろう」と問いを提出し、みずから「分らぬ」（三〇頁）と言っているにもかかわらず、あたかも答えがあるかのように語りはじめてしまう（理由β・γ）。蓼沼［1990］は李徴が自己語りをするなかで、自己の（悲）劇的イメージをどんどん増殖させていったとする。が、李徴の語りが特異なものとして浮上しないのは、語り手（甲）＝袁傪の共犯関係があるからだろう。

虎へ変身した理由についての〈真実の語り〉システムに、このように読者が絡め取られているからこそ、「なぜ虎に変身しなければならなかったのか」という問いを発し続けることになるのだ。

語り手・李徴の語りは矛盾している。一貫しているのは語り手（甲）である。それなのになぜ語り手・李徴を信じなければならないのか。あるいは、語り手・李徴の説明α・β・γのどれかを優位とせねばならないのだろうか。

ここで語り手・李徴の言説にある「人間」という言葉について考えてみよう。虎へ変身した理由のひとつとして「人間性の欠如」があげられるからだ。

『山月記』において「人間」という語は計十八回使用される。語り手（甲）が「人間の声で」（断片②・二八頁）とする箇所以外はすべて語り手・李徴の発話のなかに出てくる。

断片⑤「自分の中の人間は忽ち姿を消した。再び自分の中の人間が目を覚ました時」（三〇頁）、「一日の中に必ず数時間は、人間の心が還って来る」（三一頁）、「その人間の心で、虎としての己の残虐な行のあとを見」（同）、「人間にかえる数時間も、日を経るに従って次第に短くなって行く」（同）、「己はどうして以前、人間だったのかと考えていた」（同）、「己の中の人間の心は、獣としての習慣の中にすっかり埋れて消えて了うだろう」（同）、「獣でも人間でも、もとは何か他のものだったんだろう」（同）、「己の中の人間の心がすっかり消えて了えば、恐らく、その方が、己はしあわせになれるだろう。だのに、[1]己の中の人間は、その事を、此の上なく恐しく感じているのだ」（同）、「己が人間だった記憶のなくなることを」（三二頁）、「己がすっかり人間でなくなって了う前に」（同）。

断片⑮「人間であった時、己は努めて人との交を避けた」（三四頁）、「人間は誰でも猛獣使であり」（同）、「己には最早人間としての生活は出来ない」（同）、「[2]丁度、人間だった頃、己の傷つき易い内心を誰も理解して呉れなかったように」（理由β）。

断片㉑「この事の方を先にお願いすべきだったのだ、[3]己が人間だったなら」（理由γ）。

これらからわかることは、獣と対立的に存在する「人間」（たとえば点線部1や二重傍線部2）があることである。それとは別に、波線部3からわかるように、非倫理的存在としての〈非人間〉と二項対立的に存立する〈人間〉があることだ。断片⑤で繰り返されるように、虎・李徴はかつて自分が形態的「人間」であったことを確認したり、「人間の心」が消えていくことを悲しんでいたりしているのであるが、その「人間」の内実は定義されていない。ただ「人間」「人間の心」と言うときの「人間」は、形態的な「人間」を指すことがわかるだけである。テクストからわかることは、獣とは違い、形態的レベルでの「人間」は「人語を操」り、「複雑な思考」（三一頁）ができ、「経書の章句を誦ん」じ、動物を襲って生のまま食べるという「残虐な行」（同）をしないという程度である。そこでは〈人間〉／〈非人間〉の区別はなされない。「人間」が常に倫理的存在としての〈人間〉的なものであるのか、〈人間〉／〈非人間〉を含むものであるのか、不明となる。「人間の心」とはどのようなものか、それはテクストからは定義できないのである。ただし、虎になった李徴が「人間の心」の戻ってきたとき、「漢詩」を作っていないことは注意される（詳しくは別稿に譲りたい）。

図示すれば、

獣＝残虐＝無思考／「人間」＝非残虐＝論理的

のようになるだろう。

対して、波線部3の「人間」は、姿形や「人間の心」を持っていても、それでもなお発動されてしまう〈非人間〉性、〈非倫理〉性と対立する、倫理的存在としての〈人間〉であろう。そして〈非人間〉は猛獣なのである。たとえば、断片⑮「己の場合、この尊大な羞恥心が猛獣だった。虎だったのだ。之が己を損い、妻子を苦しめ、友人を傷つけ、果ては、己の外形を斯くの如く、内心にふさわしいものに変えて了った」（三四頁）とあるように、形態的「人間」であっても倫理的〈人間〉であるとは限らないのである。

図示してみよう。

「人間」 ―― 〈人間〉
↕
獣＝（？） ―― 〈非人間〉

虎となった語り手・李徴は、断片⑤で「人間の心」がなくなっていくことを怖れているが、李徴は形態的「人間」であったとき〈人間〉であったのだろうか。「臆病な自尊心と尊大な羞恥心」を持ち、「尊大な羞恥心」＝「猛獣」が「己」や「妻子」「友人」を傷つけていたという自己認識からすると、生前の李徴の心は〈非人間〉的であったことになる。それは断片①の語り手（甲）が説明する李徴が〈非人間〉的であったということと、矛盾しない（それぞれが述べる李徴の性格は異なるとしても）。

虎になったとき李徴は、形態的レベルでの「人間」の心を持ってはいても、心は〈非人間的〉なのである。このレベルでテクストは一貫している。にもかかわらず読書体験においてこの一貫性は無視される。即興の漢詩と波線部3の自己批判があることで、李徴は自己語りを通して成長し、〈人間〉になっていくと読めるような仕組みになっているからである。漢詩の作り出す読みのプロトコルが、〈非人間的〉→〈人間的〉という進化＝深化があるかのように見せかける。そして「己が人間だったなら」という批評が可能になったことから、李徴が〈人間〉化したように見えるのである。

後者について言えば、「人虎伝」は理由γ「妻子の話」→理由β「漢詩について」というプロットになっているが、それを『山月記』は理由β「漢詩について」→理由γ「妻子の話」と入れ替えることで李徴の精神的進化を印象づける。しかし「妻子の話」を最後に持ってきてしまうかぎり、「妻子のこと」をあとにする語り手・李徴は、自身の言うとおり、そのような「己」は〈人間〉にはなれないのだ。

この時点で自己批評のできる李徴はすでに〈人間〉なのだとする読み方もあろう。しかしコミュニケーションというレベルで考えると、自分が死んだと伝えてほしいと袁傪に依頼する語り手・李徴は、妻子が李徴について何を知りたがっているのか（あるいは李徴に関心があるのかといったことすら）など、妻子の意向を尊重する意志が欠落していると言える。それは虎になる前と変わっていない。またかつての妻子との関係についても、妻子と話し合ってもう一度「再び東へ赴き、一地方官吏の職を奉ずることになった」のか、話し合わずにもう一度働き始めたのか、語り手（甲）も語り手・李徴も口を閉ざす。テクストでは空白部分なのである。語り手・李徴も、語らないこと（物語内容の不在）によって、妻子とのコミュニケーションの不在を示唆してしまう。李徴に対して内心を語らない袁傪、所有している情報のすべてを開示するわけではない語り手（甲）という存在は、このような意味で『山月記』というテクストがコミュニケーション不全によって成り立っていることを指し示すだろう。「妻子のこと」を気にかける断片⑲の語り手・李徴だが、虎になる前も後も、コミュニケーション不在というレベルで変化＝進化＝深化＝変身していないのである。

読むという行為を通して、語り手・李徴の言説に〈真実〉を見いだすことを拒絶して、その上で語り手（甲）や袁傪こそが李徴の〈悲劇の物語〉を構築している様相を炙り出せたとき、『山月記』の〈語り主体〉による意味構築への暴力的介入が見えてくるだろう。そしてそのような詐術が明らかになるのは、コミュニケーション不全であるにもかかわらず、それを隠蔽しようとすることに気づいたときである。

『山月記』というテクストを評価する視点が発生するとすれば、登場人物、語り手がコミュニケーション不全のなかにいることを、そしてコミュニケーション不全であればこそ、意味が安定したもののように見せかけることができるという語りのトリックを[注5]、ようやくにして前景化できたときであろう。テクストがコミュニケーション不全をみずから演じており、読者もまたテクストとコミュニケーション不全の渦のなかに巻き込まれているという、コミュニケーションをめぐるメタフィクションとして捉えたとき、意味という病に取り憑かれた読者を相対化するテクストとして『山月記』は機能するだろう。

五、「自分」と「己」と――「人間」を微分する――

李徴は「人間」という言葉を定義せぬまま、そしてどちらの意味で発話しているのかを明確にしないまま、二通りの意味（動物ではない「人間」／倫理的存在である〈人間〉）で使っていると述べた。これと連動するかのように語り手・李徴は一人称を使い分けている。教室でも注意すべき点とされるところだ。「自分」が二四例あるが、一例は語り手（甲）が袁傪を指して使用するものだが、残り二三例はすべて語り手・李徴の一人称として用いられる。対して、「己（おれ）」という一人称も使用される。「己」を「おのれ」と読む場合もあるが、「おれ」と読む用例数は四二例である。断片②・③は「自分」であり、断片⑤も虎になり、

> 兎が駆け過ぎるのを見た途端に、**自分**の中の人間は忽ち姿を消した。再び**自分**の中の人間が目を覚ました時、**自分**の口は兎の血に塗れ、あたりには兎の毛が散らばっていた。（三〇～三一頁）

と、「人間」の心を失って記憶をなくしていたときのこと以外の説明には「自分」を使用する。しかし、同じ断片⑤でも、「人間の心で、虎としての**己**の残虐な行のあとを見、**己**の運命をふりかえる時が、最も情なく、恐しく、憤（いきどお）ろしい」（三一頁）以下はすべて「己」である。ここに形態的「人間」であったときを指す一人称は「自分」で、虎となったときの一人称は「己」であることがわかるだろう。再び「自分」が使用されるのは断片⑦「**自分**は元来詩人として名を成す積りでいた」（三二頁）とかつて「人間」であったときを回想する場面である。

しかし、断片⑮において形態的「人間」であったときを指す一人称はすべて「己」なのである。あざといまでの使い分けだが、「己」の使用により、李徴が形態的「人間」であったときに、内面は〈人間〉ではなかった、虎的〈非人間〉であったことを、語り手・李徴も保証する。ただしこの「自分」／「己」の対立は、「人間」／

「猛獣」の対立とはパラレルな関係であるものの、しかし「自分」が倫理的存在としての〈人間〉であることをかならずしも指し示すものではない。

語り手・李徴は、「人間」という語をめぐってレトリカルな表現をする。たとえば、断片⑲で「己」が死んだと妻子に伝えてほしいと言いながら、妻子の面倒をみてもらえれば「自分」にとって「恩倖」（三六頁）であると言うのは、虎としての李徴が死に、虎であるにもかかわらず「人間」李徴が袁傪に感謝を示すという修辞であろう。その上で断片㉒では「自分」が酔っていて故人を認めずに襲いかかるかも知れない」（三六頁）「自分」は今の姿をもう一度お目に掛けよう」（三六頁）と、虎であるときに「自分」を使用する。断片㉑で妻子のことをあとにした「己」は「人間」ではないと語ることで、「人間」的であると一瞬思えたものの、気にするべき順位として漢詩を妻子の前に述べる自分は「虎」的であると示していると捉えられる。「自分」と「己」の混合使用は、虎と「人間」が混合し始めたとも読めるが、虎となっても「人間」的である存在へと変化＝進化＝深化したことを暗示するための使い分けなのであろう。

それでも「自分」という一人称で保証される「人間」がどのようなものか明示されない。どこまでも読者の〝常識〟のなかにある「人間」観に依存・寄生し、自身で明確に定義することはないのである。だからこそ、《自分にも李徴のような側面があるから、李徴のことがよくわかる》とか《みんな同じような思いをしているのだから、李徴は甘えている》などという〈感想〉が出てくるのであろう。

即興の漢詩の前後、虎に変身した前後において李徴は、〈人間〉になったのかという議論が延々と続くのである。われわれは、語り手・李徴のレ／トリックにはまり込むわけにはいかないし、それを容認する語り手（甲）＝袁傪の詐術に、いかに陥らないかを考え抜かねばならない。

語り手・李徴への批評的なまなざしを持つ論として、田中実［1994 a］がある。田中論文は、理由βを述べる李徴は、ようやく自己分析的な視座を獲得できたとする。李徴のコミュニケーション不全の兆候を読み取りながら、李徴に必要なものを次のように言う。

> 観念によって肥大化した〈私〉の世界を了解不能の《他者》と対峙し、〈自己倒壊〉していくことである。〔中略〕李徴という男には、美的な嘆きに留まることを許さない了解不能の《他者》の力が要請されていたのである。（p.188）

田中論文の分析は物語内容へと回収され、〈田中〉理論が否定したはずの「物語」的レベルでの登場人物論として、教室で余談的に（すなわちテストで出題しない、道徳的な教訓として）展開可能な、李徴の（そして生徒たちの）生きるべきであった道徳的な道筋を示している。

が、〈語る主体〉のレベルで考察するときの問題の中心は、妻子のことを気にかけなかった自己を批判することで、語り手・李徴は〈人間〉へと進化＝深化したかのように読めるように語られている『山月記』の〈語る主体〉の語り方なのである。虎となった李徴の語り（「人間」や、「自分」／「己」の区別といったレ／トリック的語り）と、それを聞き、批評や共感をする袁傪を配し、袁傪と同化的に存在する語り手（甲）に、「月」や「袁傪の内面」を語らせることで、《李徴の悲劇と〈人間〉への進化＝深化》という〈物語〉を捏造しようとする〈語る主体〉がいるのだ。

李徴が虎から〈人間〉へその内面を〈進化＝深化〉させたと言えるのかどうか、次節で検討しよう。語り手・李徴が〈自己語り〉をするなかで、虎の姿のままではあるものの、内面は次第に〈人間〉となっていったかのように読める仕組みを作り上げていく語り手・李徴の語りと語り手（甲）の語りの両方を語る存在、〈語る主体〉を問題にすることが、『山月記』を批評的に読みとくことになるだろうと考える。

六、漢詩への意志と「欠ける所」と――李徴は〈成長〉したのか――

断片⑦から⑬にかけて李徴の「漢詩」への思いについて語られている。断片⑬の即興の漢詩のあと、断片⑭で語り手（甲）によって時間の推移が語られ、断片⑮では語り手・李徴による虎への変身の別の理由（β）が語られる。物語のプロットは、即興の漢詩を経て李徴の自己認識が（変身の理由がαからβへ）深まったかに読めるようになっている。

李徴は「己がすっかり人間でなくなって了う前に」（断片⑤）、自分を狂わせた漢詩を「一部なりとも後代に伝え」（断片⑦）たいと「人間」であったときに作った漢詩を吟ずる（三二頁）。それを、語り手（甲）は次のように語る。断片⑧b「袁傪は部下に命じ、筆を執って〔中略〕書きとらせた〔中略〕成程、作者の素質が第一流に属するものであることは疑いない。しかし、この儘では、第一流の作品となるのには、何処か（非常に微妙な点に於て）欠ける所があるのではないか、と。」（三二頁）

ここで語り手（甲）は、李徴が表象したはずの漢詩を語ることをしない。語り手（甲）＝袁傪＝読者が同じ情報を李徴から得る構造になっているにもかかわらず、読者だけが情報量を制限されるのである。もちろん「人虎伝」にも漢詩は書いていないのであるが、「文甚だ高く、理甚だ遠し。閲して歎ずること再三に至る」（五〇〇頁）と、袁傪は賞賛している。そののち、自分の日常を詠んだ漢詩を作るが、それは外見が変わったとしても内面は変化していないことと憤りを表現するためだと李徴は語る。そして袁傪はこの即興の漢詩をまた「観て驚」（五〇一頁）き、虎になるにはなんらかの「恨み」があったのではないかと思う。即興の漢詩は虎になる前の漢詩と同様にすばらしいと袁傪は感じているのである。

しかし『山月記』では、形態が「人間」であったときの漢詩がなぜ「欠ける所」を持つのか、どのような点に欠けたところがあるのかは読者にはわからないまま、即興の漢詩が提示される。読者は語り手（甲）＝袁傪からの情報（すべての情報を開示するわけではない存在）を信じて、「欠ける所」のある漢詩制作者・「人間」李徴が、虎になってから即興で作った漢詩しか読めない。『山月記』というテクストが李徴の語りの再録（「如く」「ように語った」などという語り方がすでに正確な引用かどうか不明であることを指示している）も含めて、語り手（甲）によって編集されたものであると言えよう。

首聯　偶因狂疾成殊類　災患相仍不可逃
頷聯　今日爪牙誰敢敵　当時声跡共相高
頸聯　我為異物蓬茅下　君已乗軺気勢豪
尾聯　此夕渓山対明月　不成長嘯但成嘷

この漢詩に対する袁傪の評価はなにも語られない。ただ語り手（甲）と袁傪によって、⑭「粛然として、この詩人の薄倖を嘆じた」（三四頁）とするだけである。にもかかわらず、この漢詩がすばらしいと読者が思ってしまうのは、「この詩人」という表現があるからだ。李徴は「詩人」になりたかったが、結局は⑨「詩人に成りそこなっ」（三三頁）たのであった。しかし虎となったいま、ようやく「詩人」になったというのである。

つまり、虎になって詠んだ漢詩は「詩人」によって作られたものだというのだから、その漢詩は「第一流の作品とな」った、すばらしい作品であると読者は読まざるをえないのである。

では、この即興の漢詩はすばらしい作品なのか。七言律詩としての形式で考えると、とても一流とは言えない。押韻の面では、第一句「類」が、「逃」「高」「豪」「嘷」と韻を踏んでいない。また頸聯が対句となっていない。浜中［2003］が述べるように、平仄の規則も守られておらず、同じ語の使用も多発しており、漢詩としてはとても第一流とは言えない。にもかかわらず、語り手（甲）＝袁傪によって、「詩人」＝虎・李徴によって作られたとされるこの漢詩は、「第一流の作品」として読者は読まされるのである。

石垣［1988］は「李徴が最後に吟じた即席の詩は、〔中略〕ついに「第一流の作品」を成し遂げたことを意味しているといってもいいであろう」（p.69）と、語り手（甲）＝哀惨の語りが作り上げる読みのプロトコルを追認している。

《形式的には下手であっても、虎になってはじめて「欠ける所」を補いえたのであり、そのときに吟じられる漢詩はパッションがあるすばらしいものなのだ！》

このようなまとめは可能だろうが、それは本当だろうか。即興の漢詩が本当にすばらしいのか、「人間」であったときの漢詩の「欠ける所」とはなにか、さまざまな研究がなされてきた。「欠ける所」については、はやくに関［1965］が、書かれていないことはわからない、推測することは危険である旨の指摘をしているにもかかわらず、長く多くの推測がなされ続けた。教科書の指導書などに多いのが[注6]、「人間性の欠如」「愛の欠如」である（〈人間〉的でなかったから虎になったということとも連絡がつく）。あるいは勝又［1984］などにみられるような「詩作に徹底しなかったこと」という部分もあげられる（李徴の告白断片⑭理由β「刻苦を厭う怠惰」（三五頁）や、語り手（甲）による説明断片①「妻子の衣食のため〔中略〕一地方官吏の職を奉ずることになった」（二八頁）などの記述と連絡する）。前田［1993］は、文学を志し、その後再び政治へ転向した李徴の苦しみが詩として結晶していないことを言う。あるいは鷺［1988］は「人間性の欠如」や「詩への徹底不足」を「欠ける所」とする諸説を批判して、「虎と化した主人公の才能が二流以下であっては読者の共感はえられない。それが悲劇の主人公であるためにはあくまで才は一流、非凡な詩才に恵まれていたことは必須の条件である。ところが、そうすると〔中略〕それ程の非凡の才能が何故世に認められなかったのかというわけで、一流であると同時に欠点がなければ辻褄が合わない。〔中略」この解決をめぐって提出されたのが「欠ける所」だったというのが私の考えである」（pp.289–90）と、作家の構想論レベルで解決しようとした。しかしこの考え方では、語り手（甲）と語り手・李徴の間にある矛盾（三節でみたような）を解決できない。矛盾があることが、逆説的に一人称語りをするものこそが〈真実〉を語っているという幻想を支えるのである。

さきにも述べたように、即興の漢詩は漢詩のルールからすれば駄作である。にもかかわらず、人間であったときの漢詩と、虎になってから自己批評をするに至った李徴の即興の漢詩では、その質が大きく変質した（すべきである）という強い思いが、分析主体にあるのではないだろうか。それは語り手（甲）＝袁傪が作り上げた読みのプロトコルの追従でしかないにもかかわらず。

第八句「但 成スレ嘷（こう）ヲ」は李徴の自嘲とも読めるし、あるいは虎として生きていく踏ん切りとも読める。しかしそのどちらであるのかは、テクストの表現からは決定不能である。「欠ける所」は、《ああも読める、こうも読める》というレベルにある。決定打はない。しかし教科書の定番教材の多く（『舞姫』『こころ』『羅生門』『城の崎にて』『富岳百景』）も、ああも読めてこうも読めるけど、「近代的自我」とか「近代人の苦悩」とか、「自分の身に置き換えてみるとどうなるのか」というシェーマから読むと「これが答えになる」というのが教室における読解であり、それを支えるのが指導書で、その指導書を支えるのが、テクストに書かれていない「真実」を探し出そうとし続けていた研究者たちなのではないだろうか。最近の指導書も、書いていないことはわからないとしながらも、諸説を列挙し、教室で話し合えという。しかし、何を話し合えばいいのだろう、なぜ話し合わなければならないのだろう。話し合ってどうなるというのか……。みんなが持っている李徴のような側面、内なる〈李徴〉に気づくこと、絶対的他者を発見することが重要だとかと道徳的な「話し合い」を続けることが何に対して有効なのだろう。田中論文は、李徴には絶対的他者との出会いが必要と言うが、そのような道徳的読みは、読者をテクストという絶対的他者と出会わせないのではなかろうか。なぜなら、そのときのテクストは、読みの主体が捏造した了解可能な他者であるのだから。

テクストからわかることはなにか。李徴の語りを見よう。李徴は語った。「今の懐（おもい）を即席の詩に述べて見ようか。この虎の中に、まだ、曾ての李徴が生きているしるしに」（断片⑪・三三頁）。語り手・李徴の言説を信じるのならば、虎に変身する前も後も、李徴は虎的存在であったのだから、「曾ての李徴が生きているしるし」としての即興の漢詩には「欠ける所」があるはずだ。李徴は語っていたではないか、外形が「人間」であったときからその内面は〈人間〉ではなかった、と。この読みを支えるのが語り手（甲）＝袁傪である。断片⑧「嘲るが如く」（網掛部）とあるのは、青年時代の自嘲癖（断片⑩）と相通じ、また断片⑳では今もまだ自嘲癖をなくしていないことが示されるのであり、昔も今も李徴は変化（進化＝深化）などしていないという読みを支える一つのコードとなりうる。

もちろんこの「曾ての李徴」が「人間」という形態を指すと受け止めることも可能だろう。そのときは、「人間」という形態から「虎」へという形態の変化にともなって〈非人間〉的存在から〈人間〉的存在へと〈進化＝深化〉したという構造がなければ、即興の漢詩が〈人間〉的な第一流の作品となったとは読めないだろう。だが、語り手（甲）＝袁傪は、「欠けた所」を明示せず、即興の漢詩に対する評価を（「人虎伝」とは違って）下さないのだし、この漢詩が「諦め」「自嘲」なのか「踏ん切り」なのかも決することができないテクストである以上、〈進化〉したと断ずる根拠はない。〈進化〉したとするならば、それは《苦難を経た人間は成長する》というテクスト外の〝常識〟を、テクストにあてはめているだけにすぎないだろう。

語り手（甲）＝袁傪の語りこそが信に足るとしたとしても、両者が結託して情報を読者に示さないのだから、即興の漢詩が評価されるべき根拠はない。しかし「粛然として、この詩人の薄倖を嘆じた」（断片⑭・三四頁）という語り手（甲）＝袁傪の言葉に導かれるように、破格の漢詩を吟じた李徴を、読者は「詩人」と認定することになるのである[注7]。だが、自嘲癖、〈非人間〉的存在、漢詩の完成度というレベルで考えると、李徴が「詩人」となる要素などどこにもない。

〈語る主体〉は、李徴が変化したかのように見せかけるシェーマを作り上げる。だが、李徴（虎、語り手）と語り手（甲）や袁傪の関係を見ていくとき、〈真実の語り〉など成立しないことが明確になり、このシェーマは崩れ去る。ひとつの真実など存在しない。とするとテクストは、虎になっても（発狂しても）〈非人間性〉が治らない李徴の〈喜劇〉であると同時に、〈真実〉を探し求める読者の〈悲劇〉でもある。別の角度から言えば、李徴の言説／語り手（甲）の言説を聞く（読む）読者は、虎の咆哮を聞く動物たちと同じで、そこに意味を見つけることができない。教室で教え／学ぶ者たちは、『山月記』という咆吼を前に、怯え／感動することしか許されず、テクストの暴力に身を委ねるしかない動物と同じ立ち場におかれる。そこを突くと『山月記』を教え／学ぶということは、シニフェなきシニフィアンである「叫び」としてテクストがあるだけなのに、空白のシニフィアンにシニフェを与えようとする教室の〈悲喜劇〉を明らかにするものとなるだろう。

七、おわりに

語り手・李徴の語りは信じられない、あるいは語り手（甲）＝袁傪の語りに李徴の成長や語り手・李徴が真実を語っているかのように見せかける詐術があると述べた。従来の読みは、語り手・李徴に信を置き、物語内容を分析し、李徴が変化＝成長したかのようにとらえてきたと言えよう。本稿では、語り手・李徴の言説を揺れ動くものと捉えたうえで、語り手・李徴の語りを表象＝代行（リプレゼンテーション）する語り手（甲）とそれと共犯する袁傪によって〈読み〉をリードされる読者という構図を明らかにした上で、『山月記』の〈語る主体〉が実現しようとする物語の意味の圧政、そしてそこに発生する李徴の〈喜劇〉、読者の〈悲喜劇〉を明らかにすることに主眼を置いた。このような抑圧から逃れる術は、語りのシェーマを明きからにした上で、それに無自覚に呑み込まれないようにするしかない。

「虎へ変身した理由」をめぐる李徴の語り（α・β・γ）の分析と、コミュニケーション不全という本稿で参照した『山月記』というテクストのあり方――物語内容や物語表現、そして物語行為のレベルでの――を結びつけて論じるという課題が残った。残念ながら紙幅がとっくに尽き、別稿に譲るほかない。

［注1］　田中実氏は、膨大な論文群によって、「第三項としての原文」「機能としての語り手」「小説＝物語＋語り手の自己表出」などの概念を提示している。個々の論文ではなく現在読むことができる論文の総体から帰納される「田中理論」と呼ばれるものの責任主体を〈田中実〉とする（以下〈田中〉）。それは、田中実という人間を指すのではなく、氏の論文の総体から導き出される機能的存在を指示するものである。

［注2］　相沢［2008］や鎌田［2008］に象徴される〈田中〉理論を神聖視することへの疑義と、〈田中〉理論とテクスト論の語り分析の類似性については、高木［2009］に譲る。もともとは本稿の序章として用意していたものであったが、状況論的な判断のもと、本稿から切り出した。参照いただきたい。

［注3］　三谷［1996］は「躍り出た」「隠れた」（二八頁）という表現に自由間接言説を見い出し、「作家が、書くことを通じて、あたかも登場人物袁傪に同化し、袁傪の一人称的な視座からテクストを紡ぎだして行ったからであろう」「あたかも読者が袁傪になったかのごとき錯覚を与え、彼に同化して、李徴の声を聞き、虎の姿を認知するわけである」（p.70）と指摘している。

［注4］　指導書・大修館［2008］も月の効果を「次第に人間でなくなっていく李徴を、また、その李徴の人間としての心を暗示する効果」（p.412）を述べている。このような指導書は多数派である。指導書・筑摩［2008］もほぼ同じ。

［注5］　ひとつ例をあげよう。あたかも李徴と袁傪は気持ちを共有しているかのように見えるが、袁傪は内心を李徴にまったく伝えていないのである。そのことによって、李徴と袁傪の間のコミュニケーションの再開（漢詩をめぐる議論、あるいは李徴の漢詩を見直す機会）はなくなる。そして、二人の間に議論がなされないことで、テクストはスムーズに次の話題へと移行できるのである。

　ところで、李徴と袁傪は本当に「親しい友」（断片②・二九頁）だったのだろうか。「友人の少なかった李徴にとっては、最も親しい」（同）とあるので、友人と呼べる存在のなかでは「最も」なのだろう。とても「親友」などではない。にしても、「穏和な袁傪の性格が、峻峭な李徴の性情と衝突しなかったため」（同）という関係はとても対等とは言えない。非対称的な関係であろう。「我が友、李徴子」（二八頁）と袁傪は言うが、ここにもレ／トリックが潜んでいるのだろう。よき理解者であるかのように見えながら、袁傪は李徴に何も語らない、この関係についても、コミュニケーション不全という問題と絡めて別稿に譲りたい。

【注6】 最近のものは、定説はないとしながらも、推測することは重要だとする傾向があるもの（たとえば、指導書・筑摩［2008］）が増えている。結局は「人間性の欠如」「ひとりよがり」に持っていくのである。あるいは「わからない」が、教室で話し合うことは重要であるとして、「人間性の問題」「努力不足」「名声欲」をあげるが、あとは教室の話し合いに丸投げしてしまうようだ。このような「話し合い」にどのような意義があるのだろうか。教室では誰も本音を言わない。教室に内在している「正しい答え」をお行儀よく述べるだけだろう。高木［2006］参照。

【注7】 昆［1985］も、李徴を亡霊と捉え、「変身後の李徴にして初めて、未到の文学的達成を遂げたとするこの基本線が、「山月記」論史の上で貴重である」（p.29）とし、中村［2000］も、虎・李徴の語りを重視して、「詩人」という語の使用方法に微妙な違いがあるものの、最終的に李徴は「詩人」であったとする。

【引用・参考文献】 実際に参照したものを示した。ただし、ビブリオグラフィは研究状況がわかるように初出で作成してある。より簡便に入手できるものがある場合は、⬇でそれを示した。

相沢毅彦［2008］：「子午線「〈文脈〉を掘り起こす」について—第60回国語教育部会夏期研究集会リフレクション」（日本文学協会「日本文学二〇〇八年十二月号」）

渥美孝子［1999］：「中島敦「山月記」—外形と内心・語りの構図」（田中実・須貝千里編『〈新しい作品論〉へ、〈新しい教材論〉へ3』右文書院）

石垣義昭［1988］：「文学作品における〈読み〉」（日本文学協会編『日本文学講座12　文学教育』大修館書店）

勝又　浩［1984］：『spirit　中島敦』（有精堂）

鎌田　均［2008］：「〈語り〉を読む可能性　中島敦『山月記』」（「国文学　解釈と鑑賞二〇〇八年七月号」至文堂）

木村一信［1975→1978］：「「山月記」論」（『日本文学研究資料叢書　梶井基次郎・中島敦』有精堂）

昆　隆［1985］：「「山月記」読解」（「日本文学　一九八五年六月号」）

齋藤知也［2005］：「「〈語り〉を読む」ことと、「自己を問う」こと—芥川龍之介『蜘蛛の糸』の教材価値を再検討する」（田中実・須貝千里編『「これからの文学教育」のゆくえ』右文書院）

鷺　只雄［1970→1990］：「「山月記」再説」（『中島敦論』有精堂）

佐々木充［1965→2001］：「「山月記」—存在の深淵—」（勝又浩・山内洋編『中島敦『山月記』作品論集　近代文学作品論集成10』クレス出版　二〇〇一年）

指導書・大修館［2008］：『新現代文　改訂版　指導資料1』（大修館書店）

指導書・筑摩［2008］：『精選現代文　改訂版　学習指導の研究1』（筑摩書房）　執筆・秋葉康治

関　良一［1965］：「『ギリシャ的叙情詩』と『山月記』」（「言語と文芸　42号」）

篠崎美生子［2008］：「「アナーキー」礼賛」（「国文学　解釈と鑑賞　二〇〇八年七月号」至文堂）

高木　信［1993→2001］：「語りの詐術／騙りの技術─語る主体と義仲の言説の衝突」（『平家物語・想像する語り』森話社）

──［2000→2001］：「日本的な、あまりに日本的な……─テクスト論の来し方・行く末」（同右）

──［2006→2009］：「「教えられるのか」／「どう学ぶか?」という問題構制─〈理論〉が拓く地平」（『死の美学化に抗する『平家物語』の語り方』青弓社）

──［2009］：「子午線　奇妙な風景─〈自己〉〝崩壊〟のまえに」（日本文学協会「日本文学　二〇〇九年五月号」）

高橋広満［1996］：「定番を求める心」（漱石研究　第六号　翰林書房）

蓼沼正美［1990→2001］：「『山月記』論─自己劇化としての語り」（勝又浩・山内洋編『中島敦『山月記』作品論集　近代文学作品論集成10』クレス出版　二〇〇一年）

田中　実［1994a→1996］：「〈自閉〉の咆哮─中島敦『山月記』」（『小説の力　新しい作品論のために』大修館書店）➡勝又浩・山内洋編『中島敦『山月記』作品論集　近代文学作品論集成10』（クレス出版　二〇〇一年）

──［1994b→1996］：「新しい作品論のために」（『小説の力　新しい作品論のために』大修館書店）

──［2008］：「手記を書く語り手、語り手を捉える〈機能としての語り手〉─『舞姫』再読─」（「鴎外　第82号」鴎外記念会）

丹藤博文［1999］：「『山月記』あるいは自己解体の行方」（田中実・須貝千里編『〈新しい作品論〉へ、〈新しい教材論〉へ3』右文書院）

中村良衛［2000］：「李徴とは誰か─『山月記』私論─」（「日本文学　二〇〇〇年二月号」）

馬場重行［2001］：「文学という〈毒の力〉─「山月記」に触れて、〈読むことの倫理〉を考える」（「社会文学16号」）

浜中　仁［2003］：「中島敦「山月記」の漢詩について」（大阪府高等学校国語研究会「新国語研究　第47号」↓「はまなかひとし＿HP」（http://www.geocities.jp/laihama/index.html）によった。

松村　良［1994→2001］：「エクリチュールの復讐─中島敦『山月記』─」（勝又浩・山内洋編『中島敦『山月記』作品論集　近代文学作品論集成10』クレス出版　二〇〇一年）

バルト・R［1971→1979］：「作品からテクストへ」（『物語の構造分析』みすず書房）

前田角蔵［1993→2001］：「自我幻想の裁き─「山月記」論─」（勝又浩・山内洋編『中島敦『山月記』作品論集　近代文学作品論集成10』クレス出版　二〇〇一年）

三谷邦明［1996］：「中島敦『山月記』の虚構構造─言説分析の視点から─」（「日本文学　一九九六年7月号」）

【引用本文】中島敦『山月記』は『中島敦全集1』（ちくま文

庫）に、芥川龍之介『蜘蛛の糸』は『芥川龍之介全集２』（ちくま文庫）に、「人虎伝」は『国訳漢文大成　晋唐小説文学部第十二巻』（国民文庫刊行会）に、それぞれ依った。引用本文中の傍線、〔　〕部は、断りのないかぎり高木による。傍点は断りのないかぎり原文のまま。「／」は改行を示す。

［付記］本稿は、前に勤務していた東海高等学校における国語科教員による教材研究のなかから生まれてきたものである。論理的でかつ授業において実践でき、また教材への批判的な視座を確保しつつ、さらに一年生全クラス共通のテストも作れるような共通認識を作り上げながらも、教員個々の読み込みの違いを明確にしていくという激しい議論に負っている。

PART III

海外でのテクスト論受容と文学教育の現在

中国の国語教育における文学教育の現状

李　勇華

二十世紀の半ばごろから今日まで、中国では国語教育における「課程改革」が盛んに行われてきた。この改革は、具体的には、「国語教科書にどのような作品を載せるべきか」と、「教室で作品をいかに教えるべきか」という二つの面から展開されてきた。

本稿では、この背景の下で以下の三つの問題を考えてみたい。中国の国語教育のなかで文学教育がどのように扱われ、位置づけられているか。大学での文学研究と、高校の国語教育はどのように関連しているか。そして中国でテクスト論的文学理論はどのように受容されているか。

この三つの問題はどのような相互関係を持っているのか、それによって具体的に何が考えられるのかを詳細に論じる余裕はないが、アヘン戦争以後の中国の近代化に深くかかわっているとはいうまでもない。中国の近代化を反省するにあたって、目下の国語教育における文学教育の現状はその一つの視野として見なされる。

一、「語文」の由来

中国における国語教育のなかでの、文学教育の扱い方とその位置づけを考えるにあたっては、「国語」という言葉そのものについての説明が必要である。

同じ東アジアであるが、日本と韓国では「国語」と「国文」の使いわけがまだ見られるが、中国ではそういう使いわけは遥かむかしに消えてしまった。しかし二十世紀の初頭から新中国の誕生した直後までの五十年間には、「国語」と「国文」の使いわけが中国でも行われていた。一方、台湾では、一九四五年から今日まで、「国語」と「国文」の使いわけが依然として行われている。

中国では、小中学校と高等学校の「国語」は「語文」といっている。大学の「国文学科」は中国語で「中文系」という。「語文」も「中文」も、ともに漢民族の言語すなわち「漢語」を意味しているものである。少数民族、たとえば朝鮮族の「語文」の授業には、「朝鮮語文」のほかに「漢語」がある。かれらにとって「漢語」はあたかも外国語のようなものである。一部の学者が「語文」ではなく、あえて「漢語文」という表現を使うのはそのためであろう。

ことわっておきたいが、「漢語」は中国国内の中国人を対象に使用される言葉であるが、海外の華僑、華人の間では「華文」あるいは「華語」という言葉が使用されている。これから言及する「語文」は漢民族の「漢語」で書かれているものである。国内の少数民族および台湾、香港とマカオは本稿の論述範囲には含めない。

さて、「語文」教育での文学教育の扱い方と位置づけについて、「語文」という言葉の由来をとおして考えてみたい。周知のようにアヘン戦争以後、中国の清朝政府は徐々に改革を展開した。日本の明治維新に倣い、光緒皇帝を中心にした改革派によって、憲法制定・国会開設・学制改革を目指した「戊戌変法」と言う「変法自強」を掲げた政策が実行されようとしたが、西太后らの守旧派から武力弾圧されて失敗したのである。

その結果、清朝政府によって行われた改革のなかで、学校や教育などの「学制改革」は大きく遅れた。たとえば今の北京大学の前身である「京師大学堂」は一八九八年に創設された中国の最初の総合大学であるが、日本の「東京帝国大学」より二十年以上遅い。それはともかく、アヘン戦争以来の改革は大体欧米を基準にして行われた。国語以外のテキストはほとんど西洋から輸入してそのまま使われたが、国語のテキストだけは中国人自身によって編纂されたのである。

二十世紀に入った直後、清朝政府は西洋の学制を真似て「学務綱要」を作り、今の中学校と高等学校にあたる「中学堂」に「中国文学」という課目を設置した。しかし、具体的な内容からみると、この「中国文学」は現在通用している文学、すなわちLiteratureとは、あまりにもかけ離れていたと言える。もともと東アジア儒教文化圏での共通概念としての「文学」という意味は、今のわれわれが使っている「文学」より遥かに広く、Literatureをふくめて、ほぼ人文科学のすべてを含んだものである[注1]。

一九一一年の辛亥革命以後、梁啓超や蔡元培らは「中学堂」の「中国文学」を廃止して、「国文」という科目を設置した。ただし言葉使いの面では、小学校でのみ「国語」を使用した。そこで「国文」と「国語」のなかの「文学」はその内容がLiteratureに近づき、同時に意味する範囲は狭くなったが、その内容を記述する言葉は依然として「文言」、すなわち「書面言語」(＝文章語)に偏ったという問題がある。

一九四九年の六月、新中国が誕生する直前、「華北人民政府教育部」の葉聖陶という教育学者の提議によって、「国語」と「国文」という使い方をやめて、そのかわりに「語文」ということばを使いはじめたのである。「語文」について、葉聖陶は以下のように定義した。「語文」とは言語のことを意味し、言語は口頭言語と書面言語に分け、「語」は口頭言語のことをさし、「文」は書面言語のことをさす。両者を合わせて「語文」となるわけである、と[注2]。いうまでもなく、このような口頭言語に偏重した定義は、先に触れた書面言語に偏った「国文」と「国語」の「文学」にたいしての反動である。

一九五〇年代の半ばに入って、国語教育において大きな改革が行われた。そこで「語文」という課目は廃止され、その代わりに中学校では「漢語」と「文学」という二つの課目を併置し、高校では「文学」という課目だけを設置した。

そこで中学校では「漢語」と「文学」という二つの課目を併置した理由はなんなのか。言語は科学であり、文学は芸術である。それぞれ性質の違うものなので、一つの課目に混ぜてはならないから、二つの課目にわけて講じる必要があり、さらにそれぞれ違う教育方法をも求められるべきであるというのである。しかし「わが国の小中学校の語文教育は、昔から言語と文学を別々になされていなかったから、結局、言語と文学のいずれの教育も大きな失敗に遭遇したのである」[注3]。

具体的な内容からみると、中学校の「文学」は主に中国近現代文学および海外文学の作品を教えるが、高校の「文学」は最初の二年間は、古代から近代までの文学史のようなものを教え、三年目に入ってから海外文学を教える。この改革は一九五四年に決められ、一九五五年に少数の学校で試験的に実行され、一九五六年に入ってから全国の学校に全面的に導入されたのである。ところが、中央政府の関与があったらしく、「漢語」と「文学」を分ける国語教育改革は、二年間までも続けられず挫折してしまった。そこで、もともとの「語文」という課目が再び回復され、「語文」という言葉が今日まで使われている[注4]。

一九五〇年代の国語教育における改革は失敗で終わったため、その後の国語教育に大きな後遺症を残した。とくに「語文授業は文学授業のように教えないでほしい」というスローガンが長く国語教育に影響を与えていた。国語教育では、文学は長い間真正面から取り上げられなかったのみならず、文学を軽んずる学生と教師が多く現れた。そもそも、文学のことを強調するために「漢語」と「文学」をわけて教えるという改革が行われたのであるが、はからずも「文学」を軽んずるというまったく相反する結果をもたらされたのである。一九九〇年代の半ばごろ、国語教育における文学教育に対しての反省がようやく始まった。

二、「工具性」と「人文性」

これまで二十世紀に入ってからの中国で、国語を意味する「語文」という言葉の由来を簡単に考察してきた。それを通して、国語教育における文学の扱い方および位置づけを窺うことができるであろう。おおざっぱにいうと、一九五〇年代の短い時期を除き、文学はあまり重視されなかったというのが事実である。その理由の一つは、文学があまりにも実用性から離れていたからである。アヘン戦争から今日までの改革の背後にある、実用性を第一とする価値観に照らすなら、文学がそれにそぐわないのは明らかである。つまり、文学は政治や道徳、経済などにとって役立たないものとされていた。それゆえに、近代の中国で初めて師範学校を作った張謇は「通州張氏家塾経史国文補習科答問序」、「通海中学附国文専修科述義併簡章」(『張謇全集』第四巻、江蘇古籍出版社、一九九四年)などを著し、繰り返し国語教育の実用性を強調したのである。

そして民国初期の国語教科書には、今日はとても重視されている李白や杜甫などの唐詩はあまり収録されなかった。詩は国語教育の正当な内容とみなされず、小説や芝居などと同じく邪道とみなされ、教えられるどころか、読むことさえ禁止された。矛盾を恐れずにいうならば、孔子が編纂した『詩経』は長く倫理道徳の役割を果たしたが、近世に入ってからは、儒教文化圏全体において、詩は文人の遊びとなったのである[注5]。たとえば、このことは宋詩風が流行っていた江戸時代の文化文政の時期に、だれでも漢詩を詠じたことが「醇儒」の伊藤仁斎らの顰蹙をかったことを思い出すと分かるであろう。「詩」より「道を載せる」「文」こそが正統なのである。

「文」は古典中国語、いわゆる書面言語の「文言文」のことをさす。「文」で書かれた教科書の中で、「銘、箴、頌、誄」などはいずれも実用性のある応用文である[注6]。その後、「文」にかわって、「語」すなわち口頭語で書かれたテキストでは、実用性のある文章が依然として重視されていた。文化大革命が終わった後、つまり改革開放が始まった最初の一九七八年の「教学大綱」によると、国語教育は「実用文」を中心にする文章の読解に偏り、文法、ロジック、修辞などの知識はとても高い位置をしめていた。それに対して文学教育はあまりなされていなかった」[注7]。文学教育は革命にとっても、経済にとってもあまり役にたたないからである。

このように実用性から文学を扱ったことが目下の国語教育改革のなかで反省されている。そこでなされている反省は国語教育を含めて、実用性——中国語で「工具性」と表現する——や、功利主義などに偏った、アヘン戦争以来の近代化運動に対しての反省の一部として考えられるかもしれない。現行の「教学大綱」は以下のように明記している。「語文はもっとも重要な交際道具であり、人類文化の重要な一部分である。工具性と人文性の統一は、語文という課目の基本的特徴である」、と。目下の国語教育において、いろいろな議論がなされているが、その分岐点はまさに「道具性」と「人文性」の相関にある。

文学教育が長く無視されてきた反動として、今日の議論のなかでは、「道具性」を批判する文章と、文学の「人文性」を強調する文章が圧倒的に多い。文学教育を強調する論者は、西洋の工業が発展した時代、文学芸術も繁栄したことを例として、中国の国語教育も「主に「文学言語」を勉強することをとおして遂げられるべきであり、語文の読解においても、その内容は文学作品の学習を中心になされるべきである」とのことを提唱している[注8]。

逆に、道具性そのものは批判されるべきではないし、文学教育を過大評価すべきではないという論もある。なぜならば、国語教育においては、道具性と人文性はあくまでもコインの表と裏のような関係にすぎず、「語文の教育水準はまだ工具性を批判する段階に達していない。工具性をおろそかにして、人文性などを獲得することはありえない」、近代化の中での「人文精神の喪失は必ずしも文学教育と関係があるとは限らない」からである[注9]。

かくして国語教育改革のなかで今までの文学教育に対しての反省のなかから、今までの文学教育の扱い方および位置づけの一端が窺われよう。一九九〇年代の半ば以降、文学教育が従前よりかなり重視されているということは否めない。しかし、国語教育改革および今までの文学教育に対しての反省はどれほど実践の場に反映されたのか疑問である。つまり今までの議論は殆どまだ理論に留まっている恐れがあるからである。

というのは中学校と高校の国語教育改革は中学校と高校の国語教師の実践より大学の文学研究者の理論によって推進されたところが多かったからである。たとえば浙江師範大学人文学院の李海林は「言語と文学関係についての理論思考」のなかで、レヴィ＝ストロース、フッサール、ハイデッガー、ガーダマーなど、あらゆる理論を駆使して、「言語は、実際に芸術、法律と宗教などと並列されるべきものではなく、すべての精神結晶にとっての媒介なのである」というガーダマーの論を根拠にして、今までの「文学は言語の芸術だ」という説を覆したのである[注10]。その上で「語文課程」は「言語課程＋文学課程」であるべきだと結論づけた。中学校と高校の国語教師が、このような結論に至る論証過程にどれほど関心をもつのかは、大学の文学研究者は不問に付したままである。

この点については、次に大学での文学研究と高校の国語教育の関連を考えるなかで詳しく論じてみたい。要は、国語教育においての文学教育は、以前より重視され地位が上がったが、生徒が国語授業に対してあまり興味を持っていないという現象は相変わらずのままである。国語授業で教師と生徒がもっとも考えなければならないのは、現実的なこと、すなわち入学試験にとって役に立つのかどうかということなのである。

三、大衆社会と想像力の衰退

今の中国は、まちがいなく大衆社会になりつつある。「世界の工場」といわれる中国における大学の役割は、大衆社会の主力を成している工場労働者とサラリーマンの養成である。そして、「大衆教師」は大衆社会の教育を担当している。社会人が、社会から大学、高校、中学校を眺めるとこういう現実が見られる。しかし中学生あるいは高校生は、高校、大学から社会を眺める時、それとはまったく違うことを想像している。つまり中国の中学生と高校生は、まだこの先も学歴社会が持続すると考えているからである。大学に入るといい仕事が見つかるとか、大学を卒業して働くといい俸給をもらえるとかいう立身出世の夢を持っているのである。しかし今の中国は大衆社会になりつつあるので、立身出世の志を持つ学生を養成する時代ではない。社会の需要と学生の志との間に矛盾する要因が歴然と横たわっている。

それゆえに現場で教える教師たちには、大学の文学研究者のように理論的ではなく、実践的に国語教育を考えている人が多い。かれらにとって、国語教育の改革がいくらなされても、高校入試、あるいは大学入試の出題にあわせて国語を教えるのが現実からの要請なのである。すなわち、それも学歴社会への期待感を抱いている生徒とその両親からの要請なのである。大学での文学研究と高校の国語教育との間にどのような関連があるのかという問題を考えるとき、このような事情は看過できない。

同じ浙江師範大学人文学院の王尚文に「体験——文学教育にとって避けては通れない道」という論文がある。「人間は、互いに言語を通して思想の交流ができ、芸術を通して情感の交流ができる」というトルストイの『芸術とは何か』にあることばを引用して、文学作品の役割を強調した。その上で、具体的にどのように文学作品を体験するのかということを述べた。まず優れた文学作品が必要であり、それと対面する読者は優れた作品の世界を体験することで、精神に何らかの刺激を受ける。それは、読者がすでに自己対立を味わったことを意味している。自己対立の瞬間こそ、芸術の真理が現れるときなのである[注11]。

このような文学作品をとおしての自己対立の瞬間を体得する経験がなければ、他者との接触、あるいは他者への理解は成り立たないであろう。しかし、ほとんどの国語教師は教育をあまりにも重視し、文学を寓話とみなして、文学の力を疎かにしている。文学作品の教育はいつも作品の「主題」（＝作品の中心となる思想内容）を明らかにするだけで作品の解読は終わったとするのである。「主題」とは、この作品がわれわれに何を教えてくれたのかということである。もちろん、その答えは一つしかない。作品を詳しく読むより、このような唯一の答えの暗記に専念する学生が多い。ところが「主題、時代背景、作者の生涯、段落分析、創作方法、プロットの分析、人物描写、性格分析」などで作品を分析する方法は、一九五〇年代に中国語に訳された旧ソ連の『文学教学法』にすでにあった[注12]。古めかしいといわざるを得ないが、依然として今日の国語の授業で使われているように見える。

文学の役割を示すために、過去の教育学者や文芸理論家がどのように文学を理解したのかを紹介したりする論文が多い。たとえば先に触れた葉聖陶は、文学の想像力を強調したことがある。「学校教育のなかで、学生の想像力を養うのは、とても重要なことである。想像力は人間の創造力の重要な表れであり、想像力の養成は作品の鑑賞のためだけではなく、学生の精神成長のためにもなるからである」ということが、葉聖陶によって唱えられた[注13]。

中国でヘーゲルの『美学』の翻訳者として知られる朱光潜は、その学問の構成がまさに東洋と西洋にまたがっている。朱光潜は詩の角度から文学教育を強調して、「文学は精神生活、精神生命、芸術良知などに深く関わっているから、一流の作品を賞翫すべきである。趣味の養成は詩から入るべきである。なぜならば、一切の純文学は詩の特徴をもつからである」と述べている。ここでの詩は具体的な漢詩などを意味するのではなく、「異化」効果を持つ文学言語というロシア・フォルマリストの話と合わせて考えられるものであろう。

具体的な詩などに関して詩を作るつもりで詩を賞翫すべきであり、そうしなければ詩そのもの（抽象的なもの）はわからない。そうすると、世界は読者にあたえられたものではなく、読者の読みによって作られたものとなる。ところが、想像力と教養がなければ、そこまでの読みは到底出来ない。詩を賞翫するとき、漢詩を部分的に分析してはいけない。そうではなく、詩の一体性を味わえば、詩の「意境」（中国古典文論のキーワードの一つであり、境地、醍醐味などの意味がある）に近づくことができる。この「意境」は中国の何千年もの歴史と文化のなかで洗練された美意識なので、相当の古典文学などの学識と修養がなければ近づくことが出来ないであろう。このように、朱光潜は詩（抽象的なもの）に着目して詩（具体的なもの）の読み方を説明した[注14]。

ここで、読者の読みによって世界を作るという表現は明らかにヘーゲル的なものであるが、詩の一体性を通して詩の「意境」に近づくという表現は中国の伝統文芸の真髄を体得したものといえよう。後段で欧米理論の受容の問題について論じる際に改めて触れるが、朱光潜は欧米の文芸理論を深く理解したうえで、再び中国の伝統に回帰して、詩は純文学の特徴であるということを発見したのである。文学作品に対面するに当たり、葉聖陶と朱光潜の二人はともに読者の「想像力」を強調した。

しかし現場で最も教えにくい詩は、かえって最も簡単に片付けられているのが常である。たとえば生徒に「停車坐愛楓林晩、霜葉紅於二月花」のような人口に膾炙した名句にある「坐」は「坐るではなく、原因をあらわす」などといった特別の意味合いを暗記させる国語教師が多いであろう。生徒どころか、国語教師自身が、何千年の中国文化と歴史のなかで洗練された美意識から詩を鑑賞できるかどうかは甚だ疑問である。

中国では、高校の国語教育において、小説が中心で、詩は周縁におかれているのが否めない事実である。「詩の終わりは命の末日である」とはベルグソンの言葉であるが、中国の詩の教育方法は学生に想像力を養わせるどころか、学生の想像力がそれによって抹殺されてしまうおそれがある。それはともかく、現代中国で文学教育について考察する場合、小説に主眼を置かざるを得ないのが現状である。

四、教科書に載せた魯迅の小説およびそれに関する研究

さて、小説の教育について、大学での文学研究はどうなされているのだろうか。ここでは、二〇〇七年十一月九日から十一日まで、紹興で行われた「中学魯迅作品教育フォーラム」を通して簡単に考察してみたい。このフォーラムの参加者は、全国各地からの中学校と高校の国語教師のほか、魯迅文学研究で知られる教師も何名かいた。

福建師範大学の孫紹振は「豊かで複雑な言語現象を簡単にいくつかのレトリック表現に帰納させるやり方は妥当的ではなく、テクストを紡ぎだす言葉をさらに掘り下げて分析すべきである」と述べて、言葉に潜んでいる力に注目している[注15]。ロシア・フォルマリストの文学理論を待つまでもなく、文学作品と一般の作品との大きな違いは、「異化」の言葉があるかどうかに関わっている。このような「異化」の言葉を無視して、性急に作品の

内容をまとめるのは、望ましくない読み方であろう。むしろ「異化」の言葉があってこそ、作品が繰り返しの読みに耐えられる。

復旦大学の郜元宝はこの「教育フォーラム」で、「心のなかに全体としての魯迅があるべきだ」という見解を発表して、魯迅文学の一体性を強調した。「魯迅は一冊の本をしか書かなかった。それは『魯迅全集』である」という竹内好の話を引用して、作品のなかで魯迅は単に人を批判したのみならず、魯迅自身も批判の対象となっていたのである。

たとえば『狂人日記』のなかで、日記の書き手はずっと「吃人」（＝人食い）した人のことを批判したが、「わたしは知らぬままに何ほどか妹の肉を食わない事がないとも限らん。現在いよいよ乃公の番が来たんだ」（井上紅梅訳）とあるように、自分も人食いの一員にならない保証はないということに気づいた。その意味で、早かれ遅かれ『狂人日記』の書き手は人食いを批判すると同じ筆法で、自分のことをも批判しなければならない運命に直面するはずである。

郜元宝の発表では明確には述べられなかったが、このような論点は、既に伊藤虎丸の『魯迅と日本人』のなかで示されている。「自己への批判を媒介しての他人への批判こそ本当の批判となれる」と伊藤虎丸は述べている[注16]。郜元宝が魯迅の作品にある自己批判を強調するのは、目下の文学研究における批判には、自己への批判はあまり見られないからである。「もし他人を批判するとき、自分のことを忘れれば、この批判は極端に走り、ひいては災難をもたらすことに繋がる。中国であった何回もの文化批判の結果が恐ろしかった理由は、批判者が他人を批判するとき、自分のことを忘れていたからである」と郜元宝は自己批判をぬきにしての批判の危険性を指摘した[注17]。

したがって、いまこそ魯迅文学を読み直すべき時期である。魯迅は常に自分のことも批判すべきだという自己反省の意識を持っていたからである。彼の『野草・墓碣文』のなかで、「心を抉りてみずから食らい、真の味を知らんと欲す」(飯倉照平訳)とあるように、「真の味」を知るには、自己批判が必須なのである。ところが、「創の痛みの酷烈にして、真の味をなんぞ能く知らんや」、「その心臓はすでに旧きものなれば、真の味をまたなにに因りて知らんや」と書いてあるように、魯迅のところでは自己批判があるにしても、必ずしも「真の味」にいたりうるとは限らない。それはともかく、これは近代中国文学の主流とはならなかった。

「他人の声に耳を傾けたくない。他人の思想を分析したくない。一旦真理を握ると、他人の面子を配慮せず、徹底的に他人を排除する。このような現代中国における恐ろしい思想の傾向に魯迅は早くから気づいていたのである」[注18]。

当然のことながら、今の社会と学術にとってかくも重要な魯迅文学は、広く深く研究されてきたのである。しかし、昨今の「重点大学」の大学紀要を紐解いてみると、魯迅および魯迅文学に関する論文は想像よりはるかに少ない。特に具体的な作品を丁寧に読む論文はあまり見あたらない。ただし、二〇〇六年だけは魯迅誕生百二十五年であり、また魯迅死後の七十年に当たったので研究論文は非常に多かった。

一方、中学校と高校の国語教科書には、魯迅の小説が依然としてたくさん載せられている。一時期、生徒にとって魯迅の小説はあまりにも難しいので、そのなかの何篇かは教科書から削除されるべきだとの声があった。二〇〇七年、魯迅の代表作『阿Q正伝』が高校の国語教科書(北京版)から消えてしまった。それに代わって、金庸の武侠小説即ち大衆に好まれる通俗小説が登場した。ちなみにいうと、中国では高校の国語教科書は地域によって異なる。

魯迅の作品は、教える側の国語教師にとっては、教えにくいものである。あるいは教えられないものである。生徒にとっては、理解しにくいものである。あるいはまったく理解できないものである[注19]。実用性からみると、魯迅の小説に使われている表現は難しくて、生徒が真似して直ぐに応用できるものではないので、作文にはあまり役立たない。今日の文法に照らしてみると、魯迅の文章には、文法的に「間違った」箇所がある。それに今は使えない死語も少なくない。その意味で「語文」の「工具性」を強調する人にとって、魯迅の小説は国語教育には適していないものである[注20]。

にもかかわらず、国語教育の授業で、魯迅の小説は依然として教えなければならない。ところが自分の想像力に頼って魯迅の作品を体験し、それによって世界を作るわけではなく、ある理論という「先入観」から魯迅の小説を勝手に裁く生徒と教師が多い。それによって魯迅の小説の難解さを増している。

河南安陽市第十二中学校の周新平は「祥林嫂の髪を通して彼女の運命を見る」という論文のなかで、魯迅の『祝福』の登場人物・祥林嫂について、その髪に加えて、目の変化にも着目し、「彼女の目の変化から、よく働いて善良な旧中国の女性労働者がいかにして、一歩ずつ封建社会の禮教に食われてしまい、人生の末路に辿りついたかということがわかる」という結論を結んでいる[注21]。

たしかに、登場人物の目や髪などについての描写に着目する必要はあるが、それをすぐ「封建社会の「禮教」(＝礼儀、道徳、迷信、因襲など)に食われてしまい」という手垢のついたイデオロギーの色合いの濃い表現に飛びつくのではあまりにも性急な読みであろう。それによって、作品の力を生かすことはできない。しかし、現実にこの決まり文句のような表現から作品を読む教師と生徒が多い。というのは、そのように小説を読むとあたらずと雖も遠からずということを皆が知っているからである。また、教育現場では意識的にあるいは無意識的に生徒の考えをそこへ誘導する教師が多いのである。

実は、大学の文学研究にもこのような陳腐な研究が案外に多く見られる。たとえば、魯迅の小説のなかに「死」がどうしてたくさん描かれたのかという問題について、孫玉生は「死亡において難解な謎――魯迅作品のなかの死の問題についての解読」という論文のなかで、「旧社会の人情の冷たさなどを描くことを通して、旧社会の罪悪を摘出する目的を達成できる」、「したがって、作者は意識的に孔乙己、祥林嫂などの登場人物の死因を明らかにしなかったのである。それによって、旧社会への批判という作品の持っている批判機能が強まる」と述べている。ここでも、すべての作品分析を待ち受ける結論のようなものが先にあるという考え方が見てとれる。

かくして、小説のなかのディテールと、小説外のマルクス主義階級分析法などが簡単に結び付く読み方は、依然として中学校と高校の国語教育の現場で横行している。時代遅れの読み方とだれでも知りながら、そのようにして小説を読むと無難なのである。特に大学入学試験では、そのように答えれば、間違いなく点数が取れる。

いうまでもなく、魯迅の小説については、一つのイデオロギーに縛られる読み方ばかりがあるわけではない。たとえば、東北師範大学文学院の張麗軍は『『故郷』の「皿小鉢」についての懸案と開放的教育」という論文のなかで開放的な読み方を紹介している[注22]。

魯迅の『故郷』の受容において、この小説が世に出た日から、閏土が皿小鉢を埋めたかという懸案がある。それについて、閏土ではなく楊二嫂が灰溜のなかに埋めたという説もある。日本では、尾崎文昭や藤井省三などは閏土の所為だと考えた。それは、楊二嫂の所為だと考えた竹内好の説と異なる。中国では、厳家炎は「閏土が香炉や燭台などを選んだという行為は農民の純朴さを物語っているので、灰の中に埋めたとは考えられず、楊二嫂が自分で埋めたのではないか」と見ている。しかし、このような分析がすぐ「閏土＝農民＝階級意識に目覚めたよい人」と「楊二嫂＝豆腐屋さん＝堕落したブルジョア階級」という図式に持ち込まれやすいことが問題なのである。

それに対して、董炳月は具体的な作品の読みから閏土が皿小鉢を埋めたということを論証した。つまり、閏土が主人公迅ちゃんの家を訪れたとき、厨房で食事をさせたので埋めるチャンスがあり、また何かほしいかと聞かれたとき、特に町の人にとって役立たない藁灰がほしいと答えた。厨房に入ったことと藁灰を欲しがったという二つの行為から閏土が皿小鉢を埋めたことが想定できるというのである。

この論文を評価できるのは、急いで何らかの結論を得ようとせず、まず生徒らに小説を読ませてさまざまな想像力を引き出し、それに基づいて、潤土の行為だと立証したという点である。その上で、たとえば灰に皿小鉢を埋めるという盗みの行為と魯迅のほかの小説に出てくる盗みの手口とを比較することで、読者は更なる深い世界へといざなわれて行く。

もちろん、魯迅の小説に関しての論文には、このような地味な読みばかりではなく、欧米の理論を応用した読みも少なくない。問題は、それがどこまで国語教育の現場に届くのか心細いということである。たとえば、先に触れた孫紹振は「無人悲哀の死亡――『孔乙己』を読む」という論文のなかで、「魯迅の小説美学」から『孔乙己』を論じた。魯迅のほかの作品とちがって、『孔乙己』には社会や人物への露骨な諷刺があまりない。その代わりに、作者は語り手の目に映った「笑う／笑われる」、「見る／見られる」という社会の縮図を丁寧に描いた。「魯迅の学生、孫伏園の回想によると、魯迅自身も『吶喊』という小説集のなかで『孔乙己』が一番気に入っていると話したそうである。魯迅自身からみれば、限られたページのなかで、生活に苦しんでいる人に対する社会の冷たさをゆったりとした筆致で描き、諷刺を利かせながらも、さほど露骨には感じられないという創作ができたのは、ひとつの進歩だと考えたからであろう」[注23]と魯迅自身も言ったが、『孔乙己』にくらべ『狂人日記』は、小説の創作という点で遥かに及ばない。

それは、「子供を救え……」という最後の語句が、語り手というより作家魯迅の声そのものだと思われる点から言える。作家と語り手との間の距離が消えてしまったのが、二葉亭四迷の『浮雲』が挫折した原因の一つとされている。近代小説の創作において、魯迅がここで肉声を聞かせたのは、正にこの『浮雲』の挫折と軌を一にしている。

五、「文学の理論」の欠如

ここまで、具体例をあげながら、大学での文学研究者が、文学作品の役割を強調したり、従来とは違う小説の読み方を提示したりしていることを分析してきた。ところが、文学そのものとは何なのか、あるいは小説とは何なのかについての研究は、大学の文学研究者によってあまりなされていないのである。

最近、華中科技大学の王乾坤は『文学の承諾』という本を出して「文学の哲学」という概念を提起した。「今までの文学理論が哲学からの借用であるという説は、哲学にとっては不当な扱いである。むしろこのようにいうべきである。それはあくまでも認識論の借用にすぎない。形而上学を排斥する現代認識論は、経験や知識に大きく左右されるので、根源的な問題を窮められない。したがって、それは哲学ではない。まして文学哲学とはいえない」と文学の原理のようなものを強調した[注24]。言い換えると、今は哲学の理論からの「文学理論」という認識論より、文学からの「文学の理論」という存在論（ontology）が欠如している。認識論から文学を研究すればするほど文学そのものから遠ざかってしまうのである。

そのほか、アントワーヌ・コンパニョンは『文学をめぐる理論と常識』のなかで「文学理論」と「文学の理論」の区別を説明した[注25]。ここでは詳しく引用しないが、要するに国語教育における文学教育に、「文学の理論」という文学の原理についての研究と教育が不十分なのである。

もし小説の原理を弁えなければ、ロラン・バルトの言っている「作者の死」のような概念を鵜呑みするおそれがある。そもそも「作者の死」は一義的な答えなどを拒絶するために発されたものである。それゆえに、小説にとって、たとえ「作者の死」があっても作家と語り手の問題は依然として存在している。ところが作品外から一義の答えを拒絶することは「読みのアナーキー」になり勝ちである。

おそらく問題は作品の読みを通して読者がいかにして一義的な答えに向うのかということにあるかもしれない。たとえば、小説に作家と語り手という二つの中心によって作られた楕円構造がある。この構造を常に意識してこそ、読者は小説を読む過程で一義的な答えを拒絶することが可能なのである。なぜならば、具体的な作品にとっての作家と語り手との力関係がいつも変動しているからである。小説の作家にとっては、作家と語り手との間の力関係は他者性にかかわっていると思われるが、この他者性はいかにしてありうるのかという問題がある。

「魯迅の『藤野先生』という作品は回想散文なのか、それとも小説なのか」という大村泉の論文が中国で大きな波紋を広げたことは、それと関わっていると思われる[注26]。大村は具体的に魯迅が仙台に留学中に取った解剖学ノートを詳細に分析して、それと『藤野先生』にある記述、および「仙台魯迅記録調査会」の調査結果との間に一致していない内容を発見した。それによって、『藤野先生』は、仙台の留学生活を背景にして書かれた「自伝の色合いが強い短編小説」だという結論を得たのである。

中国には、大村の説にたいしての反論が多い。たとえば、王吉鵬は「過去の記憶から書いたもの」という魯迅自身の言葉を根拠にして、たとえ『藤野先生』に現実と一致していない内容があっても、それは記憶が薄れているからである。魯迅自身が『藤野先生』を小説集ではなく散文集の『朝花夕拾』に編入したことがある。したがって『藤野先生』を「虚構」の小説という説は成り立たない。

その上で「中学時代に、『藤野先生』を勉強した。それによって、日本人に対する子々孫々に至る中国人の友情が培われた。またこのようなことが分かった。中国の東に日本という島国があり、嘗てわが国を侵略した。それによってわが民族が辱めを受け、多大な災難をもたらされた。しかしながら、この島国に無数の藤野先生のような善良な国民がいるということも分かった。したがって感情の面では、『藤野先生』が小説だとしても、虚構だと言ってもどちらも通用しないのである」と書き、『藤野先生』は小説ではないというもう一つの理由をあげた。

やや感情に流された王吉鵬の反論とちがって、黄喬生は目下の文学理論から『藤野先生』は小説ではないということを力説した。彼によると『藤野先生』が小説とみなされたのは、明らかに「解構主義」(＝脱構築)に由来した考え方である。表からみると大村の論は、細かい研究であり独特な見解があるようにみえるが、実は文学審美を疎かにし、作者の本意を無視したものである。何よりも、文章に発露した魯迅の藤野先生に対する感謝の気持ちは間違いない。考証や懐疑や憶測などがあるにもかかわらず、いずれもこの作品の根本を揺るがすことは出来ない。まして、それによって、『藤野先生』は虚構の文学作品であり、この作品に魯迅の杜撰な点があるということは証明できない。

その後、大村から再反論があったかどうかは知らないが、このような反論によって析出されたのは、中国人研究者の、小説の原理についての理解の欠如である。つまり、中国人の研究者は、歴史の「真実」にとらわれて、「虚構」の力にまったく気づかなかったのである。

六、小説の精神

ミラン・クンデラは『小説の精神』の中で、近代小説は一つの読みを提供しないどころか、それを排斥する。その意味で、独裁者のスターリンもヒットラーも小説の精神にあわない存在である、とのようなことを述べている[注27]。クンデラのこの言葉には、一義的な答えを拒絶する「作者の死」の影が仄かに見えるであろう。「虚構」としての小説の力は、むしろ一つの読みではなく、複数の読みを可能にさせる点にある。

それゆえに、魯迅の作品を論じるにあたって、まず小説であるかどうかの問題ではなく、魯迅自身がどのように小説のことを考えていたのかということである。たとえば『藤野先生』について、魯迅はどうして一九二〇年代、北京を離れた後、藤野先生のことを回想したのか、タイトルは『藤野先生』であるが、結局魯迅の自己批判を込めた作品ではないかという疑問がある。その意味で、この作品の終わりに、壁に掛けている藤野先生の写真を見てから再び「正人君子」と戦う勇気を獲得したという段落を見落としてはいけないであろう。

言い換えると、「正人君子」（＝品行方正な人）を批判する正当性を合理化するものは、藤野先生に対しての回想を通して求められるのである。さらに、それは仙台で遭遇した「スライド事件」にさかのぼられると筆者は思う。これが魯迅文学の支えといえる存在であるのみならず、小説の語りを支えているものである。虚構という盾があるので、生身の作家より小説の語り手は自由に人を批判することが出来るかもしれない。そこで語り手が自分の正当性を疑うと、語りを支える原点へ回帰するのが必然だと思われる。

作品外の魯迅はずっと周りの人々と戦ったが、たまにはその正当性をも疑ったのであろう。そのとき、その正当性を合理化したものへの追憶が必要になってくるのである。語りであれ、作家であれ、自分の権力、いわば自分の唯一の答えを疑うことはまさに小説の精神を体得している。批判の語りと批判の作家との間にある力関係は、魯迅文学を読むときの留意点であろう。

「芸術や文学に関する態度は［……］すべてか無かというかたちに定式化され、思考を構造化している。いや、それだけではなく、思考を一連の偽りのジレンマのなかに閉じこめているのだ」というブルデューの考えに対して、アントワーヌ・コンパニョンは「真実はつねに両者のあいだにあるからである」と述べている[注28]。そうすると、小説の「真実」は小説の中の語り手と小説の外の作家との間にあると考えられるだろうか。

残念ながら、このような小説の原理についての研究は近代以来の中国では、あまりなされてこなかった。面白いことに、魯迅の弟であり、「五四運動」の巨匠とされた周作人は、小説をあまり書かなかったのに、坪内逍遥以来の明治文学を中国文壇に紹介する際、「日本の最近三十年来の小説の発達――一九一八年四月十九日・北京大学文科研究所にての講演」のなかでいちはやく「小説の精神」のようなものを指摘した。

周作人は同時代の中国の小説の問題を意識しながら講演のなかでこのように述べた。「要するに、中国で新小説を発達させるには、始まりからやるべきである。目下、なによりも欠いている切実な書籍は、小説とは何かということを説明する『小説神髄』のようなものである」[注29]。この講演は今でも賞味期限がきれていないといえる。しかし、周作人は日本軍が北京に入った後、「華北偽政府」などで働いたことがあるから、彼の作品は一九四九年以後の教科書に一篇も載せられなかった。

かくして中国の国語教育の現場で、作品のディテールについての分析やイデオロギー的言説にこだわり、詩や小説などの虚構性のつよい文学ジャンルをもって、虚構の力を学生に理解させる国語教育はあまりなされなかった。一方、大学での文学研究において、作品の一体性を強調した論文は多いが、小説の原理のような問題に立ち入った研究はあまり見当たらない。文学作品を通して生徒の想像力を養うことが重視されながら、今の中学・高校の国語教育の現場体験と大学での文学研究の成果のいずれもが、生徒の想像力を養うことにつながっていない。「〈詩作〉が人間の歴運的現存在の根本的な出来事として、自然に直面して——しかもどんな自然科学よりも先に（こんなふうに表現することが許されるとしてだが）——振る舞うそのやり方を、根本的に考慮に入れる場合のみである」と、今の人間の想像力の衰退を嘆いたフィリップ・ラクー・ラバルトは『歴史の詩学』にこのように書いている。想像力と根本的な出来事の関係が国語教育における文学研究と大学での文学研究にとって喫緊の問題である。

中国では、かつてはマルクス主義階級分析法で作品の一切を裁いたが、最近は欧米の理論で作品を裁いている。いずれも、作品についての丁寧な読みが足りない。たとえば、中国でロラン・バルトの理論が熱心に紹介されたが、『S／Z』のように丁寧に作品を分析する著作はあまり見当たらない。多くの人々があくまでも、理論の表層で戯れたに過ぎない。「小説はつねに批評家の地平であり、批評家は執行猶予中の作家である」とあるが[注30]、中国では想像力を剥奪された小説は批評家の地平になりがたく、批評家は批判の矛先をつねに自分ではなく、他人に向けているので、「作者の死」によって拒絶された一義の答えが依然として跋扈している。

もし、大学の文学研究と中高校の国語教育との間になんらかの関連があるならば、それは主体性の欠如、想像力の衰退、根源的な問題の無視などにあるといわざるをえない。

七、文学研究のゆらぎ

「過ぎ去った二十年間の人文教育のレベルはだいぶ低下した。その原因はさまざまな文化理論の紹介にあると考えられる」と社会科学院外国文学研究所の盛寧が断言している[注31]。ところが、大学の国文学科はともかく、文化理論を含めての欧米理論の受容がどこまで高校の国語教育に影響を与えたのかは定かではない。たしかに、高校の国語教育関係の論文には、作品という言葉ではなく、「文本」――テクスト――という言葉がよく使われている。

中高生や大学生の想像力の衰退とともに、中国の文学研究も衰退しているようにみえる。たとえば各大学の紀要、特に「重点大学」（国家教育部直轄の大学――筆者注）の紀要を見ると分かるが、文学関係の論文はさほど多くは見られない。重点が作品の読みに置かれた論文はなおさら少ない。

では、何が研究されているのかというと、「文学史の書き換え」についての研究はいまだに盛んになされている。二〇〇〇年の『復旦学報』（人文社会版）には、文学史の議論のためにコラムが設けられたが、今年の『華東師範大学学報』（人文社会版）にもまたそのようなコラムが設けられた。そして最近の論文にはモダニティ、ディスクール、間テクストなどの言葉が飛び交っているのが一つの特徴といえよう。

中国の文学研究の衰退は否めない。近代文学の研究はなおさらである。当今の中国の文学研究にとっては、具体的に何を論じるかということよりも、むしろいかに論じるかという方法論の問題をまず解決しなければならない。今は欧米の文学理論が下火になって自己反省する段階に入ったからである。

中国では、欧米の理論受容がいつから下火になったかという問題を追及する遑はないが、ただそれに関する、国内外で起こった二つの象徴的事件を分析するにとどめよう。一つは、二〇〇一年秋のデリダの中国訪問であり、もうひとつは二〇〇二年夏のバーミンガム大学の現代文化研究センター（CCCS）の廃止である。

いうまでもなく、デリダの脱構築理論のほかに、バルトの符号学やフーコーの系譜学なども中国の文学研究に多大な影響を与えた。ただし、デリダの中国訪問は、文学研究を含めて人文社会科学研究の全体に大きな変動をもたらしたのである。中国で直接にデリダに会った研究者は却ってデリダのことが分からなくなるという奇妙な現象が起こったようである。中国の研究者は殆どわずかの翻訳書にたよって、デリダの思想に接触してきたので、頭のなかのデリダと目の前のデリダとの隔たりがあまりにも大きかったのである。

デリダにとって、中国はあまりにも異世界のような存在なので、中国で講演するよりも、むしろ限られた時間に中国にたいしての理解を深めることに忙しかったようである。中国を訪問したデリダは前後三回に日本を訪問したバルトほど幸運ではなかった。バルトは一九六〇年代に「空虚な記号の帝国」日本で「一神教＝シニフィエの有無の発見」という最大の実りを獲得したが[注32]、デリダは二十一世紀の初頭の中国で何を発見したのかと問わざるを得ない。

目下の中国の文学研究からみると、デリダの中国訪問によって引き起こされた変動は、すこしずつ破壊に変わりつつある。そもそもデリダの理論が人文科学に与えた破壊力からみると、このような結果があってもさほど驚くにあたらないであろう。

デリダが中国で繰り返し強調したのは、「脱構築は外部から持って入った機械的な方法ではなく、もともとテクスト自身が有しているものである。一言で言うと、脱構築は自分で自分にたいしての行為である」ということである[注33]。これは中国の研究者がひたすら欧米の文学理論を中国で受け売りしているやり方とくらべると雲泥の差がある。

そもそも「「脱構築」哲学のもっとも基本的な特徴は、思想の開放を保ち、すべての閉鎖的な考え方に反対するという点にある。脱構築とは、すべての結論がそのまえで絶えず開けられたり問われたりする」ことを意味している[注34]。脱構築の理論は、もしこの角度からを理解されていれば、そんなに簡単に中国の人文科学研究で応用されなかったであろう。

ところが脱構築を「解構」と訳した中国では、それを「瓦解」と混同して理解されていたのではないかと思われる。「この何十年の文学研究の発展してきた過程では、解釈する側の権利が強調されすぎる嫌いがある」との指摘があったのはそのためであろう[注35]。あたかも理論を手に入れれば、なんでも批判でき、なんでも攻撃できる権力が与えられるようである。しかし、先に魯迅の『藤野先生』について分析して分かったように、その権力がはたして理論によって合理化されるかという問題がある。

ところで、欧米理論の受容が下火になった後の中国の文学研究は、どこへいくのであろうか。最近、許紀霖は王元化を記念する文章で、一九八十年代と一九九十年代の学問の相違を述べている。彼によると、八十年代は、理想主義の「尊徳性」が知識主義の「道問学」の上にあり、実践を離れてもいいぐらい自由に理論ばかりを論じていた学者が多かった。しかし、九十年代以後、学界の様子が一変した。一部分の学者は「広場」からアカデミックなところに戻り、理想主義は知識主義にかわって、さらに文献主義へと変わったのである[注36]。

具体的にいうと、古典文学研究では、欧米の理論に対して不信を持つ人が多く増え、理論と決別して文献主義に戻っている人が決して少なくない。そこで、欧米の理論にかわって、古代の中国文学によって醸成された『文心彫龍』、『詩品』などの「文論」が重視されてくる。一部の学者は、一九八〇年代、欧米の理論を一点張りにする極端な研究から、中国の古代の文献だけを相手にするというもうひとつの極端な研究に入った。先に触れた朱光潜のように古代の中国の文学、文化と歴史を視野にいれて、欧米の理論を受容した人がまれにしかいなかった。あえて例を挙げると、銭鐘書のような研究者ぐらいである。

ところが、中国の近代文学研究は古典文学のように簡単に戻れるところがない。たとえ「古典」があっても、積み重ねにおいて古典文学の「文献」とくらべるものにならない。やむをえず、欧米の理論を続けて応用する研究もあれば、新しい道を打開するために必死にもがいている研究もある。

心理分析の視点から、魯迅の作品になぜ「黒い」という色彩が頻繁に出ているのかを分析する論文はその例として挙げられる。しかし理論にたいして不信を持つ研究者はこのような論文を見ると、果たしてそうだったかとすぐ疑問を投げかける。また、魯迅の『狂人日記』に出てくる「人食い」から、『紅楼夢』という古典作品に人食いに類似する内容を探して研究する論文もある[注37]。実証的にみえるが、古代文学の作品と近代文学の作品にある類似するディテールを羅列するだけである。それは方法論とはいえない。

そこで理論で行き詰まった近代文学研究はカルチュラル・スタディーズに転じてきたのである。残念なことに、二〇〇二年六月、バーミンガムの現代文化研究センターが廃止された。これは、中国にとって欧米理論の受容が下火になった象徴的事件のもうひとつといえよう。

カルチュラル・スタディーズの受容について、盛寧は次のように述べている。「そもそもカルチュラル・スタディーズはわれわれの得意な部分ではない。まだ新鮮に感じられるのは、身体に関する「話題」だけであろう。それはカルチュラル・スタディーズから派生したものである。「研究」と言わず、あえて「話題」（＝トピック）と称したのは、国外の流行に基づいて、国内の少数の研究者の紹介によって取り上げられたものに過ぎないからである。殆どの文献は原文から直接に訳されたものではないので、それにどうやって対応できるか戸惑った研究者が多かった」。

中国の文学研究で行われたカルチュラル・スタディーズからは政治志向性が殆ど消えてしまった。一般の消費文化を批判すべきなのに、一般の消費文化に迎合するために行われるカルチュラル・スタディーズが多かった。カルチュラル・スタディーズ以後、中国の文学研究の行方は明確になっているどころか、ますます混迷の状態に陥っている。

八、理論受容における問題

そこで、当初欧米の理論がどのように中国に搬入されたのかという問題が出てくる。二十世紀の八十年代は、欧米理論は殆どアメリカを介して中国に紹介された。訳文より、理論についての訳者の「導文」――はしがきのようなもの――は研究者に与えた影響が強かったようである。また、先の身体論に関しての紹介に見られるが、殆どの理論書は原文から訳されたわけではない。英語版から訳されたものが圧倒的に多い。たとえば、中国ではオルテガの『大衆の反逆』のように、スペイン語の原典からの直接の翻訳はまだ見当たらない。したがって、文学理論が下火になった現在、文学理論に何かの問題があるというより、文学理論の受容に何かの問題があったということをまず考えなければならない。

「長期間、われわれの文学理論家や批評家などの殆どは、充分な理論的基礎および言説解釈の基礎を欠くのみならず、冷静的に［欧米からの理論］を検視する能力も足りなかった。それゆえに、欧米理論を安易に認めてしまったのであるが、自分なりの独自の説もなければ、個人の位置づけもできなかった。結局、自分なりの問題意識がないのみならず、確実に問題を考えることが出来なくなる」ので、一旦「西洋のディスクールを離れると話すことができな」くなっている[注38]。

理論を反省するためには、理論にたいしての理論的研究が必要である。いわばメタ研究である。しかし、西洋ロゴス中心主義や形而上学などを批判の矛先にしたデリダの脱構築の理論の前でたじろいだ中国研究者はメタ研究に入りにくいということが想像できよう。一方、再び作品の読みという実践に戻らずにメタ研究ばかりをしているような研究もある。具体的な作品の読みを抜きにして、もっぱら理論の流行に流され、新しい言葉に飛びつくのであれば、理論の生命力の枯渇は必至であろう。

「そもそもマルクス主義による批評の最大の特徴は理論と実践の結びつきであり、実践のなかで、理論は能動的に実践に指導を与えられるのである。しかし、この特徴はとっくに忘れられたようである」[注39]。いささか古めかしく聞こえるかもしれないが、文学理論と文学作品の読みという実践の乖離が目下の文学研究のアキレス腱といえよう。

中国と日本の関係からもうすこし理論の受容について考えて見よう。最近、葛兆光の分厚い『中国思想史』（上海復旦大学出版社、一九九八年）のような著作が出版されたが、そのなかに日本人研究者からの引用がありふれている。日本語の訳書とおなじく、日本人研究者は割合に中国人の研究者より比較的に早く欧米の理論を手に入れることが出来たからである。

このため、中国人研究者は欧米の理論を受容するにあたって、日本人学者の研究を通して受容するのが一つの方法となっている。しかも近道である。それは、一九〇〇年前後に、日本の「明治維新」を学んだブームに似ているところがある。つまり、「明治維新」そのものより、「明治維新」のなかに受容された欧米文化のほうが中国人にとっては関心の的となったからである。欧米文化を中国に輸入する媒介となった日本は、本質的な意味では相手にされなかった。それは中華思想の現れでなければ何であろう。

文学理論が下火になった中国では、中華思想が再び何らかの役割を果たすのかを見守るべきである。たとえば、先に述べた「文献主義」にもどったことは単に理論面での行き詰まりだけではなく、ナショナリズムの高揚と無関係ではありえない。文献主義とナショナリズムの関係について、戸坂潤の『日本イデオロギー』に詳しく書いているので、贅言を要しない。ここで強調したいのは、欧米理論の受容にとって、中華思想は邪魔な存在であるが、一旦理論の受容が下火になると、中華思想はまた帰郷のような存在となるということである。

これまで文学研究において、欧米理論の受容の現状および問題を簡単に分析してきたが、それは高校の国語教育における文学研究と何の関連があるのか。端的にいうと、中学校と高校の文学教育において、マルクス主義の理論とイーザーの読者受容理論などをのぞき、ポストモダンやフェミニズムなどの理論からの影響はあまりなかった。入学試験のために、マルクス主義の理論を活用できれば、いい点数がもらえるから、無理やりにマルクス理論を暗記する「優等生」が多い。

ところで、最近の国語教育改革において、学生の能動性を生かすために、学生の読みを尊重すべきだとの声が強くなっている。日本にくらべ、中国の国語教育関係の論文には、バルトの名前と彼の著作は稀にしか言及されていない。その代わりに、イーザーの読者受容理論がよく出てくる。とはいえ、「作者の死」や文化多元主義などの理論が国語教育に大きな影響を与えなかったとは言い難い。

中国の国語教育という領域で、バルトがあまり引用されなかった理由はここで詳細に論じられないが、マルクス主義理論に繋がるサルトルの「アンガージュマン」が高く評価された中国では、「ゼロ度」の理論を唱えたバルトは社会主義国家の中国にとってあまり都合のよいものではないとされたのではないかと想定できよう。そのためにバルトはよくサルトルとの比較の枠組みのなかで論じられたのである。項暁敏の「エクチュールのゼロ度と人間の自由」という論文はその一例である[注40]。近代以後の中国は、「文学革命」から「革命文学」への道を辿ったように、文学はいつも政治と深く関わっている。一九四九年以後、「純文学」はありえなかった中国での近現代文学の研究はあくまでも「文学と政治との関係についての研究」にすぎない[注41]。

二十世紀の初頭の国語教育に影響を与えたデューイの実用主義の影響があったということは明確に分かるが、目下の国語教育においては、欧米の理論受容が多岐にわたり、その経路があまりはっきりしていない。国語教育では、よく言われたテクスト論は必ずしもバルトの『テクストの快楽』や『物語の構造分析』などの著作を背景にしているとはいえない。

九、テクスト論における問題

さて、中国の国語教育において、テクストおよびテクスト論について簡単に見てみよう。李大聖は『百年反思——語文の育人功能を検視する』という著作のなかで「テクストは、国語教科書の核心を構成する部分であるが、しかし、国語教科書に載せられるまで、選択や書き換えなどのプロセスがある」と述べている[注42]。敷衍していえば、教科書に載せてられいるテクストは作者のほかに教科書の編集者の手も入っているということである。この点については、魯迅の『社戯』（＝『村芝居』）や老舎の『済南の冬』などを例として挙げられる。

李大聖からみると、テクストは文学作品と文学研究の基本単位である。「テクストのまえでは、生徒と教師はみんな平等である」、「カノンとなった作品と一般の作品との違いが無い」、「本当の批評はありえない」という三点から、李大聖がテクストの特徴を説明している。テクストの前で、生徒と先生が平等であるから、先生の読みだけではなく、生徒の読みも許されるのである。言い換えると、テクストの読みは一元ではなく多元なのである。しかし「生徒は教室のなかでは、自分なりの答えがあってもいいが、高校入学試験や、大学入学試験のときには、「標準答案」に従わなければならない」。つまり、現実に多元の解読がどこでも許されるわけではないのである。

たとえ多元の読みがあっても、限界があるはずであるが、その限界はどこにあるのであろうか。それについて俞髮亮は具体的に次のように述べている。「読者受容理論によると、作品の意義、価値は、読者と作者との共同創造によってなされているものである。しかし、現場の読みは、相対主義や、レベルの低い解読などに流されている」[注43]。

例として菊池五山の『五山堂詩話』に多大な影響を与えた袁枚の『随園詩話』にある話をあげておく。「たとえば美人を賛美するとき、『秀色可餐』（＝美しくてうっとりさせられる）を使う。それに対して『人間の肉は食べてはいけない』と答えるのがかしこい答えと言い難い」。しかし、今の国語の授業では、このような答えが「多元の解読」によって許されて、エセの相対主義に変わりやすいのは自明なことである。

もちろん、これは単に国語教育における文学教育の問題ではなく、大学の文学研究もこのような問題を抱えている。そのために劉永康はこのように批判している。「テクストの解読は「多元解読」と「創造的リーディング」というスローガンの下で、一部分の解読はラディカルであり、作者の意図を完全に歪曲することに至っている。なぜならば、「ハムレット」はもはや「ハムレット」ではなくなり、すでに学生が好むイメージに変わってしまったからである。学生にとっては、それによって自分とほかの学生との違いを人に見せられる。そこで、「一千人の読者」によって「一千人のハムレット」ではなく、一万人ないしそれ以上の「非ハムレット」を生産する。このような解読はポストモダン理論にたいしての誤読あるいは歪曲そのものだといえよう」[注44]。

ある研究者にとって、作品をテクストとして解読するかぎり、ある程度の真実性を獲得するのみならず、それぞれの解読は補足しあうことが可能である。これでは先の「多元」解読とおなじく、恣意的な読みにならないという保証はない。

これまで大学の文学研究と高校の国語教育から簡単に欧米の文学理論の受容を分析してみた。大学の文学研究は理論の混迷に入っているが、高校の国語教育は大学入学試験にあわせてなされているので、簡単に理論の受容が出来なくなっている。それによって、理論を軽視する風潮が助長されたのである。

十、国語教育改革の功罪

以上、現在の国語教育改革のもとで、おもに魯迅および魯迅の作品関係の論文を通して考えてきた。葉聖陶という国語教育者は自分の仕事を回顧するとき、「七十年間の国語教育は失敗で終わった」と言ったが、この言葉を銘記しながら、目下の国語教育改革をめぐっての功罪を問うべきであろう。

文学教育からみると、一つの功として言えるのは、あたらしい国語教科書——地域別に何種類もの教科書がある——に文学作品が以前よりたくさん載せられるようになった。国語教育における文学教育は、これまでになく重視されるようになってきたが、欧米理論の受容が下火になっている現在、生徒の主体性を強調する名目で、結局恣意的な読み方が許されている。

高校の国語教育であれ、大学の文学研究であれ、主体性のない学習と主体性のない研究が主流を占めているという事実は否めない。今こそ、学習の主体と研究の主体を俎上に載せるべき時期であろう。学習と研究にとっての根本的な問題は、おそらく主体と客体との相関にあるのかもしれない。しかも、それにも増して難しいことはないであろう。

フィヒテの哲学においては、主体による主体に対しての証明は、結局ひとつの循環論にすぎず、主体そのものが明らかにされることはない。魯迅の『孔乙己』に、孔乙己が使った「之乎者也」（＝なりけりあらんや）などの言葉は、外の世界にとって無効なものであるが、彼自身にとっては、欠かすべからざるものである。いうまでもなく、それは主体による主体に対しての証明であり、ひとつの循環論と言えるが、問題はこの循環論が何によって合理化されているのかということである。

この「何によって」という点では、魯迅は、彼の小説の登場人物――孔乙己、祥林嫂、閏土などと同じだといえよう。たとえば、『故郷』では、語り手である迅ちゃんと閏土との間に、階層の差こそあれ、ある信仰によって主体による主体に対しての証明という循環論を合理化する点において同じであろう。ただし、迅ちゃんは故郷を離れて大都会で勉強をしたり仕事をしたりして、「欧風美雨」（＝欧米文化など）からの洗礼を受けたので、もっと欧米の「科学知識」をもって彼の循環論を合理化しているが、少年時代の友達である閏土は依然として迷信のようなものによって彼自身の循環論を合理化しているだけである。主人公迅ちゃんにとっては、それが時代遅れなので批判されるべきものではあるが、循環論を合理化する点において、迅ちゃんと閏土は同じである。

それゆえに『故郷』のおわりに、「希望は本来有というものでもなく、無というものでもない。これこそ地上の道のように、始めから道があるのではないが、歩く人が多くなると初めて道が出来る」（井上紅梅訳）と迅ちゃんは綴ったのである。そこで、閏土の迷信などは批判されるべきだという従来の考え方が覆されて、批判する側の主体が批判される対象となってきたのである。さらに「近代知」への批判なのである。

そう考えると、今日では欧米の理論を護身符のように使って研究をしていることの虚妄性が分かるであろう。言い換えれば、理論によって合理化された権力のようなものは、『故郷』に書かれている「希望」と変わらないものである[注45]。この権力は、あるといえばあるが、ないといえばない。理論の受容が下火になって以降、中国の文学研究の現状は、いままで欧米の理論に合理化された権力はあくまでも「希望」のようなものにすぎないということを的確に物語っている。

とはいえ、理論は依然として重要である。ただし理性の冒険をたしなめるところからの、カントの純粋理性批判やフッサールの現象学がわれわれに教えてくれたように、主体の権力を保証するためにまず主体の能力を検視した上で理論を受容すべきである。その意味で、欧米の理論を避けて文献主義に戻った研究は賛成できないし、学問での進歩とは思われない。むしろそれは理性の怠惰であり、一つの退歩といわなければならない。

というのも、理論の役割は主体による主体に対しての証明という循環論を合理化するところにあるわけではない。否、まったく逆である。理論があってはじめて、主観性の強い自分の読み方や研究などが客観的になりうるのである。また、理論があってはじめて、ブーバーの言う「対話」が本格的になりうるのである。中国と西洋、中国と日本の対話が、「私――彼」(「わたくしのなかの〈他者〉」)ではなく、「私と汝」(《他者》)のようなものになるには、「文献主義」にドップリ漬かった研究では、不可能なのである。たとえ、「文献主義」に戻っても、他者性のある研究になるには、理論が不可欠であろう。理論は、具体的な内容を意味するのではなく、あくまでも一つの方法＝方向に過ぎない。

デリダの脱構築などの理論を知らなかった古代の中国に屈原の『天問』という作品がある。それは究極の他者との対話である。「三玄」――中国では形而上学は一時に玄学と訳された――という言葉が物語るように、古代の中国に根源的な問題を思索した人が多かったが、近代以後、多くの中国人が進化論や実用主義などの理論に浮かんで、根源的な思索から遠ざかったのである。しかし、根源的な問題への思索こそ、文学を文学たらしめるものであろう。

［付記　この文章は、筆者が二〇〇二年から二〇〇四年まで上海海事大学(当時の名前は上海海運学院でした)に在任中の同僚、市村水城氏にネイティブチェックをしてもらいました。ここにお礼を申し上げる次第です］

［注1］　「文学」の定義について、中国、日本と西洋の違いを詳細に論じている鈴木貞美の『日本の「文学」概念』(作品社、

一九九八年）という大作があるので贅言を要しない。

【注2】　張志公「説「語文」」『張志公語文教育論集』（荘文中編、人民教育出版社、一九九四年）、六九頁。

【注3】　刘占泉『漢語文教材概論』（北京大学出版社、二〇〇四年）、二五二頁。

【注4】　張志公「漢語文教育の過去、現在と未来」、一四一頁。

【注5】　温立三『語文課程の当代視野』（中国社会科学出版社、二〇〇七年）、一二頁。

【注6】　温立三『語文課程の当代視野』、一四頁。

【注7】　刘占泉『漢語文教材概論』、二五五頁。

【注8】　刘占泉『漢語文教材概論』、二五九頁。

【注9】　倪文錦「私は工具性と人文性を見る」『語文建設』（二〇〇七・七）、六―七頁。

【注10】　李海林「言語と文学関係についての理論思考」『語文建設』（二〇〇六・一）、五頁。

【注11】　王尚文「体験――文学教育にとって避けては通れない道」『語文学習』（二〇〇七・一）、二八頁。

【注12】　刘占泉『漢語文教材概論』、二五五頁。

【注13】　潘新和「葉聖陶が文学鑑賞を論じる」『語文建設』（二〇〇六・六）、六頁。

【注14】　潘新和「朱光潜が文学教育を論ずる」「語文建設」（二〇〇七・四）、四―八頁。

【注15】　周燕「烏篷船頭で江南を聞く」『語文学習』（二〇〇七・一二）、四―五頁。

【注16】　伊藤虎丸『魯迅と日本人――アジアの近代と「個」の思想』（李冬木訳、河北教育出版社、二〇〇二年）、一〇二頁。

【注17】　郜元宝「心のなかに全体の魯迅があるべきだ」『語文学習』（二〇〇七・一二）七頁。

【注18】　郜元宝「心のなかに全体の魯迅があるべきだ」」、一〇頁。

【注19】　王富仁『語文教育と文学』（広東教育出版社、二〇〇六年）、七一頁。

【注20】　王富仁『語文教育と文学』、七七頁。

【注21】　周新平「祥林嫂の髪を通して彼女の運命を見る」『語文建設』（二〇〇五・三）、五〇頁。

【注22】　張麗軍「『故郷』の「皿小鉢」（『語文建設』二〇〇五・十）、四三―四四頁。

【注23】　孫紹振「無人悲哀の死亡――『孔乙己』を読む」『語文学習』（二〇〇七・十二）、五六頁。

【注24】　王乾坤『文学の承諾』（三聯書店、二〇〇五年）、四頁。

【注25】　アントワーヌ・コンパニョン『文学をめぐる理論と常識』（中地義和　吉川一義訳、岩波書店、二〇〇七年）、一七頁。

【注26】　崔雲偉、劉増人「二〇〇六年魯迅研究綜述」『中国現代、当代文学研究』（二〇〇八・一）、六一頁。

【注27】　ミラン・クンデラ『小説の精神』（金井裕　浅野敏夫訳、法政大学出版局、一九九〇年）、八―九頁。

【注28】　アントワーヌ・コンパニョン『文学をめぐる理論と常識』、二二頁。

【注29】　周作人『芸術と生活』（河北教育出版社、二〇〇二年）、一四八頁。

［注30］ 渡辺諒『バルト――距離への情熱』（白水社、二〇〇七年）、一三七頁。
［注31］ 盛寧「「理論熱」の消失と文学理論研究の行方」『南京大学学報』（人文社会版）（二〇〇七・二）、六四頁。
［注32］ 渡辺諒『バルト――距離への情熱』、八八頁。
［注33］ 盛寧「「理論熱」の消失と文学理論研究の行方」、六六頁。
［注34］ 盛寧「「理論熱」の消失と文学理論研究の行方」、六七頁。
［注35］ 崔雲偉、劉増人「二〇〇六年魯迅研究綜述」、六一頁。
［注36］ 許紀霖「私は十九世紀の子である――王元化の最後二十年」『読書』（二〇〇八・八）八頁。
［注37］ 談蓓芳「魯迅『狂人日記』の歴史淵源への試論」『復旦学報』（人文社会版）、（二〇〇六年・三）。
［注38］ 李長中「目下の文学批評にあるホットなところ、難点および反省」『文芸理論』（二〇〇八・四）、一〇三頁。
［注39］ 李長中「目下の文学批評にあるホットなところ、難点および反省」、一〇八頁。
［注40］ 龐学銓他編『西洋哲学の分化と融通』（浙江大学出版社、二〇〇五年）、二〇二一二二四頁。
［注41］ 謝冕「われわれは歴史を証明する」『中山大学学報』（人文社会版）、（二〇〇六・四）、三頁。
［注42］ 李大聖『百年反思――語文の育人功能を検視する』（広西師範大学出版社、二〇〇六年）。
［注43］ 兪髪亮「多元の読みにとっての限界がどこにあるのか」『語文建設』（二〇〇六・三）。
［注44］ 劉永康『高校新課程の理論と実践』（高等教育出版社、二〇〇八年）一六三頁。
［注45］ 現代社会の人々にとっての「希望」は、スラヴォイ・ジジェクの『信じるということ』（松浦俊輔訳、産業図書、二〇〇三年）のなかで違う角度から論じられている。

20世紀アメリカ文学批評史を考える

孫崎　玲

アメリカ特有の文学批評のアプローチ、とは何だろうか。20世紀の文学批評史上、アメリカではまず「新批評」（New Criticism）と通常呼ばれる形式主義の動きが確立された。ここで、テクストに直接関連のない作家の生い立ちや歴史的社会状況の知識を切り離して、作品の持つ「純粋」で「普遍的」な意味を追求するべきだ、というスタンスが一般的になった。1960年代以降にマルクシズム、精神分析、フェミニズム、ポストコロニアリズム、カルチュラルスタディーズ、などまさに多種多様な考え方が新たに加わったことによって、現在では作品を受け取る読み手自身の置かれた社会的・歴史的境遇が作品の解釈や価値判断基準におよぼす影響についても考える動きが重要視されるようになってきている。これを形式主義から非形式主義へのドラマチックな変貌と捉えることもできるが、実はより洗練されたテクストとの関わり方を追求した結果の文学批評の発展であるとも言える。大学教育に目を向けると、終始一貫してクラスルームでの最大の関心事は『言葉』（Language）との密接な関わりである。『言葉』への独自の感性を磨くことを通じて読者である学生ひとりひとりの個性を尊重し豊かな独立精神と対話への興味を培うのは、アメリカ独特のリベラルアーツ教育が目指すひとつの理想だといえる。詩であれ小説であれ、作家がどういう『言葉』をどのように選んでいるのか、その選択が作品自体にどういった解釈をもたらすのか、目の前におかれた文章を注意深くみつめることを「クロースリーディング」（Close Reading）

と言い、そういった文章の分析はアメリカでの英米文学のアプローチには不可欠である。本稿では「新批評」とその後の20世紀アメリカ文学批評史の中心的論争の基本的な要点を紹介することで、アメリカ文学批評の礎になるテクストとの関わり方とその「今」を追いたいと思う。

一、アメリカにおける「新批評」と文学的アプローチ

アメリカの批評家John Crowe Ransomが文学批評史に大きな影響を与えることとなった著書*The New Criticism*を出版したのは1941年のことだった。I. A. Richardsを筆頭としてT. S. Eliot, William Empson, Yvor Wintersなどを中心に展開された、美学的対象としての文学を画期的に追及するこの新たな文学批評の動きについてRansomは「これほどまで先鋭的で注意深い分析はこれ以前の英文学批評には見られなかった」と評した。この動きは通常アメリカの「新批評」と呼ばれ、『言葉』そのものの性質や役割の分析を追求するアプローチのことを指す。その典型的な例としてはEmpsonが*Seven Types of Ambiguity*（1929）で注目した文章における「曖昧表現」、*The Structure of Complex Words*（1951）で焦点をあてた「掛け言葉」、Cleanth Brooksが*The Well Wrought Urn*（1947）で考慮した「パラドックス」や"Irony as a Principle of Structure"（1948）に出てくる「アイロニー」などがあげられる。詩の機微や原動力は、曖昧表現や掛け言葉のようにひとつの言葉の中の複数の意味合いから生まれる場合もあるし、パラドックスのような理屈上の緊迫感やアイロニーのような文章とコンテクストの間に作り出されることもある、などという分析は「新批評」的な見解である。

そのような「新批評」特有のテクストとの関わり方を「クロースリーディング」といい、1950年代にハーヴァード大学で文学入門を教えていたPaul de Manは以下のように書いている。

「文学の授業で」学生は、目の前に置かれたテクストについてのみ発言することが許された。テクスト内で

何らかの特殊な『言葉』の使い方を用いて立証できること以外は何も言わないことになっていた。つまり、安易に人間の経験や歴史的背景などについて述べる前に、まずテクストそのものを注意深く吟味することを要求されたのである。文章の特殊なトーン、言い回し、人物描写に留意することのできる注意深い読み手になることと、理解できないことをありがちな「人間について」の一般論などで隠さないで謙虚で正直な読み手になることから分析を始めたのである。

現在でもこうした「クロースリーディング」と呼ばれる文章との基本的な取り組みの姿勢を学生に要求することは現在アメリカのトップレベルの大学の文学の授業の基本であることが多い。

今でこそテクスト自体に細心の注意を払うのは当然のことであるかのように思われているが、実は Ransom が指摘したように常にそう思われてきたわけではなかった。Andrew DuBois の説明によれば、そもそもそういった「クロースリーディング」は、それ以前に多かった、文学的というよりも社会学的な問いや作家の伝記や人物像などを主体とするヨーロッパでの文学研究への逆流として生まれたとも言える。よく使われる例としてフランスの文学者 Hippolyte Taine の *History of English Literature*（1984）をあげよう。Taine が序文で示した文学への次のようなアプローチは「新批評」を唱える文学者たちに強い反発を引き起こした。

> 文学的作品は、単なる想像力の戯れではなく［……］作品の時代特有の慣習やしきたり、特殊の知性を記録するものであるという発見がなされた。すなわち、文学を一種の記念碑ととらえた時には、人間がどのようにものを感じたり考えたりするのかという「真実」を追究することができるのである。

Taine は「文学の歴史を書くことによって、自分は［英国］人の精神構造を理解しようと思う」と続ける。イギリスの普遍な「真実」を理解するためには、まずイギリス人の精神構造で理解しなければならない、そのために文学（史）を研究しよう、という提案をしたのであった。しかしこのように「真実」の追究のために文学を「一種の記念碑」としてとらえる、という考え方は一見文学の価値を擁護する立場をとりながら、その実文学研究と関係のない適当な内容の概説で満足する文学批評に終わる危険性を持つ。

文学は人間を理解するための『殻』である、という Taine のアプローチを更に考えよう。「生きること」について学ぶことがなければ、なぜ人間の「殻」でしかない文学について考える必要があろうか。ひとを理解するために文学を研究するのであって、書き物は命を持たない欠片でしかなく、生身の人間そのものの一部としてのみ価値があるのであって、あくまでもその人間像を再構築させるために役立つからその価値を認めるべきなのだ。文章がまるでひとに頼らずに孤立した物体として存在すると考えるのは間違っている。

文章と人間の強い結びつきについて論じる Taine の論は興味深く、また説得力があることは否めない。しかし、文学について考えているにも関わらず作品そのものに価値を置かないという彼の姿勢には疑問の余地がないだろうか。文学研究の広がりを考えるならば、他の何かに到達する過程として味気なく文学を使い捨てをするのではなくて、文学そのものと取っ組み合う必要がある。あくまでも純粋に文学を追及する者ならば誰でも、綴られた文章そのものに価値を見出すべきである。そういった異論から、「新批評」を唱える文学研究者は、文章そのものが持つ豊かさと生命力に魅せられた読み手の経験を強調した「文学的」なアプローチを生み出した。すなわち、Taine の文学へのアプローチに代表されるようなある意味短絡的なテクストとの関わり方への反発から「新批評」のアプローチは生まれたのである。例えば、Taine は次のように述べている。

現代詩の集大成から、どのような発見を見出せるだろうか？　De Musset, Victor Hugo, Lamartine, やHeineなどのような現代詩人が大学教育を受けたのちに世の中を渡り歩いた様子。繊細なゆえアンニュイな気質の彼らはどのように身なりを正して手袋をはめ、淑女方の人気を独占し、一晩のうちに優雅なお辞儀やウィットの聞いた文句を数知れず口にし、新聞を読み、アパルトマンの2階で日常を送ったのだろうか。従来の身分制度が緩くなり、お互いを牽制しあうことが世の常である民主主義の時代において、卓越した繊細さを有した彼らは新たなヒーローのように見え、自らを神とあがめたとしてもおかしくなかった。そういった事柄が、現代の瞑想詩やソネットから読み取れるのである。

非常に勢いのある文章であるが、このロジックをアメリカの現代詩人にあてはめてみよう。たとえばモダニズムの旗手であるT. S. Eliotがアパートの何階に住んでいたか、という事柄は彼の代表的作品 *The Waste Land*（1922）のどこから推察できうるだろうか？　そしてそもそもそういった知識は詩全体の解釈の役に立つといえるだろうか？　Eliotの詩人としての功績を考えるときに、詩の中で実際に言及される場所について考えないというのはなんとも奇妙な話ではないだろうか。ロンドン橋や市内をめぐるバスの中など、詩に実際に含まれるロンドンの市内のあちこちの光景からこそ *The Waste Land* には“unreal city”とうたわれる現代の「ロンドン」が詩の舞台が幻影のようにつくりあげられるのである。

ここで、John Crowe Ransom本人のEliotの *The Waste Land* についての鮮やかなクロースリーディングを紹介することで、「新批評」の文学的アプローチを説明したいと思う。Ransomの解釈では *The Waste Land* 全体を通して読者が感じるのは現代という時代における非常なる断絶（“Extreme disconnection”）である。その断絶感は詩の内容に現れる単なる「テーマ」ではない。詩そのものが「少なくとも50ぐらいの孤立した欠片」で出来上がっており、そういった欠片が「橋渡しをされない状態で集められており、場所、動き、登場人物、トーンなど、詩をまとめる働きをするはずの要素がすべてばらばらである」とRansomは説明する。内容だけではなく詩の形式そのものが孤立と断絶を体現したものになっているのだ。また、Eliotは詩の中で「パロディー」を使うことによって、ものごとがつながることがない、現代独特の孤立感のカリカチュアを作り出している、とRansomは書き進める。タイピストの味気ない情事の一片などはシーン自体がどこか空虚なカリカチュアともいえるかもしれないが、Ransomはあくまでも言語レベルで物事を論じているのである。「パロディーとは、全く違う知的レベルで存在しているフレーズを借りてきて、もっと低い次元におきかえてしまうことであり、そうすることでふたつの相容れない文学的創造物を融合させようとする試みである。エリオット氏は美しい引用をなんとも醜悪なコンテクストに書き換えてしまう。

When the lovely woman stoops to folly, and
Paces about her room again, alone,
She smoothes her hair with automatic hand,
And puts a record on the gramophon[注1]

なんとも読者の美的センスが侵害されるくだりである。引用された美しいフレーズは相容れない味気ない背景に挿入されることで、エリオット氏の手によって冒涜されるのである。」

ここで新たなクロースリーディングを付け加えるとすれば、末尾の韻がハイライトする言葉、つながりを示唆する"and/hand"から対極に孤独の概念である"alone/gramophone"に発展する過程で、「断絶」が形式のレベルにおいて起こることに注目してもらいたい。意味のない情事を通して現代独特の孤立感と戦うモダンガールの試みが結局無駄に終わるこのシーンでは、誰かとつながりたい気持ちは失望感と直結する。本来は人間の温もりを伝え、ふたりの人間をつなげる「手」が、ここでは主に情事のあと髪の乱れを直す女性が、機械的に音楽を再生し、ひとりであるときの自分の世界に戻るために使われ、ここでヒロインと読者の気持ちにも隔たりが起こる。こういった『言葉』のレベルでの「断絶」が *The Waste Land* の都会というモダニティーの砂漠についての詩の中に Ransom が見出す「断絶」そのものと直結してるといえないだろうか。

二、「新批評」と「非形式主義」、あるいは政治的文学批評

「新批評」に代表される形式主義の系譜を継承しながら現在活躍を続ける文学批評家として Helen Vendler や Denis Donoghue などの名を挙げることができるといえ、形式主義自体は今やすっかり影をひそめてしまったようである。Vendler 自身は文学批評の現状について次のように語っている。「詩にこめられた知的かつ想像的な集約を敬愛する［私のような］人間には残念なことに、どれだけ詩が紡ぎだす言葉に熱中した作業があるかということを中心として文学について考えたり鑑賞したりすることは今時稀になってしまいました。更に残念なことに――人間の持つ感知的、美学的、倫理的な可能性はプロソディー、文法、リニエーションなどに秘められているわけですが――最近の詩の解釈はそのような言葉そのものの特殊な使われ方には注意を払わず、たまに注釈されるとしてもその豊かさについてはあまり考えない傾向にあります。」では、どのようにして、Vendler が重んじるような『言葉』へのアプローチから歴史的・政治的批評に傾く「非形式主義」に至ったのだろうか、そして Vendler の言うように『言葉』の豊かさについて考えることは今では全くなくなってしまったなどということがあるのだろうか。

「新批評」を出発点としながらも「新批評」への根本的な問いを発したアメリカの文学批評家のひとりとして Stanley Fish がいる。18世紀英文学を専門とする Fish は "Interpreting the Variorum"（1976）でテクストの持つ形式的要素を重要視する「新批評」を実践しながらも、その根本を見直したことで有名である。テクストの持

つ形式的特徴は客観的事実であり、読者のバイアスと切り離したテクスト自体の「絶対的真理」はそういった形式的特徴を使ってしか証明できない、というのが「新批評」の立場であるが、Fish はそういった「客観的事実」もその意味合いについての読者ひとりひとりの解釈によってしか成り立たないのだ、と指摘した。読者の解釈なしには、形式的特徴は単なる形式的特徴でしかない、ということを考えていただきたい。「形式的特徴」は読者なしには記号以上の意味を持つことはないし、従っていくら「形式的特徴」を証拠にとったとしても詩の持つ「絶対的な意味」などないのである。読者ひとりひとりの解釈のプロセス自体に全く価値を見出さないところが「新批評」の問題点である、と Fish は主張した。先述の John Crowe Ransom の例で言えば、解釈という主観的な経緯なしに T. S. Eliot の *The Waste Land* が「50ぐらいの孤立した欠片」で出来上がっているという客観的事実と現代という時代における「個人の断絶」という内容に関連性を見出すことはできない。複数の解釈が可能な詩をめぐってよくその詩の「本当の意味」について繰り広げられる論争の盲点は、まさに「絶対的な意味」が存在するという前提そのものにある。全く同じ言葉であっても、教育レベル、意見、関心、言語へのセンスが違えば、解釈も違ってくるのであり、作家の意図を汲み取れるような「理想的な読者」が存在していたとしても、その読者の解釈は「絶対的真理」ではないのである。

さて、ここで Fish のいう教育レベル、意見、関心、言語へのセンス、といった個人の解釈は、経済的状況や社会的地位のみならず、個人の家庭環境、セクシャリティー、年齢や身体・精神的障害など、さまざまな要素に影響されて形成された視点から生まれることを考えなければいけない。1960年代以降の市民運動後の展開として、そのように主張する批評家が生み出す更に新たな文学批評が非形式主義への転換に加担し、1980年代から1990年代にかけて Patrocinio Schweickart（"Reading Ourselves : Toward a Feminist Theory of Reading"）、Barbara Johnson（"Apostrophe, Animation, and Abortion"）、Stuart Moulthrop（"Rhizome and Resistance : Hypertext and the Dreams of a New Culture"）に代表されるような、読者の解釈を考えた文学批評の展開が起きた。文学批評が実際に社会的・政治的構造に影響力を持つエキサイティングなフィールドになっていったという意味でこれはアメリカ文学批評史上非常に大事なシフトである。歴史的に抑圧されてきたグループの視点は実際にアメリカ文学を考える上で非常に大切なパラダイムシフトを提示することが多い。政治的側面を含む文学批評は、もはや象牙の塔的なアカデミックの問答ではなく、階級・人種・ジェンダーをめぐってアメリカで繰り広げられてきた歴史的な戦いそのものの一部であると考えてもいい。

しかし、政治的意図を持つ文学批評は「純粋な」文学批評と相容れないという考え方を持つ Fish 自身にとって、このような文学批評の展開は予期せぬ皮肉な発展であったというべきだろう。*Professional Correctness : Literary Studies and Political Change*（1995）で Fish はこう述べる。

> 詩が持つ言語的な繊細さに目をむけながらも、その繊細さはどのような政治的意図と関連があるのかを考えることは可能であるように思えるが［中略］ふたりの主人に仕えることは不可能である。双方がお互いに嫉妬しあい、同じように批評家に自分への忠誠を求めるだろう。

政治的目的を持った文学批評は文学批評としての質を追うことができないのだ、と、このように非形式主義の発展に難色を示す批評家は Fish ひとりではない。

新たな政治的解釈をふまえた文学批評が「新批評」のように『言葉』そのもののみに目をむけないものだ、という意識は間違っている。また文学の構造的な分析を伴うテクストへのアプローチを「非形式主義」と呼ぶこと自体にも、ある程度問題があるのかもしれない。政治的文学批評と「純粋」な文学批評を対立させる考え方に問いを発する先鋭的な文学批評家のひとりにフェミニスト文学理論家の Rita Felski がいる。

私が仏文学と独文学を勉強する学部生であった頃、クラスルームでの主な議論は19世紀の小説における「個人と社会の対立」についてでした。しかし、私を含め他の誰もが、「個人」といった場合にそれが当然であるかのように男性のことを指すことについて何の疑問も持たなかった。でも、考えてみれば実は面白い新たな議論が生まれたかもしれない。「個人」が女性を指している場合、「個人と社会の対立」はどのように違ってくるだろうか？　ロマンスや結婚といった要素によってプロットはどのように変化するのだろう？　どのようなストーリーやメタフォアやシナリオが大事になってくるのだろうか？　このような質問は、単に政治的なだけではなく、どのようにしてテクストがどういった意味を持ち芸術作品として成り立っているのか、ということを理解するための立派な文学的な質問なのです。

Felski がここで指摘するのは、伝統的な「新批評」的立場から考える『言葉』の分析とはまた違う、テクストの他の構造にも目をむけるような新たな文学批評史上の発展である。こうしたシフトの背後には、言語学の系譜を汲む Ferdinand de Saussure や Roland Barthes のストラクチュラリズム、Jacques Derrida や Michel Foucault に代表されるポストストラクチュラリズムと、ディコンストラクションの動きなど、フランスの文学理論の発展がアメリカの文学批評に与えた影響が大きい。

ではこうした「非形式主義」への傾倒は、実際にアメリカ文学をそのものについて考える際にどのように役に立つのだろうか。黒人からの視点や女性からの視点はどのようにアメリカ文学の理解を深めるのか、ブラックフェミニズム批評を例にとろう。アメリカのノーベル賞受賞者でありシカゴ大学で教鞭をとる Toni Morrison は1992年に発表した *Playing in the Dark : Whiteness and the Literary Imagination* で、アフリカ系アメリカ人の登場人物はアメリカ文学において絶えず白人である中心人物の「影」としての役割を果たしてきた、と論じた。Edgar Allan Poe の *The Narrative of Arthur Gordon Pym*（1838）に始まり、Mark Twain の *The Adventures of Huckleberry*

Finn（１８８５）、Ernest Hemingway の *To Have and Have Not*（１９３７）や Willa Cather の *Sapphira and the Slave Girl*（１９４０）などといったアメリカ文学の中心的作品に見られるように、アフリカ系アメリカ人の登場人物が常に脇役に追いやられる小説の構造は奴隷制度のもとで人間として扱われなかったという歴史的事実を映し出すものでもある。こういった文学の構造についての研究は、"Other" と呼ばれる人種をめぐる過酷な抑圧と軋轢の歴史で形作られてきたアメリカの歴史を知るためだけではなく、アメリカ文学の理解自体を変えてしまう。しかし、Morrison の場合もこのような見解は政治的であると同時にテクスト自体の分析から来る「クロースリーディング」を基本とする文学的な問いであり、そういう意味ではテクストとの真剣な関わり方においては意外なことにまったく形式主義の文学批評家と変わらないスタンスであるとも言える。

三、エピローグ——グローバルな世界とアメリカ文学批評の「今」へ

20世紀後半にかけてアメリカの文学批評は非常に広がりのあるものになっていったといえる。Birmingham School と呼ばれるイギリスの Stuart Hall, Dick Hebdige や James Clifford に加え、Frankfurt School と呼ばれるドイツの Theodor Adorno, Max Horkheimer, Walter Benjamin などの影響を受けたカルチュラルスタディーズの批評家のマルクシスト的分析は文学を音楽や映画などと並ぶコンテンポラリー文化のひとつとしてとらえる動きを引き起こした。また精神分析、ポストコロニアル理論、クィアセオリーなど様々なこれまで考えてこられなかった視点も１９９０年代に更にフィールドを押し広げてきた。では現在の加速度的なグローバリゼーションに伴って文学批評のフィールドはどのように変化しているのだろうか。アメリカ文学批評では「トランスナショナル」「ポストナショナル」といった考え方が大事になってきている。

これまでのように、アメリカ文学を他の国の文学と違った単独のものと考えるのではなく、アメリカ文学の形成が移住と結びついていかに外国の文化にいるのかということを考えようとする先鋭的な動きにイェール大学の

Wai-Chee Dimockが書いた*Through Other Continents : American Literature through Deep Time*（２００６）がある。

これまで私達が「アメリカ文学」と呼んできたものは、実はもっと複雑に絡まりあったものです。アメリカ文学は単独に存在するわけではなく、アメリカ以外の国の地域と異なった言語や文化と果てしなく交差しあって織りなすネットワークとして考えたほうがいい。国境を超えた親族のつながりや移住する人々の経過地点や癒着点など、アメリカを世界につなげるインプットチャンネルと考えていい。アメリカのテクストはひっきりなしに他の文明における歴史的出来事や文化と関連しあい、アメリカ史という短い年表に織りこんできたのです。

こういった文学批評はブッシュ政権下（２０００—２００８年）に芽生えた新たなアメリカ至上主義へのレジスタンスでもある。Dimockのアメリカを地球的な規模の一部として考えようというこの提案はブッシュ政権のもとで変わりつつある「アメリカ」への危機的な懸念から来るものであった。そういう意味ではDimockに代表されるようなアメリカ文学批評は政治的、「非形式主義」的と呼ばれるテクストとの関わり方の極みと思われるかもしれないが、あくまでもテクスト自体の「クロースリーディング」を基本としていくことは可能なのだということをDimockは証明する。彼女は幅広くHenry David ThoreauからMargaret FullerそしてEzra Pound, Robert Lowell, Gary Snyder, Leslie Silko, Gloria Naylor, Gerald Vizenorまで数々の代表的アメリカ文学の作家に目を向ける。その際、Ralph Waldo Emersonのイスラム文化の翻訳、Henry Jamesの小説とGilgameshとの関わりを考えるだけでなく、黒人の英語をCreoleの言語構造から読み解くことでいかに文学がアフリカ、ヨーロッパ、とアメリカ大陸を結ぶものであるかという新たな見解を精密な『言葉』の分析から提示する。

世界最古の文化遺産であるシュメール文化、バビロン文化、アッシリア文化などのテクストがイラク国立図書館と共に灰と化した2003年、駐屯していたアメリカ軍がその文化遺産の大切さに気づかずに何の介入もしなかったことはDimockにとって非常にショッキングな出来事であったようだ。大きな目で見た場合の世界の中のひとつの国としてアメリカが貢献すべき役割を考え直さなければいけない、という立場から見た文学研究は、グローバルな世界で新しく生まれてくる対立を根源から見直そうという政治的なステートメントである。興味深いのは、ここでのDimock自身の文学批評のアプローチがアメリカ文学自体をモデルにとったものであるというこことかもしれない。「人文科学は地学や宇宙科学のように何億年もの時間を考えることはできないかもしれないが、数千年の人類の歴史においての芸術の伝統を継いだアメリカ文学作品は多い。アメリカの文学研究者として、読者として、我々ができるせめてものことはそのように人類規模で物を考える文学作品をヒントにすることではないだろうか」とDimockは問いかける。

[注1] 「美しい女が浮気に身を落としてから／一人で再び部屋の中を歩き廻るときは、／自動的な手つきで髪を撫でつけ、／蓄音機にレコードをかけるものだ。」(福田陸太郎・森山泰夫訳)
なお、この一節は、O. Goldsmith の The Vicar of Wakefield のパロディになっている。

フランス・バカロレアの試験問題からみる国語教育

黒木朋興

はじめに

日本における国語教育の問題を考えるにあたって、フランスにおける国語教育＝フランス語教育を参考にしてみるというのが本論の趣旨である。具体的には、バカロレアの名で知られる大学入学資格試験の問題とその解答例について見てみたい。

共編者の先生方より「テクスト論を如何に高校や大学の国語教育に活かせるかについての共著を作りたいので協力して欲しい」と言われたのが発端であったように記憶している。「テクスト論」とは、どうやら、フランスの文学者ロラン・バルトに発し、彼を中心とするグループによる、文学理論を駆使して文学作品の分析を行なう方法論の総称のことらしかった。具体的に言えば、読み手の側の自由な読解を積極的に認めテクストを著者の意図から切り離し複数の解釈を展開していくやり方のことだそうだ。確かに、フランスでも日本でもバルトの方法論がある時期一世を風靡したのは事実だろう。それが単なる一過性の流行の類に過ぎないものであるのか、あるいは現代にも通用する普遍的な部分を含むものであるのか、を議論するにはやはり文学理論の日本における受容状況と同時にフランスにおける現状を考える必要があるだろう。そこでフランス文学が専門である私に協力して欲しいと声がかかったというわけである。

しかし、正直、私は困惑してしまった。上記のような方法論は30年以上も前の前衛であり、別に古いものが悪いというわけではないが、少なくとも今に到るまで変わらず前衛の地位を保持しているとは言いがたい。現在ではバルトの業績は尊重されつつも、テクストの書き手である著者の意図をまったく無視して文学研究を行なうことなど不可能だし、それどころかその著者の生きた同時代の社会に関する資料からテクストを分析しようとする手法が見直されてきているのだ。

ある日、そんな話をとある国文学者にしていたら、いきなり「テクスト論を否定し、テクストを一義的に解釈しようなどという姿勢は受入れられません」と言われてしまい、驚いてしまった。フランスではそもそもテクストに一義的な意味を与えようという態度など、端から考えられない。そういう人がいたとしても、怪しい人物とレッテルを貼られることは明らかである。そういう怪しい人の有名な例としてはフォリソンという人物のランボー解釈が挙げられるだろう。このフォリソン、ナチスのガス室はなかったと主張して停職処分くらった札付きの怪しい人なのだ[注1]。

フランスではそもそも様々な読みの可能性を追求することが求められており、一義的な解釈という発想自体があり得るものではない。それはテクスト論か否かというレベルではなく、ごくごく当たり前のこととして教育の現場で実践されていることなのだ。まただからと言って、テクストや作者から離れた的外れな解釈が許されているわけでもなく、教師は決して一義的な解釈を教えることはないが、だからと言って間違ったことを教えることは、当然のように許されてはいない。そもそもバルトの問題系は「著者」をどう扱うかにかかっていたとは言えるが、決して「一義的か多義的か」についてではないのである。このことはバカロレアの国語＝フランス語の問題を見るだけで明らかになるだろう。

一、バカロレアについて

リセと呼ばれるフランスの高校は基本的には15歳の秋にスタートとなり、その最初の学年は第2学年と呼ばれ、翌年の学年は第1学年、そして3年目の学年は最終学年と呼ばれる。ここで日本の制度との重要な違いを指摘しておきたい。まず、第2学年から始まり第1学年に進級すること。そして何よりも義務教育は16歳まで、つまり留年せずに順当に行って2年目のこの第1学年までであることだ。つまり3年目の最終学年は義務教育の範疇ではないことになる。

さて、問題のバカロレアであるが、2年目の第1学年終了時においてまず筆記試験と口頭試験からなる第1段階のフランス語＝国語の試験が行なわれる。そしてその翌年、最終学年終了時に他の試験が行なわれ、すべての試験の総合点で合否が決められる。なお、この第1段階のフランス語＝国語は全学生に必修なのに対し、最終学年終了後の試験においてはフランス語＝国語は必修ではない。文系、理系や技術系などの針路に応じてそれぞれ必修科目と選択科目が課されることになるのだ。対して、全学生に必修なのは哲学というところが、フランスの教育システムの特徴と言って良いだろう。

バカロレアは全国規模で行なわれる試験であるが、問題は全国統一ではなく、地域ごとに異なったものが出題され、また、文・理系や技術系などによっても異なる。ここで重要なのは、バカロレアは決して大学の側が実施する試験ではないということだ。日本人にとっては意外に思えるかも知れないが、フランスでは各大学が選抜試験を行うことは禁じられているのである。バカロレアは決して日本の大学入試に相当するものではなく、あくまでも大学入学資格試験ということになる。つまり、理系、文系などの専門領域さえはずれなければ、バカロレアを通った学生は全国のどこの大学にでも登録が可能なのだ。日本の感覚で言えば「パリ第4大学入学」と書くと、すごいことのように思えるが、何のことはない、ただバカロレアに通っただけのことに過ぎない。現在ではバカロレアの通過率が受験者の約7割ということを考えれば、彼らが決してエリートではないことが分かるだろう。つまりフランスの大学において重要なのは入学することではなく、そこでディプロム＝学位を取ることなのは言うまでもない。また、大学とは別にグランゼコルというエリート養成機関があることを付け加えておこう。

二、フランス語の試験について

それでは具体的にバカロレアのフランス語＝国語の試験の分析を通して、フランスの国語教育が求めているものを探っていきたいと思う。ここで俎上に挙げるのは、前述の第一学年終了時のフランス語第1段階の試験である。つまり、17歳の生徒が6月に受ける試験のことだ。

資料としてはHatierという出版社が出している『Annabac sujets et corrigés 2006』という技術系の学生に向けた参考書を採上げる[注2]。この本に掲載されている2004年度グアドループ、ギニア、マルティニーク地区で出題された詩をテーマとする問題とその解答例を分析してみたい。

グアドループ、ギニア、マルティニーク地区　2004年9月

資料

A――シャルル・ボードレール、「旅ゆくジプシー」、『悪の華』、1857。

B――ギヨーム・アポリネール、「ジプシー女」、『アルコール』、1913。

C――ルイ・アラゴン、「僕はこの街を覚えている」あるいは「異邦の女」、『未完成小説』、1956。

D――ミシェル・サンリス、「遊牧民」、1961。

□まず次の質問に答えよ。

■ 質問（6点）

ここで遊牧民に対してどのような人物描写がなされているか詳述せよ。その描写が現実的な否かを述べ、更にその理由を記せ。

□次に以下の3つの課題のうち一つを選んで答えよ。

■ 注釈（14点）

アラゴンの「異邦の女」の詩の注釈をせよ。

例えば、以下を参考に検討せよ

――ボヘミアンの女への思い出がどのように諸感覚の喚起へと繋がっているか

――このテクストの中で詩人が自分自身に対して与えたイメージに興味を持ってみること

■ 小論文（14点）

「旅ゆくジプシー」という詩の中で、シャルル・ボードレールは「これら旅ゆく者たちを迎えれば、行く手に開けるのは、／未来の国の暗闇の、彼らには親しい天地」（13-14行目）と言っている。あなたにとって、どのような点において、この表現が詩人の果たす様々な役割において詩人を定義しているかについて述べよ。この質問に答えるにあたって、資料として挙げたテクストを始め、あなたが個人的に読んだことのあるテクストや学校の授業で扱ったテクストを参考にせよ。

■創作作文（14点）

上に挙げた資料のうち2つは歌曲になった。対話文を作成し、そこで詩に音楽をつけることを賛美する作家と、詩には音楽を付け加える必要など全くなくそれ自体で十分表現力があるとする作家を対峙させよ[注3]。

まず、4編の詩が資料として提示されている。そして、必修問題1題と選択問題1題を解くことが義務づけられている。配点は必修問題が6点、選択問題が14点であり、20点満点で採点される[注4]。選択問題は3問の中から1問選ぶようになっており、その3問とは1：注釈、2：小論文、3：創作作文となっている。一般的に、2の小論文では、挙げられた資料を読み込むだけではなく、総合的な教養が求められると言われる。

二・一、必修問題について

資料として挙げられた4つの詩に共通するテーマとして「遊牧民＝ジプシー」がある。まず、そのそれぞれの描写を抜き出しその共通点と相違点を指摘することが求められる。次に、そのそれぞれの描写が現実的か否かについて意見を述べ、その根拠を挙げることが求められる。

ここで重要なのは、この問題から見て分かるように、出題者の側は決して唯一の正解例を設定していないということだろう。つまりここで求められているのは、テクストの読解能力と同時に、読み取ったことを文章で表すための表現力であり、決して正解に辿り着くための能力ではないのである。

もちろん、テクストがきちんと示されている以上、突拍子もない解釈が許されているわけではない。普段の授業では文学史の解説はもとより、文学における詩の役割とその地位について、更にはそれぞれの作家について学習していることが前提とされており、そのような説明が多数の研究者たちによって積み重ねられてきた学説や論文に基づく以上、書くべき方向性は明らかだし、そこからはずれることは基本的に好ましいことではない。

具体的に言えば、上記の文学作品において遊牧民とは、多数派からは軽蔑の眼差しを向けられるが、定住民の日常からかけ離れているが故に凡人には見えないものを察知する能力に恵まれている人たちとして描かれており、その姿は周りの人間の無理解と侮蔑に耐えながら己の才能を駆使してひたすら芸術の創造に身を捧げる詩人に重ね合わされている、というのが基本とされる理解である。となれば、例えば「遊牧民とは社会の落ちこぼれの代名詞であり、その姿は詩人によって哀れみの感情をもって描写されている」といった解答では当然合格点は望めない。もちろん、筆力と教養に自信のある解答者がそれを試みるのは自由であるが、出題者の意図に逆らうことになるのは明らかであり、そのような冒険をするのは決して賢いとは言えない選択であることは明らかだろう。

しかし遊牧民に詩人を重ね合わせる見方はある意味常識であるとも言え、それを指摘するだけでは凡庸な解答の域を出ない。遊牧民＝詩人という視点を梃子に、テクスト独自の特徴を暴き出し、それに自分独自の分析を付け加えることが出来た時、それは優秀な解答として高得点が与えられることとなるのだ。ここには、唯一の正解に向かって生徒達を誘導していこうという姿勢はかけらも見られない。

二・二、小論文について

次に、選択問題と例の参考書に載っている模範解答例を見てみたい。とは言っても、3問すべてを検討することとは紙面の都合上不可能なので、ここでは小論文の問題に絞って見てみることにする。まずは、資料として挙げられているボードレールの詩を引用してみる。

「旅ゆくジプシー」

シャルル・ボードレール

予言する者たちの種族は、眼の光も爛々と、

昨日、旅路についた、乳呑児らを背に負い、
あるいは、その激しい食欲に、
いつも開かれた宝の倉、垂れた乳房をあてがいながら。

女子供たちのうずくまる馬車のかたわら、
男たちはかがやく武器を肩に、徒歩でゆく、
消え去った幻影を惜しんでは暗くなる心ゆえ
重くふたがる両の眼を、空の方へとさまよわせつつ。

砂のかくれ家のその奥から、こおろぎは、
一行の通りすぎるのを見守りつつ、歌声を張り上げる。
彼らを愛する大地の女神が、地の緑をいよいよ茂らせ、

岩からは清水を流し、砂漠に花を咲かせもして、
これら旅ゆく者たちを迎えれば、行く手に開けるのは、
未来の国の暗闇の、彼らには親しい天地[注5]

次に解答例だが、やはり紙面の都合上、全訳を載せることは不可能であることを断った上で、まずは〈プラン〉を引用してみよう。

序論
1 旅人としての詩人：詩人と詩の本質自体が旅の観念を含む
1・1 詩人、逃避する人間
1・1・1 イメージと感覚の世界
1・1・2 詩的逃避の瞬間性
2 詩、いろいろな行き先を持った旅：場所、内面世界と言語の探求
2・1 詩は喚起した場所によって旅を促す
2・1・1 現実の場所へ向けて
2・1・2 非現実で到達不可能な場所、すなわち理想的な美の世界
2・1・3 新しい世界の創造
2・2 詩によって内面の旅が可能となる
2・3 言葉の幻想への旅
3 見者としての詩人：「闇」と「未来」
3・1 詩人、極度に感覚の鋭い者
3・2 見知らぬものへの探求の手段としての詩的ことば
3・3 語が持つ意味の多様性において語に対して現実性を再び与えること
3・4 「翻訳者」としての詩人は現実の諸要素の間の秘密の結びつきを発見せしめる
3・5 詩の呪術的かつ魔術的効用：「明らかにすること、物事を新たな視点で見せること」
3・6 詩は存在の奥底を明らかにする
結論[注6]

フランス語の論文指導においては、まずこのようなプランを作成することが求められる。それどころかきちんとしたプランを立てられるかどうかが、合格のポイントであると言っても過言ではない。このプランは、最初に序論を置きそこでこれから書くことの目標を設定し、本論では樹形図状に問題系を細かく分けて整理しそのそれぞれを詳細に論じた後、最後の結論の部分で最初に序論で設定した目標が達成されたかどうか確認する、という構造になっている。書く前に自分の言いたいことを明確にし、それを主張するための要素や理論を列挙し、整理し組み立ててから書き始めるように指導されるということだ。

このあたりの事情は、日本と大きく異なっているように思われる。少なくとも私は高校等で小論文の書き方を教わった際、プラン作りを説明されたことなどなかった。もちろん今では、入試に小論文を取り入れる大学も増えたので、予備校等における対策授業も充実しており、そこでは思いつくままに文章を綴り論理を展開するのではなく、きちんとした方法論に基づいて書くべく指導がなされているようではある。ただ、そうは言っても、その方法論は予備校ごと、更には講師ごとに、それぞれが教えやすいようにしつらえたもので、統一した基準があるとは言い難い。対して、フランスにおけるプランに基づく論文術は、国家規模で定められた論述形式であり、それはカノンの様相を呈していると言っても過言ではない。

さて、このプランにおいて最も重要なのが、始めに置く序論であろう。何故なら、この序論においてこれから自分が論証することの目標が掲げられるわけであるから、当然その目標が低ければ高い評価は望めないわけだ。例えば、数学の「仮定」の部分を思い浮かべてみても良いだろう。

というわけで、この序論の部分だけでも訳出し引用してみたい。

詩の本質自体を捉えることは困難なので――不可能でさえあるが――、そこから無数の定義が生じることになる。これらは詩人自身――ということは、詩的な存在である――によって公式化されることが多いが、これらの定義それぞれが、詩に定められた目標、結びつけられた方法、そして詩人の感覚の鋭さといった標識を掲げている。プラトンは「詩人は空気のように軽いもの……」と言い、他の者は幾分単純化したユーモアでもって「他のものより改行の多い作家である！」と言う。対して、ボードレールは「旅ゆくジプシー」を「これら旅ゆく者たちを迎えれば、行く手に開けるのは、／未来の国の暗闇の、彼らには親しい天地」というように描写する。彼の詩「信天翁」におけるように、議論の俎上に上がっているのは、おそらく、詩人とその役割の特殊性を喚起する隠喩である。この隠喩にどのような意味を与えれば良いのだろうか？　詩人は先見の明に恵まれたこの旅行者なのだろうか？

確かに、詩の恩恵により、読者と同じく著者も、自身の心の中で思い描く現実の世界の別のどこか、理想的な別世界、あるいは目に見えない異界（夢だとか感情が形作る別世界）、あるいは言葉が織りなす無限の宇宙へ旅することが出来るようになるのだが、まさに詩人とはこの言葉を演奏して自らの魔術を産み出すものだ。同時に、その本質自体により、詩人は言語と想像力の驚くべき効力を媒介として、魂の奥底を探求し、同時代人たちに「先駆けて」凡人に未知の地平を発見せしめるのだ[注7]。

一段落目は、問いに対する応答である。ここで改めて設問を見てみると、解答者に求められているのは、特にこの詩の最後の部分「これら旅ゆく者たちを迎えれば、行く手に開けるのは、／未来の国の暗闇の、彼らには親しい天地」に焦点をあて、詩人の定義を行なうことであった。つまり詩人とは社会の中でどのような役割を担ったどのような人間であるかを述べよ、ということだ。それに対して、この解答例は詩人と旅行者の隠喩の読解を通してその答えは導かれ得るものだとしている。

ところで、ここで問われているのが、詩の定義ではなく詩人の定義であるところがこの問題のポイントであろう。というのも、詩の定義は困難だからである。例えば、この解答例にも「詩の本質自体を捉えることは困難」

と記されていることを確認しておこう。しかし何故、詩の定義が困難なのだろうか？　ここではこの詩が韻文詩であることに注目したい。ボードレールの時代まで、詩とは何かという問は形式の上から明確であった。つまり韻律法に従って、書かれたテクストが詩というわけだ。フランス詩の場合、一行の詩句の音節数を揃えること、そして何よりも脚韻が韻律法の骨格である。対して、ボードレールが散文詩集『パリの憂鬱』という傑作に成功して以降、詩は必ずしも韻律法に縛られなくても良いという流れが加速し、更には、詩の本質を韻律法以外のところに求めるべく探求が開始されることとなった。現代詩学と名のついている研究は、まずこのような方向性を持っていると言っても過言ではない。

このように、解答例はまずこの「詩の定義」という難問を絶妙に回避した後で、詩人の役割と定義の議論を開始する。ここでは「ジプシーと詩人の類似性」という基本的な見解をベースに、設問の引用文中にあるボードレールの詩の最後の2行で仄めかされている「予見者の能力」の解明へ向けて議論を展開していく。つまり、詩人はジプシーと同様に世間の常識からかけ離れているが故にそのような常識に囚われて生きる凡人とはかけ離れた特殊能力に恵まれているというのが基本的な理解で、そしてそのような能力こそが詩人の指摘する「暗闇」にある「未来」を予見する能力に他ならない、というのがこの論における独自の展開ということになる。

このように序論において論の目標を宣言し、その後本論を2章から3章程度に章分けして詳述・証明するのが小論文の基本的な書き方となる。あるいは、この序論で既に本論で扱う問題系が列挙されているということでもある。つまり、読者は、序論でこの論文はどのような問題系をどのような順番で叙述されるかを理解し、本論ではその問題系が具体的にどのように肉付けされ論証されているかを確認しながら文章を読み進めることになる。

二・二・一、序論とプランの関係について

では、本論のプランを見てみよう。1には「旅人としての詩人」と銘打ってある。この章では、詩人が現世に

おいては異質な存在であること、そしてそこからの逃走を試みる存在であることが、ボードレール自身の散文詩「ANY WHERE OUT OF THE WORLD ——いずこなりともこの世の外へ」や韻文詩「信天翁」、ランボーの「酔いどれ船」、シャルル・クロスやヴィクトール・ユーゴーを引きつつ論述される。更に細かく「1・1・1」と「1・1・2」といった下位区分を設け、1・1・1では、詩は読み手にイメージ＝画像を喚起させ感覚に訴えることによって読者を他所に誘うものであることが、そして1・1・2ではその作業が瞬間的に行なわれるという特徴を詳述している。

次に、2「詩、いろいろな行き先を持った旅」の章を見てみよう。2・1「詩は喚起した場所によって旅を促す」では、具体的に2・1・1、2・1・2と2・1・3の下位区分によって旅の行き先が示されるが、これは序論のそれぞれ二段落目の表現に対応している。ここでは表を作って整理してみよう。

章のタイトル（プラン）	序論の中の文言
2・1・1　現実の場所へ向けて	現実の世界の別のどこか
2・1・2　非現実で到達不可能な場所、すなわち理想的な美の世界	理想的な別世界、あるいは目に見えない別の世界
2・1・3　新しい世界の創造	言葉が織りなす無限の宇宙
2・2　詩によって内面の旅が可能となる	夢だとか感情の中にある別世界
2・3　言葉の幻想への旅	言葉を演奏して自らの魔術を産み出す

つまり2章では、プランで示されている下位区分のそれぞれが序論で述べられている要素のそれぞれに対応して

いるということになる。

なお、この2章においては、詩人が言葉の力によっていろいろな場所に赴くことができるということを論証するために、ボードレールの他の詩を始め、アポリネール、ルコント・ド・リール、エレディア、ランボー、テオフィーユ・ド・ヴィオー、ブルトン、エリュアール、ユーゴー、ネルヴァル、クノー、プレヴェールやオクタビオ・パスの言葉が引用されている。

3章「見者としての詩人」においては、序論最後の「その本質自体により、詩人は言語と想像力の驚くべき効力を媒介として、魂の奥底を探求し、同時代人たちに『先駆けて』凡人に未知の地平を発見せしめる」といった文言の具体的な説明が展開される。ジプシー＝遊牧民と同じように世間の常識から隔絶されているが故に詩人は予見者としての能力を備えているというテーゼに、例題のボードレールの詩の最後の詩句「これら旅ゆく者たちを迎えれば、行く手に開けるのは、／未来の国の暗闇の、彼らには親しい天地」の解釈が結びつけられているということだ。

2章の下位区分はそれぞれが序論の中で言及されていたのに対し、この3章ではいちいち詳細は序論に記されてはいない。3・1から3・5まで、解答者の抱いている詩人の特性が列挙されていく構造になっている。対して、最後の3・6「詩は存在の奥底を明らかにする」の段落において、序論の「魂の奥底を探求」という文言に対応する分析が行なわれており、この段落が3章の末尾を飾るという仕組みになっている。

やはりこの章でも、ボードレールの他の詩を始め、ユーゴー、サルトル、コクトー、フランシス・ポンジュ、エリュアールやアラゴンの言葉が引かれている。

最後の結論では、以上の議論を踏まえて詩人が讃えられて終わる。基本的にフランスの論文の結論では、それまでの議論の総括が行なわれることになっている。少々大げさに言えば、序論で宣言した論証が成功したことを宣言するのが結論の役割ということになる。ということは、それまでの章で言及していない新しいテーゼなり、意見なりがここで述べられることはない。

二・二・二 小論文で求められること

もちろん、上記の論考は教師が書いた模範解答の類であり、10代後半の若者がこのような文章を書けるほど優秀であると考えるのは早計であることを言っておく。また、小論文を選択した受験者、更には合格者の中においてさえも満足な解答例を書くものはそれほど多くないことも想像に難くない。事実、選択問題のうち、注釈や創作作文に比べ、文学に対する広い教養が求められる小論文はそもそも挑戦する学生が少ないと言う。よほど文学が好きで自信のある生徒でなければ、わざわざ困難な小論文など選びはしないというわけだ[注8]。ただ、ここで第一段階のフランス語＝国語の試験が第1学年終了時17歳前後の生徒に対して行なわれ、しかもこの問題が文系の学生ではなく技術系の学生を対象にした問題であるということを思い出しておこう。バカロレアで求められるレベルの高さを窺い知ることができる。

では次に、バカロレアで求められる国語力とは何かについて探ってみたい。上記の解答例は出題者自らが書いた正解例ではなく、あくまでも参考書の著者のものであり多少なりとも思惑の違いがあることは明らかである。だが、この問題の解答への方向性は明らかだろう。いくらテクスト論の国フランスとは言え、作家なり出題者の意図を無視してまったく自由に論理を展開して良いと言うわけではないのだ。前述の通り、周りから受入れられておらず疎外されている存在に詩人＝芸術家との類似点を見出すのはまさにボードレールの詩学においては重要かつ定番のテーマであり、どのような教師であっても程度の差こそあれ19世紀を代表する大詩人ボードレールを授業で講じる際には触れる問題系であると言える。更に、詩人の未来を見通す能力にしても、19世紀詩の領域においてはランボーの「見者」の問題系として当たり前のように文学史の教科書にも採上げられており、授業で取り扱わない教師はほぼいないと言って良い。すなわち、受験生はリセの授業において基本的な文学作品を学習していることが前提になっており、となれば上記のボードレールにおける疎外者についてもランボーにおける「見者」についても一通り学習していることが前提にされているのだ。もちろん、そのような広く受入れられている学説を敢えて踏まえないことも許されているだろうが、限られた時間内で立場の弱い受験生が冒険することは決して賢い選択とは言えないことは確実だろう。つまり、この問題の場合、フランス文学の教師であるならば、テクストと設問を読んだ瞬間に、求められているテーマが思い浮かぶのだと言っても過言ではない。

では、議論の落としどころが決まっているとするならば、どこで小論文の評価は定まるのであろうか？　あるいは、あらかじめ到達すべき結論が決まっているのであれば、どのような能力が受験生に求められているのだろうか？　それは、その結論を導くにあたってどれだけ説得的な論述が出来るか、という技術に他ならない。つまり解答の優劣は、詩人の能力や役割を讃える要素をどれだけ細かく列挙出来るか、更にはその要素を裏付けるための知識をどれだけ披露出来るかにかかっていると言って良い。

実はこの際、きちんとしたプランに基づいて書けているかどうかが採点の際の重要ポイントになることを言っておく。プランは下書きに書けば良いだけで提出する必要もないし、また解答に記す必要もない。ただ、書くべきテーマが整理され段落ごとにきちんと並んでいるかは、厳しい評価の対象となる。どんなに内容が面白くても、形式的にきちんとまとめられていない答案では合格点はまず難しい。更に、整然としたプランが求められるのは何もバカロレアだけではなく、大学に入ってからも修士論文や博士論文に到るまで何かにつけ教官に対して提示しなければならないものであるということを言い添えておく。

ここでプランをもう一度見てもらいたい。2と3の章ではまさに詩人の特殊能力を箇条書きに並べているのが分かるだろう。そして、このそれぞれの項目を説明し補強するべく、様々な詩人の言葉が引用されていることは既に指摘した通りである。つまりフランスにおける国語力とは、出題されたテーマについて細かく分類し列挙する能力とそれを裏付け説得するための幅広い教養であるということが出来よう。

まとめてみよう。バカロレアの解答は当然これまでの学説とそれに基づくリセでの授業を踏まえているものである以上、受験生が自由に自分の意見を展開出来る可能性は当然制約される。だからと言って、論の進め方や論点の選択は各々の自由な判断に任されるし、援用するべく採上げる文学作品やその他の教養も受験者の好みを反映することになるのは当然だろう。ここにおいては、「唯一の解答」という発想もなければ、同時に好き勝手に書くことが許されているというわけでもまたないのだ。

三、日仏の採点の違いについて

そもそも何故「唯一の解答」などといったことが、国語教育の論点になるのだろうか？　とは思ったものの、自分が中学や高校時代に受けた国語の試験のことを思い出すとなるほどと合点がいく。私は今でこそ博士号も取得し文学研究を専門とはしているが、実は中学の頃は国語の試験が苦手だったのである。文学好きを自覚していたにもかかわらず、どうしてもトップレベルの友人たちからは差を付けられているのが口惜しくて、何度ともなく国語の先生に勉強法について質問し、その通り実践してはみたもののついぞ国語の点数が上がることはなかった。結局、卒業間近になって常に学年トップの座を守っていた友人が市販されている教科書ガイドを暗記して国語の試験に臨み高得点を獲得していたという事実を知る。拍子抜けがしたのと同時に例の国語教師を少々恨めしく思ったものだ。

今から思えば、私には昔から基本的に人の期待を少々裏切ってみることを好む性向があるために、どうやら中学や高校の国語の試験では大いに損をしたような気がする。しかし、大学でフランス文学科に入って以降、この性向は必ずしも不利に働くことはなくなったし、逆に大学の先生方の中には私のこの性格を気に入って下さる方までいた。というわけで、最近ではこの過去の忌まわしい思い出はさっぱり忘れていたのである。ところが今回、国語教育に関するこの論考を執筆するにあたり、過去の不名誉な思い出と改めて向き合うことになってしまったというわけだ。そしてどうも問題の肝は「唯一の解答」という発想にあるのではないか、と思うに到ったのである。

日本では、国語の試験を始め例外なく、基本的に「唯一の解答」が求められる傾向があると言って良いだろう。例えば、私の今の生業である語学の試験などにおいても、選択肢問題はもちろんのこと穴埋め問題などでも、出題者は「唯一の解答」を目指し、別解の可能性がないように最大限の努力をする。何とこの事情は、和訳や文章題にまで及ぶのだ。試しに、英文和訳でも仏文和訳でも良いが、解答が以下のような9点満点の問題を想定してみよう。

「彼がしたかったことは、ただコーヒーを飲むだけではなく、亡くなった恋人のお気に入りのカップでコーヒーを飲むことだった。」

この場合、例えば採点基準は「ただコーヒーを飲むだけではなく、［……］コーヒーを飲むことだった」という基本構文で4点、「彼がしたかったことは」という文言で2点、「亡くなった恋人のお気に入りのカップで」という文言で3点という具合に定められる。少なくともこれらの表現に対応する文言が書いてありさえすれば加点し、最後に細かいミス1つにつき1点減点して、最終的な点数をつけるという仕組みになっている。翻訳の上手さや工夫などは一切配慮されない。これは何より誰がつけても同じ点数になるようにしたいという思惑のためであり、ここで求められているのは極度の客観性である。日本人は公な試験で主観的な判断があってはいけないと思い込んでいるためと思われる。

実はこのような日本での客観性を重んじる風潮に気がついたのは、フランスの大学で日本語を教えた時の経験を通してであった。そのちょっとした事件は私が勤め始めて最初の学期末試験の採点の際に起こった。「採点基準を示してくれれば、私が一人でつけられるので基準を下さい」と言う私に対し、同僚は「まずあなたが採点した後で私がチェックし、2人の採点に大幅な違いがあった場合には2人で話し合う」と言うのである。いちいち人の仕事ぶりを監視されては堪らないと思い、私は不快の意を表明してしまった。学位論文の評価ならいざ知らず「田中さんの机の上にカバンがあります」といった類の初歩的な基本文のテストなのである。私としてはなるべく効率よく仕事をこなしていきたかったので「とにかく採点基準を」と言い続けたのだが、この同僚には最後まで通じなかった。彼は確かに権威的なところがあり、私がそこにうんざりしていたのは事実なのだが、この時彼が固執したダブルチェックを伴う採点法はまさにバカロレアの採点法なのである。この時、同僚の姿勢は権威的というよりは、少しばかり厳格であったということに過ぎない。

日本の試験でもダブルチェックをすることもあるが、それはあくまでも採点ミスを防ぐためであり、採点基準に基づいて客観的に行なわれることに変わりはない。対して、フランスでは明確な基準は設けないと言って良い。つまり採点者はあくまでも自分の主観に基づいて点数をつけるのであり、その際採点者の思想信条に基づく偏りがあっては好ましくないのはもちろんのこと、誤読などによって不当な点数がついてはいけないので、2人の人間がそれぞれに採点し、その間に大きな違いがあった場合には話し合いをすることになっているのだ。もちろん、2人揃って過度に主観的な判断をする可能性もないとは言えない。しかしそれで制度が機能しているのは、それなりの学位と資格を有し社会で教養人と認められている人間が2人で判断するわけだから最低限の公正な判断は期待出来るだろうという了解が社会に浸透しているからだと言えよう。

つまりフランスでは一定の基準に基づいた客観的な採点という発想があまりない。このような状況は語学の教科書にも反映されている。例えば、『Festival1』というフランスの出版社から出されている外国人向けのフランス語教科書に、Delf というフランス国民教育省認定フランス語検定試験のレベルA1用の練習問題として以下のような設問が載っている。

あなたが何ものかを説明する簡単な文章を書きなさい[注9]。

通常日本の試験であれば、試験で求められる能力とは「単語数が600語程度」とか「文法事項は不定法まで」とかいった基準がしかれるが、フランスのレベルA1で求められる共通参照レベルには「具体的な欲求を満足させるため、よく使われる日常的表現と基本的な言い回しは理解し、用いることもできる。／自分や他人を紹介することができ、どこに住んで、誰と知り合いか、持ち物などの個人的情報について、質問したり、答えたりできる。／もし相手がゆっくり、はっきりと話して、助け舟をだしてくれるなら簡単なやり取りをすることができる」[注10]と記されている。つまり単語数や文法事項などよりも、フランス語を使って具体的に何が出来るかという能力が求められているのだ。といったわけで、上記の問題の場合、どのような文法事項を織り込まなければならないという指定も、どのくらいの長さの文章を書かなければならないといった指定もない。平易な言葉で単純な構文を使った文章でも、難しい単語を使って複雑な構文を駆使しても、評価は変わらないのである。要点はあくまでも、自分をうまく説明出来ているかどうか、なのである。つまり、フランスでは当然のこととして採点に日本的な意味での客観性が求められることはないし、最終的には主観が尊重されていると言って良いだろう。あるいは、採点者の主観的な判断に客観性を持たすことが出来るように諸制度が組まれているという言い方も出来る。こういったことが可能なのは、知だとか学位といったものが日本に比べて尊重されているが故であるように思える。

おわりに

以上、「国語の試験における唯一の解答」という問題点から出発し、フランスのバカロレアのフランス語＝国語の試験を参考にして、フランスの国語教育について見てきたわけだが、日本とは評価に対する姿勢や考え方に大きな違いがあることが分かった。つまり、最初、共編者の方々からこの論文の依頼をされた時には、日本の国語教育における「生徒を唯一の解答に導いていく授業法」か「所謂テクスト論に基づいた多様な読みの可能性を探る授業法」か、という二項対立が問題になっているのだと思っていた。しかし、フランスの教育事情を参考にした場合、このような二項対立自体がまったくもって無意味であることが確認出来たように思う。更に、採点ということに焦点を当て両国の教育について検討した結果、問題は評価の仕方やそれに対する考え方の違いにあることが分かった。

日本においては客観的であることが金科玉条のように扱われ、誰もが無前提に受入れているようではある。そして国語教育について考える場合、この客観性が評価を支える発想の根源であることを指摘しておきたい。つまり「唯一の解答」という日本の考え方は、客観性を重視する日本のテストの採点法に適したあり方であり、フランスに「唯一の解答」という発想がないのは問題が記述式の上、その採点に関しても日本のような客観性が求められているわけではないからなのだと言える。

となれば、フランス式の問題に理想を見るにせよ、その導入はそれほど簡単ではないことが分かるだろう。問題を出題するだけではなくそれを採点する手間まで考えなければならないからである。日本式の「唯一の解答」を持った問題は採点が圧倒的に簡単である。採点基準さえしっかりしていれば院生をバイトに雇って任せることも出来るし、マークシートに到っては機械が採点するのでより手早く済む。対して、フランスのような問題を採点するには、それなりの学位と資格を持った人間を長い時間拘束する必要があるだろう。ダブルチェックをすることによってある程度の客観性と公正さを持たせるとは言え、採点官の質が低ければ当然客観性も公正さも保てないのは自明であるからだ。もちろん学位を持った人間が完全というわけではない。ただ、そこには多少なりとも主観的な判断が入るにせよ、それなりの学位を持った人間が複数で採点するわけであるから、一定のレベル以上の十分に正当な評価が行われるに違いないという信用があるというわけだ。つまり学位にそれだけの社会的信用がなければ成立しないとも言える。また、何よりも大学とはそのような学位を発行する場所なので、その学位の価値を信じていない人間がそのような大学の学位を取得しようとすることはまずあり得ないであろう。そのような採点官を多数揃え長時間拘束する以上、そのための費用が決して安くないものとなるのは想像に難くない。更には、ある一定期間拘束するわけであるから、会社勤めの人間を引っ張ってくるわけにもいかず、となれば、採点期間以外は研究者として何かしらのポストについていることが必要であることになる。まとめれば、多種多様な解答例を持つ問題は、問題を考えるだけではなく、それをどうやって採点するかという手間まで考えなければ成立しないということだ。

採点法まで考慮した場合、国語教育の問題は単に「唯一の解答」か「多様な読み」かのどちらが望ましいかという単純なことではないということが分かる。そうではなく、国語教育においては公共性の尊重が求められる以上、そこで問われているのは、そこにどのくらいの労力と資金をかけ、そして成果として何を期待するのか、という社会全体のデザインに関わる問題なのだ。つまり重要なのは、どちらが正しいのか？　という問いではなく、何をしたいのか？　という問いではないだろうか。

【注1】　松浦寛著「ロベール・フォリソンと不快な仲間たち――歴史修正主義の論理と病理」（『上智大学仏語・仏文論集』上智大学仏文科、二〇〇〇、一〇五―一二六頁）。実際にこの論文に引用されたフォリソンの言葉を再引用してみよう：「散文であれ詩であれ、高級文学であれ低級文学であれ、言われたことに一つの意味、それも唯一の意味を探求しないためには重大な理由があってしかるべきだが、そのような理由はまだ発見されていない」；「精神を探し求める前に字句を探し求めなければならない。テクストというのは、1つの意味しか持っていないか、さもなければ意味と言うのは皆無である」（一一七頁）。

【注2】　Sylvie Dauvin et Jacques Dauvin, 2005.

【注3】　同書、一九―二〇頁。

【注4】　年によっては、必修問題＝4点／選択問題＝16点の配点であったり、必修問題なしの選択問題＝20点だったりすることもある。

【注5】　阿部良雄訳『ボードレール全詩集』（筑摩書房、一九

九八、五七–五八頁）。

〔注6〕 Sylvie Dauvin et Jacques Dauvin, *op. cit.*, 32–37頁。

〔注7〕 *Ibid.*, 41–42頁。

〔注8〕 長い間マルセイユのリセで日本語を講じ、2008年の秋からプロヴァンス第1大学日本語科の専任講師を務められるファヴネック・由希先生に話をうかがった。彼女自身は日本語教師であるが、同僚のフランス語教師の話として現状を教えて頂いた。

〔注9〕 Sylvie Poisson-Quinton, Michèle Mahéo-le Coadic et Anne Vergne-Sirieys, *Festival1*, CLE International, 2005、32頁。

〔注10〕 John Trim, Brian North, Daniel Coste 著（吉島茂他訳、『外国語教育II——外国語の学習、教授、評価のためのヨーロッパ共通参照枠——』、朝日出版社、二〇〇四、二五頁）。更に細かい参照レベルについては、同書、二八–二九頁。

PART Ⅳ

文学教育の〈学〉の可能性を探る

〈東大古文〉に抗う伊勢物語

助川幸逸郎

一、「易化」以前の〈東大古文〉

一九九九年の四月から、私は河合塾で「フェロー（質問受付講師）」として働いている。二〇〇三年からは、講師も兼務するようになった。担当教科は古文である。

そんな私の予備校教師生活の中で、最も印象に残った出来事の一つに、二〇〇〇年の東京大学入試の改変がある。文系の場合、現代文二題、二百字作文一題、古文二題、漢文二題の計七題というのが、長きに渡って東大国語の「定番」であった。それが、現代文二題、古文、漢文各一題の計四題に問題数が減少した。

一九九〇年代後半、東大の合格最低点は下がり続けていた。二次試験の得点が五割を大きく下回っても、文科一類——言うまでもなく、主に法学部に進学する文系最難関コース——にすら、合格出来る年度があるほどだった。受験生の現状に照らして、東大の入試問題が、質、量ともに負担過重になっていることは明らかだった。

二〇〇〇年の改変は、こうした現状に応じてのものだったと言われる。その証拠に、問題数が減っただけでなく、問題の質も易化した。古文の場合、特にその傾向が顕著に現われた。

次の文章を読み、後の質問に答えよ。

望月の残興なほやまず、二三子いさめて、舟を堅田の浦に馳す。その日中の時ばかりに、何某茂兵衛成秀といふ人の家の後に至る。「酔翁狂客うかれて来たれり」と声々によばふ。主思ひかけず驚き喜びて、簾を巻き塵を払ふ。「園中に芋あり、ささげあり。鯉・鮒の切目たださぬこそいと興なけれ」と、岸上に莚をのべて宴をもよほす。（以下略）。

（設問）「園中に芋あり、ささげあり。鯉・鮒の切目たださぬこそいと興なけれ」とあるのは、誰が、どのような気持で言った言葉か。（解答欄：十六・六cm×一行）

まだ問題が易化する前の、一九八四年の第五問（文系専用問題）である（設問や注を幾つか省略した）。傍線部に含まれる「ささげ」の意味を知っている受験生は、現在よりも平均的学力が高かった当時でも、多くはいなかったろう。試験会場でこの問題に対峙した者の大半は、芋と並列されており、園中にあるという所から、根菜の類だと推測するしかなかったと思われる。

また、「鯉・鮒の切目たださぬこそいと興なけれ」も意味が取りづらい。直訳すると、「鯉や鮒の切目を正しくしておかないのは、大変趣のないことだ」になる。この問題文を初めて目にした時、私は「鯉や鮒を改めて切って、宴会をやりましょう」という意味ではないかと思った。しかし、赤本[注1]では、

「手料理ゆえに魚も不揃いな切り方で供さざるを得ないことに恐縮する気持が表れている」

と解説されている。いずれにせよ、受験生が限られた試験時間内に読みとるには、相当難しいフレーズであることは間違いない。

したがってこの設問は、「傍線部を完全には訳せない状態で、どうにかすること」を受験生に強いていることになる。その前提で解答法を考えると、傍線の台詞の主語が「何某茂兵衛成秀＝主」であることは、割と簡単に把握出来る。この人は、一行の来訪を「思ひかけず驚き喜」んだとあるから、筆者たちは何の予告もなしに、成秀の家に立ち寄ったわけである。にもかかわらず、成秀は傍線の台詞をのべ、「宴をもよほ」した。これらのことから、設問に対する解答案として、

「急に来訪を受けたにもかかわらず、懸命に客をもてなそうとする成秀の気持。」

というのが導き出せる。解答スペースから推して、この設問には三十五字前後で答えるべきだと思われるが、右の解答案は三十六字である。ちなみに赤本の解答例には、

「成秀が、至らないながらも精一杯のもてなしをしたいという気持で言った。」

とある。傍線部の解釈は大きく違うのに、答案そのものは私のものとあまり違わない。この事実は、ここで求められているものが傍線部の正確な解釈ではなく、それが置かれている文脈の把握であることを物語る［注2］。

翌年、一九八五年の文系専用問題にも、これと同類の設問が見られる。

次の文章を読んで、後の設問に答えよ。

うらうらとのどかなる宮にて、同じ心なる人三人ばかり物語などして、まかでてまたの日、つれづれなるままに、恋しう思ひ出らるれば、二人の中に、

袖濡るる荒磯浪と知りながらともにかづきをせしぞ恋しき

と聞こえたれば、

荒磯はあされど何のかひなくてうしほに濡るる海人の袖かな

いま一人、

みるめ生ふる浦にあらずは荒磯の浪間かぞふる海人もあらじを（以下省略）

［注］○みめる生ふる……――これに類似した表現が、「みるめなき我が身を浦と知らねばやかれなで海人の足たゆく来る」（古今集・小野小町）という古歌にある。

（設問）「袖濡るる荒磯浪と知りながらともにかづきをせしぞ恋しき」（傍線ア）は、友人たちと過ごしてきた宮仕えの生活をふりかえった歌である。これに対して、他の二人はどのように応じているか。二人の応じ方の違いがわかるように、説明せよ。（解答欄：各十六・六㎝×一行。それぞれに〈「荒磯は」の作者〉、〈「みるめ生ふる」の作者〉の文字を含む）

今度の問題も、設問を一部省略して掲げてある。

この設問も、「傍線部を完全には訳せない状態で、どうにかする」しかない類いのものである。まず、傍線に含まれる「かづき」は、受験生レベルでは知らなくても当然の単語だろう。「袖濡るる荒磯浪」から、「辛くて泣いている状態」を読み取り、筆者の「宮」での同僚に送られた歌であることから、その「辛さ」が「宮」での生活に関連することを汲みとる。さらに、「ともに」何かをしたことを「恋し」と言っているところから、「宮」で一緒に過ごしたことを恋しがっていることもつかまえる――そういう形でしか、大半の受験生は傍線部の歌にアプローチ出来ないはずである。ともあれこの歌は、

「宮での暮らしが辛いこと。」

および

「にもかかわらず、宮での同僚が恋しいこと。」

をのべたものであると判断出来る。

次に「荒磯は」の歌に目を転じると、「かひなくて」・「うしほに濡るる袖」とあり、ひたすらネガティヴなことを言っていることはわかる。これに対し、「みるめ生ふる」の歌は、大まかにどういう歌なのかを推測することすら難しい。「注」に引かれている小町歌も難解で、「みるめ生ふる」の歌の解釈の参考になるどころか、かえって混乱を助長する元にしかならない。

思うに、ここの小町歌の全体を理解しようとするのは得策でないのである。「みるめ」には、「海松布（海草の一種）」と「見る目（逢うこと）」とが掛けられている。この掛詞を見抜くことは、受験生にとって――それが東大受験生であっても――困難過ぎる。そこで出題者は、この掛詞をあらかじめ知らなくても、それを帰納的に類推できるように小町歌を掲げたのではないだろうか。「注」は「みるめ」の意味の確認だけに使い、細かい解釈は放棄するのが、おそらく「賢い受験生」なのである。

ともあれ、「みるめ」が「逢うこと」を含意していることがわかれば、「みるめ生ふる浦にあらずは」は「あなたに逢うことがなかったならば」の意味だとわかる。さらに下の句に「海人もあらじを」とあるから、

「あなたに逢うことがなかったならば、海人はいなかった＝あなたに逢えたからこそ、海人はいる。」

とこの歌は言っていることになる。「あなた＝筆者」に逢った「海人」とは、この文脈では「歌の読み手＝筆者の同僚」としか考えられないから、

「あなたに逢えたからこそ、私は宮にいたのです。」

というのが、結局この歌が伝えたかったことだとわかる。

以上をまとめると、ネガティヴな「荒磯に」の歌は、筆者の歌の「暗い部分＝宮での暮らしの辛さ」に呼応している。「みるめ生ふる」の歌は、筆者への愛着を現わしていて、筆者の歌の「同僚が恋しい面」に反応したものだといえる。したがって、設問（二）の解答案は、

「『荒磯は』の作者は、宮での生活の辛さを訴えている点で筆者に同調している。」
「『みるめ生ふる』の作者は、共に過ごした日々を懐かしむ点で筆者に同調している。」

という具合になる。この設問も解答スペースに照らして、三十五字前後の答案がおそらく求められている。右の解答例は、「荒磯は」の方が三十六字、「みるめ生える」が三十七字、まずは許容範囲と言ってよいだろう。

この設問に対する赤本の解答例は、

「『荒磯は』の作者は、上の句に同調し、宮仕えは辛いことであったと応じている。」
「『みるめ生ふる』の作者は、下の句に同調し、宮仕えで良き友が得られたと応じている。」

となっている。筆者から二人の同僚に送られた歌に対し、送られた二人が、上の句と下の句をひとりひとり分担して返歌した可能性は否定出来ない。その意味で、私案よりも赤本の案の方がより穿ったものといえるかもしれない。ともあれ、「上の句／下の句」の有無を除けば、私案と赤本の答案は大筋において一致する。

二、〈東大古文〉の「易化」の後

このようにかつての東大古文は、

「全体を把握出来ない状況の中で、必要な情報を取捨すること」

を受験生に課していた。そこで求められているスキルは、「生きること」そのものに要求されるそれと、確かに一致する面があった（恋愛、投資、新製品の開発……実人生は、「全体を把握出来ない状況」において「必要な情報を取捨し、決断しなければいけないことの連続だ）。

そんな東大古文が、二〇〇〇年度の改変後、以下のようなものに変った。


次の文章は物語の一節である。「男」には、同居する「女」（もとからの妻）があったが、よそに新しい妻をもうけた。その新しい妻を家に迎えることになり、「男」は「女」に、しばらくどこかに居てほしいと頼んだ。以下は、「女」が家を出ていく場面である。これを読んで後の質問に答えよ。


「今宵なむものへ渡らむと思ふに、車しばし」となむ言ひやりたれば、男、「あはれ、いづちとか思ふらむ。行かむさまだに見む」と思いひて、いまここへ忍びて来ぬ。

女、待つとて端にゐたり。月のあかきに、泣くことかぎりなし。

我が身かくかけはなれんと思ひきや月だに宿をすみはつる世に

と言ひて泣くほどに来れば、さりげなくて、うちそばむきてゐたり。

（設問）「泣くこと限りなし」（傍線部）とあるが、「女」の気持について、和歌を参考にして、簡潔に説明せよ。（解答欄：一三・六cm×二行）。

二〇〇六年度の文理共通問題である（これも、注と設問の一部を省略して掲げた）。

「女」は何故泣いているのか？　およそ、人が泣く時は嬉しいか悲しいかのいずれかである。前置きの説明を読むだけで、問題文中の「女」が嬉しいはずはないとわかる。それでは、「女」は何を悲しんでいるのか？　これもまた前書きを見ただけで、「男と離別して家を出て行かざるを得ないこと」のせいだと推測出来る。その推測を裏づけるように、「参考にせよ」と指示のある和歌には、「我が身かくかけはなれん思ひきや」というフレーズが見つかる。このフレーズを口語訳できない東大受験生は、ほとんどいないだろう。さらに、

「月のあかきに、泣くことかぎりなし」
「我が身かくかけはなれんと思ひきや月だに宿をすみはつる世に」

と、「月」に関してくり返し言及のあることが目に留まる。ここから、「月」が「女」の悲しみを助長していることも、答案に盛りこむべきだと察しがつく。かくして、

「思いもかけず、男と別れて住みなれた家を出て行かざるを得ない我が身を、澄み切った月と引き比べてひどく悲しむ気持ち。」

という解答案がまとまる。和歌に含まれる「月だに宿をすみはつる」の「すむ」は、「澄む」と「住む」の掛詞になっている。しかし、そのことをことさら意識しなくても、掛詞のニュアンスが結果的に込められた答案を作成可能だと思われる。

ちなみに、ここの赤本の解答例は、

「男と共に住み慣れていた家を出ていくことになったのは思ってもみなかったことだと、自分の不幸を嘆き悲しむ気持ち。」

である。ここは、おそらく六十字前後で解答すべき設問であり、私の案が五十七字、赤本のものが六十四字である。字数的にはどちらも許容範囲のはずだが、月に関わる要素を欠いている分、赤本に不足があるように感じる。

かつての東大古文では、全体を隈なく理解することは、受験生にとってほぼ不可能な問題文を掲げられていた。現在の東大古文の問題文は、基本的な単語と文法を習得していれば、誰もがすみずみまで読み解ける。設問も、一定の手続きさえ踏めば、容易に答案を作成できるものばかりである。

だからと言って、現代の東大受験生が、揃って古文で高得点をマークしているわけではないようだ。私は、現在では廃校になった河合塾駒場校でのフェロー勤務が長かった。駒場校は、東大志望の浪人生が集中する校舎だったから、「易化」以降の東大の過去問を解いたものをずいぶん添削させられた。それらの中には、得点率五割未満のものも多く、中には三割程度しか得点出来ていないものさえあった。

そういう低得点の答案を書く生徒も、話を聞いてみると、問題文の意味はほとんど理解できている。彼らは、

「東大の古文なのだから、さぞ難しいだろう。」

と考えて深読みをし過ぎたり、答案に盛りこむべき要素を見誤ったりして、点になる答案を作れないのである。先に触れた二〇〇六年の設問の場合だと、「深読み派」は例えば、

「月を見て、男と別れて家を出なければならない時刻が迫っていることを実感し、自分をこのような目に合わせた男を恨んでいる」

という答案を書く。月を見て別れが迫るのを「女」が感じていた可能性も、「女」が「男」を恨んでいた可能性も否定は出来ない。ただし、誰が読んでもほぼ確実にそうだと主張しうる根拠は、どちらについても問題文中にはない。だからこの、かなり魅力的な解釈を提示した答案に付けられる点数は、おそらくゼロである。

平易な問題文の中の「誰もが同じ判断に至るはずの部分」と「人によって解釈の分かれる部分」を識別させ、前者のみによって答案をまとめさせる――現代の東大古文は、そのように作問されている。これがある意味で非常に公正な出題方法であることは疑いない。そこで問われている「能力」は、実社会での活動にもつながるもので、とりわけ法律を解釈したり作成したりするには欠かせない。東大という大学の性格――第一に、高級官僚の養成施設――を考えるなら、「易化」以降の古文の問題は良問とさえ評し得る。

しかし。

果たして、近代以前の和文、特に中世までのそれに、「誰が見ても妥当な解釈」などというものがあり得ただろうか？

たとえば、古今集が編纂された当時の和歌は、詞書の付けられ方、配列のされ方によって、まったく意味が変わるのが普通であった。そうした「多義性」を歌に与えることが、歌人の技巧であるとさえ思われていた[注3]。

中世になると、ほとんどの仮名書きテクストが、過去の名歌や王朝物語（源氏物語など）を踏まえて書かれるよ

うになって行く。ということは、下敷きとなった「過去の名作」を知らない限り、それらの文献の意味は汲みとれないわけである。教養を共有する人間だけが解読可能な「暗号文書」――それがこの時代の仮名テクストの実態だった[注4]。

日本の「古文」とは、こうした性質のものである。だとすれば、これに対する読解力を検定する方式として、現在の東大古文のありようは適切とは言えないだろう。

おそらく事はそれだけに留まらない。東大古文が背いているのは、果たして「日本の古典文学の伝統」に対してだけだろうか？　「現代社会を生き抜く上で取るべき姿勢」にも反しているのではないか？

――そのことを明らかにするために、次に伊勢物語の叙述の方法を見ていくことにしたい。その作業を通じて、日本の「古文」の書かれ方がいかにアクチュアルであるかが明らかになっていくはずである。

三、伊勢物語の「仕組まれた二重性」

昔、男、初冠して、奈良の京、春日の里に狩に往にけり。その里に、いとなまめいたる女はらからすみけり[注5]。

多くの高校教科書に採録されている伊勢物語初段、その冒頭部分である。傍線の「いとなまめいたる女はらから」は、直訳すると「たいそう美しい女きょうだい」になる。これが、

A：美しい姉妹たち

の意味なのか、

B：男の、美しい姉（もしくは妹）

なのか、この初段を見ただけでは確定出来ない。古来、どちらが本当であるのかをめぐって論争が交わされてき

たが、A説とB説の、どちらとも取れるように敢えて書かれていると述べたのが、三谷邦明である[注6]。
伊勢物語には、「昔、女はらから二人ありけり」で始まる章段（四十一段）がある。また、主人公が自分の妹（もしくは姉）に言い寄る章段も存在する（四十九段）。周知の通り伊勢物語には、ある話柄を、微妙に内容をずらしながら語りなおすケースがしばしば見られる。今日、二条后章段や東下り章段、斎宮章段などと通称される章段は、そのような「異伝」の集まりとして形成されている。ということは第四十一段を、初段の「語りなおし」としてとらえることは可能だろう。同様に、四十九段も初段の「別ヴァージョン」として位置づけられる。四十一段と初段がシリーズを構成するなら、「女はらから」の正体はA説となり、四十九段が「転生した初段」であるならば、B説こそが真実となる。四十一段と四十九段が同時に存在していることで、「女はらから」が何を指すのかは遂に定まらない。その「定まらなさ」を、伊勢物語は狙っていた——三谷の説を私なりに敷衍すると、以上のようになる。

私の管見の及ぶ限り、教科書ガイドや指導書の類は、何の留保もなくA説のみを採り上げているようだ。高等学校の教室で、近親相姦を話題には出来ないというわけなのだろう。けれども、意味の一義的な確定を敢えて不可能に追いやりながら、禁忌に触れる話題を書いて行く——このやり方は、伊勢物語の「叙述方式の核心」と言えるものだ。この「方法」を教えずして、伊勢物語を本当には教えたことにはならない。

そしてこの「方法」が、おそらくもっとも高度な達成を見たのが、私見では「狩の使い章段」と呼ばれる六十九段である。

昔、男ありけり。その男伊勢の国狩の使にいきけるに、（あ）かの伊勢の斎宮なりける人の親、「つねの使よりは、この人よくいたはれ」といひやれりければ、親のことなりければ、いとねむごろにいたはりけり。朝には狩にいだしたててやり、夕さりは帰りつつそこに来させけり。かくてねむごろにいたづきけり。

二日といふ夜、男われて「あはむ」といふ。女もはた、いとあはじとも思へらず。されど人目しげければえ逢はず。使ざねとある人なれば遠くも宿さず。女の閨近くありければ、女、人をしづめて、子一つばかりに男のもとに来たりけり。男はた、寝られざりければ、外の方を見出して臥せるに、月のおぼろなるに、小さき童を先に立てて人立つてり。男いとうれしくて、わが寝る所にゐて入りて、子一つより丑三つまであるに、（い）まだ何事も語らはぬにかへりにけり。男いとかなしくて寝ずなりにけり。

つとめて、いぶかしけれど、（う）わが人をやるべきにしあらねば、いと心もとなくてまちをれば、明けはなれてしばしあるに、女のもとより、詞はなくて、

君や来し我や行きけむおもほえず夢か現か寝てか覚めてか

男、いといたう泣きて詠める、

かきくらす心の闇にまどひにき夢うつつとはこよひさだめよ

とよみてやりて狩に出でぬ。野にありけど心は空にて、こよひだに人しづめていととく逢はむと思ふに、国の守、斎宮の頭かけたる、狩の使ありと聞きて、夜ひと夜酒飲みしければ、もはら逢ひごともえせで、明けば尾張の国へ立ちなむとすれば、男も人知れず血の涙を流せどえ逢はず。夜やうやう明けなむとするほどに、女がたより出だす杯の皿に歌を書きて出だしたり。とりてみれば、

（え）かち人の渡れど濡れぬえにしあれば

と書きて末はなし。その杯の皿に続松の炭して歌の上を書き継ぐ。

（お）また逢坂の関は越えなむ

とて、明くれば尾張の国へ越えにけり。

斎宮は水尾の御時、文徳天皇の御むすめ、惟喬の親王の妹。

この章段には、「意図的に両義性をあたえられた叙述」が何箇所もある。このため、「男と斎宮が密通した話」と「まったくそうではない話」、そのどちらとも受けとれるものになっている。そうした「両義的な箇所」を以下に列挙すると、

（あ）「かの伊勢の斎宮なりける人」
①伊勢の斎宮であった人。
②伊勢の斎宮にいた人。
※「斎宮なりける人」の助動詞「なり」を、「断定」と取るか「存在」と取るかで解釈がわかれる。①の場合、この章段の「男」の相手は斎宮当人だということになる。②だとすれば、「斎宮に仕えていた女」とやりとりがあっただけのことになる。

（い）まだ何事も語らはぬに
①まだ肉体関係もないのに。
②まだ何も会話をしていないのに。
※「語らふ」を、「肉体関係を結ぶこと」の婉曲表現と取るか、字義どおりに取るかによって解釈がわかれる。①だとすれば、「男」と斎宮の間には肉体関係はなかったことになる。②の場合、「会話は充分に交わさなかったが、肉体関係は結ばれた」という含みが残る。

（う）わが人をやるべきにしあらねば
①肉体関係がなかったので、後朝の文を送るわけには行かなかった。

②肉体関係はあったが、人目もはばかられるし、自分から女のもとを訪れたわけではないので、後朝の文を送るわけには行かなかった。

（え）かち人の渡れどぬれぬえにしあれば

「女」が寄越したこの上句だけを見れば、

「徒歩の人が渡っても濡れないほど浅い入り江のように、私とあなたのご縁は浅いものでしたので」

という解釈が妥当だろう（事実、伊勢物語の各種注解書は、ほぼこの方向で読み解いている）。「え」は「江」と「縁」の掛詞。上句をそれだけで見るならば、「女」は「男」との密通を否定していると受けとれる。

（お）また逢坂の関は越えなむ

「逢坂の関」を「また」越えて欲しい（もしくは越えたい）と、ここで「男」は言っている。「女」と肉体関係が、すでに結ばれたことを前提とする叙述である。「女」の上句と「男」の下句には、肉体関係の有無をめぐって矛盾がある。また、先に女の上句を、「私とあなたのご縁は浅いものでしたので」と解釈したが、縁が浅いことが、再び実事を持つことの根拠になるというのはおかしい。上句と下句のつじつまが合うようにするには、上句を、

「私とあなたのご縁には、徒歩の人が渡っても濡れないほど浅い入り江に隔てられている程度の、些細な障害しかありませんので」

という意味にとらなくてはならない。つまり「男」の下句は、「女」の上句の意味を反転させていることになる。

以上をまとめると、

○（あ）を①に、（い）を②に、（う）を①にとった場合→この章段では、「男」と伊勢斎宮当人は密通していなかったことになる。

○（あ）を②に、（い）を①に、（う）を②にとった場合→この章段に、「男」と伊勢斎宮当人の密通が描かれていることになる。

この「仕組まれた両義性」を完成させるのが、（え）、（お）の歌の付け合いである。「女」の上句を単独で見た場合、「男」との関係が淡いものであったとしか受けとれない。「男」の下句は、「女」との間に肉体関係は既にあり、上句もそのことを含意していることを示唆している。二人の間に実事はなく、「男」が意味ありげな歌を読んでいるだけなのか、実事はあったのに「女」がしらばくれているのか――テクストの叙述の仕組みそのものが、その最終的な決定を拒んでいる。

「狩の使い章段」はこのようにして、

「あくまでイノセントな『女』と、そういう『女』に執着する『男』」

という印象を保ったまま、「密通の物語」と「密通未遂の物語」を同時に物語る[注7]。これは、世界の文学史に照らすなら、驚くべき達成と言わねばならない。「仕組まれた両義性」を駆使したテクストが、西洋世界で注目を集めるようになったのは、十九世紀後半に至ってからなのである[注8]。

「狩の使い章段」が、こうした両義性を必要としたのは、「斎宮との密通」のような禁忌を描くことに構造的なジレンマがつきまとうからだろう。禁忌は、あまりに憚りなく書かれてしまったら禁忌に見えなくなる（中世王朝物語には、后妃との密通が当たり前のことのように描かれる場合があるが、そこには禁忌らしい印象は微塵もない）。禁忌は、あからさまに書き得ないことを一方で示される時、初めて十全に禁忌たりうる。

伊勢物語は、斎宮との密通を描きながら、

「そのように畏れ多いことは書いていません」

と言い逃れる道を用意した。この言い逃れの存在——禁忌を描くことへの憚りの証し——こそ、禁忌の重さの担保なのである［注9］。

四、「二十一世紀文学」としての「伊勢物語」

伊勢物語のこうした書かれ方は、伝統的な「近代文学」のそれとは根本的に異なる。明治時代に生み出された言文一致体は、

「日本国民全体が共有しうる書き言葉」

として創設された。したがって、言文一致体で書かれた「近代文学」は、

「日本国民全体が同じ意味を読みとりうる文学」

を目指すことを条件づけられていた（その条件が完全に実現することは、もちろん現実にはありえないが）。

しかし、現代の日本では、「近代文学」より伊勢物語的なものの方が広く行きわたる可能性を秘めている。宇野常寛は、二〇〇〇年代の文化状況について次のように述べている。

かつて——近代においては、（社会全体を説明する）大きな物語の部分集合として（個人が生きる）小さな物語が存在するツリー型の世界像が人々に共有されていた。

しかし、ポストモダン状況の進行に伴って、大きな物語は解体され、世界像は秩序だったツリーから無秩序なデータベースへ移行する。そんなポストモダンの時代、人々は歴史や社会の与える大きな物語ではなく、情報の海として静的に存在するデータベースから、自分の欲望するとおりの情報を読み込んで「小さな物語」を自身で生成する。そのため、人々は意味の備急にコミュニケーションを必要としなくなる──東（引用者註：『動物化するポストモダン』の著者である東浩紀のこと）はこれを「動物化」と呼んだ。

（中略）

しかし東のこの理解は、果たして私たちが今、生きているこの世の中を説明し得るだろうか。（中略）

歴史に代表される「大きな物語」ではなく、データベースから生成される「小さな物語」は、その根拠を持たない。そこでは、小さな物語たちはその正当性と棲み分けを守るため──その共同性から誤配とノイズを排除するため、より厳密に敵と味方、内部と外部を区別するために、他の物語を排撃する。データベースから生成される小さな物語の共同性は、排他的性質を帯びるのだ[注10]。

「近代文学」は、既に言い古されたことであるが、「大きな物語」に対応する文学だった[注11]。そして、現在の〈東大古文〉で問われている

「誰もが同じ判断に至るはずの部分を読み解く能力」

が、「近代文学」的なものに対応するための知であることは論をまたない。

だが、「近代文学」「大きな物語」は、現代日本ではすでに失効している。限定された範囲でしか共有されない「小さな物語」が林立し、異なる「小さな物語」の間に通底する基盤は存在しない。小説の例を取るなら、ジャンルが急速に多様化し、どれほどの読書家であってもそのすべてをフォローするのは困難になっている。時代小説と携帯小説の距離は、マラルメの詩とJポップの歌詞よりも遠く、同じ「小説」として論じること自体に疑念を抱かせる。

そうした時代には、人々はそれぞれの「小さな物語」の中で自足し、異質な他者とはコミュニケーションを取らなくなる――これが東の意見である。宇野はそこに異を唱えた。それぞれの「小さな物語」を信奉するもの同士が、自己の正当性を確保すべく闘争するのではないか、と言うのである。

真相は、東とも宇野とも別のところにあるように思われる。「大きな物語」が機能していた時代には、所属する会社や学校がその人物の人格を規定していた。しかし、現在の若者は、特定の集団に全人格を委ねることを嫌う。彼ら／彼女らは、学校にいる時とバイトをしている時、家族と過ごしている時、それぞれの状況に応じて最適な人格を使いわける[注12]。したがって、ある集団に属している時の関係性を、別の状況に持ち込まれることはストレスにしかならない。近年の若いサラリーマンが、社員旅行を避けたがるのはおそらくこのためだ（「セクハラ」が大きな問題になってきたことにも、一つの組織にアイディンティティを委ねられる人間と、そうでない人間のずれが影響しているのではなかろうか。「会社や学校でこれほど親密なのだから、場所が変ってもこれぐらいは許される」という感覚が、現代の若者には稀薄なのだ）。

東や宇野の言いまわしに倣うなら、現代の若者は、複数の「小さな物語」を渡り歩いて生きている。彼ら／彼女らは、東がイメージするほどは閉ざされた存在ではない。かといって、複数の「小さな物語」を使い分けているため、特定の「小さな物語」に対する執着は薄い。一つの「小さな物語」の正しさを証明するために、他と争おうとはあまり思わないだろう。宇野は、「小さな物語」相互の闘争の例として、「ブログの炎上」や「匿名掲示板で語られる排他的言説」をあげている。それらはしかし、「小さな物語」の正当性を賭けた争いというより、人格の使いわけに疲れた人間が、攻撃性を顕わにした結果だと思われる[注13]。

伊勢物語の「狩りの使い章段」は、読み手の欲望によって、「密通の物語」としても「密通未遂の物語」としても解釈可能であった。この章段は、

「自分の欲望するとおりの情報を読み込んで『小さな物語』を自身で生成すること」

を許容するテクストなのである。

伊勢物語は、あたかも現代の若者が人格を使いわけるように、読み手によって物語としての相貌を変化させる。これは、この物語についてのみ言えることではない。読まれるコンテクストによって意味がまったく変わることが、すでに指摘したとおり、日本の「古典」全般の特質であった。

「小さな物語」を渡り歩き、それぞれの場に応じて違う意味を発生させている現代の文学テクスト――あたかも現代の若者のような――として、村上春樹の小説がある。しばしば言われるように、春樹の小説には、普遍的構造に関わる部分だけが詳しく書かれていて、歴史的・地理的特殊性の部分が薄い（だから、小説の舞台や年代を他に移しても、ほとんどそのまま読むことができる）[注14]。そのことによって春樹のテクストは、幅広い共同体に受け入れられることに成功した。そして、随所に散りばめられた「謎」や、空白にされている「特殊性と結びつく細部」に、読者はそれぞれの願望を投影して春樹を享受する。あたかも日本の「古典」のように、読まれ方によってまるで違う意味を発生させる機構を、初めから春樹のテクストは有している[注15]。

「大きな物語」が死滅した現在、「小さな物語」の下に結集する島宇宙を越えうるのは、日本の「古典」のような、あるいは村上春樹のような存在である。それらは、広く共有できる意味を供給するから普遍的なのではない。多くの人間が、自分の望む意味をそこから取り出せるから行きわたるのだ。

したがってわれわれは、同じ作品がコンテクストによって違う意味を発生させることにもっと敏感でなくてはならない。そうでなければ、たんに文化状況を見誤るのみならず、売れる商品を開発することもできないだろう[注16]。

このように考えるなら、「大きな物語」が健在だった時代に適合した知を求める〈東大古文〉の「反動性」が見えてくる。現代において必要とされるのは、「誰もが同じ判断に至るはずの部分」からこぼれ落ちるものを見極める姿勢なのである。

伊勢物語が伊勢物語たるゆえんは、〈東大古文〉に求められる知ではつかめない。〈東大古文〉がそこで取り逃がしたものは、「大きな物語」が死滅した世界を駆けめぐり、今日もわれわれを挑発しつづけている。伊勢物語を始めとする日本の「古典」を読むことは、その挑発に応える力を、われわれに与えてくれるのである。

（注記）本論が高校での古文の授業の実践にどのように役立つか、疑問に感じたむきもあるかもしれない。確かに、現在の高校の古文のカリキュラムの中で、伊勢物語の「仕組まれた両義性」を詳細に説明することは難しいだろう。

私としては、この論文に書かれた内容にもとづく授業を、たとえば定期試験後の補習期間に行うことを提案したい。そうした授業は、生徒の知的関心に応えるだけでなく、受験勉強にも役立つものとなるだろう。東大古文の出題のされ方の解説を通じて、記述式答案のまとめ方の勘所を教えることができるからである。また、現代社会のありように言及した部分は、小論文の材料の提供になることが期待できる。

［注1］　「赤本」とは、周知のとおり、教学社から出版されている大学入試の過去問と解答のシリーズを指す。本論に引用した東大の入試問題と解答例は同シリーズの『東大の古典　25年間［第四版］』（二〇〇八）によった。

［注2］　易化以前の東大古文では、一題が易化以降に近い「誰もが同じ答えに至るはずの部分」を問うタイプ、もう一題が推理力を働かせて解く問題、というパターンが多かった。その場合、易化以降に近いタイプが文理共通問題で、推理力が必要な方が文系専用問題になっていた。本論では、「誰もが同じ答えに至るはずの部分」を問う出題を批判している。しかし、易化以前の東大文系のように、他のタイプの問題と合わせてのものならば話は別である。問題は、あくまで「誰もが同じ判断に至るはずの部分」だけが（もしくはそこが最優先で）問われることにある。「誰もが同じ判断に至るはずの部分」を的確に把握する能力は、ある方が良いのは当然で、それを試すことそのものを非難するいわれはない。

［注3］　大岡信『紀貫之』（ちくま文庫　一九八九）など

［注4］　前田雅之『記憶の帝国』（右文書院　二〇〇四）

［注5］　伊勢物語の引用は、講談社文庫版（森野宗明訳注　一九七二）によったが、一部私に表記を改めた。

【注6】　三谷邦明「藤壺事件の表現構造」（『物語文学の方法Ⅱ』有精堂　一九八九）

【注7】　伊勢物語において、このような「仕組まれた両義性」を駆使されている章段は他にも見出せる。中でも典型的なのが百一段で、そこで「男」が詠む「さくはなのしたにかくるるひとおほみありしにまさるふじのかげかも」という歌は、藤原良房を批判したとも、藤原氏の繁栄を寿いだとも受けとれるところに妙味がある。この百一段の歌の両義性には、竹岡正夫『伊勢物語全評釈』（右文書院　一九八七）などが言及している。

【注8】　たとえば、一九三〇年に原著がイギリスで出版されたウィリアム・エンプソン『曖昧の七つの型』（岩崎宗治訳　岩波文庫　二〇〇六）は、詩の「曖昧さ」には欠陥ではなく積極的な意味があることを主張して、同時代に衝撃を与えた。イギリスにおける詩の研究の世界では、二十世紀の三〇年代に至っても、「曖昧さ＝両義性、多義性」を評価することが「革命的」だったのである。

【注9】　こうした「書くことに憚りがあることを強調することで禁忌の侵犯に意味をもたせる」話法は、源氏物語の藤壺密通の描き方でも踏襲されている。藤壺密通の場合には、伊勢物語のように「言い逃れを用意しておく」やり方ではなく、「暗示的に遠まわしに語る」という黙説法的な語り方が採用されている。

【注10】　宇野常寛『ゼロ年代の想像力』（早川書房　二〇〇八）

【注11】　絓秀実『日本近代文学の〈誕生〉』（太田出版　一九九四）など

【注12】　斎藤環『心理学化する社会』（河出書房　二〇〇九）

【注13】　ウェブ内で匿名のまま発揮される「攻撃性」は、多くの場合、喧嘩の際に口にされる「罵詈雑言」の類いであることに注意する必要がある。顔や素性が明らかにならないだけ、その種の「罵詈雑言」は、匿名掲示板などでは口にしやすい。しかし、そうした「罵詈雑言」は、概してそのまま「本気の本音」ではありえない「極論」である。

ちなみに宇野も、現代の若者がその場に応じて人格を使いわけていることに言及している。ただし彼は、ある場における一つの「人格＝キャラ」（ボケ役、突っこみ役、いじられ役など）の奪いあいと、「小さな物語」相互の闘争を同一視している（「小さな物語」を奉じる島宇宙内部で、その統一性を保つために行われる内ゲバとも区別を立てていない）。しかし、「キャラの奪いあい」は、島宇宙相互の争いとは異質であるし、内ゲバともわけて考えるべきだろう。

【注14】　内田樹『村上春樹にご用心』（アルテスパブリッシング二〇〇七）は、ここに述べたような春樹の小説の特質を、春樹のテクストには「父（＝それぞれの地域によって異なる文化）」が不在で「母（＝人類共通の要素）」しか存在しない、と言い表している。

【注15】　清水良典『MURAKAMI』（幻冬舎新書　二〇〇八）は、『羊をめぐる冒険』の「羊」が、何を表わすか作者自身にも曖昧なはずだと指摘している。春樹のテクストには、この「羊」のような存在が随所に登場する。

【注16】　たとえば、現在における百貨店の衰退は、「誰からも

同じ受け方をする商品」を売ろうとしていることが原因と考えられる。百貨店は、生活に最低限必要なレベルより上等な品物を提供する場である。そして、「大きな物語」が機能している時代には、人がある商品を「上等」と感じる基準は単一で外在的だった。しかし現代では、消費者がそれぞれのコンテクストで付加価値を見出すところに「上等感」が生まれる。今の百貨店は、そうした新しい「上等感」を消費者に与えることができていないのである。

「責任ある読者」をめざして
――「テクスト論」を視野に入れた授業を展開する前に考えておくべきこと

中村良衛

はじめに――石塊のこと

わたしの本務校は高等学校であり、毎日高校生を相手に授業を行なっているが、週に一度大学でも講義を担当している。高校生と大学生、年齢的にそう違いはないが、授業者の立場としてはいささかの気苦労が伴う。学習者たちがどうこうというのではない。自己欺瞞に陥らないためにはどうしたらいいかという問題があるからである。

高校では全学年の「現代文」と三年生を対象とした「国語表現」などを担当している。一方大学では、近代小説を読むことを中心にした講義を行なっている。春学期の内容を一言で言えば高校までの「定番教材」の読み直しである。高校までの授業という制度の中で「正解」として教師から示された読みや解釈に縛り付けられるのを止め、もっと自由にのびのびと作品に接するよう促したいという思いが根底にある。

もはや明らかだろうが、大学での講義は高校での授業の批判、ともすれば否定になりかねない。受け手が重ならないから（といっても高校で教えていた生徒の顔が大学の教室でも時たま見られたりする）問題ないと言えるようなものではもちろんない。一歩間違うと、「卑怯なコウモリ」よろしく、相手によって立場・態度を変え、高校生に向かっては「こう読め」と言い、大学生に向かっては「こう読めというのはおかしい」という話をすることになりかねない。自己欺瞞という所以である（高校の教壇でも、とりわけ小説の解釈において「こう読め」という授業を行なってこなかったという自負はあるのだが、教室という権力的な空間でこれは単なる自己満足に過ぎない可能性が高い）。

高校には高校の授業における、また大学には大学の授業における、それぞれ目的・目標があり、両者が異なるのであれば（事実異なる）、それぞれそれに応じた態度や姿勢をとるのは授業者として当然だという考えもある。だがそれは、一方を是とし、他方でその是としたことを非とするような営為までも正当化しはしないだろう。それならば、それぞれの目的・目標を再検討して共通する部分に目を凝らした上で、そうした対立が生じることのないような授業のあり方を工夫すればよいと考えた。目的・目標における共通点として見出したのは、「自分で自分の読みに責任を持てるようになる」ことである。「責任ある読者になること」と言ってもいい。「責任ある」というのは、さまざまな読みの可能性を視野に入れた上で、自分の観点や立場を自覚しつつ自らの読みを呈示し、その正当性について説明できるということである（その上でその読みにどういう意義があるかまで説明できるようになるといいのだが、これはしかし研究者の領域だろう）。さらに言えば、教師が選び抜いた教材を上品に味わう美食家ではなく、さまざまな文章に接し、それらを咀嚼できる健啖家を育てたいとも思う。もちろんこれは目的・目標であって、世の通例に漏れず、画餅に終わりがちである。なにぶん、「自分の読み」になかなかめぐり合うことができない。また「自分の読み」に自信が持てない。そうした繊細な読者たちを、より逞しく育てることも、現在、「国語教育」に課せられた課題であろう。が、本論文では敢えてそれに踏み込まない。その前に考えるべきことがあるからである。「自分の読み」を云々する上で、どうやら障害となるものが転がっている様子である。石塊に喩えうるそれに、学習者たちは結構つまづく。それは石塊に見えて実は地表下にとてつもなく大きな本体が潜んでいそうでもある。取り除くべきか、むしろそれを積極的に利用すべきか。いずれにせよ、その上に思い通りの建物を構築できるように地面が整備されているわけではない。その点を疎かにしたまま、その上に構築すべき建物について議論しても仕方がないだろう。

以下に述べるのは、その石塊、というよりもそれが存在することをめぐる考察あるいは感懐である。傍からは、「国語教育（研究）」と「文学研究」の交錯点に身を置いているように見え、だからこそ本書に拙論を草することにもなったのだろうが、両者を見通す場所にいるからこそ見えてくるものを鮮やかに論ずることはわたしの手に余る。日ごろの実感に基づく事柄を問題として提起することで、与えられた責めをいささかなりとも果たすことにしたい。

一、国語教科書の思想

教材として読むものは「書かれたもの」である。「書かれたもの」には必ず「書き手」が存在する。そして国語教科書は、ほぼ例外なくその「書き手」がどのような人物であるかを、顔写真を掲げて紹介している。

「国語教科書の思想」なるものがあるのかどうか、例えば国語教科書の言説や教材を分析し、そこに何らかの傾向や志向性を読みとろうとする佐藤泉や石原千秋の立場が一方にあり、他方には、教材は教育内容との関連において意味づけられるべきなのだから、そこから「思想」を抽出するなど無意味だとする難波博孝の立場がある[注1]。が、よしんば難波のような立場に立ったとして、しかしその教材にどんな教育内容でも盛れるというわけではない。よく挙げられる例で恐縮だが、例えば中学国語教科書で必ず採られている太宰治『走れメロス』を、「信実と友情」の物語としてではなく、メロスの自己中心性という観点から読むというのは、教室ではなかなか行ない得ない。教室には自ずとある前提——道徳的であること——が横たわっているからである（その観点から言えば、石原が抽出した「思想」とは、教科書それ自体のというより、予め教室に横たわるその道徳性を教科書が増幅したものと言えるかもしれない)。そして、そのようなかたちで横たわっているのは、何も道徳性だけではない。その道徳性が専ら教材として採られた文章の内容(及びその解釈)に関わるものであるなら、その内容以前のところで、国語教科書は一つの「思想」をひそかに、しかししっかりと伝えているようである。そのあらわれがあの作者・筆者紹介であり顔写真にほかならない。

あの顔写真は一体何のためにあるのか。生徒に消閑の具を提供するためではもちろんあるまい。そもそもこの問題について教科書編集者たちが議論することなどまずないだろう(ちなみにわたしがかつてある教科書の編集に携わっていた際には全くなかった)。慣例なのである。略歴と共に掲げられている以上、それは、筆者がどのような人間であるかを伝えるためであるにちがいない。顔はまさに人格の宿るところなのだ(そのことを指摘した文章が教材として採られてもいた)[注2]。生徒はその「文章」に触れるばかりか、それを書いたのがどういう人物なのか、その書き手という「人間」、そしておそらくはその「人間性」にも触れることが暗黙の内に期待されているのである。重要なのはその文章の「内容」ばかりではない。文章は必ず誰かによって書かれているのだから、それを書いた「人間」についても思いを馳せる必要があるのだ。

もとより今は教材の渉猟範囲が広がっており、その「人格」やら思想的背景やらにまで踏み込むことなく、採られた文章の内容だけを問題とすればよいのだろうという教材も少なくない。しかしそうしたものにも書き手の顔写真が、略歴とともに麗々しく掲げられている。やはり生徒たちは「人間」と出会うことを期待されているのだし、またそのために教科書は「作者・筆者紹介」の欄を設けそこで書き手を実体化してみせているのである。

「国語」を学ぶ者は、書き手という「人間」と出会わなければならない。これが国語教科書に通底する「思想」なのである。

二、書き手という絶対者

教科書を使う（使わされている）生徒たちはこの「思想」に抗う術を持たない。そもそもが権力的な空間で使用される道具である教科書は、それ自体権威的であり（「教科書にそう書いてあった」と言えばだいたいの異論・反論を抑え込むことができる）、だとすればその教科書に文章が採られる書き手と、生徒たちは対等の関係を切り結ぶことができない。朝礼の訓話よろしく、一方は上（壇上）にいて一方的に話し、他方は下（床）にいてただただその話を謹聴しなければならない（実際に謹聴するか否かが問題なのではない。そういう構図が成り立っていることが問題なのだ）。

この、立場が上の人の話を一方的に聞かされるという構図がそのまま当てはまりそうなのが評論や随筆である。「筆者が伝えようとしたことは何か」「筆者はなぜそのように感じたのか」は「学習の手引き」（「作者・筆者紹介」のすぐ後に掲げられることが多い）の定番である。書かれたものの統括主体として筆者が君臨する。その表現（言葉）は隅々まで筆者の思いや考察に貫かれているはずであり、言葉とはそれを実現（表現）する道具と見なされる（こういう捉え方自体実は検討を要するので、この点は後述する）。

これに対して、文学を読むとは、それとは決定的に違う経験である（はずである）。けれども、教科書で文学的な単元が特別扱いにされることは、戦後の一時期にはあったが[注3]、今はないし、おそらくこれからもないだろう（「文学」だけを特化したテキストを用いる大学とは、この点で大きく異なる）。当然生徒たちは、文学に対しても、評論や随筆の場合と同じような姿勢で接しようとする。筆者に代わって作者が君臨するだけの話である。しかもその「作者」は、評論や随筆の筆者より有名である場合が多いから、余計始末が悪い。「文学教育」を行なおうとするなら、評論や随筆を読む時と同じ姿勢ではなぜいけないのかがまず説明されねばならない。

ではその違いはどこにあるか。これ自体で延々と議論ができそうな問題であるが、単純化するため、ひとまずここでは、対応する現実（事実）の有無にそれを見ることにする。評論や随筆は実際に起きた出来事に基づく思想なり感懐なりを述べる。しかるに文学は対応する現実を外部に持たない。だから「虚構」なのである。もちろん、リアリズムの問題一つを考えただけでもこの説明がいかに粗雑なものであるかがわかろうというものだが、どれほど作品外の事柄と深い関わりが指摘できようと、その出来事は作品内でしか生じていないことは確かだろう。「作品世界」と言いうる所以でもある。

作品から作者を排除する理由もひとえにこの点にある。『山月記』の世界を生きるのは李徴であり袁傪であり、「中島敦」はそのどこにもいない。などといちいち説明するまでもあるまい（学習者たちには必要だが）。

作品とは要するに文字（言葉）の連なりである。それを読み、意味を見出し、一つの「世界」を構築していくのは、読者であり、読者の内面である。しばしば「作品世界に遊ぶ」というような言い方がなされるが、厳密な意味でこれは正しくない。「作品世界」はあたかも通りの向こうの公園のように、予めあるわけではない。読者が、読みながら、少しずつ自分のなかに作り出していくものだからである（そこで意味を確定していく上で「解釈学的循環」の問題が発生したり、意識の問題として「期待の地平」が生まれたりするわけだが、そうしたプロセスに関わる事柄には敢えて立ち入らないことにする）。

自分の中にどのような「世界」を構築することができるか。読者の数だけその「世界」は生まれうる。というか、生まれなければならない。そうやって生み出された「世界」に価値を見出そうとすること。これは紛れもなく「テクスト論」の成果だろう。さらにそれぞれの「世界」を、自閉したものに終わらせることなく、教室という空間でいかに開き、交通を成り立たせていくか。教師の腕の見せ所である。

だが、このイメージは直ちに別のイメージを引き起こす。確かに読者である自分は今読みながら一つの世界を構築しつつある。これは納得もし、実感もできるかもしれない。しかし、「構築」ということであれば、それは「作者」という、文字通り「作」る「者」によって、既に、しかも完璧な形で作られているのではないか。だとすると、読者である私は、ちょうど完成品写真を見ながら、それに少しでも近づけようとプラモデルの部品を組み立てるのと同じようにして作品を読むしかないのではないか。自分の作ったものが、その完成品（の写真）と比べて巧拙が問われるように、自分の中で作り出した「作品世界」は、作者が予め作り出していたそれと引き合わせ、その巧拙、さらには成否が問われねばならないのではないか。要するに、「世界」が作者によって作り出されたものである以上、読者である私はその「世界」を、作者が作ろうとした通りに自分の中で構築しなければならないのではないか、作者の「意図」通りに読まねばならないのではないか、と。

文学と評論・随筆とをひとまず区分し、その独自性において文学を捉えようとしても、つまるところ、その読みの姿勢においては全く同じものを導いてしまうのである。

それどころか、文学の場合、虚構であるだけ「作者」の想像力の産物と見なされ、その分、「作者」の存在は評論・随筆の筆者以上に絶対的なものとなる。

> 作家とテクストの関係で言えば、要は、作家が神のような立場にある人間として見られるということですね。テクストの創造主。創造主であるからこそ、テクストの本当の意味を知っている人間[注4]。

「読みの可能性」は直ちに「創造主」である作者・作家へと回収される（今「作者」と「作家」とは厳密に区別しないことにする）。学習者たちはひとまず「読みの多様性」に感心したそぶりを見せながら、しかし、感想の最後にこう記すのだ。

「作者がそこまで考えて作品を書いていたのかと思うと、脱帽せざるを得ない」[注5]と。

「作者の死」の宣告から生まれたはずの「テクスト論」は、何のことはない、教室において、作者の神話化をより強めることになっているのである。

もちろんこれは事態をいくぶん誇張していることを否定しない。しかし、「作者に脱帽」に類する感想には毎年必ず接しているし、今後も根絶する可能性はなさそうである。

わたしは何も作者を殺せと言いたいわけではない（そもそも学習者たちの無邪気な実感によって、そのような試みはいとも簡単にはねつけられてしまうと断言していいし、近年の文学理論も、「作者の死」には懐疑的なようである）[注6]。が、このように、なにもかもが作者へと流れ込んでいくような回路はやはり何とかしなければならない。この回路が存在する限り、作品は、自分の責任において読むのではなく、あくまで作者の「意図」に沿うように読まねばならないことになり、作品との出会いは作者との出会いでしかなく、その間に作品を作品たらしめ、「作者」の像を創出している主体としての読者（わたし）は素通りされてしまう。それは、「文学教育」の意義を減じるどころか無化せしめ、学習者たちは、文学も評論・随筆もすべて同じように、書き手の「意図」を重んじながら（あるいはそれに拘束されながら）読むといった事態を生み出し続ける。そこから「責任ある読者」が生まれようはずはない。

三、「目論見」＝「主題」＝「意図」

袋小路に入り込みそうなこの問題について、少しく角度を変え、「言葉」という観点から考えてみることにする。

先にも述べたが、評論や随筆の場合、問題は常に「現実」（筆者が直面した現実）に淵源を持つ。筆者がどのような現実と向き合い、その現実にどのように対峙しようとしているか。そこでは比喩ではなく具体例が語られ、ありえないことではなく、あったことが取り上げられる。我々もまたその「現実」を言葉を通して再現しながら、筆者がその現実とどのように相渉ったかを追体験していく。ここで勘違いしてはならないのは、筆者にとっての過去を言葉によって再現しているかに見えながら、しかしそれは言葉を紡ぎ出すという行為によって、まさにその瞬間瞬間に生み出されているということだ。卑近な例を挙げるなら、昨日食べたラーメンについて語る時、その語り手には、今、まさにそのラーメンが現われているのだし、聞き手にもまたそれが思い浮かぶからこそ舌なめずりしながら聞くのである。

私はこの「鹿おどし」を、ニューヨークの大きな銀行の待合室で見たことがある。（中略）だが、ニューヨークの銀行では人々はあまりに忙しすぎて、一つの音と次の音との長い間隔を聞くゆとりはなさそうであった。

（山崎正和『水の東西』）

筆者が今「ニューヨークの銀行」にいてこの光景を見ているわけではもちろんない。が、この言葉を書き付けている筆者の脳裏にはそれがありありと浮かんでいるのだし、だからこそそれは、今・ここでこの言葉に出会っている我々の脳裏にも再現（リプレゼント）されるのである。

だとしたら、こうした「言葉」との出会い方に関する限り、特に評論・随筆と文学（小説）とを分け隔てる必要はないと言える。

そもそも読むという営みは常に今・ここで行なわれる。我々は目の前に規則正しく並んだ言葉（活字）を通して考える。「言葉」の働きに着目した時、対応する現実の有無という問題は本質的な差異を含まないと言えるかもしれない。いわば、「書かれたことがすべて」なのである。

だが、この「書かれたことがすべて」ということを我々はどれほど理解しているだろうか。

例えば作文教育において、我々はしばしば「書いたことがすべてなのだから、読み手にきちんと言いたいことが伝わるように書かねばならない」旨のことを学習者に伝え、注意を喚起する。これは、「言いたいこと」と「書いたこと」とはしばしば乖離してしまうから、両者を一致させるようにしなければならないということであり、だからこそそのための具体的方策として、「言いたいことは何か」を自分の中ではっきりさせてから書くとよいなどとアドバイスしたりもする。書いたものを通じて相手に伝わったことがすべてであり、「言いたいこと」がどんなものであれ、それが伝わらなかったなら仕方がない。これが「書かれたこと（書いたこと）がすべて」ということである。

「言いたいこと」とは自分が伝えようと目論んだことであるから、以下これを「目論見」と呼びたい。それに対して、「書いたこと（書いたものを通じて相手に伝わったこと）」はその文章が実現した「主題」と呼んでいいだろう。

が、実はここには大変厄介な事態が横たわっている。用語の曖昧さという問題である。例えば今「目論見」と「主題」と分けたが、「主題」はここでの「目論見」と同じ意味で用いることもある[注7]（「主題をはっきりさせてから書こう」）。そして、この両様の意味で用いられる語として別に「意図」がある。その文章に書き手が込めた思いも「意図」だし（「どういう意図で書くかを確かめておこう」）、また読み手がそこから読みとるものも「意図」（「よい文章とは意図がよく伝わるものをいう」）である。

では、「この文章について、その意図を考えてみよう」という時の「意図」は、「目論見」（伝えようとしたこと）、「主題」（伝わったこと）のどちらを指すのだろうか。

「書かれたものがすべて」という立場からすれば、答えははっきりしている。伝えようとして伝わらなかった「目論見」は「意図」と見なせない。「意図は先行計画ではない」[注8]ので、あくまでも伝わったことが問題なのである。が、教室においてしばしば発せられる先の問いにおける「意図」の意味はおそらく「どちらも指す」。なぜなら、読み手（＝学習者）にうまく「目論見」としての「意図」が伝わらなかった場合でも、それは書かれた言葉の問題ではなく、読み手の側の問題、端的に言えば読み手の読解力不足と見なされるからだ。さらに言えば、作文教育で「言いたいことがきちんと伝わる」ことを一つの目標としていること自体が端的に物語っているように、「目論見」と「主題」は合致しているべきなのであり、およそ教科書に採られるような文章において、「目論見」と「主題」の乖離など生じるはずがないというのが前提なのである。書き手の「意図」はそのまま書かれたもの（広義の「作品」）の「意図」でもある。だから、「作品」の「意図」が確定しづらいような場合が万一発生すると、そこでは書き手に関する情報が補助的に使われることになる。「書かれたことがすべて」では決してないのである。

「言いたいこと」がまずあって、それが「媒介」としての「言葉」に載せられる、という言語観が、学校教育の場では共有されている。だが、この基礎的知見は果たして適切なのか。／構造主義言語学以後（つまり百年前から）、理論的には言語とはそのようなものではないことが知られている。／先行するのは「言葉」であり、「言いたいこと」というのは「言葉」が発されたことの事後的効果として生じる「幻想」である。より厳密には、「言いたいことがうまく言えなかった」という身体的な不満足感を経由して、あたかもそのようなものが言語に先行して存在していたかのように仮象するのである。／とりあえず、それがアカデミックには「常識」なのだが、教育の現場ではまだまったく「常識」とはされていない[注9]。

この内田の指摘はおそらく正しい。が、内田の言う「常識」（言語論的転回以後の「常識」と言ってもいい）が実感レベルでは必ずしも首肯し得ぬものであることも指摘しておく必要がある。

実感ということで言えば、モーリス・ブランショ『文学と死の権利』中の、「作家は作品のあとにはじめて存在し始めるのである。」を含む一節を引用した後、内田はまた次のように述べている。

「言いたいこと」は「言葉」のあとに存在し始める。「私」は「私が発した言葉」の事後的効果として存在し始める。この点について私はブランショに同意する。理論的に整合的であるばかりか、実感としてその通りだと思うからである[注10]。

未だ書かれざる作品の作者なるものは存在しない。作者は、その作品を書いたことによって作者たり得る。作品が作家の存在を保証するのであって、その逆ではない。よって、例えば『羅生門』という作品を完成させる前に芥川龍之介がどんな経験をし、何を考えていたか、さらにいえば、どういう「目論見」を持って『羅生門』という作品の執筆に取りかかったのかは、あくまで「人間」芥川龍之介の問題であって「作家」芥川龍之介の問題ではないということになる。我々が「芥川龍之介」について考えるとしたなら、『羅生門』なら『羅生門』という作品として織り上げられている言葉とともに、それ自体もまた織り上げられてある「主体」（決して「言葉」を織り上げる「主体」ではない）としてであって、それ以外ではない。

だが、そのような形で「作家」「作者」を捉えるのは我々の常識ではない。そしてそれは姿勢の問題ではなく、我々を深いところで規定している認識のあり方の問題としてある。

我々は、例えば「芥川龍之介は、一八九二年三月一日、東京市京橋区に新原敏三、フクの長男として生まれた」と言って怪しまない。我々にとって、芥川龍之介は生まれたときから「芥川龍之介」なのだ。これが我々の常識である。時に学歴までが記されたりもする教科書の作者・筆者紹介は、我々のそうした常識の反映にほかならない。

我々は『羅生門』や『鼻』といった作品と同時に成り立つ存在として「芥川龍之介」を考えるのではない。「芥川龍之介」が書いた『羅生門』や『鼻』を考えるのである。個々の作品で解決の付かない問題は、例えば同時代に書かれた別の作品にではなく、「芥川龍之介」の書いた（あるいは読んだ）別の作品や言説にその解決の手がかりを求める。我々にして、まず言葉ありきではない、まず書き手ありきなのである。

わたしは何も内田の言う「常識」を我々もまた常識として共有せよと言いたいのではない。それが必要かどうかは慎重に検討されねばならず、残念ながら今その用意はない。内田の言説を引用したのは、それが我々の常識を浮き彫りにする鏡として機能すると判断したからである。その常識は例えば次のような光景を現出する。ある大学生は授業の感想でこんなことを記している。

私は、小中高とずっと続いてきた国語、現代文の授業が好きであり嫌いであった。先生が授業中に板書した、いわゆる「解答」を暗記することが全てで、テストでも、その「解答」を暗記しさえすればほぼ満点が取れる。こんな楽な教科はないと思っていた。しかし一方で、その「解答」を暗記する授業によって、読書が嫌いにもなった。読書って、そういう「解答」を見つけ出すためにするものなのか、みんなそれぞれいろんなことを感じて、いろんな解釈があるから面白いのではないか、「筆者はこの部分でこんなことをいっているんだよ」と先生は言うが、そんなこと筆者に聞かないと分からないのではないか、と。

この学生が望んだような、「いろんな感じ方、解釈」を大切にし、それらをぶつけ合うような授業展開を工夫するべきだとは思う。が、それがなされないことを嘆くこの学生にしてからが、「そんなこと筆者に聞かないと分からない」と記している。これが現在の「国語教育」が生みだす標準的な学習者像ではあるまいか（これは論証のしょうがない。わたしの実感である）。書き手の存在を前提としてそれを絶対視する。読み手は書かれたものを通して書き手の「目論見」をそのまま受けとめねばならない、そしてそれが「正解」なのだという考えを常識とする空間において、先の「先生」はごく当然のことを行なっていたのだし、また同じ空間の中で、この学生は違和感を抱いていたのである。これは、全国の数多くの高校の教室で見られる光景であろうと思う。

四、再び石塊のこと

「私たちがどのような文学教育に、どのようにアイデンティファイしようとしているのか」という問いを立てた蓼沼正美は、亀井秀雄の言説を引きながら次のように記している。

その際最も見落とされ易いのが、「個人の内的な動機による発言こそ最も真実な言葉だ、という近代的な言語表現観」である。私たちはそれを前提に、文学作品を作者の自己表現と捉え、そこに作者の内面の真実を読み取ろうとする近代的な文学観を作り出してきたのであり、だからこそ文学教育は、それを教材として心情読解的な「読み」や人格形成主義的な「読み」を行って来られたのである。（中略）ところが改めて考えてみると、「個人の内的な動機による発言こそ最も真実な言葉だ」という言説自体、実はそこに恣意的な内面のドラマが捏造（invent）されているのであって、その意味では文学教育もまた捏造されたジャンルと言ってよい。ところが私たちは、それをあたかも実態（＝「真実」）であるかのように捉え、心情や人格、あるいは感動といった言説を消費してきた。そういうことから言えば、私たちが文学教育の中に新しい動きを生産していこうとするためには、何よりもこうした言語表現観の呪縛から解放されなければならない[注11]。

「近代的な言語表現観」とは先に述べた我々の常識と深く結びついたものにほかなるまい。よってこの蓼沼の指摘は首肯すべきものである。が、同じ理由から、その提言には俄に従えない。

「近代的な言語表現観」の「呪縛から解放されねばならない」、代わりにこういう方向を目ざすべきだと言うことはたやすいが、その「呪縛」とはどのようなもので、我々がどれほどそれに「呪縛」されているかがまず問われなければならないはずだ。それほどまでに我々はその「呪縛」の内にあるのではないのか。

「近代的な言語表現観」を前提とした「近代的な文学観」とは、「文学観」に留まるようなものではない。問題は「文学教育」を超えたものとしてある。我々は「作者」にも、作中人物にも「内面のドラマ」を見ようとする。いや、「作者」ばかりではない。「筆者」に対しても同様である。ある文章の主題を確認するばかりでなく、それを伝えようとした書き手の内面（動機）まで明らかにしようとする時、そこにはそれを解明することで、その主題を「真実の言葉」として受け取りたいとする願いが横たわっているのではないか。我々がそこに見るのは、単なる主張、論理構築の果てにたどり着いた無機質な結論ではなく、書き手の血の通った肉声、経験に裏打ちされた動かしがたい「真実」なのである。さらに言えば、生徒に「感想」を言わせ「感想文」を書かせたりするのは、まさに「個人の内的な動機による発言こそ最も真実な言葉だ」と我々が信じているからにほかなるまい。

「近代的な言語表現観」は当然「書き手」を幻視させる。学習者たちがつまづいてしまう石塊とは、まさにそうやって生まれたものにほかならない。彼らが石塊につまづくのは、我々が立っていると同じ地盤の上に、それと意識しないまま、学習者たちを導いているからではないのか。その石塊は地表に転がっているのではない、それは地盤の一端なのだ。もしそれを取り除こうとするなら、それこそ地盤そのものを破壊しなければならないだろう。

その地盤とは、おそらく、田中実の言う「解釈共同体」とほぼ重なるものであると思われる。それゆえ、その「解釈共同体に抗い、〈新たな解釈共同体〉への道を劈いていく」[注12]べきだとする方向性に全く異論はない。まさにそれは「開く」ではなく「劈く」べきものとしてある。が、失礼を顧みずに言えば、いささか秘儀めいた概念・用語を多用したマニュアルを呈示しつつそれを提唱・実践しようとしていることには必ずしも賛同できない。蓼沼の場合と同じで、問題は、我々の認識を深いところで規定しているものとどう向き合うかにこそあるので、方法論の問題では決してないと考えるからである。既存の「解釈共同体」に徹底的に抗うことをしないまま、「〈新たな解釈共同体〉への道」をたどろうとしても、必ず、つまづく。骨がらみになっているそれから我を我が身を引きはがすことなく、「新たな作品論の試み」をマニュアルに従っておずおずと実践するよりは、その現状を認識し、それを受け入れるところから始めるべきではないか。田中の言う「自己倒壊」が必要なのはまず我々授業者の方なのだ[注13]。

その上でもしそこからの脱却が必要だというのなら、繰り返すが、そこで求められるのは、新たな方法論ではない。我々の認識を根底から変えるなど、容易にできることではないだろうからだ。そうではなく、その認識の指し示す方向を少しずらしてみること。そうやって、我々の立脚している地盤に、楔を打ち込み、ごく小さなものでいいから、ひび割れを生じさせることではないか。「千丈の堤も螻蟻の穴を以て潰ゆ」(『韓非子』)はもちろん些細な油断が大事や大失敗を引き起こすの意だが、敢えて曲解すれば、オケラや蟻の穿った小さな穴が千丈の土手をも崩す可能性を秘めているということでもある。そこにひとかけらの「希望」を見出したいと思う。

五、ささやかな試み

以下に今春高校において『羅生門』[注14]を教材とした際に試みたささやかな実践についてその概要を報告することにしたい。

『羅生門』が『今昔物語』の二つの説話を原典として持つことに積極的に注目しようとする姿勢は、「学習の手引き」の類を概観する限り、かつても今もあまり見られない。それでもかつては「作者は下人の取り扱い方に近代性を導入しているが、古代の物語の登場人物と、この下人とを比較してその違いを考えてみよう」[注15]などといった、「近代的な言語表現観」を相対視する契機をはらむような課題もまれに見られたのだが。もっとも今回行なったのは、そうした比較ではない。『今昔物語』を取り上げるとしてもそれは『羅生門』の読解が一段落した後のことであろう。その順番を逆にした。まず、その原典となった二つの説話を読み、それらを用いて一つの物語を作る。その上で『羅生門』と出会うのである。

以下簡単に進め方を説明する。

現在高校一年生で使用しているのは第一学習社『改訂版　国語総合』である。巻頭の単元「評論(一)」に、外山滋比古「知的創造のヒント」[注16]が採られてあり、そこでは、「オリジナル」に対する新たな考え方、すなわち、無から有を生じさせることこそが(そしてそれのみが)「創造」と見なされがちだが、既存の(ありきたりの)材料を用いての「編集」も、また「解釈」も、「立派な創造」であるとする考えが述べられている。この文章と三時間ほど付き合い、「編集」や「解釈」という「二次的創造」の可能性や意義に対する認識を確かなものにした上で、次に、四枚のイラスト[注17]を用いて一つの物語を作るという作業に取り組んだ。「創作」のトレーニングとしての位置づけである。これには二時間を使用した。

その後、件の『今昔物語』の二つの説話のプリント（小学館『新古典文学全集』を使用。もちろん現代語訳が付いているからである）を配付した。敢えて『羅生門』の原典であることは伝えず[注18]、この二つの説話を自分なりに「解釈」し、それらを素材として一つの話を「創作」するよう指示した。なお作業に入る前に六名程度のグループを作り、完成した「作品」をそのグループ内で評価し合い、代表作を選んで皆の前で発表してもらうことも併せて伝えた（その他細かな指示を出したが、省略する）。充てた時間は、構想・執筆に二時間、グループ内評価に一時間、グループごとの発表に一時間である。

この作業それ自体の目的は、外山の言う「二次的創造」の実践であり、生徒一人ひとりが「創造」する者となることを経験することにあるが、言うまでもなくこれはその立場・観点を確保した上で『羅生門』という作品に出会うための導入でもある。

『羅生門』が直接的に素材としたのと同じものを用いてなにがしかの「作品」を作り出したこと、また自分の仲間たちが生み出したさまざまな「作品」に触れたという経験が、一人ひとりに、『羅生門』という作品に対する視角を形成することになる。つまり、あの「芥川龍之介」が書いた作品ということとは異なる視点を予め持って作品に接することが期待できるわけである。

その視点（関心と言い換えてもいいが）については次の三点に整理した。すなわち構成・主題・表現の三点である。もう少し細かく言うと、構成とは「自分の作ったものとどう違うかを、ストーリーという点から説明する」、主題とは「作品全体を通して自分が伝えようとしたことは何であり、また『羅生門』という作品から伝わってきたことは何かを確かめる」であり、最後の表現に関しては、自分の作ったものよりは原典に注目し、「人物の描出の仕方や、情景描写に注目する」とした。

それらの観点を生徒各自において消化させ、自分なりの問いとして立て直した上で、それぞれの観点別にこの作品を分析し、最終的にレポートとしてまとめるといった展開もありえたし、今思えばその方がよかったという気もするが、実際に行なったのは、如上の観点を整理・呈示した上で、それらを意識しながら感じたことを記せることだった（その後は、作品の展開に即して読み進めるという従来通りの授業を行なった）。

この試みの目論見は、『羅生門』という「創作」の意義や意味への関心を持ってこの作品と出会うよう導くことにあった。別言すれば、「芥川龍之介」を介在させることなしに、作品と出会わせたかったのである。もちろんこちらの目論見通りに事態が推移するはずはなく、自分（たち）に比べ、やはり「芥川龍之介」はすごいといった感想をも引き出すことにもなった。しかしそれはそれで、生徒たちに予め植え付けられていた「作者」に対する絶対的とも言える思いに少し風穴を開ける効果があったと考える。漠然と「すごい」と思うのと、いくぶんかは似た営みの経験を通して「どうすごいのか」を自分なりに考えられるのとでは大きな違いがあると思うからである。少しでも具体的な形を把握できれば、それが相対化の一つの手がかりになるはずだ。こうした試みがなければ書かれなかったかもしれない感想をいくつか紹介して、報告の結びに代えたい（表記は原文のママである）。

○自分の作品の方がすごいおとっている気がしている、人の心の善と悪や人の生と死について書かれている。芥川龍之介の想像力はすごい。あの二つの作品からこんなに発展できるとは思わなかった。自分にもこういう力が欲しい。／しかし、「羅生門」はおもしろ味がかけている気がする。（I）

○テーマは「やらなければ、しかたがない」で、そのテーマをまず作った上で今昔物語集の二つの作品を選び出し、盗人の話を盗人になるしかなくなった下人のかっとうに変えて土台にし、そのテーマの例として女の話を出している。作者は話自体はどうでもよく、テーマを伝えたかったものと思われる。（K）

○帯刀にヘビの肉を売っていた女が、死体となって羅生門に転がっているなど、二つの物語をうまくつなぎ合わせ、さらに不気味な雰囲気を漂わせているところがおもしろかった。また、最後に下人が老婆の話を聞いて、自分が盗みを働くことを正当化し、老婆の着物をはぎ取って逃げてから、行方不明になったというところが原作と違いさらに愉しむことができるための要素になっていたと思う。／人の心の隅に存在する悪を上手く描いた作品だと思う。（K）

○もとの話は、老婆や死んでいる女の人は悪い人には見えないが、話をつなげて、死んでいる女の人を悪人にすることによって、登場人物すべてが悪人になった気がする。ラスト一行「下人の行方は、誰も知らない」。この一行で、おそらく下人があの女の人と同じ目にあったことが想像できる。女の人↓老婆↓下人↓だれか悪人↓だれか悪人……という悪人だけの流れが思いつく。二つの話をつなげただけで悪人だけの無限ループを完成させたのはすごい。これによって、悪いことはするべきでないとうまく表現できていたと思う。（K）

○黒い展開になっている。二つのお話をそのままつなげるという方法は使っていなく、登場人物のエピソードみたいにしている。悪いこととは何か？　を考えさせられる気がした。こいつも悪いことをしたから自分もよい。弱い者の前では正義（に）なれる気がする。等からの印象だろうか？　今、本当に悪い人は下人ではないような気がする。（S）

いずれにせよ、こうした試みは単発では意味がない。それを他の教材にどう連結していくか、また他の教材ではどのような試みが可能なのか、あるいは大学生に対してはどのような働きかけが可能なのか。課題は山積している。その課題に、絶えず自分の足元（地盤）を意識しながら少しずつ取り組んでいくしかない。「責任ある読者」という目標は何も学習者だけのものではないのである。

【注1】　佐藤泉『国語教科書の戦後史』（二〇〇六・六、勁草書房）、石原千秋『国語教科書の思想』（二〇〇五・一〇、ちくま新書）、難波博孝『母語教育という思想――国語科解体／再構築に向けて』（二〇〇八・六、世界思想社）

【注2】　和辻哲郎「面とペルソナ」（『面とペルソナ』一九三七・一二、岩波書店）。例えば「肖像のほとんどは顔だけか、顔をクローズアップした半身だが、人は手足や胴体の欠落を感じずに、それから全人格を受け取る。」などの一節を見ることができる。一九五二（昭二七）年の中等教育研究会の「高等学校　国語」に採られ、その後断続的に教材として掲げられた。二〇〇〇年度版第一学習社『現代文』を最後に、現在は姿を消したようである（阿武泉の調査（CD版「高等学校国語教科書データベース」）による）。

【注3】　一九五二（昭二七）年度から一九六四（昭三九）年度までは「言語編」と「文学編」の二種類の教科書が使用されていた。

【注4】　水村美苗「《インタビュー》水村美苗氏に聞く――『続明暗』から『明暗』へ」（「文学」一九九一年冬、聞き手石原千秋）

【注5】　大学の講義では毎回授業の終わりに「感想」を提出させている。これは二〇〇八年度春学期の授業で、『羅生門』を素材に解釈の多様性（可能性）を主たる内容とした講義を行なった際に提出された感想の中にあった一節。

【注6】　アントワーヌ・コンパニョン『文学をめぐる理論と常識』（中地義和・吉川一義訳、二〇〇七・一一、岩波書店）の「作者」の章参照。

【注7】　これは「主題」の定義が未だ曖昧なままという事態でもある。これを「作者や筆者が言わんとしたこと」なのか、「（広義の）作品が伝えようとしたこと」なのかと言い換えれば、「書き手中心主義」か「作品中心主義」（＝テクスト派？）かの問題としても捉えられよう。放置しておいてよい問題とは思えないのだが。

【注8】　コンパニョン前掲書。

【注9】　内田樹『こんな日本でよかったね――構造主義的日本論』（二〇〇八・七、バジリコ株式会社）

【注10】　内田前掲書。

【注11】　蓼沼正美「文学教育からの呪縛と解放」（田中実・須貝千里編『これからの文学教育のゆくえ』二〇〇五・七、右文書院）。なお引用文中の「個人の内的な……近代的な言語表現観」というのが亀井秀雄「志賀重昂と言説空間」（亀井秀雄・松木博共編著『朝天虹ヲ吐ク』一九九八・六、北海道大学図書刊行会）からの引用である。

【注12】　田中実「新しい作品論のために」（『読みのアナーキーを超えて――いのちと文学』一九九七・八、右文書院）

【注13】　田中の言う「自己倒壊」とはもともと「文学教育」において掲げられた「今までに気付かなかった自分のなかの世界を発掘し、世界が今まで考えてもみないような新しい意味に開かれる地平に導かれること」（田中前掲論文）という目的を指すものと判断する。その方向性には賛同するが、この「倒壊」という語は、例えば「倒壊した建物」という如く「崩壊」の類義

語であってみれば、「文学教育の目的は生徒たちを自己崩壊に導くことだ」と言い換えた時の奇矯さに徴するまでもなく、用語としての適切さを欠くと言わねばならない。用語の検討をお願いしたい。また、田中に「〈作家〉」への言及があり、例えば「〈作者〉の実体である〈作家〉の像の構築は〈読み〉の成果をデータの一つとして伝記的実証的研究の裏打ちを必要とする」ので、「〈作家論〉は〈作品〉外言語（当時の資料、データ）に対照されねばならない」（「断想Ⅲ」、「日本文学」二〇〇六・八、副題省略、以下同）とある。そしてこの「〈作品〉外言語」を取り込むことの正当性については、それを解説した馬場重行「〈作家〉像への射程」（「国文学　解釈と鑑賞」二〇〇八・七）に「〈読み〉も、あるいは「〈作品〉外言語（当時の資料、データ）」も全て〈ことば〉によって生成される現象であり、「第三項」が偏在している」ことに求められているようである。だとしたら「〈作品〉外言語」に対しても、「「第三項」を想定」した上で「語っている語り手をさらに相対化して、〈機能としての語り〉を読み取り、これを内的構造化する」（「断想Ⅳ」「日本文学」二〇〇八・三））べきだと判断されるのだが、田中が具体的な「〈作家〉」に言及している、例えば「断想Ⅳ」（前出）や「手記を書く語り手、語り手を捉える〈機能としての語り〉」（「鷗外」二〇〇八・一）における作家の言説の引用の仕方などを見る限り、そうした姿勢は見られないようである。そもそもこの「〈作家〉の像の構築」自体、「新しい作品論」なるものを既存の地盤に軟着陸させようとする営為ではないかとの印象が拭いがたくある。こちらの半端な理解によるものかもしれぬが、こうした理由により、本文では「書き手」の問題と直接関わらせて言及することをしなかった。

【注14】『羅生門』という「教材」に対するわたしなりの解釈は既に拙稿「下人という可能性――『羅生門』私論」（一九九三・六「日本文学」）で示した。見直すべき点が少なくないが、授業者として自らの「読み」を確認しようとしたものではあった。またこの作品が所謂「定番教材化」したプロセスについてもまとめつつあることを言い添えておく。

【注15】明治書院『高等国語　総合二』（一九五六年度）

【注16】外山滋比古『知的創造のヒント』（一九七七・一、講談社現代新書）

【注17】里中満智子『少女コミックを描く』（一九九一・四、日本放送出版協会）中の「起承転結のあるストーリーを作ろう」という項で素材として掲げられていた、①明るく唄う女性、②電話を前に顔を覆っている女性、③落ち葉の舞う中をうつむき加減に歩く女性、④マイクを前に祈るようにして唄う女性という四枚のイラスト。

【注18】既に『羅生門』を読んでいた生徒も数名いて、彼らの方が苦労していたようだ。また『羅生門』の原典であることは多くの生徒が気づいていたようである。生徒たちの「作品」の中で『羅生門』に酷似したものがあったが、それらに対して「答えを見たな」といった発言が見られた。やはり「正解」は書き手に属しているという考えが生徒には根強くあるようである。本稿はその根の深さや由来を探る試みでもあった。

PART V

日本のテクスト論受容史

日本文学研究におけるテクスト論受容史　古典編

佐藤清隆

序、古典文学の特質

R・スコールズによれば、実践的な教育はけっして自然でも中立的でもありえず、つねになんらかの理論を前提として隠しもっている[注1]。では日本古典文学という知の制度の、前提となっている理論とは何だろうか。この疑問にはいくつもの解答が期待できるのだが、ここではひとまず池田亀鑑のひそみに倣い、「変形・変質」の理論と答えておきたい。

古典の本文は書写によって受け継がれてきた。とうぜん、原作者の手による原本は喪われていることが多いし、写本の文字の誤脱も否めない。一つの作品に異本は複数存在する。しかも私たちはふだん、校訂・校合（きょうごう）され注釈のついた活字本に依って古典を享受している。しかしこの混成化こそが、日本古典文学研究に「変形・変質」の理論と思想を構築した。学問の研究方法は、その研究対象に因（ちな）む。池田亀鑑の言葉を引用しておこう。

《たとえば、『源氏物語』についてみても、『枕草子』についてみても、それぞれ紫式部ないし清少納言のみに、純粋に所属している作品だとは決していえない。それは、これらの作品が、単に多くの人々の補筆、添削を経て、今日のテクストとなっているという意味だけでなく――勿論そういう意味もあるにはあるが――むしろ、一人の作家の創作意識、または形成過程そのものに、すでに他の古今の作家との交渉があり、それらのない作品は考えられぬという意味においてである[注2]。》

厳密な即物性を標榜する文献学者の池田亀鑑が、他作品の摂取なくして創作はありえないと明言した意味は軽くない。このとき一九五二年。奇しくもR・バルトが、作家の創作活動と社会制度の関係について述べた『零度のエクリチュール』なる書物を世に出す前年のことであった。

一九七〇年代に流入したテクスト論について論じる場でありながら、古典文学の大前提について言及した。それは、日本古典文学研究とテクスト論の関わりが、R・バルトやJ・クリステヴァらによってもたらされた外来知との出会いのみに解消できるものではないことを付言する必要があったからである。すなわち、テクスト論が一大ムーブメントとして受容史に刻み込まれるよりはるか以前から、古典研究にはテクスト論を育む素地が存在していた。ではテクスト論は、それ以前の研究の何に共鳴して、あるいは何に抵抗して育まれたのか――。この点を意識して受容史を描いてみよう[注3]。

なお本稿は、高校の国語教育に従事する立場から同輩の方々へ向けたブックガイドを企図している。古典文法の習得や古典教養を持つことは、豊穣な読みの世界を拓く技術である。テクスト論は、それを知るための理論でもある。

一、初期テクスト論――一九七五年前後・構造主義的記号論

テクスト論は、ロシア・フォルマリズムの再評価を含めた一九六〇年代のフランス構造主義およびポスト構造主義と、七〇年代のドイツ受容理論の交叉する時代に、日本に流入する。テクスト論に先んじて、たとえば山口

昌男『文化と両義性』（岩波書店、一九七五・五）がみせたような、文化記号論の方法を援用する時代があった。ソシュール言語学にその起源をもち、構造、記号、コード、喩、コンテクストなる語を用いて読解を試みる方法、いわゆる構造分析の時代である。この構造主義的記号論は、七〇年代後半に流入したアナール学派の知と融合し、日本古代史研究にも影響を与える。文学研究では、イメージや象徴の語を用いて表現の深層をさぐってきた文体論・表現論の分野に接合された。共通要素と法則性の抽出に特化した構造主義的記号論は、言語の深層をさぐるとともに、物語の深層の探索を可能にした。

篠田浩一郎『竹取と浮雲――説話はいかに書かれるか』（集英社、一九八一・三）は、『竹取物語』とそれに類似するチベット説話「斑竹姑娘」の、精緻（せいち）な構造分析を通して、説話（レシ）が先行する説話の〈再＝引用〉と他伝承の織り交ぜによって作られることを論じる。このような、V・プロップの民話の形態論やC・レヴィ＝ストロースの神話構造論を導入した物語分析と、ことばを意味表現（シニフィアン）と意味内容（シニフィエ）の恣意的な二項関係に還元する表現分析とが、構造主義の導入期における初期テクスト論の方法として研究史を彩ることとなる。八五年前後に活況を極めた王権論や、九〇年代後半の身体論は、表現のコードを読むという意味でこの延長線上にある[注4]。代表的な論稿を以下に紹介しておこう。

西郷信綱『古事記の世界』（岩波新書、一九六七・九）
倉塚曄子『巫女の文化』（平凡社、一九七九・二）
藤井貞和『源氏物語の始原と現在――定本』（冬樹社、一九八〇・五）
小島菜温子「女一宮物語の彼方へ――源氏物語〈負〉の時間」[注5]（一九八一・八）
長谷川政春「王朝物語――その中心と周縁」[注6]（一九八八・五）
河添房江『源氏物語の喩と王権』（有精堂、一九九二・十二）

小林茂文『周縁の古代史――王権と性・子ども・境界』（有精堂、一九九四・七）
立石和弘「虫めづる姫君論序説――性と身体をめぐる表現から」[注7]（一九九五・五）
三田村雅子『源氏物語　感覚の論理』（有精堂、一九九六・三）
小林正明「『源氏物語』王権聖樹解体論――樹下美人からリゾームへ」[注8]（一九九六・十一）
深澤三千男『源氏物語の深層世界』（おうふう、一九九七・四）
橋本ゆかり「抗う浮舟物語――抱かれ、臥すしぐさと身体から」[注9]（一九九七・四）

二、テクスト論全盛期――一九八五年前後・読者論、語り論、言説論

古典文学研究のなかでは、とりわけ物語学が、テクスト論の知に対して敏感な反応を示した。たしかにR・バルトの「作者の死」（一九六八）により、〈作品からテクストへ〉への概念的な変革がはかられたことは、出来事として大きかった。しかし実際には、科学的実証を標榜する構造主義的記号論にそぐわない直観や実感の観点が、古典文学の課題としてあった[注10]。もちろんその背景には、実証性を貫かんとする前世代に対する反発があった。また散文を扱う物語学は、和歌を中心とする詩学の対抗文化（カウンターカルチャー）として、〈読みの理論〉を必要としていた。とりわけ、古典作品内の複雑な語りの構造から作者の解体がはかられたこと[注11]は、物語学の関心事として大きかった。このように研究の関心は、国外でのポスト構造主義への移行と国内の研究状況の変化、さらには古典作品の特質を集約するかたちで、読者や読みの問題へとシフトしてゆく。

読みの観点は、もとより作品に内在していた。西郷信綱『源氏物語を読むために』（平凡社、一九八三・一）は、W・イーザーの受容美学を念頭に置きつつ、作品と読者の想像力の関係について述べている。《テキストの構造に沿いながら、作品のなかで働く作者の志向性と交わりその戦術に反応する、作品に含意されているそういう読者の存在を考えねばならない。》という西郷の文言は、作品内外を繋ぐ回路としての読者の想定のみならず、作

品があらかじめ〈読み〉を志向した有機体であることを示している。

そして読者論は、テクスト内に現象する語り手の問題と、テクスト内外に関する引用の問題を、まとめて牽引(けんいん)する格好となる。文章表現に即した語りや引用の問題を扱う分野は言説論と呼ばれ、八〇年代テクスト論に新たな視座を提供した。海外からはG・ジュネットのナラトロジー分析やE・バンヴェニストのディスクール論が流入する。その影響としては、福田孝『源氏物語のディスクール』（水声社、一九九〇・八）や、中山眞彦『物語構造論――『源氏物語』とそのフランス語訳について』（岩波書店、一九九五・二）がある。M・バフチンのポリフォニー論の影響も大きかった。

だが、古典文学研究の語り論に甚大な影響を与えた始祖(トーテム)は、玉上琢彌だった。語り論は西洋文学理論の影響を受け、ナラトロジーという術語で呼ばれるようになるが、その内実は玉上の物語音読論[注12]を内的動因としていた。もちろん玉上以前には、古注釈以来の研究として草子地論があった。テクスト論の実践は、それらの伝統的な学問知とも無縁ではなかった。

三谷邦明『物語文学の方法Ⅰ・Ⅱ』（有精堂、一九八九・三）、および『物語文学の言説』（有精堂、一九九二・十）は、古注釈の分類方法と時枝誠記の言語過程説を継承し、言説分析の視座を導入する。のちにそれは、〈二回目の読み〉理論や自由間接言説の発見へとつながることとなる。三谷の言説分析は、主観という文学特有の問題に対する実践的反応であり、客観的実証主義を標榜する文学研究に対する抵抗でもあった。

高橋亨『源氏物語の対位法』（東京大学出版会、一九八二・五）、および『物語文芸の表現史』（名古屋大学出版会、一九八七・十一）は、M・バフチンのポリフォニー理論を導入しつつ、平安朝物語特有の研究概念を模索した書である。高橋が提唱した〈「もののけ」のような作者〉概念は、のちに物語と絵に共通するテクストの文法、すなわち〈心的遠近法〉なる術語を産出する。

このように、従来の草子地研究に接続するかたちで、言説論を形成してゆくのが八〇年代テクスト論の特徴であった。しかし三谷や高橋が明らかにしたように、言説論は作品の性質に由来する個別具体的な方法であり、どんなものにも応用できるわけではなかった。したがってそれは、ジュネットの構造主義的なナラトロジー分析とは似て非なるものであった。

なお、テクスト論的な語りの研究としては、以下の論稿がある。

榎本正純「源氏物語の語り手・構造・表現」[注13]（一九七九・五）
アマンダ・スティンチクム「浮舟――話声の研究」[注14]（一九八〇・九、十）
高橋亨『物語と絵の遠近法』（ぺりかん社、一九九一・九）
関根賢司『物語史への試み――語り・話型・表現』（桜楓社、一九九二・一）
糸井通浩・高橋亨編『物語の方法――語りの意味論』（世界思想社、一九九二・四）
都倉義孝『古事記 古代王権の語りの仕組み』（有精堂、一九九五・八）
藤井貞和「語り手人称はどこにあるか――『源氏物語』の語り」[注15]（一九九七・九）
土方洋一『源氏物語のテクスト生成論』（笠間書院、二〇〇〇・六）
三谷邦明『源氏物語の言説』（翰林書房、二〇〇二・五）
吉野樹紀『古代の和歌言説』（翰林書房、二〇〇三・三）
陣野英則『源氏物語の話声と表現世界』（勉誠出版、二〇〇四・十）
東原伸明『源氏物語の語り・言説・テクスト』（おうふう、二〇〇四・十）

三、テクスト論爛熟期――一九九〇年前後・引用論、生成論

言説論は、語り論とともに引用論を包摂している。そして引用論こそ、テクスト論と親和性の強い分野であっ

た。それを牽引したのが、J・クリステヴァの〈間テクスト性（インターテクスチュアリティ）〉の概念である。

爛熟は八〇年代にはじまっていた。小林正明「最後の浮舟――手習巻のテクスト相互連関性」[注16]（一九八六・四）は、構造主義的なシークエンス分析や間テクスト理論を援用し、浮舟物語に『竹取物語』と『伊勢物語』の痕跡をみた。宗雪修三「話型に抗する物語――宇治十帖のテクスチュアリテ」[注17]（一九九四・十）は、宇治十帖に、話型が立ち現れるさま、話型が機能しないさま、話型が形骸化したさまの三様を見出し、意味表現（シニフィアン）としての物語のあり方を総括してみせた。

平安期の物語は、準拠・典拠・引き歌・引詩・先行物語・話型など、数知れない〈他人の舌（ヘテログロット）〉の参与によって書かれている。引用は、古典時代における作品創作の方法であった。とくに『寝覚物語』『狭衣物語』『浜松中納言物語』などの平安後期物語では、先行物語（プレテクスト）の表現や話型を積極的に用いて文章と筋を組み立てる「物語取り」が執筆作法としてあった。ゆえに、単体の作品に雑多な多元性を認め、他作品と互いに反響しときには相剋（そうこく）しあう関係を分析する間テクスト理論は、古典作品の分析概念として有効にはたらいた。

鈴木泰恵『狭衣物語／批評』（翰林書房、二〇〇七・五）は、後発の『狭衣物語』にあらわれた、形代・王権・貴種流離譚・非在郷なる現象を、先行の『源氏物語』に仕掛けた批評として読み解く。ある物語の存在が不可避的に他の物語の批評になるという鈴木の主張は、間テクスト理論の摂取により引用論の悪癖が解消されつつある状況と無関係ではない。これまで引用論は、後発作品の引用所作を「模倣」「影響」「寄せ集め（パセティーシュ）」などと呼び、無意識的に先行するものを偉大な〈父〉に仕立てていた。間テクスト理論が引用論に摂取されたことにより、前後という力関係は効力を失いつつある。引用論の教条主義的傾向は打開されたのである。

しかしおそらく、J・クリステヴァの〈間テクスト性（インターテクスチュアリティ）〉の考え方に忠実であろうとすればするほど、「作品」という単体が瓦解する可能性は高くなる。作品の内外をたゆたうなかで、引用論の興味はしだいに作品を離れ、文学の共時的な集合体とテクスト生成の次元に向かう。深沢徹『自己言及テキストの系譜学――平安文学をめぐる7つの断章』（森話社、二〇〇二・十）や、前田雅之『記憶の帝国――〈終わった時代〉の古典論』（右文書院、二〇〇四・一）は、他作品との出会いのなかで〈古典知〉なる公共の言説空間が生成される様子を素描する。

　またいっぽうで間テクスト理論は、作品が成立する位相を明らかにするものとして有効にはたらいた。この分野は、生成論と呼ばれている。もちろん生成論以前には、折口信夫の「国文学の発生」（一九二四・六）をはじめ、作品の始原を問う発生論が伝統的な研究方法としてあった。したがって生成論は、分析方法としてではなく、〈書かれた本文（テクスト）〉を流動的な存在として扱うその思想にこそ意味が見出せるものであった。

　生成論が効果的に用いられたのは、『平家物語』や『太平記』などの語り物であった。はやいものとしては、桜井好朗「古典としての『太平記』」[注18]（一九七四・二）が、語り物をテクスト相互連関的に読み解く必要性を述べている。

　たしかに、一回的な発生でしかも単一の作者に還元できない語り物こそ、〈言語の織物（テクスト）〉と形容されるにふさわしいだろう。兵藤裕己『平家物語――〈語り〉のテクスト』（ちくま新書、一九九八・九）は、寺院社会で成書化された文字テクストの平家物語と、琵琶法師の語る声をとおしてそのつど発生した平家物語との関係に注目する。兵藤はテクスト論的な方法を直截に用いるわけではない。しかしたとえば、《作者のイメージした秩序世界が、「平家」を語る行為をとおしてふだんに相対化されてゆく》ということばに、〈作者の死〉の響きを感ぜずにはいられない。作者の意図を超えたところに『平家物語』が生成するならば、そして生成の過程とともに関係性と相対性が構築されるならば、それは極めてテクスト論的な営みだ。

　テクスト論は、分析方法としてあるばかりでなく、思想として存在する。小峯和明『中世日本の予言書――〈未来記〉を読む』（岩波書店、二〇〇七・一）は、まがいものの言説として排除されてきた偽書を扱い、多彩な歴史叙述のあり方を検討する。小峯も、テクスト論の方法を用いるわけではない。しかし、叙述の枠組みを問い、一元的な歴史観を否定し多元性を希求する点で、テクスト論の知と無縁ではないだろう。それはおそらく、高橋亨が〈対位法〉の概念を源氏物語に導入した理由、すなわち《「もののあはれ」や「みやび」といった単旋律（モノフォニー）に解消して源氏物語を読む伝統を相対化し、批判したいから》[注19]であったことと軌を一にする。

ここで私たちは、研究対象が方法と思想を産出することに気付かされる。テクスト論は、作者とその原本の中心主義を無効化するところから始発した。そして引用論・生成論は、雑多で多元的なものに価値を見出す思想として展開し、テクスト論特有の知を形成してゆくのである。

間テクスト性に特化した引用論や生成論については、次の論稿を参照されたい。

小峯和明『説話の森――天狗・盗賊・異形の道化』（大修館書店、一九九一・五）
神田龍身『物語文学、その解体――『源氏物語』「宇治十帖」以降』（有精堂、一九九二・九）
三田村雅子『枕草子表現の論理』（有精堂、一九九五・二）
兵藤裕己『太平記〈よみ〉の可能性――歴史という物語』（講談社、一九九五・十一）
小峯和明『中世説話の世界を読む』（岩波書店、一九九八・一）
神田龍身『偽装の言説――平安朝のエクリチュール』（森話社、一九九九・七）
東原伸明『物語文学史の論理―語り・言説・引用』（新典社、二〇〇〇・一）
ツベタナ・クリステワ『涙の詩学――王朝文化の詩的言語』（名古屋大学出版会、二〇〇一・三）
兵藤裕己『物語・オーラリティ・共同体』（ひつじ書房、二〇〇二・三）
宗雪修三『源氏物語歌織物』（世界思想社、二〇〇二・八）
土方洋一『物語史の解析学』（風間書房、二〇〇四・十一）
桜井好朗『中世日本の神話と歴史叙述』（岩田書院、二〇〇六・十）
深沢徹『『愚管抄』の〈ウソ〉と〈マコト〉――歴史語りの自己言及性を超え出て』（森話社、二〇〇六・十一）

高橋亨『源氏物語の詩学――かな物語の生成と心的遠近法』（名古屋大学出版会、二〇〇七・九）

四、ポスト・テクスト論――二〇〇〇年前後・カルチュラル・スタディーズ

作品の〈外部〉という発想じたいを否定するテクスト論は、文学作品とそれを生み出した社会力学との関係を検証する動き、そして文学研究という学問制度に対する批判や古典形成（カノン）の過程を検証する動きにつながってゆく。すなわち、文化の一形態として古典文学をみる「文化」研究、あるいは文学史や享受史などの「歴史」を研究対象とし、その時代の見えない権力構造やイデオロギーを批判し、偏向を指摘する、カルチュラル・スタディーズへの移行である。和歌や絵巻をはじめ、歌謡・連歌・俳諧・能楽・謡曲・擬古物語・近世小説などの古典享受を扱う研究は、以前より行われてきた。しかしそこにM・フーコーがみせたような、歴史のなかの権力作用を問題視する視点を加えたことが、文化研究の批評的側面を促進させることとなる。

テクスト論からカルチュラル・スタディーズへ――。それを極言すれば、《……テクストという立場では、正しい読みと間違った読みがあるのではなく、豊かな読みと貧しい読みがあるだけなのである。》[注20]と三田村雅子が述べた位置から、《ある解釈が正しいか否かではない。むしろ、ある時代になぜそのような解釈がなされたかということとなのである。》[注21]とジョシュア・モストウが述べた位置への変化であるといえよう。

有働裕『「源氏物語」と戦争――戦時下の教育と古典文学』（インパクト出版会、二〇〇二・十二）は、昭和十三年の国定教科書「サクラ読本」に源氏物語が教材として掲載された意図と背景を考察する。昭和戦時下の、とくに学校教育や国家主義と係（かかずら）う「古典」のあり方を検証した論稿は少なくなく、たとえば小林正明の一連の研究などもある[注22]。

かたや、時代の社会背景（コンテクスト）と関連させる作業そのものにこそ、男根ロゴス中心主義的な身ぶりが潜んでいると危惧する立場からは、ジェンダー批評の積極的な摂取がはかられた。ジェンダー批評のかたちをとった認識論的な

全体主義批判の隆盛には、定義づけをおこなう諸制度に対して異議申し立てを行うJ・バトラーの影響が大きい。

カルチュラル・スタディーズとジェンダー批評については、以下の論稿を参照されたい。

野口武彦『『源氏物語』を江戸から読む』（講談社、一九八五・七）
吉井美弥子編『〈みやび〉異説――『源氏物語』という文化』（森話社、一九九七・五）
三谷邦明・小峯和明編『中世の知と学――〈注釈〉を読む』（森話社、一九九七・十二）
ハルオシラネ・鈴木登美編『創造された古典――カノン形成・国民国家・日本文学』（新曜社、一九九九・五）
河添房江他編『叢書想像する平安文学１〈平安文学〉というイデオロギー』（勉誠出版、一九九九・五）
藤井貞和『国文学の誕生』（三元社、二〇〇〇・五）
立石和弘「メディアと平安物語文学」[注23]（二〇〇二・十二）
立石和弘・安藤亨編『源氏文化の時空』（森話社、二〇〇五・四）
安藤亨『源氏物語と物語社会』（森話社、二〇〇六・二）
小嶋菜温子編『王朝の性と身体』（森話社、一九九六・四）
千野香織「醜い女はなぜ描かれたか――中世の絵画を読み解く「行為体」とジェンダー」[注24]（一九九九・十）
斉藤昭子「ふるまう身体のポリティクス――女訓書における『源氏物語』というカノンの方法」[注25]（二〇〇〇・四）
田中貴子『性愛の日本中世』（筑摩書房、二〇〇四・十一）
木村朗子『恋する物語のホモセクシュアリティ――宮廷社会と権力』（青土社、二〇〇八・四）
服藤早苗他編『叢書文化学の越境　ケガレの文化史――物語・ジェンダー・儀礼』（森話社、二〇〇八・五）

おわりに——これからのテクスト論

これまでみてきたように、テクスト論は、古典文学の伝統的な学問知と交わりつつ、その内部に変質をもたらしてきた。しかしこれは、あまたの研究方法や批評理論を無限抱擁するような、テクスト論の折衷主義的性質を是認することを意味しない。なぜならテクスト論の存在意義は、唯一、読書行為の能動性を重視し、〈読み〉の排外主義化に抵抗する、その思想傾向にこそあるからだ。

ところで、読者による意味生成を重視する発想は、近代以前にも存在したという。野口武彦「注釈から批評へ——萩原広道『源氏物語評釈』をめぐって」[注26]（一九八三・二）は、江戸期の国学者・萩原広道の『源氏物語評釈』に、体系化して対象を把握する近代批評の其型をみた。宗雪修三「萩原広道の源氏物語テクスト論」[注27]（一九九四・十）は、萩原の「諷喩」概念が「テクスト」概念にきわめて近いものであることを説く。ここから見えてくるのは、近代以前にあったテクスト論的思想の存在だ。

〈書かれたもの（エクリチュール）〉と対峙する方法は、いかなるときも、読むこと以外にない。しかしそれゆえに〈書かれたもの（エクリチュール）〉を扱う文学研究は、いまだ客観と主観の二元的対立関係を乗り越えられずにいる。私たちは読みの多様性をあげつらいながらも、自身の読みを普遍化する学問制度や批評理論などの超越概念と無縁ではいられない。そのときテクスト論の知は、読みの亜流に抵抗する主体を立ち上げ、アカデミックな身ぶりに含意されている全体主義化の陥穽を回避する拠りどころとして機能するのである[注28]。

［注1］　R・スコールズ『テクストの読み方と教え方』（岩波書店　一九九九・七）

［注2］　池田亀鑑『古典学入門』（岩波文庫　一九九一・五）初出は『古典の読み方』（至文堂　一九五二）

［注3］　古典文学研究とテクスト論に関する概説としては、以下の論稿がある。土方洋一（『源氏物語必携Ⅱ』學燈社　一九八二・

二）、小林正明（『国文学』學燈社　一九八五・九）、土方洋一（『王朝物語必携』學燈社　一九八八・五）、三田村雅子（『別冊国文学　源氏物語事典』學燈社　一九八九・五）、三田村雅子（『国文学』學燈社　一九九五・二）、高田祐彦（『新・源氏物語必携』學燈社　一九九七・五）、高木信（『テクストへの性愛術』森話社　二〇〇〇・四）、東原伸明（『源氏物語事典』大和書房　二〇〇二・五）

［注4］　王権論や身体論を含んだ、一九七〇年代から九〇年代にかけての物語学とテクスト論の関わりについては、以下の書が代表的な論文を収録しており参考になる。中古文学研究会編『論集中古文学1　源氏物語の表現と構造』（笠間書院　一九七九・五）、物語研究会編『物語研究――特集・語りそして引用』（新時代社　一九八六・四）、三谷邦明・東原伸明編『日本文学研究資料新集5　源氏物語・語りと表現』（有精堂　一九九一・十）、三谷邦明編『双書〈物語を拓く〉1　源氏物語の〈語り〉と〈言説〉』（有精堂　一九九四・十）、松井健児編『日本文学研究論文集成⑥　源氏物語1』（若草書房　一九九八・一）

［注5］　『国語と国文学』（至文堂　一九八一・八）

［注6］　『王朝物語必携』（學燈社　一九八八・五）

［注7］　『王朝文学史稿』（王朝文学研究会　一九九六・三）

［注8］　物語研究会編『新物語研究4』（若草書房　一九九六・十二）

［注9］　橋本ゆかり『源氏物語の〈記憶〉』（翰林書房　二〇〇八・四）所収

［注10］　テクスト論の隆盛については、たとえば三谷邦明が述べるように、《……筋書を形成する〈話素〉はともかく、〈描写〉は読み手の〈知〉や〈感性〉によって多義的に意味が戯れるのであって、かえって本文と読者との間にしか意味が現象しないという、新たな視座へと移行せざるをえなかった》事情を考慮せねばなるまい。（三谷邦明「〈読むこと〉の論理―朧月夜事件と伊勢物語あるいはテクスト分析の可能性」（初出は一九八七・十二で、『物語文学の言説』有精堂　一九九二・十所収）

［注11］　語りの構造による作者の解体については、藤井貞和が次のように述べている。《……書くことが本来的な書き手を生み出すと考えれば、作品が複雑な語りの構造を持つことに見合って、「複数の作者」という考え、ないし「作者の解体」という視点が導入されてくる。作者主体の解体ともいわれるように、主体的に統一された作者という幻想は否定され、書くことの多面的性格の担い手としての書き手が注目されてくる》（藤井貞和編『王朝物語必携』學燈社　一九八八・五）

［注12］　玉上琢彌『源氏物語研究――源氏物語評釈　別巻一』（角川書店　一九六六・三）

［注13］　中古文学研究会編『論集中古文学1　源氏物語の表現と構造』（笠間書院　一九七九・五）

［注14］　三谷邦明・東原伸明編『日本文学研究資料新集5　源氏物語・語りと表現』（有精堂　一九九一・十）

［注15］　後藤祥子他編『源氏物語試論集　論集平安文学　第四号』（勉誠社　一九九七・九）

［注16］　物語研究会編『物語研究』（新時代社　一九八六・四）

［注17］　宗雪修三『源氏物語歌織物』（世界思想社　二〇〇二・八）所収

【注18】高梨茂編『古典と現代』(中央公論社　一九七四・二)

【注19】高橋亨『源氏物語の対位法』(東京大学出版会　一九八二・五)

【注20】「源氏物語、テクスト論の立場」(『国文学』學燈社　一九九五・二)

【注21】ジョシュア・モストウ(岡野佐和訳)「「みやび」とジェンダー――近代における『伊勢物語』」(ハルオシラネ・鈴木登美編『創造された古典――カノン形成・国民国家・日本文学』新曜社　一九九九・四)

【注22】小林正明「わだつみの『源氏物語』――戦時下の受難」(吉井美弥子編『〈みやび〉異説――『源氏物語』という文化』森話社　一九九七・五)、「昭和十三年の『源氏物語』」(『国文学』學燈社　一九九九・四)、「昭和戦時下の『源氏物語』」(立石和弘・安藤亨編『源氏文化の時空』森話社　二〇〇五・四)など。戦時下の問題を扱ったものとしては、そのほかにも以下の論稿がある。安藤徹「源氏帝国主義の功罪」(河添房江編『叢書想像する平安文学　第1巻〈平安文学〉というイデオロギー』勉誠出版　一九九九・五)、秋山虔「源氏物語は不敬文書だった」(小町谷照彦編『別冊国文学　源氏物語を読むための基礎百科』學燈社　二〇〇三・十一)、三谷邦明「非カノン化された源氏物語――「一部の大事」をめぐる言説あるいは源氏物語の〈叛く力〉」(白井義昭編『正典の再構築』彩流社　二〇〇四・一)

【注23】小森陽一他編『岩波講座　文学2　メディアの力学』(岩波書店　二〇〇二・十二)

【注24】『歴史学研究』(一九九九・十)

【注25】『叢書・文化学の越境6　テクストへの性愛術――物語分析の理論と実践――』(森話社　二〇〇〇・四)

【注26】野口武彦『『源氏物語』を江戸から読む』(講談社　一九八五・七)所収

【注27】宗雪修三『源氏物語歌織物』(世界思想社　二〇〇二・八)所収

【注28】テクスト論の更なる可能性を模索したものとしては、高木信・安藤徹編『叢書・文化学の越境6　テクストへの性愛術――物語分析の理論と実践』(森話社　二〇〇〇・四)がある。またテクスト論の有用性を認めたうえでの批判としては、以下の論稿がある。陣野英則「物語作家と書写行為――『紫式部日記』の示唆する『源氏物語』の〈書く〉こと」(初出は一九九九・十で、『源氏物語の話声と表現世界』勉誠出版　二〇〇四・十所収)、助川幸逸郎「一九七〇年代のヘーゲリアン達――言説史としての『源氏物語』研究」(三田村雅子他編『源氏研究　第5号』翰林書房　二〇〇〇・四)、安藤徹「『源氏物語』を理論する――理論の抵抗と思想の可能性」(立石和弘・安藤亨編『源氏文化の時空』森話社　二〇〇五・四)、鈴木泰恵「「テクスト論」再考――物語が物語であるために」(『物語研究　第六号』物語研究会　二〇〇六・三)、助川幸逸郎「現代の批評理論は、どうして『源氏物語』に適用可能なのか?――『源氏物語』と「表象=代行」機能」(助川幸逸郎『文学理論の冒険――〈いま・ここ〉への脱出』東海大学出版会　二〇〇八・三)所収

研究・批評の手法から教育のための技術へ
――「テクスト論」の受容と課題　近代日本文学編　付・参考文献ガイド

千金楽　健

はじめに

テクスト論、ならびにその影響を受けた研究手法は近代日本文学の領域において一九八〇年代後半から九〇年代前半にかけて広く浸透していった。桜楓社（現・おうふう）から一九九〇年に刊行された『漱石作品論集成　第二巻　坊っちゃん・草枕』の巻末で小森陽一が振り返る[注1]ように、「一九七〇年代以前の近代文学研究というのは、基本的には伝記的事実・資料そのものの整備や作家論が中心だった」のであり、「作品別研究集成という発想そのものが七〇年代以降的」な現象として新しく登場したものであった。これは漱石研究を中心とした中での発言ではあるが、他の作家・作品に関しても、概ねこの見取りは当てはまる。広く知られている通り、テクスト論は従来の、ある「作品」の内容を「作者」の「意図」へと還元してゆこうとする研究・批評のあり方に対して異を唱え、書かれた「テクスト」を独立したものとして捉えた新たな方法として紹介され登場した。以降、テクスト論に対する批判と論争、受容、そしてテクスト論以外の各種理論の導入などを経ながら、研究の潮流はカルチュラル・スタディーズ、ポストコロニアリズム、さらに9・11を境にした宗教・国家論へと変化している。文学に限らず、その時代の要請によって研究が変化するのは当然のことであり、また、その変化に応じてかつての主流が「廃れる」こともあるだろう。小森陽一と並び、近代日本文学の分野でテクスト論の受容に深く関わり、また、現在自覚的な「テクスト論者」であるのが、石原千秋である。著書『国語教科書の思想』（ちくま新書　二〇〇五年）の中で氏は次のように述べている。

実は、近代文学研究ではすでに「テクスト論」は過去のものとなっている。だから、いまだに「テクスト論」から離れられない「逃げ遅れたテクスト論者」としては、この本を読んで少しでも「テクスト論」に関心を持ってくださる読者がいれば、それはそれでまた嬉しいことなのだ。「テクスト論」にはまだ可能性が十分に残されている。それに、教室では与えられたテクストの表現だけを頼りに読まなければならない国語教育にとって、「テクスト論」はまさに有効な方法であり、立場であるはずなのである。

ここには二つの重要な要素がある。一つはテクスト論が「国語教育」の面で有効であるとの指摘であり、もう一つは、そのテクスト論が「過去のもの」とされている点である。氏はさまざまな局面で「テクスト論者」であることに関して自覚的であり、「意図」的に先鋭的であろうとしている節が見受けられる[注2]のだが、その氏をして「逃げ遅れた」と言わせる要因はいったい何であろうか。その点に答えるためには、そもそも「テクスト論」がいかにして近代日本文学の研究に影響してきたかを確認しておかなければならない。今回、近代日本文学におけるテクスト論の受容の経緯を簡略に追い、同時に時に論争のもととなる問題点を概観しながら、研究ならびに国語教育の分野でのテクスト論関係の参考文献を挙げてゆくことにしたい。

一、「テクスト論」前夜

冒頭に挙げたように、従来の研究はある作品[注3]に対して実証的に資料を整え、また、その作品の書き手である作者との関連においてその評価を下すものであった。一九六九年に角川書店から刊行が開始された『日本近代文学大系』（全六〇巻）がその動向を体現した代表例であるといって良いだろう。この大系は収録作品に詳細な注釈が付されていることに特徴があり、その注釈は現在でもなお、研究の基本資料となり得る質を備えている[注4]。こうした注釈の目的はなによりも正確な読解の手立てとなることである。ここでは作品に書かれている事柄の説明、読者に欠けているだろう情報の補填の他に、その作品を書いた作者の実像の提示という要素が大きく関わってくる。極端に言えば、ここでの正確な読解とは、作品を書いた作者の意図を読者が十分に受容することを意味するのである。もちろん、作者の意図への素朴な還元が常に行われていたわけではない。ただ、この時に作品からある種の文明批評性を読み取るような場合、その主語が「作者」であることに疑いがなかったということである。

この、注釈的な手法を十分に踏まえたうえで、記号論、都市論、身体論、そして物語論を合流させた論を前田愛が相次いで発表したのが、一九七〇年代の末から八〇年代初頭にかけてであった。特に一九八〇年に書かれた『舞姫』論「BERLIN 1888」、八二年の「空間のテクスト　テクストの空間」は、従来の実証研究から新たな方法論の流入、そして後のテクスト論へと繋がる流れの中で重要な位置を占める。前田愛はそれまで見過ごされていた作品／テクストの構造を空間との関連で捉え、さらに物語の叙述、「語り」、といった視点を導入することで研究に新たな視点を作り出した。テクスト論について述べる際、もっとも頻繁に唱えられるキーワードであり、またその言葉自体がタイトルでもある、ロラン・バルトの「作者の死」の邦訳が刊行されたのは、そのような時代、一九七九年（みすず書房『物語の構造分析』所収）のことである。近代日本文学にテクスト論が受容される素地はまず、注釈とその展開、そしてその流れに合流した言語、文化などの新たな理論という形で準備されたのである[注5]。

二、「テクスト論」登場と批判

作品／テクストの構造に着目するということは今述べたように八〇年代以前から行われていた。しかし、作品／テクストの細部により徹底的に着目するという点を越えて、テクスト論は、特に「作者の死」を伴ったそれは、読解・解釈の際に「作者」を完全に遮断するという点で従来の研究と大きく異なっている。それまでは自明であった「作者の表現物としての作品」という図式が、ここで否定される。このことで「作品」に対して絶対的な地位を保持していた「作者」の手から、読み取りの際の権利が「テクスト」の読み手、「読者」に大きく委譲される。そしてそのことは、作者の実像、意図を超えた、そこにある「テクスト」に潜む意味を読み取り、解釈することを可能にする。テクスト論の最大の利点はこのように解釈の幅を大きく広げることである。たとえば石原千秋はテクスト論の立場から、自らを「テクストの可能性を限界まで引き出す」ための「テストパイロット」[注6]になぞらえている。たしかに、テクスト論の考え方を推し進めてゆけば、そこにある「テクスト」からどのような意味を読み取り、解釈するかの可能性は読者次第で「限界まで」ひろがるだろう。自明のこととして処理されてきた細部に目を向け、隠されていた意味を読み取ることで、従来までの定説を覆した例は多い。テクスト論はややもすれば膠着し、あるいは絶対化されてしまう解釈、意図といった問題を乗り越える手段なのである。

しかし、それでも明白な「誤読」というものはある。筒井康隆『文学部唯野教授のサブ・テキスト』(文藝春秋)所収の「ポスト構造主義による〈一杯のかけそば〉分析」は、まさにその点を衝いたものであった。ここで筒井康隆はバルトが『S／Z』(みすず書房　一九七三年)において実践した手法を用いて『一杯のかけそば』[注7]を意図的に誤読してみせ、対象そのものを批判すると同時に、テクスト分析の手法が持つ誤り易さ、もっと言えば、欠陥を明快に示して見せた。しかし、テクスト論が保証するのはあくまでも解釈の多様性であって、無秩序ではない。根拠の無い思いつきはもちろんのこと、「誤り」を許容することとは別である。

そしてもうひとつ、テクスト論をめぐる批判にしばしば「読みのアナーキズム」、「ニヒリズム」という言葉が用いられることに触れておかなければなるまい。これはいま挙げたような「誤読」の可能性に加えて、「作者」を切り離すことで、その作品／テクストに対して「価値判断」が行えなくなるというテクスト論特有の問題を指摘したものである。加藤典洋は『テクストから遠く離れて』（講談社　二〇〇四年）の中でこのように述べている。

それは、テクストについて、「このようにも読める」という可能な読みは根拠づけるが、自分には「こうとしか読めない」という不可避な読みは根拠づけない。それは、自分はこれを評価する、よいと思う、とは言うけれども、これを普遍的な美を備えた価値ある作品だとは、言わない。もしそのように提言する批評があれば、それに抵抗するのが、テクスト論なのである。

加藤典洋はテクスト論の超克を目指して「作者の像」を導入した「脱テクスト論」を提唱している。しかし必要なことは「テクスト論」を発展させた新たな理論を作り上げることではなく、テクスト論を用いるに相応しい対象を探すこと、あるいは、そのための方法を探ることではなかろうか。

率直に言えば、文学作品（ここでは日本の近現代文学を想定する）には、「テクスト論」の手法に本質的になじむ作品となじまない作品、「テクスト論」が効果を発揮する作品としない作品とが明らかに存在する。『こころ』のように既に解釈の出揃った周知の作品に対し、そこから「作者」を切り離して解釈を施すならばそこには明らかに読みの反転を達成するという効果が期待される。しかし、そこで成功した手法がそのまま他のあらゆる作品／テクストに適用しうるだろうか。原理的に考えても、全ての作品に通用する理論というものはありえないはずだ。

テクスト論を用いるべきでない局面で用いた例[注8]を挙げて批判を加えることは容易だが、意味のあることではない。

三、「テクスト論」の応用・教育のための技術

テクスト論の否定的な側面を強調しすぎた面があるが、テクスト論はいま述べたような批判を常に受けながら、それでも研究の場面に広く受け入れられた。作家研究、注釈研究の流れの中で、それはおそらく、「誤読」の可能性を含みながらもその「自由」さが、あるいは、「決定不能」であることそれ自体が評価され、求められたからであろう。テクスト論に続く「カルチュラル・スタディーズ」、「ポスト・コロニアリズム」などが、今度はその発言主体に着目し、また、多分に「価値判断」を含む性質であることを考えれば、それぞれの潮流が移り変わってきた必然性のようなものが窺える。その意味で、テクスト論は研究の場面において一つの役割を果たし、新しい段階に進む時がきているのかもしれない。

ここで改めてテクスト論の利点に目を向けてみる。繰り返しになるが、それは作品／テクストの解釈の自由を保障することである。同時に、「作者」に関する情報の多寡に左右されず、目の前の作品／テクストの内部のみに着目して読解、解釈を進めることが可能となる。

構造分析は資料群の選択が最も重要なポイントとなるのだが、入試国語分析や国語教科書分析ははじめから資料群の範囲が決まっているので、構造分析が最も有効に機能しやすい分野なのである。

これは石原千秋『テクストはまちがわない』（筑摩書房　二〇〇四年）の前書きにある言葉だが、国語教育とテクスト論の関連はここに全てが集約されているだろう。研究の場面とは異なり、教室ではまず読解の技術の向上、

解釈の素養を訓練することが求められるのであって、「正当性」あるいは「価値付け」に主眼が置かれるべきではない。テクスト論の欠点として批判されている内容が、ここで技法上の利点に転ずる。注意すべきは、提出されてくる解釈が、作品／テクストの内容と照らして妥当であるか、つまり、根拠のない思い付きや明白な「誤読」でないかを、判断することである。以下はテクスト論ならびに隣接する分野における参考文献である。

四、参考文献案内

テクスト論について考える際のもっとも基本となるものが、件の「作者の死」を収めたロラン・バルト『物語の構造分析』（花輪光訳　みすず書房　一九七九年）と、ジェラール・ジュネット『物語のディスクール　方法論の試み』（花輪光・和泉涼一訳　書肆風の薔薇　一九八五年）である。先にも述べたとおり、そもそもテクスト論の発想法は言語学などの成果を取り入れて出発しているため、背景を多少でも知っておくことが必要となる。その際、巻末に付された原注・訳注が参考になる。ジュネットの著作はプルーストを題材に文学テクストを形式的に分析したものであり、分析に関連する術語が詳細に解説されている。両者とも外国語および外国文学の領域で展開される論であるため、時に違和感を覚える、または意味の分かり難い部分も含まれるが、そうした違和感を含めて、テクスト論と日本文学を考える契機になるように思われる。

前田愛『文学テクスト入門』（筑摩書房　一九八八年・ちくま学芸文庫　一九九三年）は、そのタイトルが示すとおりテクスト論に関するもっとも入門的、かつ総合的な一冊である。文庫化されたこともあって広く読まれている一冊と言えるだろう。前田愛の遺稿集であるが、テクスト論のみならず、文学テクストを読解する際の着眼点、解釈の可能性を知る上では必読と言って良い。またこの中に言及されている各種の書名を辿ることで、文献案内としての性質も兼ね備える。

本稿においても多く名前を挙げた石原千秋、『テクストはまちがわない』（筑摩書房　二〇〇四年）は、近代日本文学におけるテクスト論のもっとも先鋭的な例であると同時に、テクスト論の立場からの研究史を概観する上で重要な一冊である。賛成するにせよ反対の立場をとるにせよ、素通りすることはできないだろう。対する、加藤典洋『テクストから遠く離れて』（講談社　二〇〇四年）は、テクスト論に対する批判、新たな理論構築という点で見逃せない。近年の小説作品を実例にあげながら自らの新理論である「脱テクスト論」が具体的に展開されているため、研究・批評においても有用であろう。少なくともここで言われている批判に対し、テクスト論を扱う者は一度耳を傾ける必要がある。なお、テクスト論と「作者」の折り合いをどのようにつけてゆくか、加藤典洋とは異なった例として挙げられるのが、柴田勝二『〈作者〉をめぐる冒険――テクスト論を超えて』（新曜社　二〇〇四年）である。いずれにしても、テクスト論が研究・批評の領域である種の限界に達しつつあることを示す例と言える。

「第六〇回公共哲学京都フォーラム」の成果をもとに東京大学出版会から刊行された『シリーズ　物語り論』（二〇〇七年）は「公共哲学」の立場から編まれた論集であり、いわゆる「大きな物語」、「公共物語り」が中心となっている。近代文学と直接結びつくものではないが、研究にせよ教育にせよ、大きな主語や主体、といった問題と関わる際にはここに集められた各種の論や討論に目を通す必要がある。テクスト論にとって可能なこと、不可能なことが、この「大きな物語」をめぐる膨大ともいえるやり取りから窺える。

最後に、テクスト論および国語教育に関する議論の契機として、田中実（編）『「読むことの倫理」をめぐって　文学・教育・思想の新たな地平』を挙げたい。論点はタイトルに示されたとおりであるが、著者それぞれの立場、目標点がさまざまであり、現在の混迷がよく分かる。

※　なお本稿は文献ガイドの性質を兼ねるため、一切の敬称を省略させていただいた。

【注1】 同書に収められた小森陽一自身の論文は『坊っちゃん』の〈語り〉の構造」（初出「日本文学」一九八三年）である。

【注2】『大学受験のための小説講義』（ちくま新書　二〇〇二年）の中で、氏は自らを「テクストの可能性を限界まで引き出す」「テストパイロット」になぞらえている。この表現は後に『テクストはまちがわない』（筑摩書房　二〇〇四年）の前書きで、自らの研究を「トリッキー」と認めた上で繰り返されている。

【注3】 解釈の対象を「テクスト」と呼ぶか「本文」と呼ぶか「作品」と呼ぶかによっても、その論者の立ち位置がわかることもある。しかしそれぞれに明確な住み分けがなされているわけでもなく、また、厳密に区別することはできない。

【注4】 無論、全六〇巻の全ての質が揃っているわけではない。また、後の研究によって覆されたものもある。

【注5】 テクストの徹底的な構造分析を示した『S／Z』の邦訳は七三年に刊行されていた。しかし日本においてこのような批評理論が一般的に知られ、また勢力をもったのは一九八三年、浅田彰『構造と力』（勁草書房）が刊行されて以降だろう。

【注6】『大学受験のための小説講義』（ちくま新書　二〇〇二年）

【注7】 栗良平「栗良平作品集　第二集」栗っ子の会　一九八八年

【注8】 テクスト論を安易に用いた論文に対して批判がなされることが多いが、あくまでもそれは論者に向けられるべきであって、テクスト論の概念になされるべきではない。

戦後のフランス文学批評における理論と歴史の攻防

合田陽祐

はじめに

フランス文学の戦後批評史は、一般的につぎのように総括されることが多い。まず、二十世紀初頭にギュスターヴ・ランソン（一八五七～一九三四）が確立した「文学史（イストワール・リテレール）」の実証主義研究が、五十年代中頃に、「テーマ批評（クリティック・テマティック）」や「意識の批評」のテクスト内在批評から批判にさらされる。そして六十年代中盤には、ロラン・バルト（一九一五～一九八〇）を旗手とする「新批評（ヌーヴェル・クリティック）」が、アカデミスムに根強く残るランソン主義を断罪して、批評の世代交代を宣言する。続く六十年代後半から七十年代にかけて、理論主義を唱えるテル・ケル派が、「形式主義（フォルマリスム）」のアプローチを導入したことで、文学は科学的なジャンルとして自律することになる。

ただ、このような図式化に対して、つぎのふたつの問題点を設定できる。第一に右で整理されたように、文学研究の主流が、実証研究を軸とする「歴史主義」から、テクスト解釈を軸とする「理論主義」へと移行したのならば、その原因は何だったのか。第二に、八十年代以降の文学批評はどうなっているのか。

本小論の目的は、六十年代中盤から近年にいたる文学批評の動向を三つに分けて、時代ごとの批評イデオロギーを浮き彫りにすることにある。検討の中心となるのは、先に見た歴史主義と理論主義の関係だが、近年の研究成果にもとづき、この関係についての一般的な理解に、必要最低限の修正を加えてみる。この作業を通して、うえで発した二つの問いに答えてみたい。まず一節では、六十年代にバルトが巻き込まれた、批評の方法をめぐる論争に触れて、新批評と呼ばれた集団の目的と方法論を整理する。続く二節では、七十年代に覇権を握ったテル・ケル派について、そこに属した理論家たちの理念と方法論を概観することで、新批評との違いを明らかにする。最後の三節では、フランス文学批評の最新動向を探って、八十年代から九十年代にかけて確立した「歴史性（イストリシテ）」と総称される方法論を見てゆくことにしよう。

一、バルトと「新批評（ヌーヴェル・クリティック）」

最初の節では、六十年代前半の批評を代表する新批評について検討する。まず、旧批評側から新批評側への批判の論点をまとめ、つぎに、バルトの反論を見ることで、論争に事実上勝利した新批評の問題提起を掘り下げてゆくことにしよう。最後に、現代的な観点から、新批評側の問題点も取りだしてみよう。

三年後に起こる五月革命をまぢかに控えた一九六五年、新進気鋭の批評家バルトと、パリ第四大学（ソルボンヌ）の文学部教授レイモン・ピカールのあいだで、批評の方法論をめぐる激しい論争が起こった。マス・メディアを巻き込んだこの「現代の新旧論争」は、結果的には新批評に軍配があがり、さらには歴史的に見ると、この勝利はそれに続く構造主義批評の隆盛を予告したといえる。じっさい、この論争でのバルトの主張は、そしてそれを検討する意義は、旧来の批評の限界と、新しい批評の可能性の問題に本質的に関わる。バルトが切り開いた地平とは一体何だったのか。

この論争は、バルトが一九六三年に出版した『ラシーヌ論』をめぐって繰り広げられた。論争を仕掛けたのはピカールで、六五年に小冊子『あらたな批評か、それともあらたな欺瞞か』を発表して、バルトと新批評の方法を糾弾した。なぜバルトに白羽の矢が立ったのかというと、ピカールが『ラシーヌ全集』の編纂や、『ジャン・

ラシーヌの業績』（一九五六）で著名な、アカデミスム研究におけるラシーヌの専門家だったからである。ピカールの批判に答えるべく、バルトは翌年、スイユ社のテル・ケル叢書から『批評と真実』（一九六六）を公刊した。そのなかでバルトはまず、ピカールとアカデミスムの「講壇批評」を、実証主義を信条とする、旧態依然としたランソン主義とみなした。そして、それにとって替わる新批評の方法論を提示した。あらかじめこの論争の焦点を示しておこう。それは批評における「作者の意図」の扱い方にあった。

『ラシーヌ論』でのバルトのアプローチは、「感情移入」と「一体化」を理念とするテーマ批評（クリティック・テマティック）の方法に近く、ラシーヌの作品を、統一的に構成されたひとつの全体性として捉えようとしていた。バルトが「ラシーヌ的人間」と呼んだこの全体性は、ラシーヌが創造した登場人物たちと、彼らを通して読み取れる深層意識（作者の意図）の実存的な統一からなる。つまりバルトの精神分析的、人類学的な作品解釈は、作品と作者（の意図）をテクストの深層で結びつけるものだった。

これに対してピカールは、新批評はさかんに「作品への回帰」を求めているが、彼らが述べる「作品」とは、実は文学作品のことではなくて、「作家の経験の総体」に過ぎないと看破する。あるいは、新批評が打ちだす「構造」という観点についても、それは文学作品のなかに目に見えるかたちで存在する構造ではなく、作品の心理的、社会的、形而上学的な構造なのだ、とピカールは指摘する。そもそも実証主義にこだわるピカールは、作家の深層意識や、作品の深層構造の存在など認めない。というのもピカールは、文学作品には、それを生みだした作家の意志にもとづく「明晰な意図」が読み取れることを確信しており、また彼は、その意図の解明にこそ作品分析の目的を見ていたからである。

こうしたピカールの批判に対して、『批評と真実』でのバルトの反論は巧妙だった。おそらくバルトは、ピカールの批判が的を射ていることに十分意識的だったはずで、その証拠に、『ラシーヌ論』での自らの立場の擁護に重きをおかず、あくまで現在の立場から、三年前のアプローチ法を先鋭化させて反論にまわった。すなわちここで重要なのは、一九六三年の『ラシーヌ論』でのバルトのアプローチが、「テーマ批評」に根ざしていたのに対して、六六年の『批評と真実』でのバルトの反論は、「構造主義」の観点からなされていることである。

バルトが採用した構造主義的な観点とは何だろうか。簡単に言えば、『批評と真実』での議論には、のちにバルト自身が宣言する「作者の死」（一九六八）の観点の萌芽が認められる。当時、作者を実体も意志もない「幻想」とみなしたこの宣言の影響力は大きく、バルトは、それまで実証主義が保障していた「作者」の特権的地位を突き崩し、それに代わって「読者」が文学理論において急速にクローズアップされるきっかけをつくった。六六年の時点で、バルトはもはや作者を生身の「人間」としては捉えていない。この「作者」に取って替わったのが、非人称的な「言語活動」という語である。バルトにとって、作品の起源は作者（の意図）ではないばかりか、その「起源」ですら排除すべきものに映る。なぜなら彼によれば、本質的なのは作品の起源ではなく、作品を手にする読者や批評家の「いま・ここ」だからである。この主張を色濃く反映している例を挙げてみよう。

バルトは『ラシーヌ論』で、ラシーヌの『ブリタニキュス』（一六六九）の登場人物であるネロン（皇帝ネロ）のせりふ「respirer（レスピレ）」を、「呼吸する」という現代語の意味で解釈していた。だがピカールは、ラシーヌの時代（十七世紀）には、この語の辞書的な意味が「ほっとする」だったので、バルトがこの語を起点として展開した解釈は、客観性に乏しいと批判する。他方バルトは、この語に「ほっとする」の意味を認めたうえで、ではそこに現代的な意味の「呼吸する」をまったく感じてはならず、作者の意図（「ほっとする」）どおりに解釈しなければならないのか、と反論する。

このあとバルトは、ピカールをはじめとするアカデミスム批評を、「もっともらしい批評」と形容して、その特徴を、「客観性」、「審美眼」、「明晰さ」の三箇条に要約する。そしてそれらに代わる、「文学の科学」、「批評」、「読むこと」の三つのモデルを提唱する。このうち、構造主義へと引き継がれるのは「文学の科学」で、これは言語学を方法論として、文学を文学として成立させる「文学の自律性」の条件を探求することを目的とする。じっさいバルトは、うえの例での「呼吸する」という意味を、言語に含まれる象徴的な意味と解している。つまり、この「象徴の論理」にもとづく意味の多義性の解読こそが『ラシーヌ論』の主旨だったのであり、バルトが右のように反論した論理的根拠とされている。

ここで整理しておこう。ピカールとバルトの論争は、作品解釈に際して、原初（当時＝作者）の意味を重視するか（ピカール）、それとも現在（いま・ここ＝現代の読者）を基準とする意味を重視するか（バルト）、という二項対立のもとに成立していた。つまり、ピカールの客観主義の立場からの主張（「作品において作者の意図は明白である」）は、作品の意味を作者の意図の実現のみに還元しようとするものである。また、バルトの主観主義からの主張（「作者の意図は解釈の妥当性を保証しない」）では、作品の原初の意味と作者の意図とが混同されてしまっている。というのは、ラシーヌのテクストの原初の意味と、ラシーヌ自身の意図が異なる可能性もあるはずなのに、先に言及した「respirer」をめぐる解釈でも顕著なように、バルトはこの二つを同じものとみなすからである。そのうえでバルトは、双方を同時に排除しようとした。じっさいのところ、作者の意図の問題の本質に迫るには、こうした二項対立による単純化の罠から抜けだす必要があるだろう。

理想的な解決法は、アントワーヌ・コンパニョンが『文学の理論と常識』（一九九〇、原題『理論の魔』）で提案するように、一方で、テクストに原初の（言語的、歴史的、文化的）コンテクストにもとづく記述があることを想定したうえで、他方で、テクストに読者と同時代のコンテクストへと開かれた記述があることも認めることである。なぜならこの相対化の視点は、もはや排斥し合う二項の対立ではなく、相互が補完しあう可能性に開かれているからである。

以上のように、バルトはピカールとの論争に乗じて、作者と作品を結びつけているという意味で、テーマ批評に近かった新批評の方法論を先鋭化し、それを構造主義的な文学の科学へと接近させた。しかしのちのバルトは、当初掲げていた文学の科学の看板を取りさげたばかりか、「作者の死」の主張のなかに予感されていた、読書理論の構築にも向かわなかった。構造主義的な文学の科学を実行したのは、次節で検討するテル・ケル派である。

二、テル・ケルと「文学の科学」

この節では、バルトが実証主義研究の排除を試みた時期と前後して、テル・ケル派のメンバーが実行に移した文学の科学の実態を見てゆく。テル・ケル派の過激さは、ひとことで言い表すならば、文学の言語が準拠する対象を、現実世界から「エクリチュール」（書く行為、文字体系）へとシフトさせたことにある。つまり彼らは、文学の本質が文学に内在するという、「文学の自己準拠」の原則を徹底させた。

一般にテル・ケルというと、理論と実践の一致のもとに、精神分析とマルクス主義の方法を文学理論に応用したことで有名なグループである。運動としてのテル・ケルは、小説家で理論家のフィリップ・ソレルス（一九三六〜）と詩人のフランシス・ポンジュを中心に結成された。一九六〇年三月に、スイユ社から季刊誌『テル・ケル』を創刊して、公的な活動を開始させたテル・ケルは、八二年の冬号で廃刊とするまでに、計九四号を刊行した。理論的先鋭さをモットーとした『テル・ケル』誌には、構造主義とポスト構造主義の著述家が一同に寄稿している。このことから『テル・ケル』誌は、記号論や物語論を提出したことで有名な、同時代の『ポエティック』誌とならんで、構造主義の代表的な文芸批評誌とみなされている。

とはいえ、二十年以上にもわたったテル・ケルの活動は、けっして平坦なものではなく、何回かの路線変更と、それに伴うメンバーの入れ替え（最終的に『テル・ケル』誌はソレルスの単独編集となる）があった。さらに日本では、その重要性にもかかわらず、テル・ケル派の研究がなぜか少ない。そこで、テル・ケルについての画期的な研究である、フィリップ・フォレストの『テル・ケルの歴史』（一九九五）を参照しながら、テル・ケル派の主要な活動を、第一期の一九六四年まで、第二期の六八年まで、それ以降の第三期という区分のもとに描きだしていくことにしよう。

テル・ケルというグループ名は、評論集『テル・ケル（あるがまま）』（一九四一、四三）を著した戦前の詩人ヴァレリーへのオマージュである。当時まだ「理論の後進国」だったフランスにあって、ヴァレリーは例外的な存在のひとりで、その方法論の「詩学（ポエティック）」は、フランスの最高学府コレージュ・ド・フランスで、彼が一九三七年から開始した講座名でもあった。

その創成期において、テル・ケルはグループの前衛性を強く打ちだしていた。当時の主流であったサルトルの実存主義的「政治参加（アンガージュマン）」に異議を唱えたテル・ケルは、芸術表現をあらゆる政治的イデオロギーから解放して、芸術を本来あるべきかたちに純化させようと試みていた。ただしそれは、十九世紀の高踏派的な芸術至上主義（ラール・プール・ラール）への退行ではなく、むしろ未来を切り開くために、生と世界の変革を訴えたシュルレアリスムの革命美学に共鳴するもので、小説家のロブ＝グリエや、批評家のジャン・リカルドゥ（彼はテル・ケル誌の同人となる）に代表される、同時代の前衛ヌーヴォー・ロマンとも深いつながりをもっていた。

理論と実践の一致に前衛性を見いだすソレルスは、小説と理論書の境界を取り払うことに熱心だった。そして「文学の客観性」をめざして、作品から主観的な表現を排除したという点では、ソレルスとヌーヴォー・ロマンはたしかに共鳴しあう。だが他方で、「あらたな写実主義」とも呼ばれていたヌーヴォー・ロマンは、その描写技法の革新性に反して、ともすると「伝統的な心理主義」へと回帰する危険性をはらんでいた。対してソレルスは、いっさいの写実主義を排して、「エクリチュールの運動」のなかに文学の科学を探求する。つまり、現実世界を相対化することで、いわば非現実的な小説空間を開こうとするのがロブ＝グリエだとすると、言語は現実世界に準拠するという観念じたいを拒絶して、書くことの「内的体験」（ソレルスが傾倒する思想家バタイユの用語）に現実を求めるのがソレルスである。両者を隔てるこの溝は深く、テル・ケル派は一九六四年にロブ＝グリエと袂を分かつことになる。

第二期のテル・ケルの活動は、「ＧＥＴ（理論研究団体）」を設立したこと、そしてその集団宣言の性格をもつ論集『全体的理論』（一九六八）を刊行したことに象徴される。この論集には、テル・ケルのメンバー全員のほか、バルトやフーコーやデリダといった当時の最先端にいた思想家の論考も収録されている。ところで、一九八〇年にこの論集が再刊されるさい、新たに付した序文のなかで、ソレルスはいくぶん回顧的に、当時のテル・ケル派の「テロリスト的理論主義」の傾向に触れている。彼によると、テル・ケル派にとって文学とは、しばしば誤解を呼んだように、理論の踏み台であったわけではなく、じっさいはその逆であった。つまり、理論（言語科学、哲学、精神分析）の方が、文学作品の構造を浮き彫りにする道具だったのであり、しかもテル・ケル派の真の狙いは、理論に対して文学作品を過小評価する、当時の価値観の「転覆」にあったのだという。

また、GETの設立に先がけて、テル・ケル派は、のちに構造主義理論の中軸となるロシアの形式主義（フォルマリスム）をフランスに紹介している。その担い手となったのは、ブルガリアの留学生ツヴェタン・トドロフ（一九三九〜）である。トドロフは、のちに『ポエティック』誌を共同編集するジェラール・ジュネットの仲介でテル・ケルに関わった。ロシアのフォルマリストたちの仕事を翻訳したトドロフは、それをアンソロジー『文学の理論』（一九六五）にまとめて、テル・ケル叢書から出版した。この撰文集には、ロシア・フォルマリスムの言語学者ヤコブソンが序文を寄せている。

ロシア・フォルマリスムとは、一九一五年から三〇年にかけて、ヤコブソンの周りに集まったロシアの言語学者、批評家、詩人からなる研究者のグループである。フォルマリスムとは一般に、作品のなかに言語的な構造しか見ない立場を指すが、その思想的先駆性は、ある作品を文学と規定するための基準を「文学性 littérarité」と呼んで、文学的コミュニケーションの特殊性を研究したことにある。フォルマリストたちは、とくに詩の言語の表現形式（脚韻や意味の転義）に文学性の概念を結びつけ、「異化（デファミリアリザシオン）」という作用を導入することで、情報の伝達を目的とする日常言語から、詩の言語を特権視して切り離した。異化とは、詩の言語の表現形式に含まれる意味の多義性（曖昧さ）が、日常言語に慣れ親しんだ読者の言語的感受性を変質させるような体験をいう。この文学性の概念をもとにしてフォルマリストたちが批判したのは、文学テクストを歴史文書とみなすことや、作品を現実の表象や表現、さらには作者の意図の実現としてとらえる、通俗的な実証主義の立場だった。さらにフォルマリストたちは、作品を一貫した文学的手法として記述するために、作品から動的で共時的な観点（当時の歴史や社会）を恣意的に排除して、そうした観点に左右されにくい、ジャンル、典型、文彩といった作品の「形式」面を分析した。

テル・ケルの第三期は、一九六八年の五月革命を挟んで、時代の要請から、その活動が政治色を帯びていった時期である。この時期を代表する理論家は、ブルガリアの留学生で、当時はソレルスのパートナーだったジュリア・クリステヴァ（一九四一〜）である。この頃のクリステヴァの仕事は、総じて、ロシア・フォルマリスムを批判的に検討するものといえる。クリステヴァによると、「歴史」の観点を排除して、作品を動きのない形式から分析するフォルマリスム的アプローチでは、意味の生産力という観点からすると、動的なテクストの言語をとらえきれない。そこでこの矛盾を解消するために、『セメイオチケ』（一九六九）で、やはりロシアの批評家ミハイル・バフチン（一八九五〜一九七五）の「対話性（ディアロジスム）」をモデルにした「間テクスト性（アンテルテクスチュアリテ）」の概念が導入される。

バフチンのテクスト論の特徴は、作品を、それが書かれた当時の社会に位置づけて分析することにある。そこでは作品が「対話」の形式のもとに考察される。バフチンによれば、物語で話される言葉は、必ずあて先（対話相手）をともない、同時にその射程は、ひろく社会へと開かれているとされる。しかし、すべてのテクストで「対話性」のレベルが同じなわけではなく、とりわけドストエフスキーの小説では、テクスト間の対話性が高いとされた。この理論にしたがえば、あるテクストがもつ世界観は、別のテクストとの相関関係から決定されることになる。クリステヴァが、あらゆるテクストを「引用のモザイク」と定義するゆえんである。ただしバフチンとは異なり、構造主義のドグマを完全には払拭しきれないクリステヴァは、テクストの「社会性」の観点を導入したものの、テクストがどんなかたちであれ、「現実世界の反映」となりうる可能性については、きっぱりと否定した。

テクストとその外部（歴史）とを遮断し、エクリチュールの理論と作品の構造読解を推し進めたテル・ケル派のフォルマリスム批評は、七十年代に主流となった。しかし他方で、こうした流行に便乗しただけのエピゴーネンたちは、大学教育の場でこの方法論のマニュアル化に努めた。結果的には、こうした方法論の脱イデオロギー化が引き金となって、八十年代を境に、構造主義批評は急速に衰退する。次節では、この構造主義への批判から生まれた、あらたな批評の傾向を見ていこう。

三、「歴史」の復権

最後の節で取りあげるのは、フランスでテクスト理論が飽和状態に達した八十年代以降に、草稿研究（テクスト生成批評(クリティック・ジェネティック)）とならんで注目される、あらたな歴史主義である。「歴史性(イストリシテ)」と総称されるこの理論の担い手は、晩年のバルトの弟子で、現在はコレージュ・ド・フランスで文学講座を受け持つアントワーヌ・コンパニョン（一九五〇〜）である。

コンパニョンの仕事は多方面にわたるが、その根底には、構造主義全般への異議申し立てと、（近著の『反近代主義者たち』（二〇〇五）で明示された）フランス文学史再考への野心が見てとれる。以下ではまず、いわゆる文学史の理論がどのように確立されたかを、歴史的に振り返っておこう。つぎに、八十年代にコンパニョンが再評価の布置をつくりあげた、二十世紀初頭の文学史家ランソンと、この歴史家が方法論化した（そして誤解にさらされてきた）「文学史(イストワール・リテレール)」の概念に触れてみよう。最後に、ランソンが成し遂げなかったプロジェクトの本質を引き継ごうとする、現代的な文学史の形態をまとめてみよう。

コンパニョンの議論の前提となるのは、伝統的に文学の理論に存在する、外在的方法と内在的方法の対立である。文学史がコンテクスト（歴史、心理、社会、制度）に関心を向けるのに対して、言語学的アプローチは、テクスト（言語活動の所産としてのテクスト）を対象とする。つまりこの対立は、「原因の究明」を目指す文学史と、「形式の理論」を打ち立てる言語学との、双方の目的の違いに由来する。これまでの文脈に置きなおせば、前者はピカールに近く、後者はバルトやテル・ケルに重なり合う。

この相違を歴史的に見てみると、コンパニョンが『文芸の第三共和政』（一九八三）で指摘するように、フランスにおけるいわゆる文学研究は、すでに十六世紀から、文献学と修辞学に区分されてきた。ちなみに、現代ではおもに小説、演劇、抒情詩を意味する文学（リテラチュール）は、十八世紀末に文芸（ベル・レットル）から派生したもので、アリストテレスが設けた古典的な詩的ジャンルの区別の崩壊にともなって現れた概念である。文献学が個別的観点から、作者と作品の関係を歴史的に（作品以外の副次的文献を重点的に）学殖にもとづいて考察するのに対して、修辞学は普遍性の観点から、ジャンル、語りの技法、文体や文彩等の一般的なカテゴリーを用いて、作品固有の条件やそのシステムを分析する。この相違は、イエズス会派の文献学的な個別主義と、ベネディクト修道会派の修辞学的な普遍主義との間に深い亀裂をもたらしたという。やがて時代は移り、フランス革命（一七八九）を契機に、ベネディクト修道会派の大修道院とイエズス会派のコレージュが散開する。このとき、一方の個別主義が文芸アカデミーのなかで辛うじて生き延びるのに対して、他方の修辞学は大学で繁栄を見ることになる。

こうした状況が反転するのは、第三共和政が始まる一八七〇年のことで、とりわけ一八七七年からは、近代民主主義の名のもとに、フランスの大学は歴史研究の中心機関となり、その役割は「専門家の養成」と定められる。じっさい一八八〇年頃からは、中等機関のカリキュラムに文学史が組み込まれ、一八九〇年には、修辞学者に替わって、あらたに歴史家が文学史の教育にあたることになる。この体制は、一節ですでに見たように、二十世紀中盤まで続く。こうして一八七〇年代から世紀末にかけて、歴史研究は民主主義のイデオロギーである「連帯（ソリダリテ）」の象徴となった。反対に修辞学は、古めかしい貴族主義の残滓とみなされた。つまり文学史は、第三共和政下の国家主義と愛国主義のイデオロギーの産物ともいえる。ところで、このように国家主義の理念にもとづく文学史が、二節で見たように、他国から輸入された「理論」の標的になったことは、なんとも示唆的である。

文学史の担い手として登場したランソンは、方法論の「客観主義」を徹底させた。そこでは、歴史の「肖像（ポルトレ）」として作家を描いたサント＝ブーヴや、作家の固有性を社会的事象と結びつけたテーヌ、あるいは文学的伝統を「ジャンル」によって区分したブリュンチエールら、ランソンに先行する文芸批評家が、教条主義や印象主義と呼ばれて退けられる。このようにランソンが行った批判は、通俗的な歴史主義と心理主義の伝統を引き継ぐ、同時代の批評にも向けられていた。こうして、修辞学や文芸に代わるものとしての「文学史」が、『フランス文学の歴史』（一八九四）で導入される。ランソンはそこで、文学史の目的を、近代民主主義の理念にもとづく市民教育と定めた。これを受けて、一九〇二年には、当時すでに専門家の養成機関となっていた大学でも、文学史が最重要の科目となった。

では、文学史の基本理念とは何か。ランソンが主張したのは、作品をそれが生みだされた時代状況のなかに位置づけなおすことである。その前提となるのは、共時的な観点、すなわち作品を取り巻く当時の歴史的状況を知ることである。反対に、現在の視点から、古典を通時的に解釈することは禁じられた。つまり、過去と現在、歴史と主観がはっきりと区別された。それによって、一方では、フランスの文学制度に関する社会史が著され、他方では、文学作品から見渡したフランスの歴史が記述される。このふたつが文学史の理念となる。

つぎに、文学史の方法論と対象を見ていこう。ランソンは「文学史の方法」（一九一〇）で、この学問の方法論を「文献学（フィロロジー）」と定義して、その原則をあげている。すなわち、対象の真偽の確認（作品が偽作ではないか）、問題設定の妥当さ（先行研究はすでにないか）、伝記的な正確さの三つである。この規律を遵守しつつ、作品の源泉や影響のデータを個別に収集、統計していくことで、フランスにおける文学的営為の全体が記述されることになる。

もっとも、この方法論は月並みであり、それがのちに多くの批判を招く要因にもなるのだが、反面、ランソンの文学史には、その実現が不可能と思えるほどの一大プロジェクトも組み込まれていた。ランソンは、晩年の論文において、文学史の対象が、時代を象徴する大作家に限定されてはならず、あらゆる場所で、あらゆる人種が、何を、どのように読んでいたのかを、すべて調査して記述する必要があると訴えた。これはたいへんな労力と時間のかかる作業だが、彼自身は実現可能とみなしていた。実証主義の枠を越えて、後世の奇想作家ボルヘスの「バベルの図書館」にも通じるようなこの法外なプロジェクトに、コンパニョンはランソンの文学史の魅力を読みとっている。

このように、ランソン主義としてドグマ化する前の、本来のランソンの試みには理論と野心があった。よって、新批評が混同したように、ランソンの文学史を狭義の伝記研究とみなすのは間違っている。フォルマリスム以降の文学理論のなかで、このランソンの文学史を引き継ぐ試みとしてコンパニョンが重要視しているのは、ドイツの歴史家ハンス・ロベルト・ヤウス（一九二一〜一九九七）の「文学受容史」である。ドイツやイタリアでは、すでに七十年代から発展していた受容理論だが、フランスではその浸透が大幅に遅れた。ヤウスは『挑発としての文学史』（一九七〇）で、解釈学から借りてきた「期待の地平（オリゾン・ダタント）」という観念を文学史に援用することで、フォルマリスムの非歴史観とマルクス主義の歴史観の綜合を試みた。

この「受容」という語で問題になっているのは、読者が作品をどう解釈するか（作品にどんな意味を付与するか）という側面である。ヤウスによれば、読者が作品に読み取る意味は、彼が属する時代や、その前提となる文化や教養によって異なる。つまり、読者がひとつの作品に求めるもの（期待の地平）は、時代によって更新されてゆく。とすれば、読者を軸とする作品受容の観点からみると、作品が内包する共時的な期待の地平を、時代ごとの出来事として通時的に記述することができるようになる。しかし他方で、コンパニョンが指摘するのは、ヤウスのいう読者が、抽象的な概念であるため、それが現実の読者や、さらには作者と切り結ぶメカニズムを明らかにしないという問題である。じっさい、ヤウスの読書理論はナイーヴなもので、『読書のレトリック』（一九七七）でのミシェル・シャルルの主張——テクストは読書を生産するマシンであり、読者によって書き換えられることでテクストが作られるとする説――に見られるような急進性がそこには認められない。
以上に見てきたように、近年のフランスの文学批評では、文献学が再評価されて、さらに理論との和解が模索されている。特徴的なのは、理論主義においても歴史主義においても、批評の軸が作者から読者へと移行していることである。そしてここで重要なのは、文学的なテクストと歴史資料的なテクストを区分したうえで、それを相補的に突き合わせてゆこうとする姿勢が見られることである。つまり、新しい文学史の試みは、従来の文学史が伝える伝統の批判のうえに成立しているといえる。

おわりに

本小論では、理論主義と歴史主義の攻防に焦点をしぼって、戦後のフランス文学批評史を見渡してきた。そしてこの対立が、十九世紀に起こった歴史主義と理論主義の覇権争いの再演であったことや、さらにそれがよりもっと前から、深く過去の文脈に根をおろしていることを確認した。

歴史的実証主義からテクスト理論への移行は、まず「作者の意図」をめぐる論争のなかで起こった。そこでは、原初の意味よりも「いま・ここ」の意味を重視しようとする立場が主張されて、作品の意図の排除を意味する「作者の死」が宣告された。続いて、文学（作品）は現実に準拠するものだという、実証主義の自明の理が疑問に付された。それは（七十年代に多少の改良がなされたとはいえ）、現実のなかにではなく、作品自体やそのエクリチュールのなかに文学の本質があるとする、「文学の自己準拠」の原則にひろく代表されるものだった。しかし近年では、こうした行き過ぎた理論主義が批判的に検討されて、歴史主義が復権している。それは作品と作家のみならず、ときには読者の反応をも考慮して、伝統の批判的検討と解釈によって、文学史を書き換えてゆくような試みだった。

以上を通覧してわかるように、フランスの文学批評は、先行する批評を攻撃することで、理論的な発展をとげてきたわけだが、こうした過激さには実のところ、精緻な議論を積み重ねようとする配慮が欠けている。おそらく真の文学批評とは、このように外部に敵を見つけて攻撃することではなくて、反対に、みずからの主張に対しても、反省的意識をもつことからはじまるのではないだろうか。

〈執筆者紹介〉

①氏名　②所属　③主な著書・論文

①**鈴木泰恵**（すずき　やすえ）
②早稲田大学他非常勤講師
③『狭衣物語／批評』（翰林書房）・「『狭衣物語』とことば―〈ことば〉の決定不能性をめぐって」（『狭衣物語が拓く言語文化の世界』翰林書房）・「『狭衣物語』の斎院―『竹取』『伊勢』『源氏』から離れて〈物語〉の彼方へ―」（『王朝文学と斎宮・斎院』　竹林舎）

①**高木信**（たかぎ　まこと）
②相模女子大学教員
③著書『死の美学化に抗する』（青弓社）・『平家物語　装置としての古典』（春風社）・『平家物語　想像する語り』（森話社）

①**助川幸逸郎**（すけがわ　こういちろう）
②横浜市立大学・東海大学・河合塾他非常勤講師
③著書『文学理論の冒険』（東海大学出版会）・『〈人間〉の系譜学』（共編著　東海大学出版会）

①**黒木朋興**（くろき　ともおき）
②上智大学非常勤講師
③"La Musique et le public chez Mallarmé : l'influence de la musique allemande sur le poète français"（学位論文　フランス国立メーヌ大学）・*Allégorie*（共著　Publications de l'Université de Provence）・『〈人間〉の系譜学』（共編著　東海大学出版会）

（以上、編者）

①**齋藤知也**（さいとう　ともや）
②自由の森学園中・高等学校教諭、立教大学兼任講師
③『教室でひらかれる〈語り〉―文学教育の根拠を求めて』（教育出版）・「教室でひらかれる〈語り〉―安部公房『公然の秘密』を読む―」（『日本文学』）

①**中村良衛**（なかむら　りょうえい）
②早稲田大学高等学院教諭・早稲田大学非常勤講師
③「〈奇人〉伝説―戦後マスコミが伝えた荷風像」（『ユリイカ』一九九七年三月）・「李徴とは誰か―『山月記』私論」（『日本文学』二〇〇〇年二月）

①**馬場重行**（ばば　しげゆき）
②山形県立米沢女子短期大学教授
③『川端文学の世界1～5』（共編著　勉誠出版）・「〈作家〉像への射程」（『国文学　解釈と鑑賞』二〇〇八年八月）・「『渡り鳥』論」（『太宰治研究16』　和泉書院）

①**中川千春**（なかがわ　ちはる）
②詩人・文芸評論家・高校教諭
③『言葉という果実』（朝文社）・『詩とは何か―罵倒詞華抄』（思潮社）・『詩人臨終大全』（未知谷）

①**津島知明**（つしま　ともあき）
②國學院大學他非常勤講師
③『動態としての枕草子』（おうふう）・『ウェイリーと読む枕草子』（鼎書房）

①**山口徹**（やまぐち　とおる）
②弘前大学人文学部准教授
③「『青年』となったファウスト―シンボルからアレゴリーへ」（『国語と国文学』二〇〇四年三月）・「鷗外史伝の方法とヴァルター・ベンヤミン―書物は離散しまた集う」（『国文学　解釈と教材の研究』二〇〇五年二月）・「佐藤春夫『西班牙犬の家』の

〈水源〉―ブランデス『十九世紀文学主潮史』」（『国語と国文学』二〇〇八年七月）

①**安藤徹**（あんどう　とおる）
②龍谷大学准教授
③『源氏物語と物語社会』（森話社）・『源氏文化の時空』（共編著　森話社）

①**前田塁**（まえだ　るい）
②文芸批評家
③『小説の設計図』（青土社）

①**斉藤昭子**（さいとう　あきこ）
②横浜市立大学・桜美林大学・神奈川県立神奈川総合高校他非常勤講師
③「安野モヨコ作品の人間像」（『〈人間〉の系譜学』東海大学出版会）・「宇治の姉妹の「母なるもの」とメランコリー」（『人物で読む源氏物語　大君・中の君』勉誠出版）・「ふるまう身体のポリティクス」（『テクストへの性愛術』森話社）

①**李勇華**（り　ゆうか）
②中国浙江工商大学日本語言学院日本語教師

①**孫崎玲**（まごさき　れい）
②チャップマン大学助教
③"Sexing the City: Contemporary U.S. Women Writers and the Global Metropolis"（ヴァージニア大学博士論文）

①**佐藤清隆**（さとう　きよたか）
②明徳学園相洋高等学校教諭・横浜市立大学大学院博士課程
③「『源氏物語』続篇の光源氏」（『横浜市立大学　国際文化研究紀要』第13号）・「『源氏物語』匂宮三帖を読む」（『相洋中高等学校紀要』第12号）、「国語教育におけるテクスト論の重要性と〈ことば力〉について」（『相洋中高等学校紀要』第14号）

①**千金楽健**（ちぎら　けん）
②東海大学、東洋高等学校他非常勤講師
③「三島由紀夫の人間観」（『〈人間〉の系譜学』東海大学出版会）・「安部公房『箱男論』」（『湘南文学』第36号）

①**合田陽祐**（ごうだ　ようすけ）
②上智大学大学院博士課程・日本学術振興会特別研究員
③*Alfred Jarry et la culture tchèque*（共著　Universitas Ostraviensis）・「いかにして無意識を作動させるか?-」（『水声通信29（小特集アルフレッド・ジャリ）』）・"L'influence du cours de Bergson sur la notion de synthèse chez Jarry"（*L'Étoile-Absinthe no. 123–124*）

〈国語教育〉とテクスト論

発行　2009年11月27日　初版1刷
定価　2800円＋税
編者　©鈴木泰恵・高木 信・助川幸逸郎・黒木朋興
発行者　松本 功
本文デザイン 装丁　大熊 肇
印刷製本所　株式会社シナノ
発行所　株式会社ひつじ書房
〒112-0011 東京都文京区千石2-1-2 大和ビル2F
Tel. 03-5319-4916 Fax. 03-5319-4917
郵便振替00120-8-142852
toiawase@hituzi.co.jp http://www.hituzi.co.jp/

ISBN978-4-89476-425-5 C0090

ひつじ書房刊行案内

未発選書 1
フィクションの機構
中村三春著　定価三二〇七円＋税

未発選書 3
伝承と言語
佐佐木隆著　定価四二〇〇円＋税

未発選書 4
読むということ
和田敦彦著　定価二八〇〇円＋税

未発選書 7
修辞的モダニズム―テクスト様式論の試み
中村三春著　定価二八〇〇円＋税

未発選書 9
文学者はつくられる
山本芳明著　定価三六〇〇円＋税

未発選書 10
物語・オーラリティ・共同体―新語り物序説
兵藤裕己著　定価二八〇〇円＋税

未発選書 11
メディアの中の読者―読書論の現在
和田敦彦著　定価二二〇〇円＋税

未発選書 12
認知物語論とは何か？
西田谷洋著　定価二八〇〇円＋税

未発選書 13
「女ことば」はつくられる
中村桃子著　定価二八〇〇円＋税

未発選書 14
芸能の〈伝承現場〉論―若者たちの民俗的学びの共同体
大石泰夫著　定価三四〇〇円＋税

未発選書 15
昭和十年前後の太宰治―〈青年〉・メディア・テクスト
松本和也著　定価二八〇〇円＋税